中国特色社会主义根本政治制度
人民代表大会制度纪实

总 顾 问 王汉斌
编委会主任 乔晓阳

人民代表大会制度发展历程（上）

万其刚 / 著

中国出版集团
中国民主法制出版社

全国百佳图书
出版单位

图书在版编目（CIP）数据

人民代表大会制度发展历程/万其刚著 . —北京：
中国民主法制出版社，2023.3
（中国特色社会主义根本政治制度：人民代表大会
制度纪实/杨积堂，吴高盛主编）
ISBN 978-7-5162-3543-0

Ⅰ. ①人…　Ⅱ. ①万…　Ⅲ. ①人民代表大会制—历史
—中国　Ⅳ. ①D621

中国国家版本馆 CIP 数据核字（2024）第 046572 号

图书出品人：刘海涛
出 版 统 筹：贾兵伟
责 任 编 辑：张　霞

书名/**人民代表大会制度发展历程**
作者/万其刚　著

出版·发行/中国民主法制出版社
地址/北京市丰台区右安门外玉林里 7 号（100069）
电话/（010）63055259（总编室）　　83910658　63056573（人大系统发行）
传真/（010）63055259
http：// www. npcpub. com
E-mail：mzfz@ npcpub. com
开本/16 开　700 毫米×1000 毫米
印张/41.5　字数/454 千字
版本/2024 年 6 月第 1 版　2024 年 6 月第 1 次印刷
印刷/三河市宏图印务有限公司

书号/ISBN 978-7-5162-3543-0
定价/160. 00 元（全两册）

中国特色社会主义根本政治制度

——人民代表大会制度纪实

编 委 会

总　顾　问	王汉斌	
主　　任	乔晓阳	
副　主　任	李连宁　陈斯喜　刘振伟	
委　　员	万其刚　刘海涛　杨积堂	
	吴高盛　张桂龙　王　敏	
	贾兵伟　张　涛　周小华	
	张　霞	
执行总主编	杨积堂　吴高盛	

出 版 说 明

"乔木亭亭倚盖苍，栉风沐雨自担当。"在第一届全国人民代表大会第一次会议上，毛泽东同志向世人宣告："我们正在做我们的前人从来没有做过的极其光荣伟大的事业。我们的目的一定要达到。我们的目的一定能够达到。"

从 1954 到 2024 年，人民代表大会制度已走过 70 年。为记录人民代表大会制度发展历程，宣传中国特色社会主义根本政治制度，阐释中国特色社会主义道路自信、制度自信，中国民主法制出版社于 2017 年策划"中国特色社会主义根本政治制度——人民代表大会制度纪实"项目，计划用 1600 万字 20 册图书，对人民代表大会制度在我国的建立发展进行较完整的记录。

历时 6 年，几易框架，无数次讨论修改，最终收稿 3000 万字。3000 万字分理论和纪实两大部分，详述人民代表大会的制度总论、发展历程、自身建设及立法、重大事项决定、选举任免、监督、代表、会议、对外交往等重要工作。理论部分 340 余万字，其中自身建设、重大事项和对外交往三个板块根据工作实际和写作安排，理论纪实合为一册，归入理论板块。立法、监督、选举任免、代表工作、会议五个板块的纪实部分共计 2600 余万字。两大部分通过梳理历届全国人民代表大会会议议程，记录我国根本政治制度的发展历程；通过收录全国人民代表大会及其常务委员会会议作出的决定、批准的重大事项等文件及各专门委员会的文件、报告，为研究中国特色人民代表大会制度整理、保存重要文献，宣传实现我国全过程人民民主的重要制度载体的工作机制。

为保持项目的完整性和对人民代表大会制度记录的客观性，同时适应新时代资料保存查阅的新方式新手段，经多次组织专家讨论、内部研究，项目用20册图书、40个视频、1个数据库将这3000余万字全部收录，将人民代表大会制度70年的历程完整记录、如实呈现。其中人大立法工作纪实、人大监督工作纪实、人大会议工作纪实的具体内容均收入"人民代表大会制度纪实"数据库，目录作为索引以图书形式呈现。

项目实施过程中，从总顾问王汉斌同志、编委会主任乔晓阳同志，到刚入校门的大学生，先后百余人参与其中。从框架搭建、内容研讨、资料收集、板块汇编、归类整理到书稿撰写、初稿审读、编辑加工，我们遇到许多意想不到的困难，好在"众人拾柴火焰高"，各方都投入了极大热情，这些困难也一一得到克服。其间，全国人大图书馆、全国人大有关同志给予了我们雪中送炭般的支持。

人民代表大会制度植根于中国历史文化沃土，蕴含着中华文明丰富的政治智慧和治理经验，体现了天下为公、天下大同的社会理想，九州共贯、多元一体的大一统传统，民惟邦本、本固邦宁的民本思想，德主刑辅、法明令行的法治精神。新的伟大征程上，我们要更加坚定制度自信，不断发展具有强大生命力的全过程人民民主。

2024 年是中华人民共和国成立 75 周年，也是全国人民代表大会成立 70 周年、地方人大设立常委会 45 周年，谨以"中国特色社会主义根本政治制度——人民代表大会制度纪实"向祖国献礼！

"六年磨一剑"，其中一定还有许多疏漏和不足，我们希望"中国特色社会主义根本政治制度——人民代表大会制度纪实"项目能为坚持好、完善好、运行好人民代表大会制度尽微薄之力。

2024 年 6 月

习近平总书记指出，人民代表大会制度是坚持党的领导、人民当家作主、依法治国有机统一的根本政治制度安排，是党领导国家政权机关的重要制度载体。100 多年前，中国共产党一经诞生，就把为中国人民谋幸福、为中华民族谋复兴确立为自己的初心和使命，为实现人民当家作主进行了不懈探索和奋斗。在新民主主义革命时期，以毛泽东同志为主要代表的中国共产党人，创造性地提出实行人民代表大会制度的构想。1945 年 4 月，毛泽东同志就说："新民主主义的政权组织，应该采取民主集中制，由各级人民代表大会决定大政方针，选举政府。它是民主的，又是集中的，就是说，在民主基础上的集中，在集中指导下的民主。只有这个制度，才既能表现广泛的民主，使各级人民代表大会有高度的权力；又能集中处理国事，使各级政府能集中地处理被各级人民代表大会所委托的一切事务，并保障人民的一切必要的民主活动。"1954 年 9 月，第一届全国人民代表大会第一次会议召开，通过了《中华人民共和国宪法》，标志着人民代表大会制度这一国家根本政治制度正式建立。

经过 70 年的实践发展，人民代表大会制度更加成熟、更加定型，焕发出蓬勃生机活力。2021 年 10 月 13 日习近平在中央人大工作会议上的讲话中强调："实践证明，人民代表大会制度是符合我国国情和实际、体现社会主义国家性质、保证人民当家作主、保障实现中华民族伟大复兴的好制度，是我们党领导人民在人类政治制度史上的伟大创造，是在我国政治发展史乃至世界政治发展史上具有重大意义的全新政治制度。"

70年来，在中国共产党的领导下，全国人大及其常委会、地方各级人大及其常委会不断探索实践、创新发展，人民代表大会制度的理论体系不断完善，人大工作积累了极其丰富的实践成果。这些理论和实践成果，是进一步坚持好、完善好、运行好人民代表大会制度的重要基石。为了深入贯彻习近平总书记关于坚持和完善人民代表大会制度的重要思想，积极发展全过程人民民主，健全人民当家作主制度体系，继往开来，守正创新，开创人大工作新局面，中国民主法制出版社组织立法机关有关同志、从事人大理论研究的相关学者和人大工作领域的实务专家，对人民代表大会制度的理论和实践进行了全面梳理，形成了"中国特色社会主义根本政治制度——人民代表大会制度纪实"项目，并获得了国家出版基金资助。

项目从人民代表大会制度总论、人民代表大会制度发展历程、人大代表选举制度和人大人事任免制度、人大立法制度、人大代表工作制度、人大讨论决定重大事项制度、人大监督制度、人大会议制度、人大自身建设、人大对外交往工作等十个方面，阐述了"中国特色社会主义根本政治制度——人民代表大会制度"的制度创建、自身建设和发展历程，全面梳理了人大行使立法、监督、决定、选举任免等职权的制度体系，并对人大会议制度、人大代表工作、人大对外交往工作做了详尽汇览。

项目在实施过程中，力图在梳理理论体系的同时，尽量根据现有文献和资料，将人民代表大会制度发展进程中和人大工作全过程各环节相关制度成果加以汇总，为现在和未来的人大工作者、人大理论研究者提供尽可能翔实的人大知识宝库。

这是迄今为止收录内容最为完整的一套人大纪实丛书，为了体现中国特色社会主义根本政治制度的伟力，让更多国人了解和熟悉这一制度的逻辑，每一板块我们都进行了导读设计，从而更有利于读者提纲挈领地加以掌握。

今年是中华人民共和国成立 75 周年，也是全国人民代表大会成立 70 周年。我们谨以"中国特色社会主义根本政治制度——人民代表大会制度纪实"项目，向人民代表大会制度致敬，向祖国献礼。

房晓阳

2024 年 6 月

关于研究人民代表大会制度史的方法论问题

——从三个维度看人民代表大会制度的确立

人民代表大会制度是中国共产党领导人民经过艰辛探索和艰苦奋斗而作出的伟大创造。关于人民代表大会制度这一新型政治制度或"全新政治制度"[1]，学术界和实务界有许多研究，也有很多成果。[2] 2021 年 10 月，习近平总书记在首次中央人大工作会议上的重要讲话中，明确将 1954 年 9 月一届全国人大一次会议的召开作为人民代表大会制度"这一国家根本政治制度正式建立"[3] 的标志。这为我们认识和把握这个问题提供了遵循。本

---

[1] 习近平：《在中央人大工作会议上的讲话》，《求是》2022 年第 5 期，第 5 页。

[2] 全国人大常委会办公厅研究室课题组：《共同纲领与我国的根本政治制度》，中国人大网，http://www.npc.gov.cn/zgrdw/npc/zt/qt/dfrd30year/2011 - 02/18/content _ 1621159.htm.中共全国人大常委会机关党组：《中国共产党与国家根本政治制度》，《中国人大》2011 年第 13 期；信春鹰：《中国共产党与我国的根本政治制度》，《求是》2021 年第 23 期。

[3] 习近平：《在中央人大工作会议上的讲话》，《求是》2022 年第 5 期，第 5 页。

书在以往梳理和分析的基础上，[1] 现再从理论（指导思想）、制度、实行三个维度作如下深入探讨。

一、从理论维度看，毛泽东思想中即明确了人民代表大会制度

这里所说的理论，是指我们党和国家的指导思想中关于建立新型政治制度的主张，直接转化为政权建设的基本方略和战略决策部署，与一般学术理论显然是不同的。1935 年 1 月，中央政治局在遵义举行会议，"开始确立以毛泽东同志为主要代表的马克思主义正确路线在党中央的领导地位，开始形成以毛泽东同志为核心的党的第一代中央领导集体"。[2] 1945 年党的七大把毛泽东思想确立为党的指导思想。毛泽东思想是马克思列宁主义在中国的创造性运用和发展，是被实践证明了的关于中国革命和建设的正确的理论原则和经验总结，是马克思主义中国化的第一次历史性飞跃。

毛泽东思想为夺取新民主主义革命胜利指明了正确方向，不仅从理论上提出了建立人民代表大会制度的伟大构想，而且在全国范围内建立起这一根本政治制度，成功开启了党领导人民有效治理国家的历史新纪元。

（一）提出人民代表大会的范畴

早在 1940 年 1 月，毛泽东在《新民主主义论》这篇光辉著

---

〔1〕 万其刚：《我国人民代表大会制度的形成与发展》，《当代中国史研究》2005 年第 1 期；《我国人民代表大会制度的艰辛探索和初步形成》，《中共四川省委党校学报》2020 年第 3 期；《人民代表大会制度形成的思想史考察》，中国人大网，2010 年 10 月 21 日，http://www.npc.gov.cn/npc/c220/201010/778cf94f29ca4ceeaf214fcbb5e2b65a.shtml。

〔2〕 本书编写组编著：《中共中央关于党的百年奋斗重大成就和历史经验的决议辅导读本》，人民出版社 2021 年版，第 19 页。

作中谋划了国家政权建设，明确提出抗战胜利后要建立的中华民主共和国，即新民主主义的共和国"只能是在无产阶级领导下的一切反帝反封建的人们联合专政的民主共和国"；[1] 又进一步深刻阐述了"国体"和"政体"理论，简化为一个公式，即"国体——各革命阶级联合专政。政体——民主集中制"，体现了高度的理论自觉。我们的国家需要以适当的形式来代表（或体现），可以采取"全国人民代表大会、省人民代表大会、县人民代表大会、区人民代表大会直到乡人民代表大会的系统，并由各级代表大会选举政府"，[2] 并阐述了民主选举原则。国体决定政体，与人民民主专政这一国体相适应的政体，只能是人民代表大会制度，这种制度就是民主集中制。这些重大论断成为我们党的共识。1940 年 12 月，刘少奇在《论抗日民主政权》一文中，表达了类似观点。[3] 1953 年 2 月，邓小平在关于选举法草案的说明中指出："我们就是遵循这样的基本原则来规定我们国家的选举制度的。"[4]

（二）应采取民主集中制

1945 年 4 月，毛泽东在党的七大上作的政治报告，集中阐明了新民主主义的政治、经济和文化的各项政策。新民主主义的国家制度，是"建立一个以全国绝大多数人民为基础而在工人阶级领导之下的统一战线的民主联盟的国家制度"，并进一步提出应该采取民主集中制，"由各级人民代表大会决定大政方针，选举政府。它是民主的，又是集中的，就是说，在民主基础上的集

〔1〕《毛泽东选集》第二卷，人民出版社 1991 年版，第 675 页。
〔2〕《毛泽东选集》第二卷，人民出版社 1991 年版，第 676—677 页。
〔3〕《刘少奇选集》上卷，人民出版社 1981 年版，第 172 页。
〔4〕《邓小平文集（一九四九——一九七四）》（中），人民出版社 2014 年版，第 55 页。

中，在集中指导下的民主"[1]。这是中国共产党人最早关于国家政权建设中实行民主集中制的经典表述，进一步明晰了国家政权的架构。习近平总书记在中央人大工作会议上的重要讲话中引证了毛泽东的这一重要论断。

1948 年，随着中国革命形势进一步发展，毛泽东继续深入思考国家政权建设问题。他在《关于目前党的政策中的几个重要问题》一文中，再次精辟论述了新民主主义政权这一新型国家政权的体制、形式，强调国家的权力机关是"各级人民代表大会及其选出的各级政府"[2]。同年底，毛泽东强调，在全国范围内推翻国民党的反动统治，"建立无产阶级领导的以工农联盟为主体的人民民主专政的共和国"[3]。这是将革命进行到底、取得革命完全胜利后要建立的全国政权。

在这里，有两点值得注意。一是，把作为我们党的根本组织原则的民主集中制"扩展"到政权建设之中，因为从时间维度上说，民主集中制是首先作为党的根本组织原则和活动原则，后作为国家的根本组织原则和活动原则。在相当长的一段时间内，毛泽东既将民主集中制作为单独范畴与人民代表会议、人民代表大会制度等同起来使用，又将它与人民代表会议、人民代表大会制度连起来使用，比如，民主集中制的人民代表会议或者民主集中制的人民代表大会制度。这一现象值得关注并深入研究。近年来，有的论者把民主集中制政体作为中国模式加以论述[4]。二是，毛泽东心目中的国家权力机关是议行合一制的，它不仅指人

---

〔1〕《毛泽东选集》第三卷，人民出版社 1991 年版，第 1056—1057 页。
〔2〕《毛泽东选集》第四卷，人民出版社 1991 年版，第 1272 页。
〔3〕《毛泽东选集》第四卷，人民出版社 1991 年版，第 1375 页。
〔4〕 杨光斌、乔哲春：《论作为"中国模式"的民主集中制政体》，《政治学研究》2015 年第 6 期。

民代表大会，还包括由人民代表大会选举产生的政府，这与后来所指及当下关于国家权力机关（即人民代表大会）的规定是不同的。

（三）提出人民民主专政的范畴

1949 年 6 月，毛泽东在《论人民民主专政》这篇经典著作中全面阐述了人民民主专政思想，提出一个著名论断："工人阶级（经过共产党）领导的以工农联盟为基础的人民民主专政。这个专政必须和国际革命力量团结一致。这就是我们的公式，这就是我们的主要经验，这就是我们的主要纲领。"〔1〕他对"人民是什么"这一重大问题作了进一步说明与界定，写道："人民"这一范畴就是指工人阶级、农民阶级、城市小资产阶级和民族资产阶级。一方面，他们在工人阶级和共产党领导下，"团结起来，组成自己的国家，选举自己的政府，向着帝国主义的走狗即地主阶级和官僚资产阶级以及代表这些阶级的国民党反动派及其帮凶们实行专政"〔2〕；另一方面，对于人民内部，则实行民主制度，人民有言论集会结社等项的自由权。因此，从本质上讲，人民民主专政是对人民内部的民主方面和对反动派的专政方面的结合。这就深刻阐明了人民共和国的性质、国家的前途、各阶级在国家政权的地位等根本问题和基本政策，奠定了新政治协商会议和

---

〔1〕《毛泽东选集》第四卷，人民出版社 1991 年版，第 1480 页。

〔2〕《毛泽东选集》第四卷，人民出版社 1991 年版，第 1475 页。1949 年 8 月 28 日，刘少奇在东北局干部会上讲话时说："人民代表大会，这是以后的国家制度，政权组织形式，这个制度是肯定的。"他批评有些人"为了个人方便就不实行这种国家制度"，强调要建立这样政权、这样形式，人民民主专政才算完全。"建立人民民主专政有它的内容，有它的形式，用资产阶级议会制表示不出来人民民主专政，只有人民代表大会才能充分表现出人民民主专政的主要内容。"参见刘少奇：《关于人民代表大会问题》，全国人大常委会办公厅、中共中央文献研究室编：《人民代表大会制度重要文献选编（一）》，中国民主法制出版社、中央文献出版社 2015 年版，第 27—29 页。

《中国人民政治协商会议共同纲领》的理论基础和政策基础，规划了建设新中国的蓝图。

总之，以毛泽东思想的确立为重要标志，中国共产党关于建立人民代表大会制度的理论和政策主张已经形成。这不仅是新民主主义的政权组织形式，也是社会主义的政权组织形式。这里必须说明两点，一是从理论的角度来说，中国共产党的指导思想中关于建立这一新型政治制度的主张，直接转化为政权建设的基本方略和战略决策部署，显而易见，这与一般学术理论是根本不同的；二是从实践的角度来说，这一理论主张体现为制度规定和实行这个制度的动态过程，理论成为制度规定（文本）有一个过程，制度规定（文本）成为现实还有一个过程，而这本身都需要一定的条件，需要人为的努力，付诸实践。

二、从制度规定维度看，《中国人民政治协商会议共同纲领》即宣告中国实行人民代表大会制度

人民代表大会制度是在我们党的领导下，以中国化的马克思主义——毛泽东思想为指导建立起来的，它本身也充分体现和贯彻了毛泽东思想。换句话说，人民代表大会制度是毛泽东思想的一种制度化表达、制度化重述。从人民代表大会制度最初规定的角度来说，非《中国人民政治协商会议共同纲领》莫属。

（一）中国人民政治协商会议第一届全体会议隆重举行

1949 年 9 月 21 日至 30 日，中国人民政治协商会议第一届全体会议在北平召开。这次会议在中国共产党的历史上、中华人民共和国的历史上均具有里程碑意义。特别是这次会议通过的《中国人民政治协商会议共同纲领》（以下简称《共同纲领》），是中国历史上第一个人民建国大纲，"全国人民的大宪章"[1]，确认了新生政权的事实，庄严宣告"新中国实行人民代表大会制度"[2]，赋予了这一新的国家政权以合法性或政治上的正当性。

第一，从性质上说，这次会议是代表全国人民并为全国人民信任和拥护的。众所周知，1946 年春召开的旧政治协商会议与新政治协商会议之间有渊源关系。毛泽东在开幕词中指出，这次会议是在完全新的基础上召开的，"中国人民政治协商会议宣布自己执行全国人民代表大会的职权"[3] 这是一种特殊的、庄严的使命，宣示了国家权力的正当性来源，对于建立和巩固新的国家政权而言意义重大。同时，它具有过渡性质，即在普选的全国人民代表大会召开以后，就须回归"人民民主统一战线的组织形式"这一性质定位。

第二，关于第一届全体会议职权的规定。这主要体现在《中国人民政治协商会议组织法》第七条、《中央人民政府组织法》第三条和《共同纲领》第十三条的规定之中，具体分为两种情形。一是在全国人民代表大会召开以前，执行它的职权，不仅有立法权（制定《中央人民政府组织法》），还有选举权（选举中华人民共和国中央人民政府委员会，并付之以行使国家权力的职权）。二是在全国人民代表大会召开之后，中国人民政治协商会议则仅有建议权（就有关国家建设事业的根本大计或重要措施，向全国人民代表大会或中央人民政府委员会提出建议案）。这样，它的性质和地位发生了明显改变。

---

〔1〕《刘少奇选集》上卷，人民出版社 1981 年版，第 434 页。
〔2〕 习近平：《论坚持全面依法治国》，中央文献出版社 2020 年版，第 69 页。
〔3〕《毛泽东文集》第五卷，人民出版社 1996 年版，第 343 页。

第三，关于这次全体会议执行全国人民代表大会职权的具体情况。这次会议讨论决定了国家一系列重大问题：一是通过《中国人民政治协商会议组织法》；二是通过《中央人民政府组织法》，这为成立中华人民共和国提供了法律依据、奠定了法律基础；三是通过关于中华人民共和国国都、纪年、国歌、国旗四个决议[1]；四是通过《共同纲领》；五是选举政协全国委员会，通过了由180人组成的第一届政协全国委员会名单；六是选举中央人民政府委员会，毛泽东当选为中央人民政府委员会主席。

确有必要指出的是，在当时的语境里，"执行"和"代行"这两个词的含义、用法是略有不同的。毛泽东在开幕词中使用的是"执行"一词，《中国人民政治协商会议组织法》第七条、《中央人民政府组织法》第三条、《共同纲领》第十三条中使用的也是"执行"一词。不过，《共同纲领》第十四条第二款规定："在普选的地方人民代表大会召开以前，由地方各界人民代表会议逐步地代行人民代表大会的职权。"这里使用的是"代行"一词。就是说，在全国人民代表大会层面，用的是"执行"，在地方各界人民代表会议层面，用的则是"代行"。尽管这两个词仅一字之差，但对这二者加以区别，这恐怕不是"咬文嚼字"那么简单，其中的细微差别和意蕴，必须要放在

---

〔1〕 需要说明的是，这是四个决议。"讨论和通过关于中华人民共和国国都、纪年、国歌、国旗四个议案。"见《毛泽东年谱（一八九三——一九四九）（修订本）》下卷，中央文献出版社2013年版，第581页。另见《关于中华人民共和国国都、纪年、国歌、国旗四个决议案》，政协全国委员会办公厅、中共中央文献研究室：《人民政协重要文献选编》（上），中央文献出版社、中国文史出版社2009年版，第79页。《关于中华人民共和国国都、纪年、国歌、国旗的决议》，全国人大常委会办公厅、中共中央文献研究室编：《人民代表大会制度重要文献选编》（一），中国民主法制出版社、中央文献出版社2015年版，第74页。

当时的情形中去体认和感悟。实际上，以毛泽东同志为主要代表的开国元勋们在如此重要的政治文献中，措辞是非常严谨细致的，也是非常讲究的。这样的例子不胜枚举。

（二）《共同纲领》关于人民代表大会制度的主要规定

《共同纲领》"起了临时宪法的作用"[1]。《共同纲领》之所以被公认为具有临时宪法性质和作用，从内容上说，就是它全面系统规定了"新中国的国家性质、政权体制、基本政策"，[2] 包括军事制度、经济政策、文化政策、民族政策、外交政策等一系列重大问题。现简要分述如下。

第一，关于国体，就是人民民主专政。《共同纲领》开宗明义，指出中华人民共和国为新民主主义即人民民主主义的国家，实行工人阶级领导的、以工农联盟为基础的、团结各民主阶级和国内各民族的人民民主专政。这一根本规定是从中国实际出发、符合中国国情的，明确了中国的领导阶级，目的任务就是反对帝国主义、封建主义和官僚资本主义，为中国的独立、民主、和平、统一和富强而奋斗。

第二，关于政体，就是民主集中制的人民代表大会制度。一是关于它的特点。这一新型政权制度，"它完全不同于旧民主的议会制度，而是属于以社会主义苏联为代表的代表大会制度的范畴之内的。但是也不完全同于苏联制度，苏联已经消灭了阶级，而我们则是各革命阶级的联盟"[3]。二是关于它的内容。《共同纲领》对人民代表大会制度的规定是很全面、系统的。举其要

---

〔1〕《刘少奇选集》下卷，人民出版社 1985 年版，第 39 页。

〔2〕中共全国人大常委会机关党组：《中国共产党与国家根本政治制度》，《中国人大》2011 年第 13 期。

〔3〕《周恩来选集》上卷，人民出版社 1980 年版，第 369 页。

者，（1）国家一切权力属于人民。在这个根本前提下，人民行使国家政权的机关为各级人民代表大会和各级人民政府；国家最高政权机关为全国人大，全国人大闭会期间，中央人民政府为行使国家政权的最高机关。（2）执行全国人大的职权。在普选的全国人大召开以前，由中国人民政治协商会议全体会议执行全国人大的职权，包括：制定中央人民政府组织法，选举中央人民政府委员会，并付之以行使国家权力的职权。在普选的全国人大召开以后，中国人民政治协商会议得就国家建设事业的根本大计及其他重要措施，向全国人大或中央人民政府提出建议案。（3）地方各级人民代表会议。在普选的地方人大召开以前，由地方各级人民代表会议逐步地代行人大的职权。（4）各级政权机关一律实行民主集中制。它的主要原则为：人大向人民负责并报告工作；人民政府委员会向人大负责并报告工作；在人大和人民政府委员会内，实行少数服从多数的制度；各下级人民政府均由上级人民政府加委并服从上级人民政府；全国各地方人民政府均服从中央人民政府。可以看出，这里所规定的民主集中制并不是广义上的。当然，《共同纲领》对人民代表大会制度的规定并不仅限于此。三是，它的内在逻辑。从理念和结构上说，《共同纲领》先规定一般再规定特殊，即先规定人民代表大会，再规定执行全国人大职权的中国人民政治协商会议全体会议和代行人大职权的地方各界人民代表会议。制度规定由一般到特殊，从某种程度上说，这便是立法规律。

作为新中国根本政治制度的人民代表大会制度就这样被确定下来了。5 年之后，刘少奇指出："根据我国人民革命根据地政治建设的长期经验，并参照苏联和各人民民主国家的经验，在五年以前，我们的共同纲领就确定了我们国家的这种政治制度（即人民代表大会制度——引者注）。"〔1〕 周恩来也指出："根据《共同纲领》的规定，我国的政治制度是人民代表大会制度。"〔2〕 就是说，《共同纲领》确立并宣告实行人民代表大会制度，这都是十分清楚的。

（三）中国人民政治协商会议第一届全体会议既不是后来的全国政协也不是全国人大

众所周知，最初执行全国人大职权的是中国人民政治协商会议全体会议，而这个全体会议仅此一届，之后没有再召开第二届全体会议。实际上，后来所召开的则是政协全国委员会会议。

1949 年 10 月 9 日，中国人民政治协商会议一届全国委员会一次会议在北京召开。会议选举毛泽东为政协全国委员会主席。这充分表明，政协全国委员会与中国人民政治协商会议全体会议不是一回事儿。1954 年 12 月 21 日，周恩来同志在政协二届全国委员会一次会议上所作的政治报告中指出，"作为代行权力机关只是第一届全体会议，几天会散了，权力已授给中央人民政府"〔3〕。这就是说，中国人民政治协商会议第一届全体会议把权力授出去这件事，已经"结束"了，可以说是"一次性"的，但是，这一受权主体——中央人民政府行使权力并不是"一次性"的，而处于一种持续状态。事实上，中央人民政府委员会行使职权到 1954 年 9 月 15 日一届全国人大一次会议召开，而且它

〔1〕 刘少奇：《关于中华人民共和国宪法草案的报告》，全国人大常委会办公厅、中共中央文献研究室编：《人民代表大会制度重要文献选编》（一），中国民主法制出版社、中央文献出版社 2015 年版，第 212 页。

〔2〕 周恩来：《全国政协常委会第 43 次扩大会议上的讲话》，《新华月报》1953年第 1 号，第 3—4 页。

〔3〕 周恩来：《人民政协的五项任务》，政协全国委员会办公厅、中共中央文献研究室编：《人民政协重要文献选编》（上），中央文献出版社、中国文史出版社 2009年版，第 205 页。

与一届全国人大一次会议选举产生的中央人民政府（即国务院）是有很大区别的。当然，也许更能说明问题的是，中国人民政治协商会议第一届全体会议所通过的关于中华人民共和国国都、纪年、国歌、国旗四个决议，这当中所规定的内容，即便到了今天也仍然有效。

召开全国人民代表大会以后，"政协是否还需要成了问题"。这本身就很能说明问题，即它的存在与否都成了一个问题。后来有人问政协的名称是不是需要改变〔1〕。这个细节很有意思，耐人寻味，改名字自有它的理由。1954 年 12 月 19 日，毛泽东明确指出，政协是需要的，"主要的问题是政协的性质问题，是国家机关还是人民团体？"从性质上看，政协有别于人大，它也不是国家的行政机关，"如果把政协全国委员会也搞成国家机关，那就会一国二公，是不行的"〔2〕。政协"回归"其自身的性质定位。

1954 年 12 月 21 日至 25 日，政协二届全国委员会一次会议举行。周恩来在作政治报告时指出："人大既开，政协代行全国职权的政权机关作用已经失去，但政协本身的统一战线作用仍然存在，去掉一个代行的作用，留下本身的作用。"〔3〕 这次会议推举毛泽东为全国政协名誉主席，选举周恩来为主席，通过《中国

〔1〕 周恩来：《关于人民民主统一战线的性质》，政协全国委员会办公厅、中共中央文献研究室编：《人民政协重要文献选编》（上），中央文献出版社、中国文史出版社 2009 年版，第 264 页。

〔2〕 毛泽东：《政协的性质有别于人大》，全国人大常委会办公厅、中共中央文献研究室编：《人民代表大会制度重要文献选编》（一），中国民主法制出版社、中央文献出版社 2015 年版，第 293 页。

〔3〕 周恩来：《人民政协的五项任务》，政协全国委员会办公厅、中共中央文献研究室编：《人民政协重要文献选编》（上），中央文献出版社、中国文史出版社 2009 年版，第 205 页。

人民政治协商会议章程》。这样，《中国人民政治协商会议章程》就替代了《中国人民政治协商会议组织法》。

众所周知，中国人民政治协商会议第一届全体会议召开之后，既召开了中国人民政治协商会议全国委员会，也召开了全国人民代表大会。因此，中国人民政治协商会议第一届全体会议既不是后来的政协全国委员会也不是全国人大。也可以说，政协全国委员会和全国人大都可以共同追溯至中国人民政治协商会议第一届全体会议。这是符合法理和历史实际的。

三、从实行维度看，人民代表大会制度从下往上逐级建立起来

人民代表大会制度从理论主张到制度规定再到实行，并不是自动"实现"的，而是一个动态过程，需要相应的条件。为什么新中国成立之初没有立即召开人民代表大会？为什么当时实行人民代表会议制度？

新中国成立伊始，"人民代表大会制度还没有立即实行的条件"[1]。这主要有三个原因：（1）人民解放战争还没有结束，特别是南方一些地方还要花很大精力进行剿匪除霸；（2）各种基本的政治社会改革工作还没有在全国范围内进行，特别是土地改革没有完成，难以进行选民登记和普选；（3）经济需要恢复，但抗美援朝战争爆发后，举国上下最重要的任务就是支援前线。这种状况一直持续到1953年。

（一）各界人民代表会议陆续召开

正是在这种大背景下，我们党和国家便采取了两种过渡方

---

〔1〕　周恩来：《全国政协常委会第43次扩大会议上的讲话》，《新华月报》1953年第1号，第3页。

式，其中之一就是召开人民代表会议。毛泽东认为这是一件大事，对于我们党联系广大人民群众、教育党内外广大干部都极为重要。因此，中央人民政府一成立，即先后向各中央局、分局批转了上海松江县、华北各城市召开各界人民代表会议的经验和做法，并要求一律仿照办理。[1] 此后，中央还发出一系列有关指示，提出明确要求。比如，1949 年 11 月 27 日，中共中央提出新解放地区市、县各界人民代表会议一律每三个月召开一次。1950 年 6 月，党的七届三中全会要求必须认真开好足以团结各界人民共同进行工作的人民代表会议，人民政府的一切工作都应交它讨论并作出决定。

1951 年 4 月，政务院发出关于人民民主政权建设工作的指示，明确要求各级人民政府必须依照各级人民代表会议组织通则，按期召开各级人民代表会议，其中大城市每年至少须开会三次，县至少须开会两次；各级人民政府的一切重大工作，应向各该级人民代表会议提出报告，并在代表会议上进行讨论与审查；一切重大问题应经人民代表会议讨论并作出决定等。

各地认真贯彻执行中央的决定，加紧民主政权建设。到 1952 年底，有 30 个省、2 个省级行署区、160 个市、2174 个县和 28 万个乡，先后召开各界人民代表会议，逐步实现了从咨询协商机关到权力机关的过渡[2]，人民代表会议已经形成一项经常的制度，在全国各地自下而上地建立起来。这一时期，人民代表会议代表既有协商邀请的，也有人民选举的，且选举的代表人数在增

---

〔1〕 毛泽东：《开好县的各界人民代表会议是一件大事》，《毛泽东文集》第六卷，人民出版社 1999 年版，第 4 页。

〔2〕 地方各级人民政府的产生采取的是"三步走"的过渡办法。有关具体情况，见中共中央党史研究室编：《中国共产党历史（1949—1978）》第二卷上册，中共党史出版社 2011 年版，第 37 页。

加、比例在提高。所有这些都为新中国成立初期民主政治建设开了个好头。各界人民代表会议在团结和动员人民群众完成土地改革、镇压反革命、恢复和发展生产、民主法制建设等方面发挥了重要作用。

（二）积极筹备召开全国人大会议

根据《中国人民政治协商会议组织法》的规定，政协全体会议每三年举行一次。到 1952 年秋，中国人民政治协商会议第一届全体会议任期已经届满，这就面临选择：是搞普选、召开全国人大呢，还是继续召开全国政治协商会议、再搞一届（三年）？中共中央和毛泽东同志已开始考虑向社会主义过渡问题。

第一，中央的决策判断有一个转变过程。一是中共中央当时认为进行全国选举的准备尚不充分，设想将全国人民代表大会召开时间再推迟三年[1]；《共同纲领》在人民及各民主党派中有崇高的威信，可暂不制定宪法，待中国基本进入社会主义以后，一步到位制定一部社会主义的宪法[2]。在实践中，《共同纲领》真正实行了，因此"在人民中及各党派中威信很好"，尽管在《共同纲领》最初制定时，人们曾经怀疑是否真要实行《共同纲领》[3]。这种情况很快发生了改变。二是 1952 年 10 月，

〔1〕 这在当时是一种比较普遍的想法，而有这种想法的人往往是"患得患失"。邓小平指出："对于召开人民代表大会的问题，各方面都觉得没有理由不开，但总想推迟，总认为政协的形式更好一些。一些人主要是害怕落选，因此，情绪有所波动。多数好的仍将选上，不可避免地有若干人会落选。党内可能存在着踢开一批的情绪。"《邓小平文集（一九四九——一九七四）》（中），人民出版社 2014 年版，第 52 页。

〔2〕 刘少奇：《关于中国向社会主义过渡和召开全国人民代表大会问题》，中共中央文献研究室、中央档案馆编：《建国以来刘少奇文稿》第四册，中央文献出版社 2005 年版，第 529—530 页。

〔3〕 刘少奇：《关于与斯大林会谈情况给毛泽东和中央的电报》，《建国以来刘少奇文稿》第四册，中央文献出版社 2005 年版，第 535—536 页。

刘少奇率中共代表团赴莫斯科参加苏共十九大，并受毛泽东委托就有关问题向斯大林征求意见。斯大林建议中国可以考虑尽早进行选举和制定宪法，不给西方敌对势力在此问题上反对中国的借口。把《共同纲领》变成宪法——基本大法，这种宪法自然是一种粗制品，但有一个宪法，比没有要好[1]。中共中央采纳了斯大林的这个建议，决定召开全国人大和制定宪法。这就是要进一步确认和巩固新生政权的正当性（合法性）。

第二，1952年12月24日，政协一届全国委员会常委会召开第四十三次会议，听取周恩来作的关于中国共产党提议1953年召开全国人大及地方各级人大的说明。他在解释为何要召开全国人大时指出：为着适应我国即将进入大规模的有计划的经济建设新时期的任务，"就必须根据《共同纲领》的规定，定期召开全国人民代表大会和地方各级人民代表大会，以求进一步地巩固人民民主，以便充分发挥人民群众参加国家建设事业的积极性。今天，在召集全国人民代表大会和地方各级人民代表大会的条件已经具备的时候……为此，中国共产党提议由全国政协向中央人民政府委员会建议，根据中央人民政府组织法第七条第十款所规定的职权，于1953年召开全国人民代表大会和地方各级人民代表大会，并开始进行起草选举法和宪法草案等准备工作"[2]。

第三，中央决定召开全国人大会议。1953年1月13日，毛泽东在中央人民政府委员会第二十次会议上发表讲话，着重对召开全国人大进行解释和说明。他指出，办选举、搞选举法是

---

〔1〕 刘少奇：《关于与斯大林会谈情况给毛泽东和中央的电报》，中共中央文献研究室、中央档案馆编：《建国以来刘少奇文稿》第四册，中央文献出版社2005年版，第536页。

〔2〕 周恩来：《全国政协常委会第43次扩大会议上的讲话》，《新华月报》1953年第1号，第3—4页。

合适的，就其根据来说，一方面，《共同纲领》规定要实行普选；另一方面，从新中国成立三年来的实践看，大陆上的军事行动已经结束了，土地改革已经基本完成了，各界人民已经组织起来了，"办全国选举工作的条件已经成熟"。[1] 这次会议通过关于召开全国人大及地方各级人大的决议，决定于1953年召开由人民用普选方法产生的乡、县、省（市）各级人大，并在此基础上召开全国人大。会议还决定成立以毛泽东为主席，朱德、宋庆龄等32人为委员的宪法起草委员会；以周恩来为主席，由23人组成的选举法起草委员会。有关筹备工作就此紧张有序地进行。

第四，举行首次全国范围内的普选。一是颁行新中国第一部选举法。1953年2月，中央人民政府委员会第二十二次会议听取了邓小平所作的选举法草案的说明。他说，该草案"贯穿着一个总的精神，就是如何根据国家的情况，规定一个合乎当前实际的最民主的选举制度"。[2] 这次会议通过选举法，还决定成立以刘少奇为主席的中央选举委员会。

二是我国历史上的首次普选。1953年下半年，我国举行了历史上第一次规模空前的普选。全国6亿人口，登记的选民为3.23亿人，占进行选举地区18周岁以上人口总数的97.18%。其中参加投票选举的2.78亿人，占登记选民总数的85%以上。到1954年8月，全国共选出基层人大代表566万余名，逐级召开人民代表大会会议。由省、市人大、中央直辖少数民族行政单位以及军队单位和华侨单位分别选举产生1226名出席一届全国人大的代

〔1〕《毛泽东文集》第六卷，人民出版社1999年版，第4页。
〔2〕《邓小平文集（一九四九——一九七四）》（中），人民出版社2014年版，第55页。

表（台湾省代表暂缺）[1]。同时，《中华人民共和国宪法（草案）》在毛泽东的主持下起草完成，经反复讨论、修改，提交中央人民政府委员会审议。这样，全国人大会议召开的一切准备工作就绪。

（三）一届全国人大一次会议举行

新中国诞生后，中国人民成为国家、社会和自己命运的主人。1954年9月15日，一届全国人大一次会议在北京召开。这是一件具有划时代意义的大事，"标志着人民代表大会制度在全国范围内建立起来"[2]。

会议通过的《中华人民共和国宪法》（1954年宪法），是我国历史上第一部社会主义类型的宪法，在总结《共同纲领》和新中国成立5年来国家机关工作经验的基础上，"结合了原则性和灵活性，原则基本上是两个：民主原则和社会主义原则"[3]，对国家政治制度作了更为完备、更为明确的规定。其中，第一条规定，中国是工人阶级领导的、以工农联盟为基础的人民民主国家。第二条规定，国家一切权力属于人民。人民行使权力的机关是全国人民代表大会和地方各级人民代表大会；全国人大、地方各级人大和其他国家机关，一律实行民主集中制。这进一步肯定、确认了适合我国国情、便于人民行使国家权力的人民代表大会制度。1954年宪法开始把人民行使权力的机关限定为人大，而不再包括政府。

---

〔1〕 中共中央党史研究室著：《中国共产党历史（1949—1978）》第二卷上册，中共党史出版社2011年版，第249页。

〔2〕 胡锦涛：《在首都各界纪念全国人民代表大会成立五十周年大会上的讲话》，《胡锦涛文选》第二卷，人民出版社2016年版，第228页。

〔3〕 《毛泽东文集》第六卷，人民出版社1999年版，第326页。

（四）1954 年 9 月 15 日只是一个标志

如前所述，人民代表大会制度经历了从制度规定到过渡再到正式实行的动态过程，这是一个时间段，而不是一个时间点。1954 年 9 月 15 日是一届全国人大一次会议举行的日子，标志着全国人大成立，而不是各级人大产生的日子，也不该笼统概括为人民代表大会制度建立的日子。道理很简单，省级人大会议比全国人大会议早召开一两个月，因为全国人大代表是由省级人大会议选举产生的。县级人大会议又比省级人大会议举行得早，乡级人大会议比县级人大会议举行得更早。这里有一个细节。1994 年召开首都各界纪念人民代表大会（制度）成立 40 周年大会[1]，2004 年召开首都各界纪念全国人民代表大会成立 50 周年大会。为什么纪念对象的名字发生了变化？主要原因就是在筹备过程中研究发现，人民代表大会制度的确立不是在 1954 年，而应该是 1949 年。基于此，2004 年就不再是纪念人民代表大会制度成立 50 周年，而改为纪念全国人大成立 50 周年，2014 年则改为庆祝全国人大成立 60 周年，习近平总书记出席大会并发表重要讲话。

简短的结论

中国实行人民代表大会制度，是历史的选择、人民的选择。这"是深刻总结近代以后中国政治生活惨痛教训得出的基本结论，是中国社会一百多年激越变革、激荡发展的历史结果，是中国人民翻身作主、掌握自己命运的必然选择"[2]　人民代表大会

---

〔1〕《乔石谈民主与法制》（下），人民出版社、中国长安出版社 2012 年版，第 400—417 页。

〔2〕 习近平：《论坚持全面依法治国》，中央文献出版社 2020 年版，第 69—70 页。

制度的确立和实行，是伴随着新中国的成立不断发展的。

人民代表大会制度承载着我们党的初心和使命，"是坚持党的领导、人民当家作主、依法治国有机统一的根本政治制度安排，必须长期坚持、不断完善"[1]。在新征程上，要以习近平新时代中国特色社会主义思想为指导，深入贯彻落实习近平总书记关于坚持和完善人民代表大会制度的重要思想、习近平法治思想，坚持以人民为中心，坚持人民至上，"不断发展全过程人民民主"，充分发挥人民代表大会这一主要民主渠道的作用，把人民代表大会制度坚持好、发展好、完善好，进一步把它的显著特点和优势更好转化为治国的效能。

通过上述三个维度的梳理和分析，说明了人民代表大会制度确立的时间，是 1949 年 9 月中国人民政治协商会议第一届全体会议通过的《共同纲领》，而不是 1954 年 9 月一届全国人大一次会议的召开。这也可以看作是研究人民代表大会制度史的方法论。

本书是专门论述我国人民代表大会制度这一根本政治制度的形成、实行和发展完善的历史，着重从理论（党和国家的指导思想）、制度规定（制度文本）和实行三个维度来进行叙述。进一步说，本书关于我国人民代表大会制度史，不仅是指严格意义上的制度历史，而是包含了如下三部分内容。

第一部分，我们党和国家关于人民代表大会制度这一根本政治制度探索建立并实行、发展完善的根本指导思想，就是马克思主义中国化理论成果中的有关重要论述。众所周知，在我国，人民代表大会制度的探索建立是在中国共产党的领导下完成的；人

---

〔1〕《习近平谈治国理政》第三卷，外文出版社 2020 年版，第 29 页。

民代表大会制度的有效实行是在中国共产党的领导下进行的；人民代表大会制度的不断发展完善是在中国共产党的领导下进行的。这就是我国建立和实行人民代表大会制度的脉络、主线。对此，本书用专节先概述各个时期党中央和主要领导同志关于民主法治建设的指导思想，并将其作为"纲"和"魂"贯穿全书。

第二部分，各级人大及其常委会依法行使职权、开展工作的情况，即人大制度在实践中的运行情况。重点叙述全国人大及其常委会依法行使职权的情况，特别是评述每一届人大第一次会议的成果，因为在通常情况下这一次会议要选举产生新一届国家机构及其领导人员、通过有关机构改革的决定决议，也就是完成国家政权的组织。

第三部分，宪法法律中有关这一根本政治制度的规定（制度文本）。主要是概括介绍人民代表大会制度中有关具体制度的发展和进步。同时，本书还对地方人大的有关工作及其创新成果作了一定的评介。

需要说明的是，在行文过程中，我们对有关机关或机构、法律法规名称等使用了大量简称，比如，中国共产党第八次全国代表大会简称"党的八大"，第一届全国人民代表大会第一次会议简称"一届全国人大一次会议"，第八届全国人民代表大会常务委员会第九次会议简称"八届全国人大常委会第九次会议"，《中华人民共和国全国人民代表大会组织法》简称"全国人大组织法"，等等。

在写作过程中，笔者参考了大量资料和研究成果，并尽量采用注释的方式列出、说明。在此，深表谢意！不当之处，敬请方家批评指正！

上 册

下　册

人民代表大会制度的艰辛
探索和初步形成

我国人民代表大会制度经历了一个艰辛的探索和形成过程。习近平总书记指出："在中国实行人民代表大会制度，是中国人民在人类政治制度史上的伟大创造，是深刻总结近代以后中国政治生活惨痛教训得出的基本结论，是中国社会一百多年激越变革、激荡发展的历史结果，是中国人民翻身作主、掌握自己命运的必然选择。"[1] 自鸦片战争后，延续了2000多年的封建专制制度已然腐朽不堪，国家蒙辱、人民蒙难、文明蒙尘。

面对空前深重的政治危机和民族危机，"无数仁人志士为寻求改变中华民族前途命运的道路进行了努力，历经了从技术层面、社会革命层面、实业层面到制度层面、文化层面的反复探索，尝试了君主立宪制、议会制、多党制、总统制等各种制度模式，但都以失败而告终"[2]。的确，在当时，各个阶级、各种政治势力均围绕在中国建立什么样的政治制度展开了极其激烈的斗争，轮番登场。就拿民国期间议会制的乱象来说，从1912年到1928年的16年间，十易国家元首，组阁45届，总理更迭59人次，任期最长者不超过一年，最短者不到一天。总统、内阁、国会、宪法变换频繁，造成严重的社会动乱。怎一个"乱"字了得?!

---

〔1〕 习近平：《在庆祝全国人民代表大会成立六十周年大会上的讲话》，习近平：《论坚持人民当家作主》，中央文献出版社2021年版，第72—73页。

〔2〕 习近平：《坚持、完善和发展中国特色社会主义国家制度与法律制度》，习近平：《论坚持全面依法治国》，中央文献出版社2020年版，第262页。

中国往何处去？中华民族的前途何在？应建立什么样的政治制度？应实行什么样的国家治理模式？这是时代之问、人民之问。

历史和人民选择了中国共产党，中国共产党则义无反顾地承担起了解决这些重大问题的历史责任。在回答时代之问、人民之问的过程中，在领导新民主主义革命的过程中，中国共产党把马克思主义国家学说与我国具体情况相结合，向俄国革命学习、"走俄国人的路"，从发动和组织工农运动开始，探索革命根据地、抗日根据地、解放区政权建设，最终建立起符合中国国情、具有中国特色的政权组织形式——人民代表大会制度。

第一节　萌芽和最初尝试

一、探索建立劳工专政的政权形式

"十月革命一声炮响，给我们送来了马克思列宁主义。"[1]苏维埃（俄文 совет 的音译，即"代表会议"）是 1905 年俄国革命后首创的一种新型政权制度。十月革命以后，苏维埃政权在俄国各地相继建立起来。李大钊作为中国第一个传播马克思主义的先进分子，是最早介绍苏维埃制度的。1918 年 11 月，李大钊热烈欢呼十月革命的胜利，指出：布尔什维克所建立的政权的基本

---

〔1〕 毛泽东：《论人民民主专政》，《毛泽东选集》第四卷，人民出版社 1991 年版，第 1471 页。

制度是"劳工联合的会议……什么事都归他们决定"[1]。他当时没有用"苏维埃"一词，但已准确认识到该制度的本质。蔡和森则是最早使用"苏维埃"一词的。他写道，"苏维埃。无产阶级革命后的政治组织"，"故阶级战争质言之就是政治战争、就是把中产阶级那架机器打破（国会政府），而建设无产阶级那架机器——苏维埃。工厂的苏维埃、地方的苏维埃、邦的以至全国的苏维埃，只有工人能参与"[2]。

从 1921 年到 1927 年的这一时期，随着马克思主义国家学说在我国的传播，中国共产党作为工人阶级的先锋队，从登上历史舞台的那一天起，就开始从理论上对建立什么样的政权组织形式进行了初步研究探讨，并在实践中探索建立劳工专政的政权形式。

1921 年 7 月，党的一大会议通过的《中国共产党第一个纲领》明确，本党"承认无产阶级专政，直到阶级斗争结束"，"承认苏维埃管理制度，把工农劳动者和士兵组织起来，并承认党的根本政治目的是实行社会革命"[3]。这是中国共产党人对未来国家制度的最初主张。但就当时的实际情况来说，由于严重缺乏理论准备和实践条件，也就不可能实行苏维埃制度。为探索和制定适合中国国情的革命纲领，中共派代表参加了共产国际1922 年 1 月召开的远东各国共产党及民族革命团体第一次代表

〔1〕 李大钊：《Bolshevism 的胜利》，《李大钊文集》（上），人民出版社 1984 年版，第 9—11 页。

〔2〕《蔡林彬给毛泽东（1920 年 8 月 13 日）》，蔡和森：《蔡和森文集》（上），人民出版社 2013 年版，第 56、57 页。另见《蔡和森关于中国革命问题给毛泽东的两封信》，中共中央文献研究室、中央档案馆编：《建党以来重要文献选编（一九二一——一九四九）》第一册，中央文献出版社 2011 年版，第 448 页。

〔3〕《中国共产党第一个纲领》，中共中央文献研究室、中央档案馆编：《建党以来重要文献选编（一九二一——一九四九）》第一册，中央文献出版社 2011 年版，第 1 页。

大会，得到了列宁和共产国际的帮助和指导。

1922 年 7 月，党的二大提出党在反帝反封建阶段的民主革命纲领（即最低纲领），还重申了党的最高纲领，即建立无产阶级政权，"要组织无产阶级，用阶级斗争的手段，建立劳农专政的政治，铲除私有财产制度，渐次达到一个共产主义的社会。"同时，宣言提出了构建民主政权的国家结构形式，即自由联邦制，包括：（1）统一中国本部（包括东三省在内）为真正民主共和国；（2）蒙古、西藏、回疆三部实行自治，成为民主自治邦；（3）"用自由联邦制，统一中国本部、蒙古、西藏、回疆，建立中华联邦共和国"[1]。

与此同时，中国共产党十分注重实际斗争，先后开展了工人运动、农民运动等，但"从中央到地方的各级组织都以主要精力从事工人运动"[2]。

（一）组织发动了一系列工人运动

为加强对工人运动的统一领导，中央局于 1921 年 8 月 11 日在上海成立中国劳动组合书记部；在北京建立北方分部，工作范围包括直隶、山东、山西、陕西、甘肃及东北三省[3]。1923 年 12 月，邓中夏提出："应使公开的工会运动，成为工人运动的目标。"同时要抓住重点，选择"于革命事业有大帮助的工人群众去活动，较为经济。我以为海员、路工、矿工、码头工人、市政

---

〔1〕《中国共产党第二次全国代表大会宣言》，中共中央文献研究室、中央档案馆编：《建党以来重要文献选编（一九二一——一九四九）》第一册，中央文献出版社 2011 年版，第 133 页。

〔2〕中共中央党史研究室编：《中国共产党历史（1921—1949）》第一卷上册，中共党史出版社 2011 年版，第 85 页。

〔3〕中共中央党史研究室编：《中国共产党历史（1921—1949）》第一卷上册，中共党史出版社 2011 年版，第 73 页。

工人五种工人特别重要，应多下功夫"〔1〕。

一开始，工人运动的中心在上海，但北方区的工人运动特别是铁路工人的罢工斗争发展也很快，著名的有京汉铁路长辛店工人罢工、1922年10月开滦五矿工人大罢工等。1925年6月爆发、持续近两年的省港大罢工是最著名、影响最大的。这次罢工中，罢工工人选出代表组成罢工工人代表大会和罢工委员会，执行了革命政权的一些重要职能，如制定革命法规、决定重大事项、分配食品、建立革命法庭、维持秩序等。1927年3月，上海工人第三次武装起义胜利之后，"联合各被压迫阶级建立了革命民主的上海市政权之基础"〔2〕，在周恩来领导下，召开上海市民代表会议，选举产生市人民代表会议主席和执行委员，通过《上海特别市市民代表会议政府组织条例》。其中规定：上海特别市以市民代表会议为最高权力机关。

（二）通过农民协会把农民组织起来

1921年9月，浙江萧山县衙前镇组织召开农民代表大会，通过《衙前农民协会宣言》和《衙前农民协会章程》，选举产生农会执行委员会，成立中国第一个新型农民组织。1922年夏，彭湃在广东省海陆丰地区发动农民运动，成立农会。1923年7月，陈独秀指出，在国民运动中，不可漠视农民问题，而引导农民加入国民运动，从组织上说有四种：农会、乡自治公所、佃农协会、

---

〔1〕 邓中夏：《中国工人状况及我们运动之方针》，中共中央文献研究室、中央档案馆编：《建党以来重要文献选编（一九二一——一九四九）》第一册，中央文献出版社2011年版，第389—390页。

〔2〕《中国共产党为此次上海巷战告全中国工人阶级书》，中共中央文献研究室、中央档案馆编：《建党以来重要文献选编（一九二一——一九四九）》第四册，中央文献出版社2011年版，第107页。

雇农协会[1]。

1924 年国共合作之后，毛泽东等人在广州创办农民运动讲习所，培养农民运动骨干。地主权力既倒，农会便成了唯一的权力机关，真正办到了人们所谓"一切权力归农会"[2]。可以说，"一切权力归农会"，既成为最响亮的口号，也是最鲜明的旗帜。农民协会组织由村、乡逐步发展到县、省级，很快在广东、湖南、湖北、江西、陕西等省近 200 个县建立起来。随着北伐战争的胜利推进，农民运动得到更大规模的发展。

可以说，上述这些政权形式比较简单，性质比较模糊，实行的范围也比较狭小，却是后来红色政权的最初渊源，是为建立新型国家治理模式而进行的初步尝试。

二、建立中华苏维埃共和国

从 1927 年到 1935 年，中国共产党继续探索适合中国国情的国体与政体，在创建革命根据地政权的同时，对苏维埃制度进行深入的理论探讨，明确提出要建立工农兵代表会议（或工农苏维埃），直至建立中华苏维埃共和国。

（一）关于苏维埃政权的性质

1928 年 1 月 10 日，瞿秋白在《中国的苏维埃政权与社会主义》一文中强调："广州暴动在事实上组织起中国的苏维埃政府，这一历史上的重大事件，是中国一切革命者都应当注意研究的。"

---

[1] 陈独秀：《中国农民问题》，中共中央文献研究室、中央档案馆编：《建党以来重要文献选编（一九二一——一九四九）》第一册，中央文献出版社 2011 年版，第 285 页。

[2] 毛泽东：《湖南农民运动考察报告》，《毛泽东选集》第一卷，人民出版社 1991 年第 2 版，第 14 页。

"苏维埃政府，便是革命的民众自己选举出代表，组织代表会议，做一般群众斗争的指导机关。革命的高潮之中，这种苏维埃组织起来，必然要成为暴动的指导机关；暴动胜利之后他便成革命的政权机关。"[1] 在井冈山革命根据地的建设实践中，毛泽东同志阐述了工农武装割据存在和发展的必备条件，包括："有很好的群众""有很好的党""有相当力量的红军""曾经有过很广大的工会和农民协会的组织""共产党组织的有力量和它的政策的不错误"等[2]。不仅如此，毛泽东同志作为中华苏维埃共和国的主要领导者，还领导了苏维埃政权建设和工作。这样，把党的领导、武装斗争、土地革命和苏维埃政权建设紧密结合，开辟出了一条把苏维埃制度本土化、中国化的理论探索和实践探索之路。

周恩来同志后来评价道："关于苏维埃，不管名词是否妥当，但苏维埃是工农代表会议，它与资产阶级的议会制度是有原则区别的。列宁说苏维埃政权不仅可以用于资本主义国家，而且可以用于殖民地国家。毛泽东同志发展了这种思想，把它发展成为中国的代表会议制度。"[3] 张闻天同志也说过："实际上，苏维埃政权就是民众政权。工农兵以及一切劳苦民众的苏维埃政权，必然是大多数民众的政权。反之，民众政权只有经过工农兵代表会

---

〔1〕 瞿秋白：《中国的苏维埃政权与社会主义》，中共中央文献研究室、中央档案馆编：《建党以来重要文献选编（一九二一——一九四九）》第五册，中央文献出版社2011年版，第37、38页。方志敏在《我从事革命斗争的略述》中说："目前苏维埃政权，是工农民主专政，对于压迫剥削阶级，如地主资本家，等等，是实行专制，剥夺其政治上的权利和自由；对于工农劳苦群众，则实行最高度的民主。"全国人大图书馆编：《中华苏维埃代表大会重要文献选编》，中国民主法制出版社2019年版，第540、541页。

〔2〕 毛泽东：《中国的红色政权为什么能够存在》和《井冈山的斗争》，《毛泽东选集》第一卷，人民出版社1991年第2版。

〔3〕 周恩来：《关于党的"六大"的研究》，《周恩来选集》上卷，人民出版社1980年版，第161页。

议即苏维埃的形式，方能得到充分的实现。"[1]

（二）提出并尝试建立工农兵代表苏维埃

1927 年国民党反动派叛变革命后，中国共产党举行"八一"南昌起义，打响了武装反抗国民党反动派的第一枪。同时，中共中央临时政治局作出发动秋收起义的决定，8 月 3 日，发布的秋收暴动大纲指出，这次暴动战略是"以农会为中心……宣布农会为当地的政府"，"夺取一切政权于农民协会"[2]。8 月 7 日，中共中央在汉口举行紧急会议（即"八七"会议），确定土地革命和武装反抗国民党反动派的总方针。中国共产党从此独立地肩负起领导中国革命的历史重任，领导人民创建革命根据地，同时在如何组织政权问题上更倾向于学习苏联苏维埃建设经验，加强指导建立苏维埃政权。

当时，中央提出"工农兵代表苏维埃，是一种革命的政权形式，即是保证工农民权独裁制直接进于无产阶级的社会主义独裁制"，所以要开始宣传苏维埃的意义；另一方面，"本党现时不提出组织苏维埃的口号——城市、乡村、军队之中都是如此"，"本党既组织革命的工农暴动于左派国民党旗帜之下，自然还只限于宣传苏维埃的意义。"[3] 但是，1927 年 8 月 20 日，毛泽东同志就提出，"我们此刻应有决心立即在粤湘鄂赣四省建立工农兵政权"，"国民党旗子已成为军阀的旗子，只有共产党旗子才是人民

---

〔1〕 张闻天：《论苏维埃政权与民众政权》，全国人大图书馆编：《中华苏维埃代表大会重要文献选编》，中国民主法制出版社 2019 年版，第 355 页。

〔2〕《中共中央关于湘鄂粤赣四省农民秋收暴动大纲》，中共中央文献研究室、中央档案馆编：《建党以来重要文献选编（一九二一——一九四九）》第四册，中央文献出版社 2011 年版，第 383 页。

〔3〕《中国共产党的政治任务与策略的议决案》，中共中央文献研究室、中央档案馆编：《建党以来重要文献选编（一九二一——一九四九）》第四册，中央文献出版社 2011 年版，第 477—478 页。

的旗子……应立刻坚决的树起红旗"〔1〕。1927 年 9 月初，作为中共中央特派员，毛泽东同志在领导秋收起义的准备工作时明确提出，应当扩大宣传苏维埃政权，在暴动力量发展最大的地方建立苏维埃，把一切权力归工农兵代表会议。

　　1927 年 9 月 19 日，中共中央临时政治局会议通过的《关于"左派国民党"及苏维埃口号问题决议案》，明确提出要建立苏维埃政权，"现在的任务不仅宣传苏维埃的思想，并且在革命斗争新的高潮中应成立苏维埃。……苏维埃的组织，首先应当在那些中心的地方如广州、长沙等，当我们有决定的巩固的胜利的时候"，并特别指出"在农村中最近期间'一切政权属于农民协会'仍完全有效"〔2〕。10 月，彭湃在广东海陆丰领导秋收起义成功后，立即召开海丰和陆丰工农兵代表大会。用张闻天的话来说，这是"中国第一个苏维埃"。他说："广东的海陆丰，此次的伟大而普遍的农民暴动，英勇斗争，推翻了反动势力下的统治，杀尽了豪绅地主阶级，没收了一切豪绅地主的土地财产，建立了工农兵苏维埃的政权，实开中国革命史上光荣记载的伟大革命前途的新纪元。"〔3〕海陆丰工农兵的大暴动，揭开了中国苏维埃运动的序幕。张闻天信心满满地说："这次东江农民大暴动后创立的苏维埃，算是中国破天荒第一次的苏维埃，新的革命政权

〔1〕《湖南致中央函》，中央档案馆编：《中共中央文件选集（一九二七）》第三册，中共中央党校出版社 1989 年版，第 290 页。

〔2〕《关于"左派国民党"及苏维埃口号问题决议案》，中共中央文献研究室、中央档案馆编：《建党以来重要文献选编（一九二一——一九四九）》第四册，中央文献出版社 2011 年版，第 508 页。

〔3〕张闻天：《中国第一个苏维埃（广东通信）》，中共中央文献研究室、中央档案馆编：《建党以来重要文献选编（一九二一——一九四九）》第四册，中央文献出版社 2011 年版，第 702—703 页。

正由东江扩大至全广东，乃至全中国！"[1] 事实真是如此，后来就是广州的暴动。

11 月 9 日—10 日，中共中央临时政治局召开扩大会议，提出苏维埃的口号与工农政纲，"现时革命阶段之中，党的主要口号就是苏维埃——无产阶级领导之下的工农民权独裁性质的政权，只能在苏维埃制度的形式里建立起来"，确定"一切政权归工农兵士贫民代表会议，是武装暴动的总口号"[2]。11 月 28 日，成立了湘赣边界第一个工农兵政权——茶陵县工农兵政府，谭震林任主席。此后，革命根据地的政权组织形式开始由农民协会向工农苏维埃（工农兵代表会议）转变。井冈山、广州、黄冈、麻城等地的党组织，先后领导工农群众武装建立了工农兵代表会议的政权。

1927 年 12 月 5 日，中共中央在给广东省委的信中，首先赞成广州暴动的计划，接着对暴动之后如何组织政权提出要求。特别是明确提出："苏维埃之组织，依照此次会议决议进行。"在肯定海陆丰苏维埃的基础上，进一步指出，"应注意：使群众真切了解感觉苏维埃是他们自己的政权。故苏维埃成立之后，在此紧张群众斗争之时，必须（1）多开苏维埃会议，一切重大政策办法都经过这种群众代表会议决定，一切执行政策，须在会议上报告——不要将实权尽归之于县苏维埃执委；（2）代表对选举人实行负责报告；（3）选举人应能实行撤换代表之权……（4）县城

---

〔1〕 张闻天：《中国第一个苏维埃（广东通信）》，中共中央文献研究室、中央档案馆编：《建党以来重要文献选编（一九二一——一九四九）》第四册，中央文献出版社 2011 年版，第 712 页。

〔2〕《中国现状与共产党的任务决议案》，中共中央文献研究室、中央档案馆编：《建党以来重要文献选编（一九二一——一九四九）》第四册，中央文献出版社 2011 年版，第 627—628 页。

中实行职业选举，工厂选举。苏维埃政权不可轻易忽视——如果海陆丰城市不守，县苏维埃政府不应轻易解散，必须仍为指挥作战之机关，退至可守地点，指导进攻"[1]。

广州的暴动，迅速扩及全广东，"如今全广东几千万的工农兵士都在剧烈的奋斗，要根本推翻土豪乡绅资本家国民党的政权。""这是工农兵士群众第一次革命暴动的胜利。这是工农兵士群众第一次自己起来取得政权——广东工农兵士群众已经自己遣派代表，组织工农兵代表会的政府，组织工农革命军，实行没收一切地主的土地，实行没收反革命资本家的工厂公司，实行八小时工作制及真正保护工人利益的劳动法……广东的工农兵士自己动手解放自己了！"[2] 并号召全国的工人农民兵士赶快起来，继续着广东工友农友斗争，争得我们自己的解放。

（三）党的六大提出"建立工农兵代表会议（苏维埃）政府"

1928年6月18日—7月11日，党的六大在莫斯科召开。这

〔1〕《中共中央给广东省委的信》，中共中央文献研究室、中央档案馆编：《建党以来重要文献选编（一九二一——一九四九）》第四册，中央文献出版社2011年版，第738—739页。

〔2〕《中国共产党为广东工农兵暴动建立苏维埃告民众》，中共中央文献研究室、中央档案馆编：《建党以来重要文献选编（一九二一——一九四九）》第四册，中央文献出版社2011年版，第776页。值得注意的是，过了将近20天，中央又通过"议决案"，充分肯定"广州苏维埃存在的期间虽然很短，可是对于中国现时革命的整个的发展，有非常之重大的意义"。见《广州暴动之意义与教训》，中共中央文献研究室、中央档案馆编：《建党以来重要文献选编（一九二一——一九四九）》第五册，中央文献出版社2011年版，第1页及以下。周恩来在中共六大讨论政治报告时的发言中，认为广州暴动"是中国英勇无产阶级团结力量企图推翻统治阶级建设苏维埃政权的第一声，它含有伟大的世界意义。它的政策应用是正确的，它告诉了中国革命群众一个新口号——苏维埃政权。它将中国革命推进到新阶段之口——苏维埃政权，自然它在组织上工作上是有很多错误，我们在决议上还要说明"。见周恩来：《在中共六大讨论政治报告时的发言》，中共中央文献研究室、中央档案馆编：《建党以来重要文献选编（一九二一——一九四九）》第五册，中央文献出版社2011年版，第323—324页。

次会议的地点在莫斯科，更为重要的是，在党的建设（用瞿秋白在大会开幕词中的说法就是，要使我们党"成为一个布尔塞维克主义的党"和"使党完全布尔塞维克化"[1]）、政权建设等方面进一步学习苏联的经验。这在当时的文件中都有明确记载。比如，大会制定的《政治议决案》结尾部分，特别明确提出："中国共产党第六次大会完全接受共产国际第九次扩大会议对于中国问题决议案，而且是本决议案的基础，这两议决案应同时为这一时期决定一切政策的方针。"[2]又如，大会制定的《苏维埃政权的组织问题决议案》在第一部分"准备苏维埃政权的工作"中，就明确提出："中国党应利用苏联苏维埃建设的经验，普遍此经验于党员及广大群众中去，俾预先准备干部人才，以敏捷的建设政权机关。"[3]

《政治议决案》提出，"推翻帝国主义及土地革命是革命当前的两大任务"，"必须用武装暴动革命的方法，推翻了帝国主义的统治和地主军阀及资产阶级国民党的政权，建立苏维埃的工农民权独裁制在无产阶级的领导之下，然后才能够解决这两个任务"[4]。党在中国革命现在阶段的十大纲领之一，就是"建立工农兵代表会议（苏维埃）政府"；党在苏维埃区域中的任务，就

---

〔1〕 瞿秋白：《中国共产党第六次全国代表大会开幕词》，中共中央文献研究室、中央档案馆编：《建党以来重要文献选编（一九二一——一九四九）》第五册，中央文献出版社2011年版，第249—250页。

〔2〕《政治议决案》，中共中央文献研究室、中央档案馆编：《建党以来重要文献选编（一九二一——一九四九）》第五册，中央文献出版社2011年版，第401—402页。

〔3〕《苏维埃政权的组织问题决议案》，中共中央文献研究室、中央档案馆编：《建党以来重要文献选编（一九二一——一九四九）》第五册，中央文献出版社2011年版，第452页。

〔4〕《政治议决案》，中共中央文献研究室、中央档案馆编：《建党以来重要文献选编（一九二一——一九四九）》第五册，中央文献出版社2011年版，第377—378页。

包括："发展苏维埃的根据地。夺取新的区域巩固新的区域，这种区域是要成为更大发展的基础的"；"建立苏维埃的政权机关，引进广大群众参加管理政事"[1]。

党的六大制定的《苏维埃政权的组织问题决议案》提出："苏维埃的正式名称应当是工农兵代表会议（乡区的可简称农民代表会议）。中国的苏维埃政权的正式名义应当是：中国工农兵代表会议（苏维埃）政府。"并在第十五部分"苏维埃的组织"中，作了进一步具体的规定。这主要包括：苏维埃的组织应站在劳动群众直接选举的基础上并保证产业工人的领导作用，苏维埃的定义，苏维埃会员应尽量参加苏维埃的工作，苏维埃为执行各项职务起见分置各部，苏维埃各机关的党团须执行党的指示等[2]。

党的六大为苏维埃运动的发展，起到了极大的促进作用，最终建立起中华苏维埃共和国。

（四）各地陆续召开工农兵代表大会

经过三四年的发展壮大，苏维埃运动逐渐成为中国革命的主要力量。从1929年—1930年，毛泽东、朱德、陈毅等同志率领红四军多方转战，建立了革命根据地。1929年12月成立赣西南临时苏维埃政府；1930年3月在吉安县召开赣西南第一次工农兵代表大会，成立赣西南苏维埃政府；后发展为江西省工农民主政府。同时，闽西根据地建立起来。到1931年9月中旬，赣南、闽西两大根据地连成一片，形成了以瑞金为中心的全国最大、最重要、最具代表性的根据地——中央革命根据地（又称中央苏

---

[1]《政治议决案》，中共中央文献研究室、中央档案馆编：《建党以来重要文献选编（一九二一——一九四九）》第五册，中央文献出版社2011年版，第378、397页。

[2]《苏维埃政权的组织问题决议案》，中共中央文献研究室、中央档案馆编：《建党以来重要文献选编（一九二一——一九四九）》第五册，中央文献出版社2011年版，第452—453、461—464页。

区），拥有 21 个县、250 万人口。实际上，这就是"由微小的游击区域发展成为目前广大的苏维埃区域了。在这些苏维埃区域里，推翻了地主资产阶级的统治，建立工农兵苏维埃政权；没收了地主阶级的一切土地，平均分配了土地给中农贫农；消灭了地主阶级的武装，建立了工农的军队"[1]。

同时，其他根据地也发展到相当规模，在这种条件下就"使召开全国性苏维埃代表大会的条件具备、时机成熟"[2]，为中华苏维埃共和国的建立奠定了坚实基础。

各根据地制定了施政纲领等大量法律法规，其中有代表性的就多达 30 余件。如 1927 年 9 月江西制定《江西省革命委员会行动纲领》，11 月制定《江西省苏维埃临时政纲》《闽西苏维埃组织法》、闽西第一次工农兵代表大会宣言及决议案等[3]，两年后制定了更详细的《湘鄂赣边革命委员会革命政纲》。有的县级革命政权也颁布了苏维埃政权施政纲领，如 1929 年 4 月江西兴国县制定的《兴国县革命委员会政纲》等。上述规定对于保障工农群众基本权利、开展土地革命、发展生产等具有重要意义，但随着革命根据地的发展，统一政权、统一法制是大势所趋。在领导井冈山革命根据地斗争时，毛泽东同志就说过："中央要我们发布一个包括小资产阶级利益的政纲，我们则提议请中央制订一个整个民权革命的政纲，包括工人利益、土地革命和民族解放，使

---

〔1〕《中央苏区党的第一次代表大会政治决议案》，中共中央文献研究室、中央档案馆编：《建党以来重要文献选编（一九二一——一九四九）》第八册，中央文献出版社 2011 年版，第 610 页。

〔2〕 李炳军：《中国共产党建设中央苏区红色政权的探索实践》，《求是》2019年第 23 期，第 69 页。

〔3〕 张希坡：《人民代表大会制度创建史》，中共党史出版社 2009 年版，第130—132 页。

各地有所遵循。"〔1〕

（五）积极筹备召开中华苏维埃第一次全国代表大会

为了集中一切革命势力，加强对革命政权的统一领导，需要建立中央政府指导机关〔2〕。1930 年 1 月 20 日，中共中央决定召开第一次全国苏维埃区域代表大会（以下简称"一苏大会"）。2 月 4 日，中共中央发出《中央通告第六十八号——关于召集全国苏维埃区域代表大会》，明确这一大会的召集将以全国总工会、中国共产党为主要的发起者，各地苏维埃区域及红军亦将被邀请列名。2 月 15 日，中国共产党、中华全国总工会发表了召集全国苏维埃区域代表大会联合宣言，提出"发起于本年红色的五月三十日召集全国苏维埃区域的代表大会，解决当前的一切重要问题"，还希望广东、广西、福建、江西、湖南、湖北、安徽、河南、四川各苏维埃区域、各红军、各游击队及其他各省之一切农民团体与武装组织，各派其主要负责代表"来参加这一全国伟大的革命的代表会议"〔3〕。2 月 17 日，中国共产党发出为召集全国苏维埃区域代表大会之全国总工会信。3 月 20 日，作为"一苏大会"的筹备机关，中国工农兵会议第一次全国代表大会中央准备委员会（简称"中央准备委员会"），制定了《中华苏维埃第一次全国代表大会各级准备委员会组织大纲》，明确各级准备委员会的组织、任务。

〔1〕 毛泽东：《井冈山的斗争》，《毛泽东选集》第一卷，人民出版社 1991 年版，第 78—79 页。

〔2〕《中国工农兵会议（苏维埃）第一次全国代表大会选举条例》，全国人大图书馆编：《中华苏维埃代表大会重要文献选编》，中国民主法制出版社 2019 年版，第 680 页。

〔3〕《中国共产党、中华全国总工会为召集全国苏维埃区域代表大会联合宣言》，全国人大图书馆编：《中华苏维埃代表大会重要文献选编》，中国民主法制出版社 2019 年版，第 137 页。

5月20日，全国苏维埃区域代表大会在上海秘密召开。大会通过了各种决议和苏维埃区域的暂行法令（苏维埃的组织法、劳动保护法、土地暂行法），《全国苏维埃区域代表大会宣言》[1]等。根据大会通过的有关决议，大会主席团决定1930年11月7日召开第一次全国工农兵贫民苏维埃大会，建立全国工农兵贫民自己的政府。之后，便开始了紧张而有序的准备工作，包括开展有关的宣传运动。

1930年9月，中共扩大的六届三中全会通过的《关于政治状况和党的总任务议决案》，进一步提出巩固和发展各苏维埃区，明确苏维埃全国代表大会的准备运动。10月8日—11日，《红旗日报》刊载中央准备委员会规定的《中国工农兵会议（苏维埃）第一次全国代表大会选举条例》。这就对"一苏大"代表的选举作了规定，包括原则、选举权、苏维埃区域、反动统治区域、附则等。9月26日，中央准备委员会还据此专门制定了两个选举暂行条例，即《中国工农兵会议（苏维埃）第一次全国代表大会苏维埃选举暂行条例》，共十一章三十五条；《中国工农兵会议（苏维埃）第一次全国代表大会苏维埃区域选举暂行条例》，共十一章三十五条[2]。这就为中央苏区第一次民主选举运动提供了法律依据、制度保障。事实上，"中央苏区各地进行了规模较大、普及较广的选举活动"[3]，按时选举产生了出席"一苏大"的代表。

但是，由于蒋介石先后三次对中央苏区发动大规模"围剿"，

---

〔1〕《建党以来重要文献选编》第七册，中央文献出版社2011年版。

〔2〕 全国人大图书馆编：《中华苏维埃代表大会重要文献选编》，中国民主法制出版社2019年版，第683—691页。

〔3〕 刘前华、朱万红：《中央苏区的三次民主选举运动》，《百年潮》2021年第10期，第38页。

"一苏大会"会期一再推迟。

1931 年 8 月，共产国际执委会主席团在分析研判当时中国革命的危机时认为："苏维埃政权在数千万居民的领土内取得胜利，但同时革命危机还没有把国内大部分领土内的群众引上直接推翻国民党和帝国主义者政权的斗争"，另一方面，"苏维埃政权与红军底根据地正在扩大和巩固起来"。因此，提出"一切党组织的注意力，都应该集中到：继续扩大苏维埃区域，建立工农运动间广大的战斗联络，使非苏区的革命斗争与工农红军底动作相呼应……中国共产党应该首先解决以下三位一体的任务"，这就是：（1）牢牢掌握根据地并继续扩大这个根据地，在这种基础上，去建设和巩固红军；（2）成立苏维埃中央政府，巩固苏维埃政权，而苏维埃政权应在自己统治的领土内彻底执行反帝土地革命底基本口号；（3）展开非苏区的群众革命斗争、农民运动，而尤其是工人的罢工，同时要极努力地巩固和扩大革命职工运动。"胜利地完成这些基本任务，就是苏维埃运动在中国取得胜利的担保"[1]。这里，非常明确地提出了"成立苏维埃中央政府"的要求。中央委员会完全一致同意共产国际执委会的决议。

（六）建立中华苏维埃共和国

在 1931 年 11 月 7 日俄国十月革命纪念节这么一个特殊的日子，中华苏维埃第一次全国代表大会在江西瑞金叶坪村隆重开幕。毛泽东同志为此题词："苏维埃是工农劳苦群众自己管理自己生活的机关，是革命战争的组织者与领导者。"[2] 出席会议的

---

〔1〕《共产国际执委会主席团关于中国共产党任务的决议案》，中央档案馆编：《中共中央文件选集（一九三一）》第七册，中共中央党校出版社 1983 年版，第 388—390 页。

〔2〕中共中央文献研究室编：《毛泽东年谱（一八九三——一九四九）（修订本）》，上卷，中央文献出版社 2013 年版，第 358 页。

有各根据地代表和白区代表，共 610 人。这包括：中央区，闽西，湘鄂赣，湘赣，湘鄂西，豫东北，琼崖各苏区；红军方面一三军团，二六军，及各独立师；全总，海员，韩国等[1]。

大会选举毛泽东、项英、任弼时、朱德、周以栗、曾山等 37 人为大会主席团成员，随后主席团执行主席项英宣布大会开幕并致开幕词。9 日下午，大会议程的第一项：毛泽东同志代表中共苏区中央局向大会作政治问题报告。次日，代表们讨论毛泽东同志的报告。在这里，提一下另一种说法，它似乎跟历史事实相左。即"会议原定 11 月 17 日结束，由于起草和讨论宪法大纲的需要，主席团决定延长 3 天，至 20 日结束，并重新安排大会日程。""11 日，大会主席团决定由毛泽东、任弼时、王稼祥等组成宪法起草委员会，根据中共中央关于宪法大纲的指示原则，制定《中华苏维埃共和国宪法大纲（草案）》"[2]。然而，这种说法恐怕还需要更多的历史材料来加以论证和支撑。

会议通过了《中华苏维埃共和国宪法大纲》和土地法、劳动法等法令，发表《中华苏维埃共和国临时政府对外宣言》等。会议还选出毛泽东、周恩来、朱德等 63 人组成的中央执行委员会。11 月 27 日，毛泽东召开中央执行委员会第一次会议，按照苏维埃组织法规定的程序，选举毛泽东为中华苏维埃共和国中央执行委员会主席，项英、张国焘为副主席。在中央执行委员会之下，组织最高行政机关——人民委员会，作为中华苏维埃共和国中央行政机关，选举毛泽东为中央执行委员会主席，项英、张国焘为副

〔1〕《中华苏维埃代表大会给中共中央电》，中央档案馆编：《中共中央文件选集（一九三一）》第七册，中共中央党校出版社 1983 年版，第 463 页。

〔2〕 中国人民代表大会制度理论研究会编：《人民代表大会制度从这里走来》，中国民主法制出版社 2021 年版，第 30—31 页。

主席。"毛主席"的称呼由此而来。同时，中央执行委员会会议还选举了中央人民委员会委员（即临时中央政府各部部长），通过选举细则、地方苏维埃组织条例、行政区划条例、婚姻条例等项法律。

1931年11月7日，《中华苏维埃共和国临时政府对外宣言》庄严宣告："中华苏维埃共和国临时政府于1931年11月7日俄国十月革命纪念节于江西正式成立了。它是中国工农兵以及一切劳苦民众的政权"[1]。12月1日，中央执行委员会发布第一号布告，"宣告中华苏维埃共和国成立"。从今日起，"中华领土之内，已经有两个绝对不相同的国家"：中华民国和中华苏维埃共和国[2]。这是我国历史上第一个全国性的工农民主政权，标志着中国共产党开始在局部地区执政，也标志着中国共产党领导的革命政权建设已经发展成为国家的形态，有了地方和中央的组织，已经建立了临时中央政府。毛泽东同志在闭幕词中，提出临时中央政府的三大任务：组织革命战争，巩固扩大革命根据地，创造一支大而有力的红军。

当时各根据地仍处于被分割的状态，然而，"中华苏维埃共和国临时中央政府的成立，对各根据地在一定程度上起到了加强中枢指挥的作用，在政治上也产生了很大影响。"[3] 作为苏维埃中央政府所在地的中央苏区，就理所当然地成了全国苏维埃运动的"大本营"。

---

〔1〕《中华苏维埃共和国临时政府对外宣言》，中央档案馆编：《中共中央文件选集（一九三一）》第七册，中共中央党校出版社1983年版，第488—489页。

〔2〕《中华苏维埃共和国中央执行委员会布告（第一号）》，中共中央文献研究室、中央档案馆编：《建党以来重要文献选编（一九二一——一九四九）》第八册，中央文献出版社2011年版，第727—728页。

〔3〕中共中央党史研究室编：《中国共产党历史》第一卷（1921—1949）上册，中共党史出版社2011年第2版，第328页。

三、《中华苏维埃共和国宪法大纲》及其实施

1930 年 5 月，中央准备委员会全体会议通过了由中共中央提出的《中华苏维埃共和国国家根本法（宪法）大纲草案》。第一条规定，革命战争的目的是"建立全国工农群众自己的政权"。这一方面需要用宪法来规定和确认，"必须明确的规定苏维埃国家根本法的原则"，使全国劳动民众深刻认识到苏维埃就是真正的他们自己的政权；另一方面，战争不仅没有结束，反而是日益剧烈和扩大，"苏维埃政权的建立还没有普遍到全中国，所以这次大会还不能够立刻就决定详细的国家根本法的具体条文"[1]，所以，只能采取宪法大纲的形式。

1931 年 11 月 5 日，中共中央用电报的形式，将宪法原则要点发给苏区中央局。该宪法原则要点共十七条。[2] 据此，中华苏维埃第一次全国代表大会于 1931 年 11 月 7 日通过了《中华苏维埃共和国宪法大纲》。宪法大纲开宗明义庄严宣告："中华苏维埃第一次全国代表大会谨向全世界与全中国的劳动群众，宣布它在全中国所要实现的基本任务，即中华苏维埃共和国的宪法大纲。"[3]

---

〔1〕《中华苏维埃共和国国家根本法（宪法）大纲草案》，全国人大图书馆编：《中华苏维埃代表大会重要文献选编》，中国民主法制出版社 2019 年版，第 611 页。

〔2〕《中共中央关于宪法原则要点给苏区中央局的电报》，中共中央文献研究室、中央档案馆编：《建党以来重要文献选编（一九二一——一九四九）》第八册，中央文献出版社 2011 年版，第 647—648 页。

〔3〕《中华苏维埃共和国宪法大纲》，中共中央文献研究室、中央档案馆编：《建党以来重要文献选编（一九二一——一九四九）》第八册，中央文献出版社 2011 年版，第 649 页。以下所引《中华苏维埃共和国宪法大纲》，均见中共中央文献研究室、中央档案馆编：《建党以来重要文献选编（一九二一——一九四九）》第八册，中央文献出版社 2011 年版，第 649—650 页。

该宪法大纲共十七条，将中共中央关于宪法原则要点条文化、具体化，规定了国家根本法的任务、苏维埃政权的性质、政治制度、经济制度、公民权利义务、外交政策等内容。这是我们党领导下制定的第一部根本法，具有里程碑意义。

该宪法大纲在序言中有一句话，即"但中华苏维埃第一次全国代表大会认为，这些任务的完成，只有在打倒帝国主义国民党在全中国的统治，在全中国建立苏维埃共和国的统治之后；而且在那时，中华苏维埃共和国的宪法大纲才更能具体化，而成为详细的中华苏维埃共和国的宪法"。这是对宪法大纲的定性和定位，表明我们党对宪法及其与民主政治之间关系的认识。

（一）关于共和国家根本法的任务

第一条规定："中华苏维埃共和国家根本法（宪法）的任务，在于保证苏维埃区域工农民主专政的政权和达到它在全中国的胜利。这个专政的目的，是在消灭一切封建残余，赶走帝国主义列强在华的势力，统一中国，有系统的限制资本主义的发展，进行国家的经济建设，提高无产阶级的团结力和觉悟程度，团结广大的贫农群众在它的周围，以转变到无产阶级的专政。"这一规定既是明确宪法的目标任务，也是明确了国体，苏维埃的性质。这就以宪法的形式把党的六大规定的反帝反封建的新民主主义任务固定下来，又把六大确定的将民主革命转变为社会主义革命的纲领肯定下来，使宪法大纲具有纲领的性质和特点，是必要性和可行性的有机统一。这一传统一直延续下来，比如后来的"共同纲领"等。

（二）关于国体

第二条规定："中国苏维埃政权所建设的是工人和农民的民主专政的国家。苏维埃全政权是属于工人、农民、红军兵士及一切劳苦民众的。在苏维埃政权下，所有工人、农民、红色兵士及一切劳苦民众都有权选派代表掌握政权的管理；只有军阀、官僚、地主、豪绅、资本家、富农、僧侣及一切剥削人的人和反革命分子是没有选派代表参加政权和政治上自由的权利的。"这就是进一步规定了工农民主专政的政权，明确了苏维埃的性质，既规定了苏维埃政权的主体，就是"工人、农民、红色兵士及一切劳苦民众"，又明确列出不属于苏维埃政权的范围，就是"军阀、官僚、地主、豪绅、资本家、富农、僧侣及一切剥削人的人和反革命分子"。这说明中华苏维埃共和国的国体是工人阶级领导的，以工农联盟为基础的，联合城市小资产阶级的工农民主专政。

在中华苏维埃第二次全国代表大会（以下简称"二苏大会"）上的报告中，毛泽东同志指出："这个政府是工农的政府，他实行了工人与农民的革命民主专政，他对于工农是广大的民主，但绝不容许任何地主、资产阶级分子参加。他是一个专政，是一个已经具有极大权力的专政，这个专政已经向着全国范围扩大他的影响，他在广大民众中间有了很大的信仰。"[1]

（三）关于政体

关于苏维埃的最高政权机关，第三条规定："中华苏维埃共和国之最高政权为全国工农兵会议（苏维埃）的大会，在大会闭会的期间，全国苏维埃临时中央执行委员会为最高政权机关，中央执行委员会下组织人民委员会处理日常政务，发布一切法令和决议案。"

宪法大纲还对中央苏维埃的权限、地方苏维埃等作出了规

---

〔1〕 毛泽东：《在第二次全国苏维埃代表大会上的报告》，中共中央文献研究室、中央档案馆编：《建党以来重要文献选编（一九二一——一九四九）》第十一册，中央文献出版社 2011 年版，第 97 页。

定。各级工农兵苏维埃代表大会"讨论和决定一切国家的地方的政治任务"。工农兵苏维埃代表大会制度实行民主集中制和议行合一的组织原则。

（四）关于选举

第四条规定："在苏维埃政权领域内的工人、农民、红军兵士及一切劳苦民众和他们的家属，不分男女、种族（汉、满、蒙、回、藏、苗、黎和在中国的台湾，高丽，安南人等）、宗教，在苏维埃法律面前一律平等，皆为苏维埃共和国的公民。为使工农兵劳苦民众真正掌握着自己的政权，苏维埃选举法特规定：凡上述苏维埃公民在十六岁以上皆享有苏维埃选举权和被选举权，直接选派代表参加各级工农兵会议（苏维埃）的大会，讨论和决定一切国家的地方的政治事务；代表产生方法是以产业工人的工厂和手工业工人、农民、城市贫民所居住的区域为选举单位；这种基本单位选出的地方苏维埃代表有一定的任期，参加城市或乡村苏维埃各种组织和委员会中工作，这种代表须按期地向其选举人做报告，选举人无论何时，皆有撤回被选举人及实行新选举的权利。为着只有无产阶级才能领导广大的农民与劳苦群众走向社会主义，中国苏维埃政权在选举时给予无产阶级以特别的权利，增多无产阶级代表的比例名额。"

（五）关于权利自由

一是规定了保障工农劳苦民众经济利益的各项政策。为了改善工人和农民的生活状况，消灭封建剥削制度，制定劳动法和土地法。为了保障工农利益，"采取一切有利于工农群众并为工农群众所了解的向社会主义走去的经济政策"。

二是规定了工农劳苦民众的权利和自由。在苏维埃国家里，工农劳苦民众享有广泛的权利和自由。第十条规定："中国苏维埃政权以保证工农劳苦民众有言论、出版、集会、结社的自由为目的，反对地主资产阶级的民主，主张工人农民的民主，打破地主资产阶级经济的和政治的权力，以除去反动社会束缚劳动者和农民自由的一切障碍，并用群众政权的力量，取得印刷机关（报馆、印刷所等）开会场所及一切必要的设备，给予工农劳苦民众，以保障他们取得这些自由的物质基础。同时，反革命的一切宣传和活动，一切剥削者的政治自由，在苏维埃政权下，都绝对禁止。"

三是确定了民族平等和民族自决的原则。宪法大纲既规定国内各族工农劳苦民众一律平等，又"承认中国境内少数民族的民族自决权"即"加入或脱离中国苏维埃联邦，或建立自己的自治区域"。

四是规定了反对帝国主义和实行无产阶级国际主义的对外政策原则。宪法大纲从"彻底地将中国从帝国主义压榨之下解放出来"的目的出发，"宣布中国民族的完全自由与独立"，不承认帝国主义在华的一切特权，废除一切不平等条约，无条件收回帝国主义的租界、租借地。

综上可以看出，宪法大纲是对根据地革命斗争经验的总结，它以根本法的形式肯定了工农劳苦大众在党的领导下取得的成功，同时把民主革命的目标以及转变到社会主义革命的任务用宪法原则规定下来。所以，它不但有根本法的特点，又有纲领性文件的特点。它的基本精神符合党的"六大"制定的十大纲领精神，是我国历史上第一部体现工农劳苦大众愿望和根本利益的国家根本法，不仅明确了中华苏维埃共和国的国体和政体，也明确中华苏维埃国家公民的权利和义务。但是，由于党的革命经验还不成熟，宪法大纲也规定了一些"左"的政策原则。例如，在政权建设上，不加区别地剥夺一切剥削者的参政权和政治自由；在土地政策上，提出"以实现土地国有为目的"等。这些规定不符合当时的形势需要，不利于团结一切可以团结的力量，给革命造成了重大损失。

（六）认真实施宪法大纲

建立和治理国家，对于年轻的中国共产党来说是一项新的重大考验。以宪法大纲的颁布为标志，中国苏维埃运动、政权建设进入了一个新阶段。在中央苏区先后领导开展了三次声势浩大的民主选举，逐级选举乡、区、县、省和全国苏维埃代表和苏维埃政府，并在国体政体、根据地政权建设、经济建设、扩大红军以及文化教育等方面进行了尝试和探索。

如前所述，这个宪法大纲本身需要具体化，同时，需要制定或者修改选举、组织等方面法律法令来予以实施。比如，1931年11月，中央执行委员会第一次全体会议通过《中华苏维埃共和国的选举细则》。第一条规定："为中华苏维埃共和国境域内选举手续上的统一起见，根据宪法第六十八条至第七十九条关于选举的规定，特颁布本选举细则。"[1] 还制定了选举委员会的工作细则等。在选举工作中，注重依法对选民的资格、选举的程序以及不同阶级成分的居民代表比例作出详细规定。同时，不断健全苏维埃代表大会选举程序，选举工作严格按照选举动员、划定选举单位、进行选民登记并公布选民名单、推荐并公布代表候选人、正式选举等5个步骤进行，充分保障了工农的选举权利得到落实，为新中国政权建设和国家建设提供了直接、鲜活的宝贵经验。

---

〔1〕《中华苏维埃共和国的选举细则》，全国人大图书馆编：《中华苏维埃代表大会重要文献选编》，中国民主法制出版社2019年版，第693页。

全国苏维埃代表大会是中华苏维埃共和国的最高政权机关，每两年召集一次。全国苏维埃代表大会的代表，由各省苏维埃代表大会、中央直属市、直属县苏维埃代表大会及红军所选举出来的代表组成。"全苏大会"闭会期间，由其选举产生的中央执行委员会为中华苏维埃共和国的最高政权机关。在中央执行委员会闭会期间，中央执行委员会主席团为中华苏维埃共和国的最高政权机关。省、县、区、市、乡各级苏维埃政权机关，为苏维埃政权的地方组织，称地方苏维埃。省苏维埃代表大会是全省最高政权机关，省苏执行委员会由其选举产生，为闭会期间全省最高政权机关。县（区）、乡（市）各级苏维埃建制与省苏相仿。同时，苏维埃共和国设置了权力机关、行政机关、司法机关。各级苏维埃代表大会及其执行委员会集立法、监督和行政权于一身，在国家体制中起主导作用。苏维埃代表大会主要通过人事任免、预决算审核、法律法令批准审核以及审计监督等方式对行政权实施全面监督。除乡和市镇苏维埃由全乡或本城市选民选举出来并向选民报告工作外，其他各级行政机关领导成员均由权力机关选举产生，向权力机关负责并报告工作。司法机关隶属于苏维埃代表大会，受权力机关监督，对权力机关负责，代表人民的意愿行使对政府的监督权。政府及其行政执法人员实质上是接受人民的监督，是人民当家作主的具体体现。

四、第二次全国苏维埃代表大会

（一）有关筹备工作

中央对"二苏大会"的召开，十分重视，作出部署，提出要求。比如，1933 年 8 月 1 日，中共中央组织局作出关于第二次全苏大会准备工作的决定，对 10 个方面的准备工作提出要求。
1933 年 8 月 13 日，中共中央专门就召集"二苏大会"给各级党
部发出通知，要求他们立刻开始进行有关工作。1934 年 1 月，中
共六届五中全会向第二次全国苏维埃代表大会党团发出指示，明
确目标任务，阐明第二次全苏大会的基本路线，加强工农武装力
量，改善苏维埃机关的工作等。

　　1933 年 6 月 8 日，中央执行委员会通过的《关于召集第二次
全苏大会的决议》中提出，在新的阶段，为了加强对全国革命的
领导，总结两年以来全国苏维埃运动的经验，决定新的方针及
改选中央执行委员会，"必须召集第二次全国苏维埃代表大
会"，并决定"第二次全苏大会以前应改选各级地方苏维
埃"[1]。6 月 10 日，中央政府第二次全苏大会准备委员会制定了
《准备第二次全苏大会的工作计划》，第二项就是要求修改选举细
则、划分行政区域条例、地方苏维埃暂行组织条例等。1933 年
8 月 9 日，中央执行委员会通过《关于实施"苏维埃暂行选举
法"的决议》，明确提出，"过去所颁布的'中华苏维埃共和国
选举细则'、'红军及地方武装的暂行选举细则'、'选举委员会
的工作细则'及中央执行委员会第八号训令都宣告无效"；这次
各级苏维埃的选举及红军出席各级苏维埃代表大会的代表产生手
续，都须依照"苏维埃暂行选举法"的规定进行[2]。这个新的
《苏维埃暂行选举法》共九章五十九条，内容包括：总则，选举
权和被选举权，选举的手续，各级苏维埃的选举程序及代表的标

---

〔1〕《中央执行委员会关于召集第二次全苏大会的决议》，全国人大图书馆编：
《中华苏维埃代表大会重要文献选编》，中国民主法制出版社 2019 年版，第 361 页。
〔2〕《中央执行委员会关于实施"苏维埃暂行选举法"的决议》，全国人大图书馆
编：《中华苏维埃代表大会重要文献选编》，中国民主法制出版社 2019 年版，第 705 页。

准，红军的选举手续及代表的标准，基本（市乡）选举的承认、取消及代表之召回，选举委员会及其工作，选举的经费，附则。同时，中央执行委员会8月9日就此次选举运动发出指示。

中央苏区第三次民主选举运动就此轰轰烈烈地开展起来。这次选举的任务，就是改选各级苏维埃，并选举出席"二苏大会"的代表[1]。

（二）毛泽东同志致开幕词和报告工作

1934年1月22日，第二次全国苏维埃代表大会开幕。毛泽东同志致开幕词，指出"两年以来，全国事变的发展，完全显示了证明了反革命统治阶级是更进一步的动摇崩溃，而苏维埃运动与全国革命斗争则是大大的发展了"，提出"大会的任务是要彻底粉碎敌人的五次'围剿'，是要把苏维埃运动推到全中国去，是要反对帝国主义、国民党灭亡中国的阴谋毒计"[2]。

1月24日、25日，毛泽东同志代表中华苏维埃共和国中央执行委员会与人民委员会向第二次大会报告了两年以来的工作。报告指出，苏维埃的民主制度是"最宽泛的民主主义"，最宽泛的民主首先表现于自己的选举，"苏维埃给予一切被剥削被压迫的民众以完全的选举权与被选举权，在女子的权利与男子同等。工农劳苦群众对这样的权利的取得，乃是历史上的第一次"。接下来，从7个方面对选举制度与实践进行了总结。（1）关于选民登记。（2）关于成分比例。（3）关于选举单位。（4）关于参加选举的人数。（5）关于候选名单。（6）关于妇女的当选。（7）关于

---

〔1〕 刘前华、朱万红：《中央苏区的三次民主选举运动》，《百年潮》2021年第10期，第42—44页。

〔2〕 毛泽东：《第二次全国苏维埃代表大会开幕词》，中共中央文献研究室、中央档案馆编：《建党以来重要文献选编（一九二一——一九四九）》第十一册，中央文献出版社2011年版，第80—81页。

工作报告。"所有这些，都使民众对于行使管理国家机关的权利的基本步骤——苏维埃的选举，有了完满的办法，保证了苏维埃政权巩固的基础。"[1]

毛泽东同志指出，苏维埃的民主，见之于市与乡的代表会议。市乡代表会议制度是苏维埃组织的基础，是使苏维埃密切接近于广大民众的机关。这一制度更加完满了。苏维埃的民主，还见之于给予一切革命民众以完全的集会、结社、言论、出版与罢工自由。苏维埃的民主精神，还见之于其行政区域的划分，就是把从省至乡各级苏维埃的管辖境界都改小了，目的就是"使苏维埃密切接近于民众，使苏维埃因管理地方不大得以周知民众的要求，使民众的意见迅速反映到苏维埃来，迅速得到讨论与解决，使动员民众为了战争为了苏维埃建设成为十分的便利"[2]。这些制度规定和实践，都是为了使苏维埃的民主更加真实、有效。在报告的最后一部分，提出"以深刻的自我批评精神来检查革命战争中存在着的弱点，这是我们不能放弃的责任"[3]，并对此作了进一步分析，提出了具体战斗任务。

毛泽东同志的这一报告，是中央执行委员会与人民委员会首次向全国苏维埃代表大会报告工作，在我们党和国家历史上具有里程碑意义。

---

〔1〕 毛泽东：《在第二次全国苏维埃代表大会上的报告》，中共中央文献研究室、中央档案馆编：《建党以来重要文献选编（一九二一——一九四九）》第十一册，中央文献出版社 2011 年版，第 102—104 页。

〔2〕 毛泽东：《在第二次全国苏维埃代表大会上的报告》，中共中央文献研究室、中央档案馆编：《建党以来重要文献选编（一九二一——一九四九）》第十一册，中央文献出版社 2011 年版，第 104—106 页。

〔3〕 毛泽东：《在第二次全国苏维埃代表大会上的报告》，中共中央文献研究室、中央档案馆编：《建党以来重要文献选编（一九二一——一九四九）》第十一册，中央文献出版社 2011 年版，第 130 页。

（三）通过《中华苏维埃共和国宪法大纲》等

第二次全国苏维埃代表大会通过《中华苏维埃共和国宪法大纲》《第二次全国苏维埃代表大会关于中央执行委员会报告的决议》《第二次全国苏维埃代表大会关于苏维埃经济建设的决议》《第二次全国苏维埃代表大会关于红军问题决议》《第二次全国苏维埃代表大会关于国徽、国旗及军旗的决定》《第二次全国苏维埃代表大会宣言》。

该宪法大纲在总结苏维埃建设经验教训的基础上，对关于苏维埃政权性质、名称等的规定有了发展，具体表述更加准确，主要表现在：（1）第一条增加规定"同中农巩固的联合"。这是总结苏维埃建设和土地革命的经验教训，对"左"倾错误的一个重要纠正。（2）第三条"中华苏维埃共和国之最高政权为全国工农兵会议（苏维埃）的大会"，改为"中华苏维埃共和国之最高政权为全国工农兵苏维埃代表大会"。（3）第四条"直接派代表参加各级工农兵会议（苏维埃）的大会"，改为"直接派代表参加各级工农兵苏维埃的大会"[1]，等等。

大会听了吴亮平同志的报告后，通过《第二次全国苏维埃代表大会苏维埃建设决议案》。该决议案既肯定成绩，又指出缺点，强调"组织与领导革命战争，是苏维埃的中心任务"[2]。为此，必须在苏维埃本身的组织与工作上加以改进，包括以下8个方面：（1）必须用一切方法，来充实与加强中央政府的组

---

〔1〕《中华苏维埃共和国宪法大纲》，中共中央文献研究室、中央档案馆编：《建党以来重要文献选编（一九二一——一九四九）》第十一册，中央文献出版社2011年版，第159—160页。

〔2〕《第二次全国苏维埃代表大会苏维埃建设决议案》，中共中央文献研究室、中央档案馆编：《建党以来重要文献选编（一九二一——一九四九）》第十一册，中央文献出版社2011年版，第176页及以下。

织与工作；（2）中央政府必须用一切办法加强对各省苏的领导；（3）为着增强苏维埃的动员力量，必须加紧推进市苏与乡苏的工作；（4）为着巩固与扩大苏区，必须在新苏区及某些边区根据地方苏维埃组织法，组织强有力的革命委员会，必须尽可能地吸收对于当地工农群众有信仰的革命领袖来参加革命委员会的工作；（5）为着加强苏维埃的动员群众的力量，必须广泛地充分地发扬苏维埃民主；（6）为着使苏维埃更加接近群众、更能动员群众起见，必须在苏维埃系统内开展无情的反对官僚主义的斗争；（7）为着进一步开展苏维埃工作，必须与群众团体，特别是工会与贫农团，发生更密切的关系；（8）为着保证苏维埃工作的猛烈地开展，必须用力巩固苏维埃中的无产阶级领导。

（四）加强法制建设，统一苏区法律制度

中华苏维埃共和国注意加强法制建设，统一苏区法律制度。临时中央政府先后颁布 120 多部法律、法令。其中，"有苏维埃国家的根本法、行政法规、刑法、民法、婚姻法、经济法等，初步建立起具有鲜明阶级性和时代特征的法律体系"[1]。这不仅为当时各地红色政权的法制建设提供了基本准则，也为后来革命根据地和新中国的法制建设积累了经验。临时中央政府对地方的政权建设十分关注，先后颁布地方苏维埃政府的暂行组织条例、中华苏维埃共和国地方苏维埃暂行组织法（草案）。1931 年 11 月以后，仅在中央根据地范围内，即先后建立了江西、福建、闽赣、粤赣、赣南等省苏维埃政府，到 1935 年 1 月，先后建立过的县级苏维埃政府有 250 多个。在其他地区，先后建立了湘赣、陕甘边（特区）和陕北、大金等省级（或相当于省级）苏维埃政府。

---

〔1〕 中共中央党史研究室著：《中国共产党历史（1921—1949）》第一卷上册，中共党史出版社 2011 年第 2 版，第 360 页。

　　中华苏维埃共和国是中华人民共和国的雏形。"党开辟了人民政权的道路，因此也就学会了治国安民的艺术。党创造了坚强的武装部队，因此也就学会了战争的艺术。所有这些，都是党的重大进步和重大成功。"[1] 工农兵代表大会是我国历史上第一次以国家形式出现的劳动人民当家作主的权力机关，工农兵代表大会制度终于由中国共产党领导的革命根据地的地方工农民主专政的政权组织形式，转变为中华苏维埃共和国的国家政体。这时的政权组织形式在很大程度上借鉴移植了苏联苏维埃制度，同时也进行了适度创新。比如，一些基层苏维埃代表由差额选举产生；特别是建立了审计监督制度等。中华苏维埃共和国的中央政权机关中设立了审计委员会，即在中央执行委员会之下设立该委员会[2]，而且，做了卓有成效的工作，"中央审计委员会开展财政预决算审查、国家企业和群众团体财政收支检查、节省运动专项审计，审计结果在《红色中华》报上公布，在规范财政财务收支、查处贪污浪费、促进廉政建设方面发挥了重要作用"[3]。

　　总之，工农兵代表大会制度已经具备了人民代表大会制度的一些基本特征，是我国人民代表大会制度形成过程中的里程碑，是人民代表大会制度雏形时期的一种典型形态，为我国人民代表大会制度奠定了基础。

---

　　〔1〕 毛泽东:《〈共产党人〉发刊词》,《毛泽东选集》第二卷,人民出版社 1991年版,第 611 页。

　　〔2〕 中央政府执行委员会于 1934 年 2 月 17 日公布的《中华苏维埃共和国中央苏维埃组织法》第八章"审计委员会",专门对该委员会的职权、产生、组成等作了规定。见中央档案馆编:《中共中央文件选集(一九三一)》第七册,中共中央党校出版社 1983 年版,第 464—465 页。

　　〔3〕 中共中央党史研究室编:《中国共产党的九十年(新民主主义革命时期)》,中共党史出版社、党建读物出版社 2016 年版,第 139 页。

第二节　实行参议会制度，推行 "三三制"政权建设

抗日战争时期，敌后根据地贯彻执行抗日民族统一战线理论和政策，相继建立了"三三制"政权。率先建立"三三制"政权的是晋冀鲁豫边区临时参议会。

一、建立和发展抗日民族统一战线

1931 年"九一八"事变后，中国共产党就在东北三省积极组织并领导抗日武装斗争。1933 年 1 月 26 日，中共中央发出《中央给满洲各级党部及全体党员的信》，首次提出在东北组织全民族的抗日统一战线策略[1]。1934 年 4 月，共产党提出抗日救国的六大纲领，"尽最大可能团结一切反日的力量来建立真正广大的民众的反日统一战线"[2]。

进入全面抗战时期，共产党在准确把握中日民族矛盾上升为中国社会主要矛盾的基础上，积极倡导建立并坚决维护、巩固发展抗日民族统一战线。这不仅为取得抗日战争的伟大胜利提供了根本保证，而且为建立全国政权积累了宝贵的经验、提供了广阔

---

〔1〕　中共中央党史研究室编：《中国共产党的九十年》，中共党史出版社、党建读物出版社 2016 年版，第 168 页。

〔2〕　《中国人民对日作战的基本纲领》，中央档案馆编：《中共中央文件选集（一九三四——一九三五）》第十册，中共中央党校出版社 1986 年版，第 256 页。

的政治舞台。

（一）和平解决西安事变，初步形成全国性的抗日民族统一战线

1935 年华北事变后，中华民族面临着更为严重的生存危机，日本帝国主义要变中国为它的殖民地[1]。1935 年 12 月，中共中央在瓦窑堡召开政治局扩大会议，批评了党内长期存在着的关门主义和对于革命的急性病，决定了建立抗日民族统一战线策略。这一政治路线的确立，表明党的工作重心已经转变为建立抗日民族统一战线、进行全面抗日战争，"变中国为独立、自由和领土完整的国家"[2]。这是一个伟大的任务。事实上，共产党和红军在这个统一战线中具有决定意义的领导作用。

中共中央根据形势的发展变化，实现从"反蒋抗日"到"逼蒋抗日"再到"联蒋抗日"策略的转变。1936 年 5 月 5 日，中共中央发表《停战议和一致抗日通电》，公开放弃反蒋口号。8 月 25 日，中共中央发出致国民党中央并转全体国民党党员的信，倡议在抗日大目标下，国共两党实行第二次合作，为实现中华民主共和国而斗争。

不得不指出的是，国民党蒋介石集团顽固奉行"攘外必先安内"的方针。1936 年 12 月 4 日，蒋介石赴西安，逼迫张学良、杨虎城率部"剿共"。12 日，张学良、杨虎城发动兵谏，扣押了蒋介石等人。西安事变发生后，中共中央以中华民族团结抗日的大局为重，确定用和平方式解决西安事变的方针。应张学良、杨

---

〔1〕 毛泽东同志指出："一九三一年九月十八日的事变，开始了变中国为日本殖民地的阶段。"见毛泽东：《论反对日本帝国主义的策略》，《毛泽东选集》第一卷，人民出版社 1991 年版，第 143 页。

〔2〕 毛泽东：《论反对日本帝国主义的策略》，《毛泽东选集》第一卷，人民出版社 1991 年版，第 152 页。

虎城邀请，中共中央派周恩来、叶剑英等同志前往西安，和张学良、杨虎城一起同蒋介石及南京方面的代表谈判，迫使蒋介石作出"停止剿共，联红抗日"[1]的承诺，西安事变最终得以和平解决[2]。这是在抗日民族统一战线的影响和推动下取得的胜利，成为时局转换的"枢纽"。自此，十年内战的局面基本结束，国内和平初步实现。

1937年2月10日，《中共中央致中国国民党三中全会电》提出了停止一切内战、集中国力、一致对外等五项要求和停止武力推翻国民党政府的方针等四项保证。对国民党的重大让步的这四项保证，是必要的，"因为这种让步是建立在一个更大更重要的原则上面，这就是抗日救亡的必要性与紧急性。这叫做双方让步，互相团结，一致抗日"[3]。这是真真确确地将部分利益服从于全体利益，将阶级利益服从于民族利益。也正因为如此，中共中央的上述主张在全国引起巨大反响，也得到国民党内抗战派的赞同。在国民党五届三中全会上，国民党和南京政府实现初步转变，即基本接受中国共产党提出的国共合作抗日的政策，开始接受抗日民族统一战线政策。

1937年7月7日，日本侵略者制造"七七事变"，全面侵华，企图独占中国，中日战争爆发。8月18日，国共双方就陕甘宁边区人事、红军改编等问题达成协议。9月22日，国民党通过中央通讯社发表《中共中央为公布国共合作宣言》之后的第二

---

〔1〕《周恩来选集》上卷，人民出版社1980年版，第73页。

〔2〕诚如毛泽东同志深刻指出的："西安事变爆发，国家处于重大危险面前，其危险性就在日本必然地乘机进攻，其得和平解决，实是如天之福。"见毛泽东：《中日问题与西安事变》，《毛泽东文集》第一卷，人民出版社1993年版，第481页。

〔3〕毛泽东：《中日问题与西安事变》，《毛泽东文集》第一卷，人民出版社1993年版，第490页。

天，蒋介石对中共"国共合作"宣言发表谈话，"此次中国共产党发表之宣言，即为民族意识胜过一切之例证"[1]。这就承认了共产党在全国的合法地位。至此，抗日民族统一战线正式形成。这是真正的全国革命战争，使"全国分崩离析的局面变成了比较团结的局面"[2]。

（二）以妥善处理皖南事变为标志，坚持和维护抗日民族统一战线

国民党蒋介石集团反共的立场并没有随着抗战发生根本改变，而是时刻企图在抗战中削弱甚至消灭共产党的力量。对此，党中央和毛泽东同志的认识是极为清醒的。1937 年 9 月 1 日，毛泽东同志就已明确指出，抗日民族统一战线"还是不充实的，不坚固的"，结论就是持久战，要"为动员一切力量争取抗战胜利而斗争，为充实的坚固的抗日民族统一战线而斗争"[3]。事实证明，这是十分准确的研判。1938 年 10 月—11 月，中共扩大的六届六中全会在延安举行。毛泽东同志在报告中指出，中国抗日战争将进入一个新阶段。抗日战争发展的新阶段同时即是抗日民族统一战线发展的新阶段。这次全会确定了坚持抗日民族统一战线的方针，指出在统一战线中有团结又有斗争，确定了全党从事组织人民的抗日武装斗争的极端重要性，确定敌后抗战总的战略部署是"巩固华北，发展华中"。毛泽东同志后来在党的七大上说："这次六中全会是决定中国之命运的。"

---

〔1〕《蒋介石对中共〈国共合作宣言〉发表谈话》，章伯锋、庄建平主编：《抗日战争》第三卷（上），四川大学出版社 1997 年版，第 4 页。

〔2〕 毛泽东：《和英国记者贝特兰的谈话》，《毛泽东选集》第二卷，人民出版社 1991 年版，第 375 页。

〔3〕 毛泽东：《中日战争爆发后的形势与任务》，《毛泽东文集》第二卷，人民出版社 1993 年版，第 8—9 页。

　　1941 年 1 月 6 日，国民党顽固派制造了震惊中外的"皖南事变"。事变发生后，中共中央提出在政治上采取攻势、在军事上采取守势，坚决击退国民党顽固派第二次反共高潮的方针。中共中央以各种方式向各界公布"皖南事变"的真相，揭露顽固派破坏抗战的阴谋，争取社会各界的普遍同情和支持，迫使蒋介石集团政治上陷于空前的孤立，不得不收敛其反共活动。在 3 月初召开的第二届国民参政会上，蒋介石公开表示"以后亦决无剿共的军事"〔1〕。3 月 14 日，蒋介石约请周恩来面谈，答应提前解决国共间的若干问题。第二次反共高潮便被击退，同时也渡过了抗战后最困难的时期："曾经弄到几乎没有衣穿，没有油吃，没有纸，没有菜，战士没有鞋袜，工作人员在冬天没有被盖"〔2〕。不过，在美国记者笔下，抗战中的"中国共产主义者"，尽管条件十分艰苦，但是，不仅党的最高领导层非常愿意践行共产党的生活方式，"坚守着共产主义原则"，而且普通士兵、抱着理想和希望奔赴延安的青年人"斗志昂扬"，"都是可造之材，内心如烈焰般的理想并非天真的幻想，对旧中国来说弥足珍贵"。这无疑"在中国看到曙光"〔3〕。

　　在全民族抗战中，中国共产党的主张"就是要团结全国一切抗日力量打倒日本帝国主义，要和全国一切抗日的党派、阶级、民族合作，只要不是汉奸，都要联合一致，共同奋斗"〔4〕。我们党始终坚持抗战、团结、进步的方针，坚持独立自主原则，在坚

---

〔1〕　金冶等：《皖南事变》，中共党史出版社 1990 年版，第 251 页。

〔2〕　毛泽东：《抗日时期的经济问题和财政问题》，《毛泽东选集》第三卷，人民出版社 1991 年版，第 892 页。

〔3〕　〔美〕乔伊·荷马：《在中国看到曙光》，韩瑞国、韩阳、刘玥译，解放军文艺出版社 2016 年版，第 211、217 页。

〔4〕　毛泽东：《在陕甘宁边区参议会的演说》，《毛泽东选集》第三卷，人民出版社 1991 年版，第 807 页。

持抗战中壮大人民的力量，对国民党顽固派可能对统一战线的破坏和对日本的妥协动摇保持足够的警惕，进行必要的斗争，坚决打退国民党顽固派发动的三次反共高潮。同时，在与国民党顽固派斗争时坚持有理有利有节的原则，通过斗争迫使蒋介石集团留在抗日阵营内，维持了抗日民族统一战线的存在和全民族共同抗日的局面，为坚持抗战和争取抗战胜利发挥了决定性的作用。

（三）日本军队的残酷"扫荡"

"百团大战"后，日本侵略军决定重点对付共产党及其领导下的武装力量，为此"在华北、华中进行了大规模的'扫荡'和'清乡'"[1]。1940年10月2日—11月30日，日军在"扫荡"太行、太岳抗日根据地时，明确提出这次作战的目的"乃是在于求得完全歼灭八路军及八路军根据地"[2]，为此而实行惨无人道的"烧光、杀光、抢光"的"三光"政策。此后，日本军队在"扫荡"抗日根据地时，普遍实施了这一政策。

到1941年，敌后的形势"已进入敌我双方依托相当巩固的阵地，进行持久争夺战的局面"[3]。从1941年—1942年，由于日军的疯狂进攻，加上连续多年的自然灾害，共产党领导的抗日根据地面临严重困难。但是，我们党和人民并没有被吓倒。1941年11月7日，中央军委专门就抗日根据地军事建设发出指示，规定在新的更激烈的阶段我军对日本侵略军斗争的方针，是更广泛地

---

〔1〕 中共中央党史研究室第一研究部编著：《中华民族抗日战争史》，中共党史出版社1995年版，第470页。

〔2〕 《日本暴行座谈会记录》，《新华日报》（太行版）1944年8月15日；另见军事科学院外国军事研究部：《日本侵略军在中国的暴行》，解放军出版社1986年版，第80页。

〔3〕 朱德：《敌后形势和建设民兵问题》，《朱德选集》，人民出版社1983年版，第80页。

开展群众性的人民游击战争[1]。同时，还出台了"精兵简政"[2]这个"极其重要的政策"[3]，进行减租减息、大生产运动和中共的整风运动等。所有这些举措，取得了积极成效，到1943年底，共产党和八路军、新四军已渡过困难时期。

二、建立抗日民族统一战线性质的政权

抗日战争时期，为适应新形势和新需要，以毛泽东同志为主要代表的中国共产党人把民族利益放在首位，探索抗日民族统一战线性质的政权组织形式，在边区实行参议会制度，实行"三三制"原则，最大限度动员和团结全国各族人民共同抗击日本帝国主义的野蛮侵略。

（一）把"苏维埃人民共和国"改为"民主共和国"

1935年12月25日，中共中央提出："为了使民族统一战线得到更加广大的与强有力的基础，苏维埃工农共和国及其中央政府宣告，把自己改变为苏维埃人民共和国。""在更充分的表明苏维埃自己不但是代表工人农民的，而且是代表中华民族的"[4]。也就

---

〔1〕《中央革命军事委员会关于抗日根据地军事建设的指示》，中央档案馆编：《中共中央文件选集（一九四一——一九四二）》第十三册，中共中央党校出版社1991年版，第212页及以下。

〔2〕这是1941年11月由民主人士李鼎铭首先倡议的。对此，中共中央和毛泽东同志十分重视，明确提出"为进行长期斗争，准备将来反攻，必须普遍的实行'精兵简政'"。见《中央关于太平洋战争爆发后敌后抗日根据地工作的指示》，中央档案馆编：《中共中央文件选集（一九四一——一九四二）》第十三册，中共中央党校出版社1991年版，第264页。

〔3〕毛泽东：《一个极其重要的政策》，《毛泽东选集》第三卷，人民出版社1991年版，第880—883页。

〔4〕《中共中央关于目前政治形势与党的任务的决议》，中共中央文献研究室、中央档案馆编：《建党以来重要文献选编（一九二一——一九四九）》第十二册，中央文献出版社2011年版，第536、540页。

是修改了国体的名称，把"工农共和国"改为"人民共和国"。

为什么要这样调整呢？毛泽东同志进一步解释说，我们的政府不但是代表工农的，而且是代表民族的。而"日本侵略的情况变动了中国的阶级关系，不但小资产阶级，而且民族资产阶级，有了参加抗日斗争的可能性"〔1〕。不过，政府不代表敌对阶级的利益。1936 年 9 月 17 日，中共中央指出，"在目前形势之下，有提出建立民主共和国口号的必要"〔2〕。这就是进一步把"人民共和国"改为"民主共和国"。

1936 年 9 月 23 日，毛泽东同志在和美国记者斯诺谈话时说："我们所坚持的团结的基点是民族解放的抗日原则。为了实现这个原则，我们认为必须建立民主共和国，建立国防民主政府。""我们将支持成立一个有国会的代议制政府，一个抗日救亡的政府"，而苏维埃政府将成为它的一部分〔3〕。1937 年 5 月 3 日，毛泽东同志宣布："为了和平、民主和抗战，为了建立抗日的民族统一战线，……共产党领导的陕甘宁革命根据地的政府改名为中华民国特区政府，红军改名为国民革命军，受南京中央政府及军事委员会的指导。"〔4〕 9 月，中共中央正式宣布取消中华苏维埃共和国的称号，将中华苏维埃共和国临时中央政府西北办事处改为中华民国特区政府，即陕甘宁边区政府。

---

〔1〕 毛泽东：《论反对日本帝国主义的策略》，《毛泽东选集》第一卷，人民出版社 1991 年版，第 158 页。

〔2〕 《中共中央关于抗日救亡运动的新形势与民主共和国的决议》，中共中央文献研究室、中央档案馆编：《建党以来重要文献选编（一九二一——一九四九）》第十二册，中央文献出版社 2011 年版，第 284 页。

〔3〕 毛泽东：《和美国记者斯诺的谈话》，《毛泽东文集》第一卷，人民出版社 1993 年版，第 408 页。

〔4〕 毛泽东：《中国共产党在抗日时期的任务》，《毛泽东选集》第一卷，人民出版社 1991 年版，第 258 页。

此后，以毛泽东同志为主要代表的中国共产党人从对顽固派的斗争策略、争取对内和平、对中间派应采取的方针等诸多方面，进一步贯彻抗日民族统一战线的战争策略，强调抗日与革命是一个东西，"一切革命的基本问题是政权问题"，提出的口号是"打倒日本帝国主义，建立民主共和国——'抗战建国'"[1]。这样，"抗战建国"是口号，也是总目标。

（二）逐步实行参议会制度

1937 年 2 月，《中共中央致中国国民党三中全会电》提出，苏维埃政府改名为中华民国特区政府，在特区政府区域内实施普选的彻底的民主制度[2]。陕甘宁革命根据地率先改变，更名为陕甘宁特区。1937 年 7 月，陕甘宁边区各区县广泛发动人民参加乡代表和区、县议员选举；11 月，进行边区议员的选举，并准备召开边区议会，但由于日本侵略军进攻陕甘宁边区等原因而被推迟。1938 年 11 月 25 日，陕甘宁边区决定将陕甘宁边区议会改为陕甘宁边区参议会。

此后，参议会制度逐渐在县区以下的基层政治生活中代替工农兵代表会议制度，成为各抗日根据地的组织形式和最基本的政治制度。共产党领导下的抗日民主根据地的第一个参议会——陕甘宁边区第一届参议会第一次会议，1939 年 1 月 17 日—2 月 4 日在延安召开。出席会议的边区参议员 146 名（选举产生的 197 名中 136 名出席，边区政府聘请的 12 名中 10 名出席），毛泽东、张闻天、陈云、王稼祥等同志出席开幕式并作了演讲。会议选举

---

〔1〕 毛泽东：《目前时局与党的政策》，《毛泽东文集》第二卷，人民出版社 1993 年版，第 289—290 页。

〔2〕 《中共中央致中国国民党三中全会电》，中央档案馆编：《中共中央文件选集（一九三六—一九三八）》第十一册，中共中央党校出版社 1991 年版，第 158 页。

高岗为边区参议会议长、张邦英为副议长，林伯渠为政府主席、高自立等为边区政府委员，雷经天为边区高等法院院长，制定《陕甘宁边区抗战时期施政纲领》[1]等。但是，这时边区参议会仍是工农政权性质的，主要是政权机关工作人员几乎是"清一色"的共产党员[2]。因此，这还不是"三三制"的参议会。

总之，参议会制度是适应抗日民族统一战线的需要，采用国民党地方政权咨询机构的形式，在工农兵代表大会制度基础上建立起来的。一方面，与国民党所设立的地方参议会仅为咨询机构不同的是，中国共产党领导下抗日根据地的参议会是政权机关，继承了工农兵代表大会制度的基本原则，却又有所发展，即它不仅有选举、罢免政府行政人员的权力，还有创制、复议的权力；另一方面，这时的参议会还不是完全意义上的"民主选举"产生的，还不能完全适应充分动员并组织广大民众进行全面抗战的现实需要。也正因为如此，后来中共中央才提出要对这一性质的政权加以改造。

（三）明确抗日民族统一战线政权的性质

1938年1月10日，由共产党领导建立的第一个统一战线性质的抗日民主政权——晋察冀边区临时行政委员会成立。这是自太原失陷后，晋察冀边区"已成为华北抗日根据地之一了""晋察冀边区抗日根据地已经成了华北持久抗战的主要堡垒之一"[3]。不过，这时晋察冀边区政权仍然没有实行"三三制"。

---

〔1〕 边区政府于1939年4月4日公布，同时公布的还有：《陕甘宁边区政府组织条例》《陕甘宁边区高等法院组织条例》《陕甘宁边区婚姻条例》。

〔2〕《前言》，《陕甘宁边区政权建设》编辑组编：《陕甘宁边区参议会（资料选辑）》，中共中央党校科研办公室1984年，第4—6页。

〔3〕《晋察冀边区军政民代表大会通电》，中央档案馆编：《中共中央文件选集（一九三六—一九三八）》第十一册，中共中央党校出版社1991年版，第835—836页。

　　毛泽东同志反复强调抗日根据地的政权及其性质，指出它是"实行抗日民族统一战线政策的，它应该团结一切人民的力量，向唯一的敌人日本帝国主义及其走狗汉奸反动派作斗争"[1]。我们党领导的各抗日根据地内所建立起来的抗日民主政权，是抗日民族统一战线的政权，"是在无产阶级领导之下的几个革命阶级联合起来的专政"[2]。因此，只要是赞成抗日又赞成民主的人们，不问属于何党何派，都有参加这个政权的资格。这就是新民主主义的国家形式。

　　1940 年 2 月，中央提出"要广泛开展宪政运动，力争民主政治。没有民主政治，抗日胜利只是幻想""要巩固与扩大各个抗日根据地，在这些根据地上建设完全民选的没有任何投降反共分子参加的抗日民主政权"。这种政权是"一切赞成抗日又赞成民主的人的政权，是几个革命阶级联合的民主专政"[3]。中央还专门就抗日民主政权的阶级实质问题发出指示，强调我们领导的政权是抗日民主政权，是几个革命阶级联合的政权，"应当在政策上和阶级实质上，都是抗日统一战线的政权，即一切拥护抗日统一战线，不投降、不反共、不倒退的人都应当吸收其代表加入政权"[4]。1940 年 3 月，毛泽东同志强调，在抗日根据地内建立的政权，必须是抗日民族统一战线的政权，在国民党统治区域内，

　　〔1〕　毛泽东：《抗日游击战争的战略问题》，《毛泽东选集》第二卷，人民出版社 1991 年版，第 424 页。

　　〔2〕　毛泽东：《中国革命和中国共产党》，《毛泽东选集》第二卷，人民出版社 1991 年版，第 648 页。

　　〔3〕　《中共中央关于目前时局与党的任务的决定》，中央档案馆编：《中共中央文件选集（一九三九——一九四○）》第十二册，中共中央党校出版社 1986 年版，第 263 页。

　　〔4〕　《中央关于抗日民主政权的阶级性质问题的指示》，中央档案馆编：《中共中央文件选集（一九三九——一九四○）》第十二册，中共中央党校出版社 1986 年版，第 268 页。

则还没有这种政权[1]。

三、提出和实行"三三制"原则

抗日民族统一战线的政策，必须有制度载体，有战略基地或"依托"[2]或平台，才能得到严格执行，取得最佳效果。我们党倡导建立、坚决维护和巩固抗日民族统一战线，为此，提出要建立抗日根据地，实行"三三制"政策。

（一）提出"三三制"原则

1940 年 3 月 6 日，毛泽东同志在为中共中央起草《抗日根据地的政权问题》的指示中，首次提出并阐明了"三三制"政权政策主张。在抗日时期，我们所建立的民族统一战线的政权，"是一切赞成抗日又赞成民主的人们的政权，是几个革命阶级联合起来对于汉奸和反动派的民主专政"。这既是和地主资产阶级的反革命专政有区别的，也和土地革命时期的工农民主专政有区别。进一步说，"根据抗日民族统一战线政权的原则，在人员分配上，应规定为共产党员占三分之一，非党的左派进步分子占三分之一，不左不右的中间派占三分之一。……必须保证共产党员在政权中占领导地位，因此，必须使占三分之一的共产党员在质量上具有优越的条件。只要有了这个条件，就可以保证党的领导

---

[1] 毛泽东：《目前抗日统一战线中的战略问题》，《毛泽东选集》第二卷，人民出版社 1991 年第 2 版。

[2] 邓小平同志指出："如果我们没有根据地，则抗日与民主政治的建设乃至反攻将无所依托。"见邓小平：《根据地建设与群众运动》，《邓小平文选》第一卷，人民出版社 1994 年第 2 版，第 67 页。

权，不必有更多的人数"[1]，明确提出了"三三制"原则。5 天后，毛泽东同志在党的高级干部会上的报告中进一步阐明了"三三制"的内涵，强调"只有汉奸和反共分子才没有资格参加这种政权"[2]。

1940 年 7 月 5 日，毛泽东同志在为《新中华报》写的纪念抗日战争三周年的文章《团结到底》中，强调抗战到底，团结到底，进一步阐述我们党主张的统一战线政权，就是既不赞成别的党派的一党专政，也不主张共产党的一党专政，而是主张"各党、各派、各界、各军的联合专政"，为此在敌后消灭敌伪政权建立抗日政权时，"应该采取我党中央所决定的'三三制'"[3]。这就向全社会正式公布了我们党的"三三制"政策主张，其意义和影响极为深远。

周恩来同志认为，在解放区的抗日民主政权，"实行的'三三制'就是各级代表会议制，是真正的民主制度"[4]。刘少奇同志指出，"抗日各阶级联合的抗日民主政权，是抗日民族统一战线的最高形式……这也是领导中国抗战与革命到最后胜利的最好的最有力的形式。""根据抗日民主政权的这种性质，政府的组织必须实行民主集中制，实行各级民主政府的委员制、代表会议制，实行普遍的选举，实行少数服从多数的制度"，实

---

〔1〕 毛泽东：《抗日根据地的政权问题》，《毛泽东选集》第二卷，人民出版社 1991 年版，第 741—742 页。

〔2〕 毛泽东：《目前抗日统一战线中的策略问题》，《毛泽东选集》第二卷，人民出版社 1991 年版，第 750—751 页。

〔3〕 毛泽东：《团结到底》，《毛泽东选集》第二卷，人民出版社 1991 年版，第 760 页。

〔4〕 周恩来：《关于党的"六大"的研究》，《周恩来选集》上卷，人民出版社 1980 年版，第 161 页。

行"三三制"[1]。邓小平同志还身体力行,领导晋冀(鲁)豫根据地实行"三三制"政策,建立抗日民主政权。这在后文中予以详论。

(二)发动民众建立或巩固抗日根据地

在抗日战争初期,中国共产党内和党外都有许多人轻视游击战争的重大战略作用,而只把自己的希望寄托于正规战争,特别是国民党军队的作战。1937年9月,毛泽东同志就关于在山西开展游击战争提出明确意见,后又指出"整个华北工作应以游击战争为唯一方向"[2]。1938年5月,他进一步指出,抗日游击战争发展的正确道路,提出战略纲领,包括六个具体战略,其中一个就是"建立根据地"并作了深刻阐述[3]:一是关于建立根据地的必要性和重要性,这是由战争的长期性和残酷性而决定的。"它是游击战争赖以执行自己的战略任务,达到保存和发展自己、消灭和驱逐敌人之目的的战略基地。""是抗日游击战争最能长期支持的场所,是抗日战争的重要堡垒"。二是关于建立根据地的三个条件:要有一个抗日的武装部队,使用武装部队并配合民众去战胜敌人,用一切力量包括武装部队的力量在内,去发动民众的抗日斗争。"尤其重要的是从这种斗争中去发动民众建立或巩固当地的抗日政权",并分不同情况提出了具体办法,即"原来有中国政权未被敌人破坏的,则在更大民众拥护的基础之上去改造和巩固它;原来的中国政权被敌人破坏了的,则在广大民众努

──────────

〔1〕 刘少奇:《论抗日民主政权》,《刘少奇选集》上卷,人民出版社1981年版,第173—174页。

〔2〕 毛泽东:《关于在山西开展游击战争的意见》和《整个华北工作应以游击战争为唯一方向》,《毛泽东文集》第二卷,人民出版社1993年版,第21—24页。

〔3〕 毛泽东:《抗日游击战争的战略问题》,《毛泽东选集》第二卷,人民出版社1991年版,第407页。

力的基础之上去恢复它”[1]。

在这一战略指导下，共产党领导的武装力量相继开辟了陕甘宁、晋绥、晋察冀、冀热辽、晋冀豫等敌后抗日根据地，并逐步建立统一战线性质的抗日民主政权。

（三）必须落实“三三制”原则

我们党在政权组织形式上不仅提出“三三制”原则和政策主张，而且强调在实践中切实地执行。“这种人员分配的政策是我们党的真实政策，必须认真执行，不能敷衍塞责。”这种政权的建立“将给全国以很大的影响，给全国抗日统一战线政权树立一个模型，因此应为全党同志所深刻了解并坚决执行”[2]。可以说，这一方针政策主张是一贯的。

1940 年 7 月 7 日，党中央对不认真实行这一政策的现象提出了批评，“不执行各阶级联合政权的原则，对中央建立‘三三制’政权的指示怠工”，要求纠正在执行统一战线政策中的“左”倾错误[3]。毛泽东同志指出：“‘三三制’在各根据地并没有完满地彻底地十分认真地实行，就是这种宗派主义存在的表现。”[4] 不仅如此，毛泽东同志还对个别根据地提出具体要求，

---

〔1〕 毛泽东：《抗日游击战争的战略问题》，《毛泽东选集》第二卷，人民出版社 1991 年版，第 424 页。后来，总结根据地建设的规律，它“本身必须具备着革命的武装、政权、群众组织和党等四种力量。彭德怀同志说：‘革命根据地的巩固不巩固、健全不健全，就决定于上述四种组织的巩固不巩固、健全不健全’。这四种革命力量是缺一不可的，缺了一种都不能形成革命根据地”。见邓小平：《根据地建设与群众运动》，《邓小平文选》第一卷，人民出版社 1994 年第 2 版，第 64 页。

〔2〕 毛泽东：《目前抗日统一战线中的策略问题》，《毛泽东选集》第二卷，人民出版社 1991 年版，第 751 页。

〔3〕 《中央关于目前形势与党的政策的决定》，中央档案馆编：《中共中央文件选集（一九三九——一九四〇）》第十二册，中共中央党校出版社 1986 年版，第 431 页。

〔4〕 毛泽东：《中宣部宣传要点》，《毛泽东文集》第二卷，人民出版社 1993 年版，第 390 页。

在谈到陕甘宁边区和晋察冀边区的问题和缺点时指出："革命秩序不足；统一战线太少；官僚主义太多。"〔1〕 又如，"苏北组织政权机关及民意机关时，应坚决实行三三制"〔2〕，同时强调在苏北等处开始建立抗日民主政权的地方，共产党员在机关中还可以少于三分之一〔3〕。

之后，《中共晋察冀边委目前施政纲领》《中央关于建立与巩固华中根据地的指示》等文件中，都强调要实行"三三制"。1941 年 1 月 30 日，中共陕甘宁边区中央局发出关于实行"三三制"的选举运动给各级党委的指示，强调"为使今年选举运动能正确的实行党中央'三三制'，建立起真模范的新民主主义政权"。为此，明确提出：（1）边区自乡村起可以彻底地实行"三三制"；（2）"三三制"政策，不仅要实行于议会，还要实行于政府机关中；（3）"三三制"政权必须有合乎"三三制"的各种社会政策与立法；（4）要检查过去选举运动的经验与创造适合"三三制"选举运动的新方式；（5）要防止在实行"三三制"选举运动时的几种倾向；（6）党在选举运动中的领导问题等〔4〕。特别值得指出的是，1941 年 4 月 27 日，党中央关于发布陕甘宁边区施政纲领的指示，强调"关于'三三制'的实施，尤须利

〔1〕 毛泽东：《目前时局与党的政策》，《毛泽东文集》第二卷，人民出版社 1993 年版，第 289—290 页。

〔2〕 毛泽东：《抗日根据地应实行的各项政策》，《毛泽东文集》第二卷，人民出版社 1993 年版，第 320 页。另见《中央关于华中各项政策的指示》，中央档案馆编：《中共中央文件选集（一九三九——一九四一）》第十一册，中共中央党校出版社 1986 年版，第 560 页。

〔3〕 毛泽东：《论政策》，《毛泽东选集》第二卷，人民出版社 1991 年版，第 766 页。

〔4〕《中共陕甘宁边区中央局关于实行"三三制"的选举运动给各级党委的指示》，中共中央文献研究室、中央档案馆编：《建党以来重要文献选编（一九二一——一九四九）》第十八册，中央文献出版社 2011 年版，第 59—67 页。

用此纲领上之条文，对党内进行深刻的教育，因为党员不善于与党外人士合作，为现时我党最严重问题，不解决此问题，我党是无法领导全国胜利的"[1]。1941 年 5 月 1 日，《陕甘宁边区施政纲领》再次强调：共产党愿与各党各派及一切群众团体进行选举联盟，共产党员应与这些党外人士实行民主合作，不得一意孤行，把持包办[2]。这是对边区第二届参议会选举的部署。11 月6 日，陕甘宁边区第二届参议会开幕，毛泽东同志出席并发表演说。需要说明的是，这比晋冀鲁豫临时参议会召开的时间更晚。

　　党中央和毛泽东同志的态度是十分坚决的：切忌我党包办一切，明确并不代之以共产党的一党专政。这当中的目的是很明确的，就是要进一步巩固边区、巩固抗日民族统一战线。这在抗日战争进入中期特别是在"皖南事变"之后，显得尤为重要。朱德同志在纪念抗战六周年的文章中，总结为什么能够克服重重困难坚持敌后的抗战，很重要的原因就是，"我们坚决执行抗日民族统一战线的政策，坚持与各界各军的团结，彻底实行'三三制'政权与兼顾各阶层利益的政策；我们彻底实施民主政治，使一切抗日人民都有言论、出版、集会、结社及武装等自由，都有人权、政权、财权、地权等保障"[3]。因此，我们能够得到各阶层人士的同情与协力，否则，我们敌后的根据地早已不能存在了。

---

〔1〕《中共中央关于发布〈陕甘宁边区施政纲领〉的指示》，中共中央文献研究室、中央档案馆编：《建党以来重要文献选编（一九二一——一九四九）》第十八册，中央文献出版社 2011 年版，第 231—232 页。

〔2〕毛泽东：《陕甘宁边区施政纲领》，《毛泽东文集》第二卷，人民出版社1993 年版，第 335 页。

〔3〕朱德：《我们有办法坚持到胜利》，《朱德选集》，人民出版社 1983 年版，第92 页。

四、"三三制"原则在晋冀鲁豫边区的实践

第一个真正实行"三三制"原则的参议会，是晋冀鲁豫边区临时参议会。因此，这里不妨以它的实践为例，作些介绍。

（一）建立并发展晋冀鲁豫根据地

当华北中央大军南撤时，我党我军提出了"坚持华北抗战，八路军与华北人民共存亡"[1] 的基本口号，确定了坚持敌后斗争的基本方针，华北抗日游击战争相继普遍开展，抗日根据地逐步建立。

1937 年 10 月，八路军一二九师在刘伯承同志率领下向太行山区挺进。11 月，开始创立以太行山为依托的晋东南抗日根据地，同时分兵向冀南、豫北的边界和豫西发展。

1938 年 1 月，邓小平同志调任八路军一二九师政治委员后，和师长刘伯承一起率部深入日本占领区的后方，积极发动群众，组织抗日武装，建立抗日民主政权。3 月 24 日，党中央专门就晋冀豫党与八路军的任务发出指示，提出晋冀豫全区的中心任务，"是以最快的速度创造冀晋豫边区成为坚持开展的巩固根据地"，因此，"逐渐改造政权机关，使之成为广泛人民阶层的抗日民主政权，但同时是国民党政权，各级动员委员会吸收真正人民团体武装部队代表参加，使之成为实际的各级政府委员会，逐渐洗刷机关中的腐败分子，尤其是汉奸动摇分子。""设法召集全边区或若干县联合的群众团体的代表会议，以动员群众参战及建立真正

---

〔1〕 邓小平：《五年来对敌斗争的概略总结》，《邓小平文选》第一卷，人民出版社 1994 年第 2 版，第 33 页。

有广大群众的团体在抗日的大前提下"[1]。4月，成立晋冀豫军区，之后相继开辟冀南、冀鲁豫抗日根据地。10月—11月，中共扩大的六届六中全会提出"巩固华北，发展华中"，决定充实北方局，由朱德、彭德怀、杨尚昆组成常务委员会，杨尚昆为书记。

1938年12月下旬，八路军挺进平汉路以东冀南平原地区，开展平原游击战争。从1939年1月—3月进行较大战斗100余次，毙伤日伪军3000余人。在7月开展的艰苦的反"扫荡"作战，至8月底共进行大小战斗70余次，歼敌2000余人。1939年冀南、太行、太岳处在非常严重的局面。1939年底，收复黎城、涉县两座县城，攻占部分敌据点，打破了敌人的分割企图，使太南、太北两区又连成一片。至此，晋冀豫根据地发展到北接晋察冀地区、东北至津浦路、西至同蒲路、南至黄河的广大地区。1940年8月，为粉碎日军"囚笼"围攻，华北八路军所属部队在雨季对日军发动了大规模进攻的"百团大战"，痛击了日伪军，极大地鼓舞了全国人民的抗战信心。

1941年后，抗战进入最艰苦阶段。在敌占区实施"革命两面政策""本质是向敌占区的进攻"是深入敌人内部的进攻政策。"打入"工作的对象很广泛，包括：敌占区群众、敌占城市、伪军伪组织以及黑团、帮会、土匪等一切组织，"而伪军为应当是目前打入的主要目标"[2]。这是瓦解敌伪，化敌为友的"挖心"战术，对在敌后发展势力、瓦解敌人起到了很大作用。这一

---

〔1〕《关于目前晋冀豫党与八路军的任务的指示》，中央档案馆编：《中共中央文件选集（一九三六—一九三八）》第十一册，中共中央党校出版社1991年版，第479—480页。

〔2〕邓小平：《敌占区的组织工作与政策运用》，《邓小平文选》第一卷，人民出版社1994年第2版，第47页。

时期，晋冀鲁豫边区的精兵简政工作走在前面，得到党中央和毛泽东同志充分肯定[1]。

1942年9月，邓小平兼任中共中央北方局太行分局书记，统一领导晋冀豫、冀南、太岳和晋豫等四个区党委工作。1943年1月，他在涉县温村主持召开中共太行分局高级干部会议并作工作报告，系统总结了五年来对敌斗争的经验，提出了今后对敌斗争的方针。从10月开始，邓小平代理中共中央北方局书记并主持八路军总部工作，担负起领导华北敌后抗日根据地党政军的全面工作。

（二）成立"联办"与建设根据地

贯彻落实中央《抗日根据地的政权问题》的指示精神，为统一晋冀鲁豫边区各根据地的领导，加快根据地"三三制"政权建设，1940年4月11日—26日中共中央北方局在山西黎城具召开太行、太岳、冀南地区的高级干部会议。会议由北方局书记杨尚昆主持，决定成立冀南、太行、太岳行政联合办事处（以下简称"联办"）。这"在统一本战略区强化根据地建设上，特别在对敌斗争上，有其重大的政治意义"[2]。时任太行军政委员会书记的邓小平在会上说："联合办事处是一种权力机关，用指示信方式实现政策法令之指导，以达实际上内部的统一。""办事处以山西第三专署为工作机构，每一指示对本区直接指导，对其他地区实

---

〔1〕 党中央提出精兵简政这个政策后，"晋冀鲁豫边区的领导同志，对这项工作抓得很紧，做出了精兵简政的模范例子。"见毛泽东：《一个极其重要的政策》，《毛泽东选集》第三卷，人民出版社1991年版，第880页。

〔2〕 邓小平：《五年来对敌斗争的概略总结》，《邓小平文选》第一卷，人民出版社1994年第2版，第35页。

行间接指导"[1]。会后,冀南行署主任杨秀峰、山西第三专署委员薄一波、第五专署专员戎伍胜立即在黎城进行筹建工作。

经过几个月的筹备,协商确定"联办"的组织机构、性质职能与工作任务。1940 年 8 月 1 日,"联办"在山西省黎城县西井正式成立,后迁到辽县[2](今左权县)桐峪镇办公。"联办"的成立,标志着晋冀豫边区的初步建立,边区由分散开始走向统一,是建立"三三制"民主政权的重要步骤。

"联办"行政委员会讨论制定了《中共晋察冀边委目前施政纲领》,共二十条,包括民族、民权、民生三部分。这充分体现了反对日本帝国主义,实现民主政治,改善经济条件,改良人民生活的要求,完全符合中国共产党提出的抗日救国十大纲领精神,坚持了抗日民族统一战线的策略,反映了新民主主义革命的基本要求。

"联办"是晋冀豫边区的最高政权机关,并担负边区根据地的立法任务[3]。设立行政委员会以制定法令政策。一切大政方针的决定、重要法令的拟制,必须经过行政委员会会议。行政委员会以主任名义聘请各抗日党派、各抗日军队、各界领袖、地方士绅、名流学者、专家组成专门委员会,协助行政委员会工作。冀太联办成立后不久,即爆发震惊中外的"百团大战"。"百团大战"基本结束后,冀太联办即召开"专员县长会议",并在辽县泽城村创办了抗战建国学院,为根据地政权建设培养了大批人才。

---

〔1〕 邓小平:《关于成立晋冀豫边区临时参议会的提议》,皇甫建伟、霍彦明主编:《民主的火花》(上),山西人民出版社 2012 年版,第 72 页。

〔2〕 1942 年 5 月 25 日,八路军副参谋长左权在太行区指挥反"扫荡"战斗中牺牲于此。为纪念左权同志,遂将该县更名为左权县。

〔3〕 《邓小平文选》第一卷,"注释",人民出版社 1994 年第 2 版,第 350 页。

"联办"经过半年的努力，已将全区事实上统一起来，它的施政方针，组织机构，统一战线原则，处处照顾各阶层利益，尽力邀请各党各派各界先进参加领导，"政绩卓著，为全区人民所拥戴"[1]。这就为晋冀豫边区临时参议会的召开准备了条件。

（三）积极筹备召开晋冀鲁豫边区临参会

实行民主政治，建立"三三制"政权，是建设抗日根据地的一项基本政策和重要工作，也是克服严重困难的一个重要措施。1940年3月6日党中央正式提出"三三制"原则时，晋察冀、晋冀豫等抗日根据地政权事实上还没有实行这一原则。因此，毛泽东同志明确提出："政权建立已久的晋察冀边区、冀中区、太行山区和冀南区，应照此原则（即'三三制'——引者注）重新审查自己的方针。在建立新的政权时，一概照此原则。"[2]

邓小平同志抓紧在太行山各抗日根据地贯彻落实"三三制"政策。1941年3月16日，中共中央北方局提出《关于成立晋冀豫边区临时参议会的提议》。3月18日，邓小平受中共中央北方局的委托，向"联办"第二次行政会议提出以"三三制"原则成立晋冀豫边区临参会的建议，并深刻阐述了理由，指出"本区因为在敌寇伪军进攻之下，抗日根据地的开辟需时，反攻顽固派对民主政治的多方阻挠，和民意机关的尚未全部成立，以致'三三制'民主政治之建设，甚嫌不够……真正由人民选举之有权力的民意机关，尚未成立，虽事实尚难办到，究属缺陷"，而有利的则是"联办"已将全区事实上统一起来，建立统一的有权力的

---

〔1〕 邓小平：《关于成立晋冀豫边区临时参议会的提议》，皇甫建伟、霍彦明主编：《民主的火花》（上），山西人民出版社2012年版，第70页。
〔2〕 毛泽东：《抗日根据地的政权问题》，《毛泽东选集》第二卷，人民出版社1991年版，第743页。

边区参议会实为刻不容缓。中共北方局希望边区临时参议会之组织成分，"能切合'三三制'之原则，能真正代表各党各派各阶层之意见"。同时还提出了临时参议会的产生办法。强调"在今天民族危机异常严重的关头，必须集中全民族一切抗日阶级抗日党派的力量，才能最后战胜日本帝国主义。所以必须有代表各抗日阶级抗日党派的'三三制'政权，才能实现这样伟大的任务"。[1]

"联办"决定接受中共中央北方局的提议，邀请党政军民各界组织边区临时参议会筹委会，在管辖区内进行选举参议员的活动。"这是一个重大的民主运动。"[2] 1941 年 4 月 5 日，晋冀豫边区临时参议会筹备会成立，杨秀峰为主任。

1941 年 4 月 5 日，中共中央北方局提出对晋冀豫边区根据地建设的十五项主张，强调坚持华北抗战，誓死与晋冀豫边区人民共存亡；"加紧民主政治建设，逐步实现民选各级政府"[3]，实行"三三制"政权。4 月 15 日，邓小平同志指出，敌后抗日民主政府，是统一战线的政权，"三三制"政权的实质是民主问题。这具体表现为几个革命阶级对汉奸、亲日派、反动派的联合专政，强调"必须照顾一切抗日阶级和阶层的利益"，要保障其合法存在的自由权利，"在政权中反映出不同的利益、不同的政治立场、不同党派阶级的民主政治的斗争"。党对抗日民主政权的正确领导原则

---

〔1〕　邓小平：《关于成立晋冀豫边区临时参议会的提议》，皇甫建伟、霍彦明主编：《民主的火花》（上），山西人民出版社 2012 年版，第 69—72 页。

〔2〕　邓小平：《党与抗日民主政权》，《邓小平文选》第一卷，人民出版社 1994 年版，第 21 页。

〔3〕　《中共中央北方局对晋冀豫边区根据地建设的主张》，中共中央文献研究室、中央档案馆编：《建党以来重要文献选编（一九二一——一九四九）》第十八册，中央文献出版社 2011 年版，第 234 页。

是指导与监督政策[1]。恰在这时，中央出台了指导意见。1941年4月27日，党中央关于发布陕甘宁边区施政纲领的指示中，明确提出"在华北、华中各根据地及八路军、新四军中须与当地已经发布之纲领一并加以讨论"[2]。这些重要意见对于指导晋冀豫边区的政权建设发挥了积极作用，也在实践中得到很好的落实。

经过3个月的广泛推选，在边区2000万人中采取公开竞选方式，各党派、各界、各团体均提出候选人参加竞选，候选人比例严格按照"三三制"原则，共产党员人数控制在三分之一以内。到6月底推选工作结束。推选出议员197名，其中有国民党元老及学者名流、无党派人士、工人、农民、商人、妇女等各界人士，体现了最广泛的民主[3]。

（四）召开临时参议会第一次会议

1941年7月7日，晋冀豫边区临时参议会第一次会议在山西辽县（今左权县）桐峪镇隆重开幕。参加会议的包括冀南、太行、太岳和冀鲁豫四个地区的参议员共133名。因敌人的"扫荡"和封锁，一部分参议员未及时到会，会议结束时到会参议员136名[4]，其中共产党员46名，占三分之一。7月9日，根据中共中央北方局的建议，同意将鲁西33个县划入本区，因此更名

---

〔1〕 邓小平：《党与抗日民主政权》，《邓小平文选》第一卷，人民出版社1994年版，第8—9、12页。

〔2〕《中共中央关于发布〈陕甘宁边区施政纲领〉的指示》，中共中央文献研究室、中央档案馆编：《建党以来重要文献选编（一九二一——一九四九）》第十八册，中央文献出版社2011年版，第232页。

〔3〕 白续宏、谷丽娟：《民主之光曾在这里闪耀——左权桐峪晋冀鲁豫边区临参会议旧址纪行》，《山西日报》2014年11月21日。

〔4〕 经大会审查，其中2名参议员推选手续不合格，合格参议员134名。见霍彦明：《具有里程碑意义的民主盛会——写在晋冀鲁豫边区临参会第一次会议召开70周年之际（代前言）》，皇甫建伟、霍彦明主编：《民主的火花》（上），山西人民出版社2012年版，第3页。

为"晋冀鲁豫边区临时参议会"。

杨秀峰向大会作工作报告，八路军副总司令彭德怀应邀作《目前形势与抗日根据地的各种政策》的报告。7 月 30 日，会议选举产生边区政府，委员 15 名，候补委员 4 名，杨秀峰为主席，薄一波、戎伍胜为副主席；选举产生边区议会，驻会委员 14 名和正副议长，八路军参议员申伯纯为议长，国民党参议员宋维周、邢肇棠为副议长；选举产生高等法院，浦化人为院长。边区政府产生（"联办"即撤销）后，人民用"火热的心，拥护边区人民自己的政府"，当时的报纸以"腾空了，民主的火花"[1] 为题，给予热情洋溢的报道和礼赞。

会议审议通过以中共中央北方局提出的十五项主张为基础的边区政府施政纲领和晋冀鲁豫临时参议会暂行组织条例、边区政府组织条例、边区土地使用暂行条例、边区统一累进税条例、边区劳动保护条例等。议员们共提出涉及政治、经济、军事、文化方面的提案 232 件。

1941 年 8 月 15 日，晋冀鲁豫边区临时参议会第一次会议闭幕。24 日，边区政府全体委员会议召开，决定全边区划为 21 个专区，通过了各级政府领导人员的任命名单，决定太行区为边区政府直辖区。

五、晋冀鲁豫边区临时参议会的重要地位和作用

晋冀鲁豫边区临时参议会第一次会议取得一系列成果，具有

---

[1] 华山：《腾空了，民主的火花!》，《新华日报》（华北版）1941 年 8 月 9 日；另见皇甫建伟、霍彦明主编：《民主的火花》（下），山西人民出版社 2012 年版，第 426—429 页。

重要意义。当时，中共中央机关报《解放日报》发表评论，盛赞其为敌后民主政治的伟大贡献，"这是中国历史上应该大书特书的一件大事，这在世界政治史上也是完全最新的一页"[1]。

（一）加强根据地的政权建设

晋冀鲁豫边区临参会会址位于左权县桐峪镇桐滩村，地处太行、太岳、冀南三区中心地带，商贸发达，战略地位特别突出。八路军一二九师司令部、八路军野战政治部、中共中央北方局、冀南银行等众多机关单位曾长期在此驻扎。可以说，临参会在这里召开，既是根据地政权建设的结果，也是进一步做好根据地政权建设的新的起点。

晋冀鲁豫抗日根据地认真贯彻执行抗日民族统一战线方针政策，积极开展民主运动，对乡、县等政府机构进行民主改造，确保根据地内的一切抗日人民获得民主权利。这对于坚持敌后的残酷战争、巩固和发展根据地发挥了积极作用，为临参会的召开创造了必要条件。

临时参议会的召开，是加强抗日根据地政权建设的重要举措，对巩固和发展根据地本身都是至关重要的。这极大地激发了根据地军民团结抗战的热情，根据地出现了空前自由民主、生动活泼的局面。邓小平同志指出："没有坚强的政权工作，财经建设、除奸司法等工作无成效，不仅不能建立根据地的秩序，而且要影响到军需民食，这样也会影响到根据地的巩固与坚持。"[2] 太行区 1939 年的例子就可以证明这一观点。需要特别

---

〔1〕《解放日报》1941 年 11 月 23 日的社论，引自霍彦明：《具有里程碑意义的民主盛会——写在晋冀鲁豫边区临参会第一次会议召开 70 周年之际（代前言）》，皇甫建伟、霍彦明主编：《民主的火花》（上），山西人民出版社 2012 年版，第 4 页。

〔2〕邓小平：《根据地建设与群众运动》，《邓小平文选》第一卷，人民出版社 1994 年版，第 65 页。

指出的是，邓小平同志强调，敌后抗日民主政府的施政纲领和法令，是符合党的政策的，而政府"还必须保障其实现"[1]。要"尽一切努力保护中国人的利益"，而照顾基本群众利益的方法很多，比如，"利用人民拥护抗日政府的热情，宣传政府法令，鼓励实行法令"[2]。

1942 年 9 月 16 日—30 日临参会第二次大会在山西漳河畔召开。到会参议员 61 人，敌占区士绅参观团和工人参观团 73 人列席；选申伯纯（议长）、邢肇棠（副议长）、王斌堂等 12 人为主席团。大会通过参议员的六条权利和七条义务，修正土地使用暂行条例等[3]。

总之，临时参议会的召开，建立统一的边区政府，对战胜困难，持久抗战，发挥了巨大作用。从 1942 年起，边区军民持续开展了大生产运动，同时，领导所属地区党组织广泛发动农民，减租减息，有效推动了根据地各项事业的开展，各方面建设都有了显著进步。

（二）贯彻执行抗日民族统一战线的典范

我们党加强对抗日民主政权的领导，发展进步势力，争取中间势力，孤立顽固势力，确保全面贯彻党的抗日民族统一战线政策，确保全民族抗战取得最后的胜利。

1942 年 12 月，邓小平同志在庆祝刘伯承同志五十寿辰时说："单以最近五年来说，奉命坚持敌后抗战，遵行三民主义、抗战

---

〔1〕　邓小平：《敌占区的组织工作与政策运用》，《邓小平文选》第一卷，人民出版社 1994 年版，第 74 页。

〔2〕　邓小平：《敌占区的组织工作与政策运用》，《邓小平文选》第一卷，人民出版社 1994 年版，第 56—57 页。

〔3〕　肖一平、翁仲二、杨圣清、何进、王建众编：《中国共产党抗日战争时期大事记》，人民出版社 1988 年版，第 364 页。

建国纲领和党的政策，未尝逾越一步。"[1] 其实，这也是晋冀鲁豫抗日根据地真实而生动的写照。邓小平同志在总结抗日根据地建设规律时还指出："我们敌后抗日根据地的巩固，还要看统一战线巩固的程度，这也是一个决定条件。"[2]

敌后抗战所取得的胜利，"以八路军这样窳劣的武器，四年来没有得到一个铜板一颗子弹的接济，而能战胜各种困难，与强大的敌人进行短兵相接的斗争，这不能不是一个奇迹"。这当中的秘诀，就在于"我们有一个毛泽东的战略战术指导原则"。从无数的战斗中，"才创立、保卫与巩固了各个抗日根据地，才钳制了日寇在华总兵力的一半，减轻了大后方正面作战的负担"[3]。进一步说，在敌占区或敌占优势的游击区的乡村中，"在政权方面，应建立统一战的类似民主政权的村民代表会，一切实权不操于村长而操于代表会。必须认识，惟有这样的政权，才能保证村民一致对敌，才不致为敌利用，才能照顾与保护人民的利益。"[4]

（三）为推行"三三制"作出示范

临时参议会的召开，表明"'三三制'政权之实现，使敌后根据地，已走上新民主主义之大道，此次大会之召开，即我紧急鲁豫边区民主政治之一大灿烂奇葩，深信有此基础，必能坚持敌

---

〔1〕 邓小平：《庆祝刘伯承同志五十寿辰》，《邓小平文选》第一卷，人民出版社1994年版，第31页。

〔2〕 邓小平：《根据地建设与群众运动》，《邓小平文选》第一卷，人民出版社1994年版，第67页。

〔3〕 邓小平：《太行区的经济建设》，《邓小平文选》第一卷，人民出版社1994年版，第77页。

〔4〕 邓小平：《敌占区的组织工作与政策运用》，《邓小平文选》第一卷，人民出版社1994年版，第52—53页。

后艰苦抗战，获得最后胜利"[1]。邓小平同志在总结根据地建设与群众运动时，指出要把群众斗争约束于统一战线范围之内，就是"照顾到既能发动群众又能巩固各阶层团结"，进一步说，"在政治上打坍地主阶级的统治，实行'三三制'民主政治，其本身就是削弱封建阶级在政治上的地位，但绝不能解释为消灭封建阶级的政治地位。地主阶级只要它是抗日的，不反对民主政治的，它就有参加'三三制'民主政权的权利。"[2]强调要团结地主抗日，"主要应使之能够生活，能够保有一定的经济地位，保障其合法的财权，否则即使我们态度很好，即使选他当了代表和参议员，都会无济于事"[3]。

在极端残酷的战争环境中，我们党要粉碎日本帝国主义和国民党的经济封锁，巩固和扩大抗日根据地，实行民主政治，扩大政权的阶级基础，而召开由各方代表参加的参议会就是最重要的举措之一。毛泽东同志深刻指出："战争的伟力之最深厚的根源，存在于民众之中。日本敢于欺负我们，主要的原因在于中国民众的无组织状态。"[4]要用广泛的热烈的政治动员，把民众动员组织起来，强调"要广泛开展宪政运动，力争民主政治。没有民主政治，抗日胜利只是幻想"。大大发展抗日的民众运动，团结一

---

〔1〕《晋冀鲁豫临参会开幕宣言》，皇甫建伟、霍彦明主编：《民主的火花》（上），山西人民出版社 2012 年版，第 20 页。

〔2〕邓小平：《根据地建设与群众运动》，《邓小平文选》第一卷，人民出版社 1994 年版，第 70—71 页。

〔3〕邓小平：《根据地建设与群众运动》，《邓小平文选》第一卷，人民出版社 1994 年版，第 71—72 页。

〔4〕毛泽东：《论持久战》，《毛泽东选集》第二卷，人民出版社 1991 年版，第 511 页。

切抗日的知识分子[1]。敌后根据地的"三三制"民主政权，是中国共产党领导的革命根据地政权建设的一个伟大创造，是抗日民族统一战线理论和政策在政权建设中的具体应用，是马克思列宁主义国家学说与中国具体实际相结合的典范，对于团结社会各阶层人士共谋大业，夺取抗战胜利发挥了巨大作用。这"是今后敌后抗战的最好政权形式"[2]。

当时，各抗日根据地都按照党中央关于实行"三三制"的要求，先后建立抗日民主政权。这里，着重介绍陕甘宁边区的有关情况。

1941年1月30日，陕甘宁边区政府为改选及选举各级参议会给各分区专员及各县县长发出了指示信，指出陕甘宁边区各级参议会都要改选，未成立的都要成立。特别是明确提出"民主政治选举第一"[3] 这么一个简洁有力的重大论断。边区是民主的政府。"我们革命，为的是推翻那不民主的政府，建立民主的政府。民主的第一着，就是由老百姓来选择代表他们出来议事管事的人。"指示信还专门批驳了那些不注重选举的错误观点，指出"如果有人轻视选举，或者说不要选举：那就是等于不要民主。不要民主，就等于不要革命"[4]。进一步阐明"保卫边区须要选

---

〔1〕《中共中央关于目前时局与党的任务的决定》，中央档案馆编：《中共中央文件选集（一九三九——一九四〇）》第十二册，中共中央党校出版社1986年版，第263页。

〔2〕邓小平：《党与抗日民主政权》，《邓小平文选》第一卷，人民出版社1994年版，第8页。

〔3〕《陕甘宁边区政府为改选及选举各级参议会的指示信》，甘肃省社会科学院历史研究室编：《陕甘宁革命根据地史料选辑》第一辑，甘肃人民出版社1981年版，第72页。

〔4〕《陕甘宁边区政府为改选及选举各级参议会的指示信》，甘肃省社会科学院历史研究室编：《陕甘宁革命根据地史料选辑》第一辑，甘肃人民出版社1981年版，第72页。

举""提高民众须要选举""选举自由不得妨碍""选举手续必须
弄清"[1]"选举日期尽有余裕"[2]（"为要使选举工作办得好，
选举日期不能规定得太促。""此次选举以后，各级参议会必须依
法改选与开会，不得无故延期"[3]）。

1941年11月6日—21日，陕甘宁边区二届参议会一次大会
举行，会议选出的9名常驻议员中，共产党员只有3名；边区政
府18名委员中，共产党员有7名，占1/3强，作为共产党员的
徐特立当即申请退出边区政府，经大会通过，以党外人士白文焕
递补。被选为边区政府副主席的民主人士李鼎铭，在就职演说中
说，共产党"很愿意大公无私做到精诚团结"，各党派、无党派
人士应"互相信任，互相亲爱"，"看成一家人，同力合作，干
这抗战建国的事"[4]。这表达了当时人们的共同心声。

当然，这次会议最大的成功，就是全体参议员"全部接受了
中国共产党西北中央局所提出的《五一施政纲领》（指《陕甘宁
边区施政纲领》——引者注），并且一致的决议把它作为陕甘宁
边区政府施政纲领"[5]。

需要指出的是，1942年1月，中央关于抗日根据地土地政策

---

〔1〕《陕甘宁边区政府为改选及选举各级参议会的指示信》，甘肃省社会科学院
历史研究室编：《陕甘宁革命根据地史料选辑》第一辑，甘肃人民出版社1981年版，
第73—75页。

〔2〕《陕甘宁边区政府为改选及选举各级参议会的指示信》，甘肃省社会科学院
历史研究室编：《陕甘宁革命根据地史料选辑》第一辑，甘肃人民出版社1981年版，
第76页。

〔3〕《陕甘宁边区政府为改选及选举各级参议会的指示信》，甘肃省社会科学院
历史研究室编：《陕甘宁革命根据地史料选辑》第一辑，甘肃人民出版社1981年版，
第76—77页。

〔4〕《解放日报》1941年11月21日。

〔5〕《陕甘宁边区政府布告》，甘肃省社会科学院历史研究室编：《陕甘宁革命根
据地史料选辑》第一辑，甘肃人民出版社1981年版，第88页。

的决定中，明确指出："三三制政权，就是调节各抗日阶级内部关系的合理的政治形式。"并批评"认为这一制度不过是一种敷衍党外人士的办法的那种观点"，强调必须在参议会系统中与政府系统中坚决的认真的普遍的实行。[1] 1943 年 6 月，毛泽东同志指出，抗战还须准备 3 年，"应力求巩固，屹立不败"，并强调对人民须坚持"三三制"[2]。10 月，中共中央确定的抗日根据地十大政策中仍包括"三三制"[3]，并"要认真执行，如果国共关系破裂了，十大政策不变，'三三制'政策也不变"[4]。这些都说明，像晋冀鲁豫参议会所施行的"三三制"政策是好的、有效果的，值得坚持和推广。

这里需要指出的是，晋察冀边区第一届参议会 1943 年 1 月召开，为 5 年后华北人民政府成立奠定了基础。进入解放战争时期，中共中央不止一次发出专门指示，强调要执行"三三制"。

（四）为华北临时人民代表大会和新中国的政权建设作了贡献

临时参议会开幕后，《解放日报》的社论就指出，希望"不仅在边区的民主政治上有进一步的建树，更希望它成为全华北乃至全中国民主运动的推进机"[5]。的确，临时参议会的机构设置与权限，开展的实际工作，有关机构负责人的产生等，都为之后的政权建设特别是华北抗日根据地的统一战线和政权建设积累了

---

〔1〕《中共中央关于抗日根据地土地政策的决定》，中央档案馆编：《中共中央文件选集（一九四一——一九四二）》第十四册，中共中央党校出版社 1991 年版，第 283 页。

〔2〕 毛泽东：《在今后三年中应力求巩固，屹立不败》，《毛泽东文集》第三卷，人民出版社 1996 年版，第 24 页。

〔3〕 毛泽东：《抗日根据地的十大政策》，《毛泽东文集》第三卷，人民出版社 1996 年版，第 66 页。

〔4〕 毛泽东：《切实执行十大政策》，《毛泽东文集》第三卷，人民出版社 1996 年版，第 72 页。

〔5〕《解放日报》1941 年 7 月 14 日，第 1 版。

经验，培养输送了人才。在这些负责人中，有的成为华北临时人民代表大会和华北人民政府的负责人，他们也是新中国成立后的党和国家领导人。

毛泽东同志在谈到新民主主义的政策时指出，这是真正适合现在中国国情的政策，"我们希望不但在陕甘宁边区实行，不但在敌后各抗日根据地实行，而且在全国也实行起来"〔1〕。同时，"像晋冀鲁豫这样大范围的政权机关不应只是代表农民的"〔2〕。邓小平同志指出，"三三制"抗日民主政权，"是将来新民主主义共和国所应采取的政权形式"〔3〕。事实上，后来发展的实际情况正是这样的。

第三节　提出并逐步实行人民代表大会

一、明确提出"人民代表大会"的概念

以毛泽东同志为主要代表的中国共产党人，总结抗日民族统一战线政权组织形式的经验，进一步从理论上提出了建立人民代表大会制度的构想。

1940年1月，毛泽东同志在《新民主主义论》中提出，抗

〔1〕　毛泽东：《在陕甘宁边区参议会的演说》，《毛泽东选集》第三卷，人民出版社1991年版，第808页。
〔2〕　毛泽东：《边区政权机关不应只代表农民》，《毛泽东文集》第五卷，人民出版社1996年版，第33页。
〔3〕　邓小平：《党与抗日民主政权》，《邓小平文选》第一卷，人民出版社1994年版，第8页。

战胜利后所要建立的中华民主共和国这一政权，"只能是在无产阶级领导下的一切反帝反封建的人们联合专政的民主共和国，这就是新民主主义的共和国"，这一方面和旧形式的、欧美式的、资产阶级专政的、资本主义的共和国相区别；另一方面也和苏联式的、无产阶级专政的、社会主义的共和国相区别[1]。特别是明确提出了"国体""政体"理论，国体——各革命阶级联合专政。政体——民主集中制。国体问题，"其实，它只是指的一个问题，就是社会各阶级在国家中的地位"。政体"是指的政权构成的形式问题，指的一定的社会阶级取何种形式去组织那反对敌人保护自己的政权机关。没有适当形式的政权机关，就不能代表国家。中国现在可以采取全国人民代表大会、省人民代表大会、县人民代表大会、区人民代表大会直到乡人民代表大会的系统，并由各级代表大会选举政府。……这种制度即是民主集中制"[2]。这里，首次明确提出了"人民代表大会"这样一个崭新的概念。

在毛泽东等老一辈革命家看来，与人民民主专政这一国体相适应的政体（即政权组织形式），只能是人民代表大会制度，因此，要建立在民主集中制基础上的人民代表大会制度。这才能适合于各革命阶级在国家中的地位，适合于表现民意和指挥革命斗争，适合于新民主主义的精神。"如果没有真正的民主制度，就

---

〔1〕 毛泽东：《新民主主义论》，《毛泽东选集》第二卷，人民出版社1991年版，第675页。

〔2〕 毛泽东：《新民主主义论》，《毛泽东选集》第二卷，人民出版社1991年版，第676—677页。为此，"必须实行无男女、信仰、财产、教育等差别的真正普遍平等的选举制"。

不能达到这个目的，就叫做政体和国体不相适应"[1]。1940 年
12 月，刘少奇同志也说，为了组织各阶级联合的政权，就必须实
行广泛的民主制度（如国民大会、省民大会、县民大会、区民大
会、乡民大会等）。只有大多数的人民都积极起来参政，积极担
负政府的工作，并积极为国家民族的利益与大多数人民的利益而
奋斗的时候，中国的独立自主与人民的民主自由才能实现[2]。

　　1945 年 4 月，世界反法西斯战争和中国人民全面抗战即将取
得最终胜利前夕，中国将何去何从？这时面临两种命运、两种前
途的重大选择。"从整个形势看来，抗日战争的阶段过去了，新
的情况和任务是国内斗争。蒋介石说要'建国'，今后就是建什
么国的斗争。是建立一个无产阶级领导的人民大众的新民主主义
的国家呢，还是建立一个大地主大资产阶级专政的半殖民地半封
建的国家？这将是一场很复杂的斗争。目前这个斗争表现为蒋介
石要篡夺抗战胜利果实和我们反对的篡夺的斗争。"[3] 毛泽东同
志明确指出，应该建立的是一个新民主主义的国家政权，也重申
了我们党早已确立的革命奋斗方向。

　　正是在这个关键时刻，具有重大意义和深远影响的党的七大
胜利召开。党的七大把以毛泽东同志为主要代表的中国共产党人
将马克思列宁主义基本原理同中国具体实际相结合所创造的理论
成果，正式命名为毛泽东思想，确定为中国共产党的指导思想，
并写入党章。以毛泽东同志为主要代表的中国共产党人，在长期

---

　　〔1〕　毛泽东：《新民主主义论》，《毛泽东选集》第二卷，人民出版社 1991 年版，
第 677 页。
　　〔2〕　刘少奇：《论抗日民主政权》，《刘少奇选集》上卷，人民出版社 1981 年版，
第 172、177 页。
　　〔3〕　毛泽东：《抗日战争胜利后的时局和我们的方针》，《毛泽东选集》第四卷，
人民出版社 1991 年版，第 1130 页。

的革命斗争实践中，创立的毛泽东思想的伟大贡献，在于使中国共产党人找到了一条有别于俄国十月革命、适合于中国国情的革命道路。毛泽东同志关于人民代表大会制度的重要论述，成为毛泽东思想的重要组成部分。

毛泽东同志在党的七大上作了题为《论联合政府》的政治报告，进一步阐明了我们党关于新民主主义的政治、经济和文化的各项政策。为了争取在中国实现光明前途的伟大任务，我们党制定了一条马克思主义的政治路线和方针。"在目前中国时局的严重形势下，中国人民，中国一切民主党派和民主分子，一切关心中国时局的外国人民，都希望中国的分裂局面重趋于团结，都希望中国能够实行民主改革"，为"建立独立、自由、民主、统一和富强的新中国，中国人民，中国共产党和一切抗日的民主党派，迫切地需要一个互相同意的共同纲领"[1]。他强调，在抗战胜利后建立新民主主义的国家制度，"建立一个以全国绝对大多数人民为基础而在工人阶级领导之下的统一战线的民主联盟的国家制度"，同时在政权组织形式上，"新民主主义的政权组织，应该采取民主集中制，由各级人民代表大会决定大政方针，选举政府。它是民主的，又是集中的，就是说，在民主基础上的集中，在集中指导下的民主。只有这个制度，才既能表现广泛的民主，使各级人民代表大会有高度的权力；又能集中处理国事，使各级政府能集中地处理被各级人民代表大会所委托的一切事务，并保障人民的一切必要的民主活动。"[2] 在马克思主义国家学说的发

---

〔1〕 毛泽东：《论联合政府》，《毛泽东选集》第三卷，人民出版社 1991 年版，第 1054—1055 页。

〔2〕 毛泽东：《论联合政府》，《毛泽东选集》第三卷，人民出版社 1991 年版，第 1056、1057 页。

展史上，《论联合政府》这篇经典文献，是马克思主义中国化的重要成果，在指导中国革命、新中国国家政权建设等方面，都发挥了极为重要的作用。

1948年1月，毛泽东同志在《关于目前党的政策中的几个重要问题》一文中，对新型国家政权的性质、体制、形式再次作了精辟论述。"新民主主义的政权是工人阶级领导的人民大众的反帝反封建的政权。"所谓人民大众，是包括工人阶级、农民阶级、城市小资产阶级、被帝国主义和国民党反动政权及其代表的官僚资产阶级（大资产阶级）和地主阶级所压迫和损害的民族资产阶级，而以工人、农民（兵士主要是穿军服的农民）和其他劳动人民为主体。这个人民大众组成自己国家（中华人民共和国）并建立代表国家的政府（中华人民共和国的中央政府）。国家的权力机关是"各级人民代表大会及其选出的各级政府"[1]。

1948年12月30日，毛泽东同志在为新华社写的1949年新年献词中发出"将革命进行到底"的号召，提出要建立人民民主专政的共和国，强调"用革命的方法，坚决彻底干净全部地消灭一切反动势力，不动摇地坚持打倒帝国主义，打倒封建主义，打倒官僚资本主义，在全国范围内推翻国民党的反动统治，在全国范围内建立无产阶级领导的以工农联盟为主体的人民民主专政的共和国。这样，就可以使中华民族来一个大翻身，由半殖民地变为真正的独立国，使中国人民来一个大解放，将自己头上的封建的压迫和官僚资本（即中国的垄断资本）的压迫一起掀掉，并由此造成统一的民主的和平局面，造成由农业国变为工业国的先决

---

〔1〕 毛泽东：《关于目前党的政策中的几个重要问题》，《毛泽东选集》第四卷，人民出版社1991年版，第1272页。

条件，造成由人剥削人的社会向着社会主义社会发展的可能性"[1]。革命不能半途而废！

总之，毛泽东同志为人民代表大会制度勾勒出了初步轮廓。这不仅是新民主主义的政权组织形式，也将成为社会主义的政权组织形式。

抗日战争胜利后，国民党反动派悍然发动全面内战。中国人民同以蒋介石为代表的大地主、大资产阶级的矛盾上升为主要矛盾。随着这种阶级关系的变化以及解放区的扩大和土地革命的深入，以毛泽东同志为代表的中国共产党人探索废除国民党一党专政、建立民主联合政府。1946 年 4 月 23 日，毛泽东同志在为中共中央起草致重庆中共代表团电中，提出要求延期召开国大，指出："我们希望在和平民主条件下，各党派合作开国大，但现在一切重要问题都未解决，东北在打仗，宪草未定，政府未改组，自由无保障，五五时间太促，决不能开，必须延期，请与民盟协同力争延期为要。"[2] 而在此之前就已明确提出"要走上和平、民主、团结、统一的光明道路"[3]，采用人民代表会议和政治协商会议的形式，进一步从理论和实践上向人民代表大会制度过渡。

二、将参议会改为人民代表会议

最早提出把参议会改为人民代表会议的是陕甘宁边区。1944 年

---

〔1〕 毛泽东：《将革命进行到底》，《毛泽东选集》第四卷，人民出版社 1991 年版，第 1375 页。

〔2〕 中共中央文献研究室编：《毛泽东年谱（一八九三——一九四九）（修订本）》，下卷，中央文献出版社 2013 年版，第 73—74 页。

〔3〕 《努力发动解放区群众》，中共中央文献研究室、中央档案馆编：《建党以来重要文献选编（一九二一——一九四九）》第二十三册，中央文献出版社 2011 年版，第 16 页。

年底，时任陕甘宁边区参议会副议长的谢觉哉提出将边区参议会改为人民代表会议。1944 年 12 月 1 日，毛泽东同志给谢觉哉的信中说："关于参议会改为人民代表会议，我想对内对外都是会有好影响的，请你和其他同志商量一下。"但第二天（1944 年 12 月 2 日）毛泽东同志又给谢觉哉写信说："参议会改名，关涉各解放区，中央尚未讨论，请暂不提。"[1] 1945 年 9 月，边区参议会和政府决定先将乡参议会改为乡人民代表会议。10 月，陕甘宁边区参议会常驻会和边区政府发出联合通知，决定把乡参议会改为乡人民代表会议，作为乡政权的权力机关。

1946 年 4 月 23 日，陕甘宁边区三届参议会一次大会通过的《陕甘宁边区宪法原则》明确规定：边区、县、乡人民代表会议（参议会）为人民管理政权机关；人民普遍直接平等无记名选举各级代表；各级代表会选举政府人员；各级政府对各级代表会负责，各级代表对选举人负责。这就以立法的形式确立了人民代表会议制度。

1947 年 4 月在内蒙古王爷庙召开的内蒙古人民代表会议，通过《内蒙古人民代表会议宣言》《内蒙古自治政府施政纲领》等文件。5 月 1 日，内蒙古自治政府正式成立，乌兰夫当选为主席。这是在中国共产党领导下建立的我国第一个实行民族区域自治的省级民主政权，也是新中国成立前在中华大地上创建的第一个省级边疆少数民族自治区。

需要特别指出的是，进入解放战争时期，中共中央还反复强调要执行"三三制"，目的是要扩大全民族的统一战线，扩大政权的社会基础。1947 年 2 月 1 日，中国时局将要发展到一个新的

---

〔1〕　毛泽东：《给谢觉哉的信》，《毛泽东文集》第三卷，人民出版社 1996 年版，第 232、233 页第三条注释。

阶段，即从全国范围的反帝反封建斗争发展到新的人民大革命的阶段。当此之际，中共中央发出迎接中国革命的新高潮的指示。指出"美蒋（即美帝国主义及其走狗蒋介石——引者注）的反动政策，迫使中国各阶层人民处于团结自救的地位。这里包括工人、农民、城市小资产阶级、民族资产阶级、开明绅士、其他爱国分子、少数民族和海外华侨在内。这是一个极其广泛的全民族的统一战线"[1]。和抗日时期的民族统一战线相比较，这一统一战线不但规模同样广大，而且有更加深厚的基础。因此，党中央号召全党同志必须为这个统一战线的巩固和发展而奋斗，还进一步明确提出："三三制"政策仍然不变，在解放区，"在政权机关和社会事业中，除共产党人外，必须继续吸收广大的党外进步分子、中间分子（开明绅士等）参加工作"[2]。就是说，"三三制"仍应执行，废除"三三制"的意见是错误的。

但是，中央这一指示并没有得到贯彻执行。为此，1948 年 5 月 31 日，中共中央再次给各中央分局及各前委发出关于"三三制"仍应执行的指示，对未执行的提出严厉批评并要求改正。该指示指出，这一年多时间内很多解放区不经中央同意，擅自修改

---

〔1〕 毛泽东：《迎接中国革命的新高潮》，中共中央文献研究室、中央档案馆编：《建党以来重要文献选编（一九二一——一九四九）》第二十四册，中央文献出版社 2011 年版，第 66 页。毛泽东同志在"说明"中对统一战线问题作了进一步解释，"还应该加一点，说明青年党、民社党站到蒋介石方面去并不是我们孤立了，而是蒋介石更加孤立的结果。蒋不得不拉拢这样的小党派，由这些小党派出来帮助维持他的局面，正好证明我们的统一战线更广大了。这种事情将来还会有，因为人民的力量将来会更加壮大。"见毛泽东：《对〈迎接中国革命的新高潮〉的说明》，中共中央文献研究室、中央档案馆编：《建党以来重要文献选编（一九二一——一九四九）》第二十四册，中央文献出版社 2011 年版，第 73 页。

〔2〕 毛泽东：《迎接中国革命的新高潮》，中共中央文献研究室、中央档案馆编：《建党以来重要文献选编（一九二一——一九四九）》第二十四册，中央文献出版社 2011 年版，第 66 页。

这一指示，从政治上及组织上打击"三三制"党外人士，其中除少数是罪有应得者外，大多数的打击是过"左"的错误行动。而各地对于此项重大问题，事前既不向中央请示，至今亦很少甚至没有向中央反映情况。为此，必须进行整改，各局在半月——一月内，将当地地委、区党委、中央局或分局共三级的党外知名人士列一总名单，注明简历现状及我党对他的待遇意见，电告中央；同时，各中央局、中央分局及工作委员会负责将统一战线、"三三制"及党外人士问题向中央作一总结报告[1]。

随着国民党军队全面进攻被粉碎和人民解放军不断取得新胜利，中国革命战争发生了历史性转折。为此，加强解放区各级政权建设、为建立新中国的中央政权做充分准备，就成为一项重要而紧迫的任务。1948年4月，毛泽东同志在晋绥干部会议上的讲话中指出："在反对封建制度的斗争中，在贫农团和农会的基础上建立起来的区村（乡）两级人民代表会议，是一项极可宝贵的经验。……这样的人民代表会议一经建立，就应当成为当地的人民的权力机关，一切应有的权力必须归于代表会议及其选出的政府委员会。""在一切解放区，也就应当这样做。在区村两级人民代表会议普遍地建立起来的时候，就可以建立县一级的人民代表会议。有了县和县以下的各级人民代表会议，县以上的各级人民代表会议就容易建立起来了。"[2] 这既充分肯定了在土地改革斗争中所建立的区村两级人民代表会议，又明确要求各解放区普遍建立起各级人民代表会议，使之成为当地人民的权力机关。党中

---

〔1〕《中共中央关于三三制仍应执行的指示》，中共中央文献研究室、中央档案馆编：《建党以来重要文献选编（一九二一——一九四九）》第二十五册，中央文献出版社2011年版，第322页。

〔2〕毛泽东：《在晋绥干部会议上的讲话》，《毛泽东选集》第四卷，人民出版社1991年版，第1308—1309页。

央对此积极支持，认真总结经验，并努力向全国推广，要求在土改中应使解放区政权自下而上地实行人民代表会议制。

1948 年 11 月 30 日，中共中央发出关于新解放城市中组织各界代表会的指示，指出根据石家庄、洛阳等城市解放后的经验，在这些城市工作的中心弱点是与广大群众联系不够。虽然我们已掌握了政权，但还没找到与广大群众联系的最适当的组织形式和工作方法。因此，中共中央决定，在城市解放后实行军管制的初期，应以各界代表会议为党和政权的领导机关联系群众的最好组织形式。人民代表会议及其前身——各界代表会是政权和半政权的组织形式，"党所领导的人民代表会议是我们的组织武器，而各界代表会则可看做是人民代表会议的雏形。"[1] 1948 年 12 月 20 日，中共中央发出《中共中央关于县、区、村人民代表会议的指示》，强调凡在土地改革中已经建立了临时人民代表会议或者农民代表会议，"并获有成绩的地方，不要以为土地改革结束而把它搁置起来，必须继续保持，并加以改进和发展，必须把扩军、战勤、负担、生产等工作都拿到人民代表会议上去讨论和决定，而不要只由几个人去决定"[2]，以便于经常联系人民，汲取更多的经验，发挥人民代表会议积极的、更大的作用。在该指示中，中央还明确提出："经验证明，人民代表会议的政权，乃是新民主主义政权的最好形式，各地党的领导机关必须予以最大的注意，研究其中的经验，以便能在经常工作中把它确实地建立起

---

〔1〕《中共中央关于新解放城市中组织各界代表会的指示》，中央档案馆编：《中共中央文件选集（一九四八——一九四九）》第十四册，中共中央党校出版社 1987 年版，第 434 页。

〔2〕《中共中央关于县、区、村人民代表会议的指示》，中共中央文献研究室、中央档案馆编：《建党以来重要文献选编（一九二一——一九四九）》第二十五册，中央文献出版社 2011 年版，第 726 页。

来，在报纸上亦须经常总结和报导其经验。"[1]

1949 年 8 月—9 月，中共中央先后发出《关于三万以上人口的城市及各县一律召开各界人民代表会议的指示》、《关于召开各界代表会议的指示》和《关于召开县各界代表会议问题的指示》。按照中共中央部署，各解放区陆续召开各界人民代表会议，人民代表会议制度逐步建立起来。

1949 年 3 月 13 日，毛泽东同志进一步提出实行人民代表会议制度，深刻阐述了中国共产党为什么不采取资产阶级共和国的国会制度而采取无产阶级共和国的苏维埃制度。他指出："代表会议就是苏维埃。自然，在内容上我们和苏联的无产阶级专政的苏维埃是有区别的，我们是以工农联盟为基础的人民苏维埃。'苏维埃'这个外来语我们不用，而叫做人民代表会议。苏维埃是俄国人民创造的，列宁加以发扬。在中国，因为资产阶级共和国的国会制度在人民中已经臭了，我们不采用它，而采用社会主义国家的政权制度。"[2] 仅 1949 年 8 月—12 月，毛泽东同志关于召开各界人民代表会议的文电就有 19 篇之多。

1949 年 8 月 9 日—14 日，北平市各界代表会议召开。13 日下午，毛泽东同志出席会议并作简短讲演，祝贺北平市各界代表会议的成功召开，希望全国各城市都能迅速召集同样的会议，加强政府与人民的联系，协助政府进行各项建设工作，克服困难，从而为召集普选的人民代表大会准备条件。"一俟条件成熟，现在方式的各界人民代表会议即可执行人民代表大会的职权，成为

---

〔1〕《中共中央关于县、区、村人民代表会议的指示》，中共中央文献研究室、中央档案馆编：《建党以来重要文献选编（一九二一——一九四九）》第二十五册，中央文献出版社 2011 年版，第 726 页。

〔2〕毛泽东：《在中共七届二中全会上的总结》，《毛泽东文集》第五卷，人民出版社 1996 年版，第 265 页。

全市的最高权力机关，选举市政府。依北平的情况来说，大约几个月后就可以这样做了。这样做的利益很多，希望代表们加紧准备。"[1] 会上，毛泽东同志取出一封随身带来的未署名的市民来信（向他反映物价高涨、捐税多和失业多等问题），当即交代表会议处理。

三、准备召开新政治协商会议

抗战胜利后，国民政府和中共会谈就确定了各抗日党派的政治协商会议。这个会议于 1946 年 1 月 10 日开幕。周恩来同志代表中共代表团在开幕式上的致辞中，充分肯定这样的政治协商会议，"在中国的政治历史上还是创举"，特别是这个会议"负有严重的历史任务"：和平建国方案及国大宪法问题，这也是照预先商定的两项会议内容。而这"关系中国民族和国家今后的命运至大，全中国乃至全世界人民都寄予极大的希望"。中共"愿以极大的诚意和容忍与各方共商国是"[2]，努力合作。众所周知，蒋介石集团背信弃义。

但是，中国共产党仍然坚持同各党派及社会贤达等共商和平建国。1948 年 4 月 25 日，毛泽东同志在河北阜平县城南庄致电西柏坡的刘少奇同志等，提出邀请港、平、津等地各中间党派及民众团体的代表人物到解放区，商讨召开人民代表大会并成立临时中央政府问题。4 月 30 日，中共中央发布纪念"五一"节口

〔1〕 中共中央文献研究室编：《毛泽东年谱（一八九三——一九四九）（修订本）》，下卷，中央文献出版社 2013 年版，第 550 页。

〔2〕《中共愿以极大的诚意和容忍与各方共商国是》，中共中央文献研究室、中央档案馆编：《建党以来重要文献选编（一九二一——一九四九）》第二十三册，中央文献出版社 2011 年版，第 28 页。

号，提出："各民主党派、各人民团体、各社会贤达迅速召开政治协商会议，讨论并实现召集人民代表大会，成立民主联合政府。"〔1〕5月1日，毛泽东同志在给李济深、沈钧儒的信中明确指出，在目前形势下，召集人民代表大会，成立民主联合政府，业已成为必要，时机亦已成熟。"但欲实现这一步骤，必须先邀集各民主党派、各人民团体的代表开一个会议。……此项会议似宜定名为政治协商会议。一切反美帝反蒋党的民主党派、人民团体，均可派代表参加。不属于各民主党派各人民团体的反美帝反蒋党的某些社会贤达，亦可被邀参加此项会议。"〔2〕

1948年5月—8月，毛泽东同志多次就召开政治协商会议的问题作出指示。6月13日，他在西柏坡为中共中央起草的致上海局、香港分局并告潘汉年电中，请他们向各民主党派、各人民团体、社会贤达征询关于召开新政治协商会议的有关问题，如开会时间、地点，何人召集，到会代表，应讨论的问题，人民代表会议何时召集以及如何召集等项的意见。1948年8月1日，毛泽东同志复电香港李济深、何香凝等各党派及无党派民主人士，对他们赞同中国共产党5月1日关于召开新的政治协商会议讨论并实现召集人民代表大会建立民主联合政府的主张，并热心促其实现，极为钦佩。为了建立独立、自由、富强和统一的中华人民民主共和国，"实有召集各民主党派、各人民团体及无党派民主人士的代表们共同协商的必要"，希望他们及全国各界民主人士对

---

〔1〕《中共中央发布纪念"五一"节口号》，中共中央文献研究室、中央档案馆编：《建党以来重要文献选编（一九二一——一九四九）》第二十五册，中央文献出版社2011年版，第283—284页。

〔2〕《致李济深、沈钧儒》，中共中央文献研究室编：《毛泽东书信选集》，中央文献出版社2003年版，第277页。

召集此项会议的有关事宜共同进行研讨[1] 10 月 10 日，毛泽东同志提出："召集政治协商会议的口号，团结了国民党区域一切民主党派、人民团体和无党派民主人士于我党周围。现在，我们正在组织国民党区域的这些党派和团体的代表人物来解放区，准备在 1949 年召集中国一切民主党派、人民团体和无党派民主人士的代表们开会，成立中华人民共和国临时中央政府。"[2]

1949 年 1 月 6 日—8 日，中共中央政治局会议在西柏坡举行。会议通过的《目前形势和党在一九四九年的任务》的决议中指出："一九四九年必须召集没有反动派代表参加的以完成中国人民革命任务为目标的各民主党派各人民团体的政治协商会议，宣告中华人民民主共和国的成立，组成共和国的中央政府，并通过共同纲领。"[3] 这就进一步从政治上、理论上为新政治协商会议的召开做了充分准备。

1949 年 3 月 25 日，中共中央从西柏坡迁往北平。6 月 15 日—19 日，新政治协商会议筹备会第一次全体会议在北平召开，为成立民主联合政府而做好各项必要的准备工作。毛泽东同志在会上指出："必须召集一个包含各民主党派、各人民团体、各界民主人士、国内少数民族和海外华侨的代表人物的政治协商会议，宣告中华人民共和国的成立，并选举代表这个共和国的民主联合政府，才能使我们的伟大的祖国脱离半殖民地的和半封建的命运，走上独立、自由、和平、统一和强盛的道路。这是一个共同

---

〔1〕 毛泽东：《复各民主党派与民主人士电》，《毛泽东文集》第五卷，人民出版社 1996 年版，第 114 页。

〔2〕 毛泽东：《中共中央关于九月会议的通知》，《毛泽东选集》第四卷，人民出版社 1991 年第 2 版，第 1347 页。

〔3〕 中共中央文献研究室编：《毛泽东年谱（一八九三——一九四九）（修订本）》，下卷，中央文献出版社 2013 年版，第 432 页。

的政治基础。这是中国共产党、各民主党派、各人民团体、各界民主人士、国内少数民族和海外华侨团结奋斗的共同的政治基础，这也是全国人民团结奋斗的共同的政治基础。"并满怀豪情地指出："中国的命运一经操在人民自己的手里，中国就将如太阳升起在东方那样，以自己的辉煌的光焰普照大地，迅速地荡涤反动政府留下来的污泥浊水，治好战争的创伤，建设起一个崭新的强盛的名副其实的人民共和国。"[1]

四、把人民代表会议改为人民代表大会

1948 年后，毛泽东在一系列书信、指示中谈到要召开人民代表大会。1948 年 9 月，在中央政治局会议上，毛泽东进一步指出："我们政权的阶级性是这样：无产阶级领导的，以工农联盟为基础，但不是仅仅工农，还有资产阶级民主分子参加的人民民主专政。"[2] 他还深刻阐述了建立民主集中制的各级人民代表大会的问题，明确新中国既不采用资产阶级的议会制和立法、行政、司法三权鼎立等，又不能照搬苏联的苏维埃政权形式，而应该实行基于民主集中制的人民代表大会制度，由各级人民代表大会决定大政方针，选举政府。他再一次指出："过去我们叫苏维埃代表大会制度，苏维埃就是代表会议，我们又叫'苏维埃'，又叫'代表大会'，'苏维埃代表大会'就成了'代表大会代表大会'。这是死搬外国名词。现在我们就用'人民代表会议'这

---

〔1〕 毛泽东：《在新政治协商会议筹备会上的讲话》，《毛泽东选集》第四卷，人民出版社 1991 年版，第 1463、1464、1467 页。

〔2〕 毛泽东：《在中共中央政治局会议上的报告和结论》，《毛泽东文集》第五卷，人民出版社 1996 年版，第 135 页。

一名词。我们采用民主集中制，而不采用资产阶级议会制。议会制，袁世凯、曹锟都搞过，已经臭了。在中国采用民主集中制是很合适的。……我看我们可以这样决定，不必搞资产阶级的议会制和三权鼎立等。"〔1〕

1949 年 3 月 5 日—13 日，党的七届二中全会召开。毛泽东同志在会上作报告时，明确提出了促进革命迅速取得全国胜利和组织这个胜利的各项方针，规定了党在全国胜利以后，在政治、经济、外交方面应当采取的基本政策。

1949 年 6 月 30 日，毛泽东同志为纪念中国共产党建党二十八周年，撰写了《论人民民主专政》这一重要文章，清楚地回答了将要建立的是什么样的政权、什么样的政治制度，全面阐述了人民民主专政思想，提出了一个非常著名的论断："总结我们的经验，集中到一点，就是工人阶级（经过共产党）领导的以工农联盟为基础的人民民主专政。这个专政必须和国际革命力量团结一致。这就是我们的公式，这就是我们的主要经验，这就是我们的主要纲领。"〔2〕 他写道："人民是什么？在中国，在现阶段，是工人阶级，农民阶级，城市小资产阶级和民族资产阶级。这些阶级在工人阶级和共产党的领导之下，团结起来，组成自己的国家，选举自己的政府，向着帝国主义的走狗即地主阶级和官僚资产阶级以及代表这些阶级的国民党反动派及其帮凶们实行专政……对于人民内部，则实行民主制度，人民有言论集会结社等项的自由权。选举权，只给人民，不给反动派。这两方面，对人民内部的

---

〔1〕 毛泽东：《在中共中央政治局会议上的报告和结论》，《毛泽东文集》第五卷，人民出版社 1996 年版，第 135—136 页。

〔2〕 毛泽东：《论人民民主专政》，《毛泽东选集》第四卷，人民出版社 1991 年版，第 1480 页。

民主方面和对反动派的专政方面，互相结合起来，就是人民民主专政。"人民的国家是保护人民的。"我们完全可以依靠人民民主专政这个武器，团结全国除了反动派以外的一切人，稳步地走到目的地。"〔1〕

毛泽东同志详细阐述"人民民主专政需要工人阶级的领导"，说明为什么民族资产阶级和小资产阶级在新的国家政权中不能做领导，这是"因为只有工人阶级最有远见，大公无私，最富于革命的彻底性。整个革命历史证明，没有工人阶级的领导，革命就要失败，有了工人阶级的领导，革命就胜利了。在帝国主义时代，任何国家的任何别的阶级，都不能领导任何真正的革命达到胜利。中国的小资产阶级和民族资产阶级曾经多次领导过革命，都失败了，就是明证"。特别是，"民族资产阶级之所以不能充当革命的领导者和所以不应当在国家政权中占主要地位，是因为民族资产阶级的社会经济地位规定了他们的软弱性，他们缺乏远见，缺乏足够的勇气，并且有不少人害怕民众。"〔2〕

这篇光辉著作在《论联合政府》的基础上，进一步阐明了人民共和国的性质、国家的前途等根本问题，连同毛泽东同志在党的七届二中全会上的报告，一道奠定了中国人民政治协商会议第

---

〔1〕　毛泽东：《论人民民主专政》，《毛泽东选集》第四卷，人民出版社 1991 年版，第 1475、1481 页。1949 年 8 月 28 日，刘少奇同志在东北局干部会上讲话时说："人民代表大会，这是以后的国家制度，政权组织形式，这个制度是肯定的。"他批评有些人"为了个人方便就不实行这种国家制度"，强调要建立这样政权、这样形式，人民民主专政才算完全。"建立人民民主专政有它的内容，有它的形式，用资产阶级议会制表示不出来人民民主专政，只有人民代表大会才能充分表现出人民民主专政的主要内容。"见刘少奇：《关于人民代表大会问题》，全国人大常委会办公厅、中共中央文献研究室编：《人民代表大会制度重要文献选编》（一），中国民主法制出版社、中央文献出版社 2015 年版，第 27—29 页。

〔2〕　毛泽东：《论人民民主专政》，《毛泽东选集》第四卷，人民出版社 1991 年版，第 1479 页。

一届全体会议及通过的《共同纲领》的理论基础和政策基础,实际上擘画了建设新中国的蓝图。

五、召开华北临时人民代表大会会议

如前所述,进入解放战争时期,各地在"三三制"参议会的基础上,陆续召开了人民代表会议。值得注意的是,在石家庄召开的华北临时人民代表大会会议,是新中国成立前唯一以"人民代表大会"命名的地方权力机构和地方人民代表大会会议,并在会议的组织、职能、程序等方面同新中国成立之后召开的人民代表大会具有高度相似性,是人民代表大会制度形成史上具有重要里程碑意义的大事件。但是,以往对于华北临时人民代表大会的召开重视不够、研究不够。近年来,相关研究成果陆续公开出版,比如,中央档案馆编的《共和国雏形——华北人民政府》(西苑出版社 2000 年版);河北人大常委会研究室编的《华北临时人民代表大会召开的前前后后》(河北人民出版社 2015 年版);《华北临时人民代表大会的历史贡献》(中国人民代表大会制度理论研究会编:《人民代表大会制度从这里走来》,中国民主法制出版社 2021 年版);李国芳撰写的《1948 年华北临时人民代表大会相关资料辨误》(《中共中央党校学报》2016 年第 6 期)等。下面,对这次会议的有关情况作一概要介绍。

(一)筹备召开华北临时人民代表大会会议

1948 年 2 月 16 日,刘少奇同志向中央提出晋察冀与晋冀鲁豫两区合并的建议。他在分析了两区合并的必要性和重要性之后,提议"晋察冀与晋冀鲁豫两区完全合并,邯郸局与五台局合并,成立华北中央局,管辖太行、太岳、冀鲁豫、冀南、冀中、北岳六个区党委，将来或者再与华东局商量合并渤海区，共辖七个区党委。此外两个军区司令部、政治部、财经办事处、银行贸易机关、后勤机关、党校、大学、报纸等，亦均合并办理。两个边区政府暂不宣布合并，但可合并办公，待召集两区统一的人民代表大会时再宣布合并"[1]。2月20日，毛泽东同志给刘少奇同志复电，提议由中央工委召集彭真等开会讨论晋察冀与晋冀鲁豫两区合并诸问题[2]。3月9日，刘少奇为中央工委关于合并晋察冀与晋冀鲁豫两区军、政机构和统一货币问题致中央电，提出"两区政府亦合并办公，但仍各保持独立领导，指定党团负责人，由董必武主持"[3]。还说，目前政府工作主要就是财经工作，还有教育工作及筹备人民选举等工作，不合并倒不好办事。

1948年5月9日，中共中央及中央军委决定将晋察冀和晋冀鲁豫两个解放区及其领导机构合并，组成华北局、华北联合行政委员会和华北军区。刘少奇兼任华北局第一书记。1948年6月，根据党中央指示和华北局通知精神，晋冀鲁豫和晋察冀两边区合并统一，并就召开华北临时代表大会进行筹备。大会筹备委员会以宋劭文为主任，平杰三为副主任。指定薄一波、杨秀峰、宋劭文、戎子和、张友渔同志负责草拟准备提交大会的重要文件。

1948年7月11日[4]，《晋冀鲁豫边区政府、晋察冀边区行

〔1〕　中共中央党史和文献研究院编：《刘少奇年谱（增订本）》，第二卷，中央文献出版社2018年版，第305页。

〔2〕　中共中央党史和文献研究院编：《刘少奇年谱（增订本）》，第二卷，中央文献出版社2018年版，第308页。

〔3〕　中共中央党史和文献研究院编：《刘少奇年谱（增订本）》，第二卷，中央文献出版社2018年版，第312页。

〔4〕　在中央档案馆编的《共和国雏形——华北人民政府》中标注的时间是1948年6月11日。李国芳同志对此提出质疑，并进行了分析。李国芳：《1948年华北临时人民代表大会相关资料辨误》，《中共中央党校学报》2016年第6期，第83—85页。

政委员会关于召开华北临时人民代表大会暨代表选举办法的决定》明确了华北临时人民代表大会的任务、代表名额及其分配、代表资格、代表选举办法、选举事务之办理等内容。筹备工作进一步有序进行。

（二）华北临时人民代表大会会议的有关情况

1948 年 8 月 7 日—19 日，华北临时人民代表大会在石家庄召开。之所以称为临时人民代表大会，主要是因为参加会议的 542 名代表不是采取普选方式产生的[1]，而是由各地、各团体用选举或者推选的办法产生的。董必武同志在大会开幕时说："它是一个临时性的，也是华北一个地区的，但是，它将成为全国人民代表大会的前奏和雏形。因此，它是中国民主革命历史中划时代的一次大会，在中国民主革命历史上将占有光荣的篇章。"[2]

1948 年 8 月 5 日—6 日举行预备会，选举产生由董必武、聂荣臻、薄一波、彭真、滕代远、杨秀峰、宋劭文等 33 人组成的大会主席团，杨秀峰、万丹如等 11 人组成的资格审查委员会。

8 月 7 日，华北临时人民代表大会在石家庄人民礼堂正式开幕。当时为了保密和与会代表的安全，华北临时人民代表大会对外称作"石家庄生产工作会议"。出席这次大会的代表 542 人，其中党员 376 人，非党人士 166 人，非党员代表占实到代表总数的 1/3 弱。[3]

大会由董必武致开幕词，中原军区邓小平作为来宾代表发表

---

〔1〕 代表人数共计 598 人，实际参加会议的 542 人。河北省人大常委会研究室编：《华北临时人民代表大会召开的前前后后》，河北人民出版社 2015 年版，第 115 页。

〔2〕 董必武：《人民的世纪，人民的会议》，《董必武选集》，人民出版社 1985 年版，第 199 页。

〔3〕 省人大常委会研究室：《华北临时人民代表大会》，《河北日报》2014 年 10 月 20 日。

讲话。9 日—12 日，分别由杨秀峰、宋劭文作晋冀鲁豫边区政府及晋察冀边区行政委员会两年来的政府工作报告；聂荣臻作华北军区两年来的军事报告；薄一波作关于华北区施政方针的建议报告；杨秀峰作华北人民政府组织大纲草案说明；谢觉哉作村、县（市）人民政权组织条例草案及村、县（市）人民代表选举条例草案说明。大会通过了以上各种报告、建议和提案审查委员会，通过了《华北解放区施政方针》、《华北人民政府组织大纲》和《村县（市）人民政权组织条例》等法令。18 日，会议选举董必武等 27 人为华北人民政府委员会委员。19 日，大会闭幕。

　　8 月 16 日会议通过的《华北人民政府组织大纲》，共十五条，序言中指出："为适应华北形势发展，并根据人民要求，华北临时人民代表大会决议合并晋察冀与晋冀鲁豫两边区政府，成立华北人民政府，并制定华北人民政府组织大纲。"第三条规定："华北人民政府综理全华北区政务，并根据华北临时人民代表大会及华北人民代表大会所通过之施政方针及决议案制定实施条例及规程。"〔1〕该组织大纲还对华北人民政府的职权、华北人民政府主席的职权、政府机构设置、华北人民监察院、华北人民法院等作了规定。特别是，第十三条还规定了"华北人民政府政务会议"，即为执行华北人民政府委员会之决议，解决各部门有关问题。华北人民政府政务会议由主席、副主席，各部、院长，各会主任，银行总经理及秘书长组织之，但主席有最后决定权。

　　（三）华北临时人民代表大会会议的重要意义及影响

　　这次华北临时人民代表大会，与各解放区的参议会相比，其

---

　　〔1〕《华北人民政府组织大纲》，中共中央文献研究室、中央档案馆编：《建党以来重要文献选编（一九二一——一九四九）》第二十五册，中央文献出版社 2011 年版，第 427 页。

名义、构成分子、会议职权等均不同。这是中国民主革命历史上具有划时代意义的一次大会，是为了适应人民民主政权的基础和性质根本变化，总结晋冀鲁豫、晋察冀边区参议会实行"三三制"经验基础上的一种新型政权组织形式。正如董必武同志在大会开幕时所说："它是中国民主革命历史中划时代的一次大会，在中国民主革命历史上将占有光荣的篇章。"[1]

华北人民政府成立后，开展了大量的工作，积累了丰富的政权建设经验。华北人民政府注重法制建设，仅根据1948年10月—12月的不完全统计，就"制定、颁布了旨在巩固人民民主政权和发展各项建设事业的条例、政令不下五十种"[2]。同时，积极参加中央人民政府成立的准备工作。1949年初，华北人民政府迁入北平。10月1日中央人民政府成立，而它的底子就是华北人民政府，在此基础上组织了各个部。10月27日，中央人民政府主席毛泽东发出给华北人民政府主席董必武的命令："中央人民政府业已成立，华北人民政府工作着即结束。原华北人民政府所辖五省二市改归中央直属。中央人民政府的许多机构，应以华北人民政府所辖有关机构为基础迅速建立起来。"[3] 10月28日，董必武通知华北人民政府11月1日停止办公。

---

〔1〕 董必武：《人民的世纪，人民的会议》，《董必武选集》，人民出版社1985年版，第199页。

〔2〕 胡传章、哈经雄：《董必武传记》，湖北人民出版社1985年版，第245页。

〔3〕 中共中央文献研究室编：《毛泽东年谱（一九四九——一九七六）》第一卷，中央文献出版社2013年版，第31页。

/ 第一章 /

人民代表大会制度逐步建立起来

中华人民共和国的成立开辟了中国历史的新纪元。从这时起到 1956 年，我们党领导全国各族人民有步骤地实现从新民主主义到社会主义的转变，迅速恢复了国民经济并开展了有计划的经济建设，在全国绝大部分地区基本上完成了对生产资料私有制的社会主义改造。在这一时期，党确定的指导方针和基本政策都是正确的，所取得的胜利也是辉煌的。与此大体上相应，从 1949 年 9 月—1957 年上半年，特别是，一届全国人大一次会议的召开和 1954 年宪法的公布施行，标志着人民代表大会制度作为新中国根本政治制度在全国范围内正式建立起来并获得了初步发展，开创了我国人民民主的新纪元。

第一节　新中国成立初期民主法制建设的重大部署

革命的首要问题是政权问题，革命胜利后的首要问题就是巩固和执掌政权。我们党成为领导全国政权的执政党之后，在新型国家政权的建立和巩固、民主法制建设和治国理政方面都提出了新的方针和策略。

一、总结和推广一些地方召开各界人民代表会议的成功经验

新中国成立后，毛泽东同志十分重视各界人民代表会议的召开，把它作为体现人民的主人翁地位、密切党和政府同人民群众联系的重要组织形式，多次批示和转发各地有关工作的报告，总结推广一些地方的各界人民代表会议的经验，加强政权建设。

一是，1949 年 10 月 13 日，毛泽东同志在转发松江县召开各界人民代表会议经验的电报中，提出："请他们通令所属，一律仿照办理。……这是一件大事。如果一千几百个县都能开起全县代表会来，并能开得好，那就会对于我党联系数万万人民群众的工作，对于使党内外广大干部获得教育，都是极重要的。请你（饶漱石——引者注）抓住松江经验，要华东各地省委、区党委、地委负责同志，亲自出席若干县，取得经验，以利推广。"[1]

二是，1949 年 10 月 30 日，毛泽东同志要求各中央局、分局和前委负责同志取法华北各城市召开各界代表会议的主要经验，包括：（1）城市各界代表会议，一般都以当前生产上的重要问题为议题。（2）推选代表既要有严肃性，又要有广泛的代表性。（3）每次会议，应抓紧解决为广大群众所迫切要求解决的一两个问题；决议后一定要贯彻执行，不能执行的不要决定；决定了但行不通的，应向代表和群众说明道理，加以解释，以示信于人民。（4）使每个代表都有发言的机会，是开好代表会议的关键。（5）会议后，各个代表要向其所代表的单位，分头报告和解释会

─────────

〔1〕 毛泽东：《转发松江县召开各界人民代表会议经验的电报》，《建国以来毛泽东文稿》第一册，中央文献出版社 1987 年版，第 52—53 页。

议的决议，是很重要的。（6）各界代表会议一定要和当前实际工作密切结合[1]。

三是，1949 年 11 月 27 日，在为中央起草的给华南分局等的电报中强调："必须充分注意召开市县各界人民代表会议。"电报说，同意你们所提广州市第一次各界人民代表会议的名额分配及议事日程，强调"你们必须充分注意广东全省市的县的各界人民代表会议的召开，各市各县均应召开。你们必须将这种市的县的各界人民代表会议看成是团结各界人民，动员群众完成剿匪反霸，肃清特务，减租减息，征税征粮，恢复与发展生产，恢复与发展文化教育直至完成土地改革的极重要的工具，一律每三个月召开一次"[2]。在这份电报中，还对湖南、江西、湖北、河南四省市县各界人民代表会议的召开，河南、湖北、湖南、江西、广东五省必须召开全省农民代表会议及全省各界人民代表会议等提出了明确要求，并要求华东局、西北局等注意照办。

刘少奇同志也谈到了从人民代表会议过渡到人民代表大会的问题。1951 年 2 月 28 日，他在北京市第三届人民代表会议上的讲话中指出："目前的各级人民代表会议已在代行各级人民代表大会的职权，在不久的将来，就要直接地过渡为各级人民代表大会。各级人民政府，各民主党派，各民主阶级的人民，都应该依据共同纲领和中央人民政府颁布的法令，按照各个地方实际可能的情况，积极地努力地把各级人民代表会议实际地而不只是形式地建立起来，使它在政治上和组织上更广大更密切地联系各民主

---

〔1〕 中共中央文献研究室编：《毛泽东年谱（一九四九——一九七六）》第一卷，中央文献出版社 2013 年版，第 33—34 页。

〔2〕 毛泽东：《必须充分注意召开市县各界人民代表会议》，《毛泽东文集》第六卷，人民出版社 1999 年版，第 22—23 页。

阶级的人民群众，在组织形式上也逐步地完备起来，使目前的各级人民代表会议能够在最近几年逐步地过渡为各级人民代表大会——完全能够代表人民行使政权的人民代表大会。"[1]

二、"一定要守法，不要破坏革命的法制"

在新中国成立之前，我们党就很重视法制，这里必须提到两件事。一是，成立中央法律委员会。1948 年 12 月 20 日，中共中央书记处会议通过《中共中央关于中央法律委员会任务与组织的决定》，明确它是"在中央书记处领导之下，协助中央研究与处理有关全国立法和司法问题之工作机关"[2]，并分别规定了立法问题方面和司法方面的任务，王明（即陈绍禹）同志为中央法律委员会主任。同时，为进行经常性工作，它下设研究室与编译室。二是，明确提出要废除伪宪法、伪法统。1949 年 1 月 14 日，毛泽东同志在关于时局的声明中提出和平谈判的八项条件，包括废除伪宪法和废除伪法统两项[3]。2 月 22 日，中共中央发出指示，强调"在无产阶级领导的以工农联盟为主体的人民民主专政的政权下，国民党的《六法全书》应该废除，人民的司法工作不能再以国民党的《六法全书》作依据，而应该以人民的新的法律作依据，在人民的新的法律还没有系统地发布以前，则应该以共

〔1〕 刘少奇：《在北京市第三届人民代表会议上的讲话》，《刘少奇选集》下卷，人民出版社 1985 年版，第 56—57 页。

〔2〕《中共中央关于中央法律委员会任务与组织的决定》，中共中央文献研究室、中央档案馆编：《建党以来重要文献选编（一九二一——一九四九）》第二十五册，中央文献出版社 2011 年版，第 685 页。

〔3〕《中共中央毛泽东主席关于时局的声明》，中共中央文献研究室、中央档案馆编：《建党以来重要文献选编（一九二一——一九四九）》第二十六册，中央文献出版社 2011 年版，第 41 页。

产党的政策以及人民政府与人民解放军已发布的各种纲领、法律、命令、条例、决议作依据"[1]。这就明确了包括司法在内的法制建设的原则。

新中国成立后，我们党和国家注重法制建设。1954 年 6 月，毛泽东同志在关于中华人民共和国宪法草案的讲话中指出："一个团体要有一个章程，一个国家也要有一个章程，宪法就是一个总章程，是根本大法。用宪法这样一个根本大法的形式，把人民民主和社会主义原则固定下来，使全国人民有一条清楚的轨道，使全国人民感到有一条清楚的明确的和正确的道路可走，就可以提高全国人民的积极性。"宪法草案由全国人民代表大会通过以后，"全国人民每一个人都要实行，特别是国家机关工作人员要带头实行，首先在座的各位要实行。不实行就是违反宪法"[2]。

值得注意的是，毛泽东同志有两则批语，实质上也是涉及宪法的遵守、实施。一是，1954 年 10 月 17 日，他在中共中央统战部上报的一份材料的最后一页作出批示：注意，应有所准备。[3]这就是陈叔通准备向全国人大常委会提出的两个建议：第一，全国人民代表大会上许多代表提出的带有原则性的意见，应加以归

---

〔1〕《中共中央关于废除国民党〈六法全书〉和确定解放区司法原则的指示》，中共中央文献研究室、中央档案馆编：《建党以来重要文献选编（一九二一——一九四九）》第二十六册，中央文献出版社 2011 年版，第 154—155 页。

〔2〕 毛泽东：《关于中华人民共和国宪法草案》，《毛泽东文集》第六卷，人民出版社 1999 年版，第 328 页。1952 年，司法部部长史良说："新中国人民司法工作是在人民民主的法治道路上健康地前进。"史良：《三年来人民司法工作的成就》，《人民日报》1952 年 9 月 23 日。早在 1949 年 1 月，谢觉哉在司法训练班的讲话中说过："建设一个新的社会，定要有人人遵守的规章，即只许这样，不许那样，违犯者必罚。我们不要资产阶级的法制，但我们确需要我们的法制。"《谢觉哉文集》，人民出版社 1989 年版，第 650 页。

〔3〕 中共中央文献研究室编：《毛泽东年谱（一九四九——一九七六）》第二卷，中央文献出版社 2013 年版，第 299 页。

纳，由常委会加以研究，并应分别情况，可行的由政府加以推行；第二，从宪法的规定看，中央和地方颁布的法令中有问题的不少，对这些有问题的法令，由全国人大常委会处理还是由政府处理，应加以确定。二是，1955 年 5 月 16 日、17 日，他先后谈到人大代表下去考察问题。"下乡考察，是民主人士提出来的，我们把它普遍化，集体组织下去考察。各省市要招呼县、区、乡，对考察要表示欢迎，采取老实态度和积极态度。借民主人士下去这一压，对工作也有好处。我们的工作有成绩也有缺点。我们说，乱子不少，但一般还好。"〔1〕 这直接推动人大代表视察的制度化和视察工作的开展。

1957 年 1 月，毛泽东在省市自治区党委书记会议上发表讲话时，还专门就法制问题讲了意见，强调"一定要守法"，指出"一定要守法，不要破坏革命的法制。法律是上层建筑。我们的法律，是劳动人民自己制定的。它是维护革命秩序，保护劳动人民利益，保护社会主义经济基础，保护生产力的。我们要求所有的人都遵守革命法制"〔2〕。

实际上，在新中国成立之初，党和国家的许多领导人都十分强调要守法。1954 年 9 月 17 日，彭真在一届全国人大一次会议上审议宪法草案时，专门就"公民在法律面前人人平等"作了发言，指出"人人遵守法律，人人在法律上平等，应当是，也必须是全体人民、全体国家工作人员和国家机关实际行动的指针"，提议"号召全国人民一致地为它（即宪法——引者注）的完满

----

〔1〕 中共中央文献研究室编：《毛泽东年谱（一九四九——一九七六）》第二卷，中央文献出版社 2013 年版，第 375 页。

〔2〕 毛泽东：《在省市自治区党委书记会议上的讲话》，《毛泽东文集》第七卷，人民出版社 1999 年版，第 197—198 页。

实现而奋斗"[1]。1956 年 9 月，董必武同志在党的八大上发言时阐述了要实行"依法办事"。"现在无论就国家法制建设的需要来说，或者是就客观的可能性来说，法制都应该逐渐完备起来。法制不完备的现象如果再让它继续存在，甚至拖得过久，无论如何不能不说是一个严重的问题。""党中央号召公安、检察、法院和一切国家机关，都必须依法办事。我认为依法办事，是我们进一步加强人民民主法制的中心环节。"依法办事有两方面的意义，一是必须有法可依，二是有法必依。"依法办事就是清除不重视和不遵守国家法制现象的主要方法之一。"[2] 可以说，董必武的这一番话，是我们党和国家关于依法办事最为经典的阐述。实际上，当时党和国家都很重视守法的。彭真后来回忆道："一九五四年通过第一部宪法，那个时候，中央决定重大问题时，毛主席、周总理常问：是不是符合宪法？"[3]

三、党的全国代表会议同意关于发展国民经济的第一个五年计划草案

1955 年 3 月 21 日—31 日，党的全国代表会议在北京举行。会议讨论发展国民经济第一个五年计划，进一步总结党同高岗、饶漱石反党阴谋活动斗争的经验。

毛泽东同志在开幕词中说："发展国民经济第一个五年计划

---

〔1〕 彭真：《公民在法律面前人人平等》，《彭真文选》，人民出版社 1991 年版，第 255—256 页。

〔2〕 董必武：《进一步加强人民民主法制，保障社会主义建设事业》，《董必武选集》，人民出版社 1985 年版，第 413、418—420 页。

〔3〕 彭真：《论新时期的社会主义民主与法制建设》，中央文献出版社 1989 年版，第 174 页。

是实现党的总路线的一个重大的步骤。这次党的全国代表会议应该根据实际经验，认真地讨论这个计划草案，使它的内容能够比较妥当，而成为切实可行的计划。""我们可能经过三个五年计划建成社会主义社会，但要建成为一个强大的高度社会主义工业化的国家，就需要有几十年的艰苦努力，比如说，要有五十年的时间，即本世纪的整个下半世纪。"[1]

会上，陈云同志作关于发展国民经济第一个五年计划的报告；邓小平同志作关于高岗、饶漱石反党联盟的报告；会议对两个报告，除分组讨论外，全体会议讨论 8 天，会上有 100 多人发言。代表们一致同意这两个报告，一致认为关于第一个五年计划草案是一个伟大的、切实可行的计划。

（一）关于发展国民经济第一个五年计划草案

陈云同志在报告中指出，中央提出的关于发展国民经济第一个五年计划草案，是实现党在过渡时期总路线的一个重大步骤。草案规定了第一个五年计划的基本任务。第一个五年计划的基本内容，包括社会主义工业化建设和对非社会主义经济成分进行社会主义改造这样两个方面。会议同意这个五年计划的内容，同时"建议中央委员会根据这次会议讨论的意见，对五年计划草案进行必要的修正，并在修正以后，提交第一届全国人民代表大会第二次会议予以审议和通过"[2]。全体会议一致通过关于发展国民经济的第一个五年计划草案的决议。

---

〔1〕 毛泽东：《在中国共产党全国代表会议上的讲话·开幕词》，《毛泽东文集》第六卷，人民出版社 1999 年版，第 390 页。

〔2〕《中国共产党全国代表会议关于中华人民共和国发展国民经济的第一个五年计划草案的决议》，中央档案馆、中共中央文献研究室编：《中共中央文件选集（1949 年 10 月—1966 年 5 月）》第十八册（1955 年 1 月—3 月），人民出版社 2013 年版，第 327 页。

（二）关于成立党的中央和地方监察委员会

会议决定成立党的中央和地方各级监察委员会，代替中央和地方各级党的纪律检查委员会。籍以加强党的纪律，加强对党员中各种违法乱纪现象的斗争，特别是防止像高岗、饶漱石反党联盟这一类严重危害党的利益的事件重复发生。

党的中央和地方各级监察委员会的任务是：经常检查和处理党员违反党章、党纪和国家法律、法令的案件。党员违反国家法律、法令的行为，除应依法由人民法院审理或政府监察机关惩处外，其应受党纪处分者即由党的监察委员会负责处理。党的中央和地方各级监察委员会有权检查和处理一切党员违反党章、党纪和国家法律、法令的案件。党的各级监察委员会的一切工作人员都必须忠实地履行自己的职责，树立严肃负责、实事求是的作风，以身作则地严格遵守党章、党纪和国家的法律、法令，坚定地对坏人坏事进行斗争，正确地检查和处理案件[1]。

会议选出以董必武同志为书记的中央监察委员会。

（三）对这次会议的评价

毛泽东同志在会议的结论中说："这次会议开得很好，是从延安整风以来的又一次整风会议，发扬了民主，开展了批评与自我批评，使得我们相互了解更多了，思想更统一了，使得我们有了共同的认识。"[2] 实际上，这次会议通过的新中国发展国民经济的第一个五年计划草案，是朝着建成社会主义迈出的重要一步。

---

〔1〕《中国共产党全国代表会议关于成立的中央和地方监察委员会的决议》，中央档案馆、中共中央文献研究室编：《中共中央文件选集（1949 年 10 月—1966 年 5 月）》第十八册（1955 年 1 月—3 月），人民出版社 2013 年版，第 329—331 页。

〔2〕 毛泽东：《在中国共产党全国代表会议上的讲话·结论》，《毛泽东文集》第六卷，人民出版社 1999 年版，第 394 页。

1956 年 4 月 25 日，毛泽东同志在《论十大关系》中系统地总结了我国经济建设的经验，提出一系列适合我国情况的建设社会主义的基本原则，包括处理中央与地方关系的原则，即"应当在巩固中央统一领导的前提下，扩大一点地方的权力，给地方更多的独立性，让地方办更多的事情"。同时，强调"我们的宪法规定，立法权集中在中央。但是在不违背中央方针的条件下，按照情况和工作需要，地方可以搞章程、条例、办法，宪法并没有约束"。[1]

四、党的八大提出要坚持民主集中制和集体领导制度

1956 年 9 月 15 日—27 日，党的八大在北京召开。毛泽东同志在开幕词中指出："这次大会的任务是：总结从七次大会以来的经验，团结全党，团结国内外一切可能团结的力量，为了建设一个伟大的社会主义的中国而奋斗。"[2] 他特别强调了团结的重要性，指出"就国内的条件来说，我们胜利的获得，是依靠了工人阶级领导的工农联盟，并且广泛地团结了一切可能团结的力量……在我们继续加强全党的团结的时候，我们还必须继续加强各民族、各民主阶级、各民主党派、各人民团体的团结，继续巩固和扩大我们的人民民主统一战线，必须认真地纠正在任何工作环节上的任何一种妨害党同人民团结的不良现象"[3]，当

---

〔1〕 毛泽东：《论十大关系》，《毛泽东文集》第七卷，人民出版社 1999 年版，第 31—32 页。

〔2〕 毛泽东：《中国共产党第八次全国代表大会开幕词》，《毛泽东文集》第七卷，人民出版社 1999 年版，第 114 页。

〔3〕 毛泽东：《中国共产党第八次全国代表大会开幕词》，《毛泽东文集》第七卷，人民出版社 1999 年版，第 115 页。

然，还包括团结一切爱好和平的国家。

党的七大以后，中国社会发生了一系列深刻的变化。为适应新形势，党的八大一是进一步提出了过渡时期的总路线："在一个相当长的时间内，逐步实现社会主义的工业化，逐步完成对农业、手工业和资本主义工商业的社会主义改造。"[1] 二是强调"革命的暴风雨时期已经过去了""斗争的方法也就必须跟着改变，完备的法制就是完全必要的了"[2]。在这一新形势下，迫切需要加强国家政治、法律等上层建筑领域的建设，从而更好地为建设社会主义经济基础服务。

（一）关于政治报告及其决议

党的八大指出，必须继续加强人民民主专政，继续改进国家工作。"我们对国家制度是高度的民主和高度的集中的结合。这个制度已经在我国过去几年的历史中表现了它的优越性"，但还不完备，"它还需要相当的时间使自己逐步地成熟和完善起来"[3]。强调要坚持民主集中制和集体领导制度，反对个人崇拜，发展党内民主和人民民主，加强党和群众的联系。明确提出："为了巩固我们的人民民主专政，为了保卫社会主义建设的秩序和保障人民的民主权利，为了惩治反革命分子和其他犯罪分子，我们目前在国家工作中的迫切任务之一，是着手系统地制定

---

〔1〕　实际上，"党的这个总路线是在一九五二年国民经济恢复阶段终结的时候提出的，在一九五四年已经为全国人民代表大会接受，作为国家在过渡时期的总任务，记载在中华人民共和国宪法里。"见刘少奇：《在中国共产党第八次全国代表大会上的政治报告》，《刘少奇选集》下卷，人民出版社 1985 年版，第 206 页。

〔2〕　刘少奇：《在中国共产党第八次全国代表大会上的政治报告》，《刘少奇选集》下卷，人民出版社 1985 年版，第 253 页。

〔3〕　刘少奇：《在中国共产党第八次全国代表大会上的政治报告》，《刘少奇选集》下卷，人民出版社 1985 年版，第 247—248 页。

比较完备的法律，健全我们国家的法制。"[1]

党的八大通过的政治报告决议，正确分析了中国社会的主要矛盾，指出国内的主要矛盾"已经是人民对于建立先进的工业国的要求同落后的农业国的现实之间的矛盾，已经是人民对于经济文化迅速发展的需要同当前经济文化不能满足人民需要的状况之间的矛盾"。而"这一矛盾的实质，在我国社会主义制度已经建立的情况下，也就是先进的社会主义制度同落后的社会生产力之间的矛盾"[2]。"由于社会主义革命已经基本完成，国家的主要任务已经由解放生产力变为保护和发展生产力，我们必须进一步加强人民民主的法制，巩固社会主义建设的秩序。国家必须根据需要，逐步地系统地制定完备的法律。一切国家机关和国家工作人员必须严格遵守国家的法律，使人民的民主权利充分地受到国家的保护。""因为反革命力量已经日益缩小和分化，对于反革命分子应当进一步实行宽大政策。除极少数罪大恶极、引起人民公愤的罪犯不能不处死刑以外，其余罪犯应当一律免除死刑，并且给以人道的待遇，尽可能把他们教育成为善良的劳动者。需要处死刑的案件，应当一律归最高人民法院判决或者核准。"[3]

---

〔1〕 刘少奇：《在中国共产党第八次全国代表大会上的政治报告》，《刘少奇选集》下卷，人民出版社 1985 年版，第 253 页。

〔2〕《中国共产党第八次全国代表大会关于政治报告的决议》，中央档案馆、中共中央文献研究室编：《中共中央文件选集（1949 年 10 月—1966 年 5 月）》第二十四册（1956 年 9 月—12 月），人民出版社 2013 年版，第 248 页。这"后一句话是在大会闭幕会开会前由陈伯达、胡乔木加上去的。送毛泽东审定时，距大会开会已不到一小时。不久，毛泽东对后一句话提出异议，明确提出党和国家的主要任务是'保护和发展生产力'。"中共中央文献研究室：《〈毛泽东年谱（1949—1976）〉选载之七：八大之后毛泽东对正确处理人民内部矛盾问题的思考》，《党的文献》2013 年第 6 期，第 12 页。

〔3〕《中国共产党第八次全国代表大会关于政治报告的决议》，中央档案馆、中共中央文献研究室编：《中共中央文件选集（1949 年 10 月—1966 年 5 月）》第二十四册（1956 年 9 月—12 月），人民出版社 2013 年版，第 257 页。

（二）关于修改党章

会议听取邓小平同志作关于修改党的章程的报告。这次修改"并没有根本原则上的不同，但是，在具体内容上却有了很多的改变，其中包含一些带有原则性的改变"。我们国家的状况完全不同了。为此，"党除了应该加强对于党员的思想教育之外，更重要的还在于从各方面加强党的领导作用，并且从国家制度和党的制度上作出适当的规定，以便对于党的组织和党员实行严格的监督。"[1] 强调实行群众路线，必须健全党的和国家的民主生活，必须加强党的和国家的监察工作。

修改后的党章完善了民主集中制的规定，包括：正确地解决党的组织和党员的关系、党的上级组织和下级组织的关系、党的中央组织和地方组织的关系，特别是进一步明确了各级党组织的集体领导原则和制度。

（三）关于发展国民经济的第二个五年计划的建议

会议听取周恩来同志关于发展国民经济的第二个五年计划的建议的报告。报告中既回顾了第一个五年计划执行的情况，也提出了第二个五年计划的基本任务以及 12 个方面的主要的问题。"党中央委员会把关于发展国民经济的第二个五年计划的建议，提请党的第八次全国代表大会审查。这个建议经过这次党代表大会讨论并且通过以后，将提交国务院讨论。"[2] 会议通过关于发展国民经济的第二个五年计划（1958—1962）的建议。

---

〔1〕 邓小平：《关于修改党的章程的报告》，《邓小平文选》第一卷，人民出版社1994 年版，第 213、215 页。

〔2〕 周恩来：《关于发展国民经济的第二个五年计划的建议的报告》，中央档案馆、中共中央文献研究室编：《中共中央文件选集（1949 年 10 月—1966 年 5 月）》第二十四册（1956 年 9 月—12 月），人民出版社 2013 年版，第 173 页。

五、强调"以不违反法律为原则"和正确处理人民内部矛盾

在党的八大之后的最初一段时间内，党和国家很注重民主法制建设，特别是毛泽东同志对正确处理人民内部矛盾问题进行了深入思考和有益探索。

（一）干部精简过程中"以不违反法律为原则"

1957 年初，中央提出"精简上层、充实基层"，从省、专、县各级领导机关抽调大批干部到县、乡担任领导职务，其中有相当一部分担任县长和乡长。但在实际工作中，有的地方没有按照法律程序办事，产生了一些问题。内务部党组进行了研究，根据全国人大常委会关于地方各级人民委员会的组成人员是否限于本级人大代表问题的决定，提出了具体处理意见并报中央。中央在批转该报告时指出："为了不致与法律相抵触，还可考虑对下放干部的工作安置，采用一些变通办法，例如：（一）下放干部尽量先做党委工作；（二）如果县、区、乡（镇）原正职干部非动不可时，尽量由副职中推选一人代理。当然各地还可考虑其他办法，总以不违反法律为原则。"[1] 这就可以看出，当时党中央十分重视依法办事，强调以不违反法律为原则。

（二）提出正确处理人民内部矛盾

1957 年 2 月 27 日，毛泽东同志在最高国务会议第十一次（扩大）会议上发表讲话，提出了正确区分和处理两类不同性质

---

[1] 《中共中央批转内务部党组关于下放干部担任县长和乡长的法律程序问题意见的报告》，中央档案馆、中共中央文献研究室编：《中共中央文件选集（1949 年 10 月—1966 年 5 月）》第二十六册（1957 年 7 月—12 月），人民出版社 2013 年版，第 23—25 页。

的社会矛盾的学说，说明正确处理人民内部矛盾，以便团结全国人民发展经济和文化，已经成为国家政治生活的主题。他首先讲到"两类矛盾问题"，敌我之间的矛盾，人民内部相互之间的矛盾，是两个问题。这两类问题的性质不同，解决的方法也不同。前者是分清敌我的问题，后者是分清是非的问题。敌我矛盾是对抗性矛盾，人民内部矛盾是非对抗性矛盾。专政就是解决敌我之间矛盾的。人民自己不能向自己专政，不能由一部分人民去压迫另一部分人民。在人民内部是实行民主集中制。公民有言论、出版、集会、结社、游行、示威、宗教信仰等自由。但是这个自由是有领导的自由，这个民主是集中指导下的民主，不是无政府主义的。

毛泽东同志说，世界上只有具体的自由，具体的民主，没有抽象的自由，抽象的民主。要求抽象的自由、抽象的民主的人们认为民主是目的，而不承认民主是手段。民主这个东西，有时看起来似乎是目的，实际上，只是一种手段。我们主张有领导的自由，主张集中指导下的民主，这在任何意义上都不是说，人民内部的思想问题、是非的辨别问题，可以用强制的方法去解决。企图用行政命令的方法，用强制的方法解决思想问题、是非问题，不但没有效力，而且是有害的。"凡属于思想性质的问题，凡属于人民内部的争论问题，只能用民主的方法去解决，只能用讨论的方法、批评的方法、说服教育的方法去解决，而不能用强制的、压服的方法去解决。"[1] 这种民主的方法，就是团结—批评—团结，或者说，惩前毖后，治病救人。

在一般情况下，人民内部的矛盾不是对抗性的。但是，如果

---

〔1〕　毛泽东：《关于正确处理人民内部矛盾的问题》，《毛泽东文集》第七卷，人民出版社1999年版，第209页。

处理不得当，或者失去警觉，麻痹大意，也可能发生对抗。这种情况，在社会主义国家通常只是局部的暂时的现象。"匈牙利事件所表现的那种范围相当宽广的对抗行动，是因为有内外反革命因素在起作用的缘故。"匈牙利事件的这种教训，值得大家注意[1]。

总之，毛泽东同志提出正确处理人民内部矛盾问题，既是从我国的实际情况出发的，又有着深刻的国际背景。事实上，毛泽东同志的这一讲话公开发表后，引起了国外媒体的普遍关注，无论是社会主义国家还是资本主义国家，都作了大量报道、转载和评论，在国内国外都产生了重大影响[2]。

六、关于人民代表大会制度的定位

新中国成立后，党和国家领导人在讲话中，对人民代表大会制度的性质、定位作了阐述。

1951年2月28日，中央人民政府副主席刘少奇出席在北京中山公园中山堂召开的北京市第三届人民代表会议。他在讲话中提出："人民代表会议与人民代表大会制度，是我们国家的基本制度，是人民民主政权的最好的基本的组织形式。我们的国家，就是人民代表会议与人民代表大会制的国家。"[3] 这是我们党和国家领导人最早关于"人民代表大会制度是我们国家的基本制度"的表述，这对于加强新中国政权建设具有十分重要的意义。

---

〔1〕 毛泽东：《关于正确处理人民内部矛盾的问题》，《毛泽东文集》第七卷，人民出版社1999年版，第211页。

〔2〕 周兵：《〈关于正确处理人民内部矛盾的问题〉的国际传播与国际评价研究》，《党的文献》2013年第6期，第23—29页。

〔3〕 刘少奇：《在北京市第三届人民代表会议上的讲话》，《刘少奇选集》下卷，人民出版社1985年版，第56页。

　　1951 年 9 月，中央人民政府华北事务部召开华北第一次县长会议。政务院副总理兼政治法律委员会主任董必武在会上作《论加强人民代表会议的工作》的报告。他指出，为什么我们说代表会议或代表大会的制度是我们国家的基本制度？这是因为：第一，只有它才能代表我们政治生活的全面，才能表示我们政治力量的源泉；第二，它是由人民革命直接创造出来的，而不是倚靠从前任何法律规定而产生的；它一经宣告成立，就可以相应地制定各种制度和法律，而其他任何制度则必须经过它的批准，或由它所授权的机关批准，才能生效[1]。

　　1951 年 10 月 3 日，政务院政治法律委员会副主任、党组书记彭真在华北第一次县长会议全体党员会议上讲话时明确提出，我们把代行人民代表大会职能的"人民代表会议定成我们国家的根本政治制度"。为什么要定成"根本政治制度"呢？第一，它是全国人民的基本的组织形式，只有通过它才能把四万万七千五百万人民组织起来，离开它，人民组织不起来。第二，它是在政权工作中走群众路线的最好的、最有效的、最重要的形式，群众路线是我们一切工作的基本路线。老百姓管理政府靠人民代表会议，政府把老百姓动员组织起来做事情也靠人民代表会议[2]。这是党和国家领导人最早的关于人民代表大会制度是我国的根本政治制度的论述。

　　1954 年 9 月 15 日，刘少奇同志作《关于中华人民共和国宪法草案的报告》时指出，我们国家的政治制度是人民代表大会制度。"我们采用这种政治制度，是同我们国家的根本性质相联系

---

　　〔1〕　董必武：《论加强人民代表会议的工作》，《董必武选集》，人民出版社 1985 年版，第 298 页。

　　〔2〕　《彭真文选》，人民出版社 1991 年版，第 222、223 页。

的。中国人民就是要用这样的政治制度来保证国家沿着社会主义的道路前进。”“人民代表大会制既规定为国家的根本政治制度，一切重大问题就都应当经过人民代表大会讨论，并作出决定。”〔1〕此后，逐步沿用“人民代表大会制度是我国的根本政治制度”这一表述，并一直保留下来。

第二节　共同纲领所确立的人民代表大会制度

一、新政治协商会议筹备会的有关情况

随着解放战争的胜利，中国共产党带领中国人民，终于推翻了“三座大山”的反动统治，当务之急就是领导中国人民如何建立一个理想中的社会主义国家。“从1948年9月中央政治局会议以后，党中央最大的工作是两件，一是打仗，一是统战，中心是打倒蒋介石，建立新中国。”“统战工作，主要是把在香港和国统区的民主人士接到解放区来，准备召开新的政治协商会议。”把民主人士接到解放区来的事，“由恩来同志亲自指挥，李克农和钱之光经办，先通过地下党的关系联络，然后组织秘密交通护送，其中不乏传奇性的故事”。〔2〕

在新中国即将诞生的关键时刻，有两件要事被提上议事日程。

---

〔1〕 刘少奇：《关于中华人民共和国宪法草案的报告》，《刘少奇选集》下卷，人民出版社1985年版，第156、157页。

〔2〕 杨尚昆：《杨尚昆回忆录》，中央文献出版社2001年版，第263、264页。

一是，建立革命的中央政府。1948 年 9 月，毛泽东在中共中央政治局会议上的报告和结论中提出："人民民主专政的国家，是以人民代表会议产生的政府来代表它的。中央政府的问题，十二月会议只是想到了它，这次会议就必须作为议事日程来讨论。"[1]

二是，制定共同纲领。制定一部全国各族人民、各民主党派、各人民团体一致接受和遵守的共同纲领，成为创建中华人民共和国重要的基础性工作。1948 年 10 月 6 日，中共中央电告高岗并东北局，"新政协须通过共同纲领"，并要求高岗他们向已到哈尔滨的民主人士征询"对共同纲领的主要内容有何意见"[2]。这份文电是目前发现的正式使用"共同纲领"一词较早的文献。10 月 8 日，周恩来同志将关于召开新的政治协商会议诸问题（草案）、提议邀请参加新政协的单位表电告高岗、李富春并东北局，指示他们就文件中提到的新政协诸问题，约已到哈尔滨的沈钧儒、谭平山、章伯钧等 6 位民主人士会谈协商数次。"他们如有不明了之处，你们应善为解释。"[3]

1949 年 6 月 15 日—19 日，新政治协商会议筹备会在北平召开第一次全体会议。这里需要说明一点，之所以叫"新政治协商会议"，是为了区别于 1946 年 1 月 10 日—31 日在重庆举行的政治协商会议。1949 年 9 月 17 日，新政治协商会议筹备会第二次全体会议决定将"新政治协商会议筹备会"改称为"中国人民政治协商会议"。

新政治协商会议筹备会第一次全体会议，确定了筹备会的主

---

〔1〕《毛泽东文集》第五卷，人民出版社 1996 年版，第 136 页。

〔2〕 1949 年 10 月 6 日周恩来起草的中共中央给高岗并中共中央东北局的电报。

〔3〕 中共中央文献研究室编：《周恩来年谱（1898—1949）（修订本）》，中央文献出版社 2020 年版，第 789 页。

要任务，其中包括起草共同纲领草案。周恩来同志担任第三小组组长，负责重新起草共同纲领。周恩来同志亲自执笔起草了共同纲领提纲和草案初稿，最初几稿题为新民主主义纲领，后改为新民主主义的共同纲领[1]。经过 7 次反复讨论和修改，包括先后到达北平的 500 多名政协代表分组讨论 2 次，第三小组讨论 3 次，筹备会常务委员会讨论 2 次，在广泛吸收各方面意见基础上拟出了共同纲领草案[2]。周恩来同志自始至终主持共同纲领的起草工作，为共同纲领的制定付出了大量心血，作出了重要贡献。[3]

二、审议通过《共同纲领》

1949 年 9 月 21 日—30 日，中国人民政治协商会议第一届全体会议在北平隆重召开。它的任务是集中全国各族人民的意志，宣告中华人民共和国的成立，制定中国人民自己的宪章，组织中国人民自己的中央政府。毛泽东同志在开幕词中指出："现在的中国人民政治协商会议是在完全新的基础上召开的，它具有代表全国人民的性质，它获得全国人民的信任和拥护。因此，中国人民政治协商会议宣布自己执行全国人民代表大会的职权。"[4] 值得注意的是，这里用的是"执行"一词（而不是"代行"）。并

---

〔1〕《建国以来周恩来文稿》第一册，中央文献出版社 2008 年版，第 1—2、9—13、282—315 页。

〔2〕《周恩来传》，中央文献出版社 1998 年版，第 951 页。

〔3〕周恩来与共同纲领制定的有关情况，参见陈扬勇：《周恩来与共同纲领的制定》，《党的文献》2003 年第 2 期。

〔4〕毛泽东：《中国人从此站起来了》，全国人大常委会办公厅、中共中央文献研究室编：《人民代表大会制度重要文献选编》（一），中国民主法制出版社、中央文献出版社 2015 年版，第 49 页。

且，在 9 月 27 日通过的《中华人民共和国中央人民政府组织法》第三条规定中，用的也是"执行"[1] 而不是"代行"；《共同纲领》在同样的地方用的也是"执行"的表述而不是"代行"，但是关于地方的用的却是"代行"。

周恩来同志作《关于〈中国人民政治协商会议共同纲领〉草案的起草经过和特点》的报告。经过进一步讨论和修改，9 月 29 日，中国人民政治协商会议第一届全体会议一致通过《中国人民政治协商会议共同纲领》（以下简称《共同纲领》）。

《共同纲领》包括序言、总纲、政权机关、军事制度、经济政策、文化教育政策、民族政策、外交政策等七章六十条。它总结了中国人民过去一百多年来革命的经验，在新民主主义革命取得伟大胜利、中国人民由被压迫地位变成为新社会新国家主人的历史转折时刻，确定了中华人民共和国的国体和政体、国家各方面的基本政策和基本制度，规定了公民的基本权利和义务。正如列宁指出的："纲领中规定细节问题是不适当的，也是不可能的。纲领只能确定一些基本原则。"[2]《共同纲领》以法律的形式明确了在推翻帝国主义、封建主义和官僚资本主义反动统治后的中国建立一个什么样的新国家和怎样建立一个新国家的重大问题，为新中国政权制度的建立和政权组织的活动奠定了坚实的法律基础。

《共同纲领》是在中国共产党领导下，各民主党派、各人民

---

[1]《中华人民共和国中央人民政府组织法》第三条规定："在普选的全国人民代表大会召开以前，由中国人民政治协商会议的全体会议执行全国人民代表大会的职权"。全国人大常委会办公厅、中共中央文献研究室编：《人民代表大会制度重要文献选编》（一），中国民主法制出版社、中央文献出版社 2015 年版，第 61 页。

[2] 列宁：《关于民族问题的批评意见》，《列宁全集》第二十四卷，人民出版社 1990 年第 2 版，第 146 页。

团体和各族各界人民的代表共同制定的建国纲领，是当时全国人民共同的奋斗目标和统一行动的政治基础。《共同纲领》是具有开创性质和奠基意义的历史性文献，奠定了新中国初期国家根本政治制度的法律基础，被称为"全国人民的大宪章"[1]，"起了临时宪法的作用"[2]。连同本次会议先前通过的《中国人民政治协商会议组织法》《中华人民共和国中央人民政府组织法》《关于中华人民共和国国都、纪年、国歌、国旗的决议》等，在新中国国家政权制度建设和民主法制建设上发挥了奠基作用。

由于当时解放战争还没有结束，全国范围内的人民群众还没有充分组织起来，经济也需要一个恢复时期，尚不具备召开在普选基础上产生的全国人民代表大会的条件，只能采取由中国人民政治协商会议执行全国人民代表大会职权这一过渡办法。因此，《共同纲领》规定："国家最高政权机关为全国人民代表大会。""在普选的全国人民代表大会召开以前，由中国人民政治协商会议的全体会议执行全国人民代表大会的职权。""在普选的地方人民代表大会召开以前，由地方各界人民代表会议逐步地代行人民代表大会的职权。"所以，在尚未制定宪法的情形下，《共同纲领》对我国实行人民代表大会制度作出了具有最高法律效力的规定，实际上成为奠定我国根本政治制度最早的法律渊源，是新中国成立初期国家活动的基本准则。对此，《共同纲领》序言庄严宣告："凡参加人民政治协商会议的各单位、各级人民政府和全国人民均应共同遵守。"毛泽东同志在全国政协一届二次会议上

〔1〕 刘少奇：《加强全国人民的革命大团结》，《刘少奇选集》上卷，人民出版社1985 年版，第 434 页。

〔2〕 刘少奇：《关于中华人民共和国宪法草案的报告》，《刘少奇选集》下卷，人民出版社 1985 年版，第 139 页。

的讲话中也指出："共同纲领必须充分地付之实行，这是我们国家现时的根本大法。"[1] 事实上，《共同纲领》颁布以后，得到了全面有效实施。

三、《共同纲领》对人民代表大会制度的主要规定

《共同纲领》是中国历史上第一个人民的建国纲领，对新中国的国家性质、政权体制、基本政策等重大问题作了明确规定，正式提出在我国实行人民代表大会制度这一新型政治制度。事实上，只有真正理解了《共同纲领》的（临时）宪法地位和作用，尤其是真正理解了它所规定的国体和政体，我们才会真正理解人民代表大会制度就是从这一刻开始确立起来的。

概括起来，《共同纲领》对人民代表大会制度作了以下几个方面的规定。

（一）明确我国的国体是人民民主专政

《共同纲领》序言宣告："中国人民民主专政是中国工人阶级、农民阶级、小资产阶级、民族资产阶级及其他爱国民主分子的人民民主统一战线的政权，而以工农联盟为基础，以工人阶级为领导。"第一条规定："中华人民共和国为新民主主义即人民民主主义的国家，实行工人阶级领导的、以工农联盟为基础的、团结各民主阶级和国内各民族的人民民主专政，反对帝国主义、封建主义和官僚资本主义，为中国的独立、民主、和平、统一和富强而奋斗。"这一国体决定了国家的根本性质和重大使命，人民代表大会制度是适应这一国体性质和要求的国家政权组织形式。

---

〔1〕　毛泽东：《全国政协一届二次会议上的讲话》，《毛泽东文集》第六卷，人民出版社1999年版，第77页。

（二）确立我国的政权制度是人民代表大会制度

《共同纲领》第十二条规定："中华人民共和国的国家政权属于人民。人民行使国家政权的机关为各级人民代表大会和各级人民政府。各级人民代表大会由人民用普选方法产生之。各级人民代表大会选举各级人民政府。各级人民代表大会闭会期间，各级人民政府为行使各级政权的机关。国家最高政权机关为全国人民代表大会。全国人民代表大会闭会期间，中央人民政府为行使国家政权的最高机关。"这里明确了国家政权属于人民。

（三）确立国家政权机关实行民主集中制

《共同纲领》第十五条规定："各级政权机关一律实行民主集中制。其主要原则为：人民代表大会向人民负责并报告工作。人民政府委员会向人民代表大会负责并报告工作。在人民代表大会和人民政府委员会内，实行少数服从多数的制度。各下级人民政府均由上级人民政府加委并服从上级人民政府。全国各地方人民政府均服从中央人民政府。"民主集中制既是民主的，又是集中的，是民主与集中的统一。"从人民选举代表、召开人民代表大会、选举人民政府直到由人民政府在人民代表大会闭会期间行使国家政权的这一整个过程，都是行使国家政权的民主集中的过程"〔1〕。董必武同志说："民主集中制原则的提出，正是针对着旧民主主义三权分立的原则。"〔2〕

需要说明的是，《共同纲领》明确规定"人民行使国家政权的机关是各级人民代表大会和各级人民政府"，所确定的国家政

---

〔1〕 周恩来：《人民政协共同纲领草案的特点》，《周恩来选集》上卷，人民出版社 1980 年版，第 369 页。

〔2〕 董必武：《中华人民共和国中央人民政府组织法的草拟经过及其基本内容》，《董必武选集》，人民出版社 1985 年版，第 246 页。

权制度是议行合一的[1]。中央人民政府既是国家最高立法机关，又是最高行政机关。中央人民政府委员会不但拥有除修改共同纲领和制定中央人民政府组织法之外的国家最高立法权，而且通过其下属的政务院、人民革命军事委员会、最高人民法院和最高人民检察署分别拥有国家最高行政权和司法权，从而实行了国家立法、行政和司法权力的高度集中与统一。在这一制度安排下，中华人民共和国的最高行政机关是中央人民政府，国家最高行政领导人是中央人民政府主席。政务院只是"国家政务的最高执行机关"。作为中央人民政府机构之一，政务院必须接受主席的直接领导。《中央人民政府组织法》明确规定，政务院对中央人民政府委员会负责，并报告工作。在中央人民政府委员会休会期间，对中央人民政府主席负责，并报告工作。同样，最高人民法院和最高人民检察署也要在中央人民政府委员会和中央人民政府主席的领导下工作。

（四）确立中央和地方关系的基本原则

《共同纲领》第十六条规定："中央人民政府与地方人民政府间职权的划分，应按照各项事务的性质，由中央人民政府委员会以法令加以规定，使之既利于国家统一，又利于因地制宜。"实际上，在筹备创建新中国的过程中，中共中央对国家结构形式问题进行了审慎的探讨[2]。1949 年人民政协筹备期间，毛泽东

---

〔1〕　董必武：《中华人民共和国中央人民政府组织法的草拟经过及其基本内容》，《董必武选集》，人民出版社 1985 年版，第 247 页。

〔2〕　早在 1922 年，中国共产党第二次全国代表大会通过的《中国共产党第二次全国大会宣言》曾经根据苏联的经验，提出过建立中华联邦共和国的主张，即"用自由联邦制，统一中国本部、蒙古、西藏、回疆，建立中华联邦共和国"。参见中共二大史料编纂委员会编：《中国共产党第二次全国代表大会》，中共党史出版社 2006 年版，第 69 页。此后又多次重申过。

同志就国家结构形式问题征求过当时担任中共中央统战部部长李维汉同志的意见。李维汉同志对这个问题做过深入研究，他认为中国同苏联国情不同，中国各民族在中国共产党领导下，由平等联合进行革命，到平等联合建立统一的人民共和国，并没有经过民族分离，不宜实行联邦制。中央同意这个意见[1]。

（五）确立人民法制原则

《共同纲领》第十七条规定："废除国民党反动政府一切压迫人民的法律、法令和司法制度，制定保护人民的法律、法令，建立人民司法制度。"这是将1949年2月《中共中央关于废除国民党的六法全书与确定解放区的司法原则的指示》精神，以国家根本法的形式确定下来，并在全国范围内予以贯彻实施。

（六）确定各民族一律平等和实行民族区域自治

《共同纲领》第九条规定："中华人民共和国境内各民族，均有平等的权利和义务。"第五十条规定："中华人民共和国境内各民族一律平等，实行团结互助，反对帝国主义和各民族内部的人民公敌，使中华人民共和国成为各民族友爱合作的大家庭。反对大民族主义和狭隘民族主义，禁止民族间的歧视、压迫和分裂各民族团结的行为。"第五十一条规定："各少数民族聚居的地区，应实行民族的区域自治，按照民族聚居的人口多少和区域大小，分别建立各种民族自治机关。凡各民族杂居的地方及民族自治区内，各民族在当地政权机关中均应有相当名额的代表。"

1949年9月7日，周恩来同志在中国人民政治协商会议第一届全体会议召开前向政协代表所作的关于人民政协的几个问题的

---

〔1〕 中共中央统战部编：《民族问题文献汇编》，中共中央党校出版社1991年版，第10页。参见沙健孙主编：《中国共产党与新中国的创建》（1945—1949），中央文献出版社2009年版，第587—588页。

报告中提出："关于国家制度方面，还有一个问题就是我们的国家是不是多民族联邦制。现在可以把起草时的想法提出来，请大家考虑。"在分析我国民族构成情况和近代统治当局民族政策之后，周恩来同志明确指出："任何民族都是有自决权的，这是毫无疑问的事。但是今天帝国主义者又想分裂我们的西藏、台湾甚至新疆，在这种情况下，我们希望各民族不要听帝国主义者的挑拨。为了这一点，我们国家的名称，叫中华人民共和国，而不叫联邦。今天到会的许多人是民族代表，我们特地向大家解释，同时也希望大家能同意这个意见。我们虽然不是联邦，但却主张民族区域自治，行使民族自治的权力。"[1] 这个意见得到了政协代表的赞同。

上述规定，从中央到地方逐步地实行，特别是关于人大代表的选举首先就在地方开展起来了。比如，1951 年 1 月召开的北京市第三届人民代表会议，就在过去两年和两届人民代表会议的基础上，民主化更进了一步，代表的人数增加了，其中由人民选举的代表已达 83% 。由于人民选举的实行，"就使作为北京市人民民主政权主要形式的人民代表会议，在组织基础上更广大、更密切地联系了人民群众，在组织形式上也比以前两届更完备了一些"[2] 。

四、选举产生新的中央国家机关和政务院机构改革

（一）选举产生新的中央国家机关

1949 年 9 月 30 日，中国人民政治协商会议第一届全体会议

---

〔1〕 中共中央文献研究室编：《中华人民共和国开国文选》，中央文献出版社1999 年版，第 238—239 页。

〔2〕 刘少奇：《在北京市第三届人民代表会议上的讲话》，全国人大常委会办公厅、中共中央文献研究室编：《人民代表大会制度重要文献选编》（一），中国民主法制出版社、中央文献出版社 2015 年版，第 108—109 页。

举行闭幕式。会议选举毛泽东等 180 人为政协一届全国委员会委员。

会议选举毛泽东为中央人民政府主席，朱德、刘少奇、宋庆龄、李济深、张澜、高岗为副主席，陈毅等 56 人为委员。

10 月 1 日，中央人民政府委员会在北京中南海勤政殿举行第一次会议。中央人民政府正、副主席和全体委员宣布就职。中央人民政府委员会一致决议：接受《中国人民政治协商会议共同纲领》为本政府的施政方针，选举林伯渠为中央人民政府委员会秘书长，任命周恩来为中央人民政府政务院总理兼外交部部长，毛泽东为中央人民政府人民革命军事委员会主席，朱德为人民解放军总司令，沈钧儒为中央人民政府最高人民法院院长，罗荣桓为中央人民政府最高人民检察署检察长，并责成他们从速组成各项政府机关，推行各项政府工作。同日，中央人民政府主席毛泽东发布中央人民政府公告，宣布中央人民政府委员会组成，宣告中华人民共和国成立。

10 月 9 日，政协一届全国委员会举行第一次会议。会议由林伯渠委员主持，选举毛泽东等 28 人为政协一届全国委员会常委会委员；选举毛泽东为政协一届全国委员会主席，周恩来、李济深、沈钧儒、郭沫若、陈叔通为副主席，李维汉为秘书长。

10 月 19 日，中央人民政府委员会举行第三次会议。会议任命董必武、陈云、郭沫若、黄炎培为政务院副总理，任命谭平山等 15 人为政务委员，李维汉为政务院秘书长；任命董必武为政务院政治法律委员会主任，陈云为财政经济委员会主任，郭沫若为文化教育委员会主任，谭平山为人民监察委员会主任；还任命各部部长、委员会主任委员等。会议任命朱德、刘少奇、周恩来、彭德怀、程潜为中央人民政府人民革命军事委员会副主席，徐向前为中央军委总参谋长。

（二）1951—1953 年政务院机构改革

1951 年 12 月，政务院作出关于调整机构紧缩编制的决定（草案），进行了新中国第一次精兵简政工作。其主要内容有：（1）调整紧缩上层，合理充实下层；（2）合并分工不清和性质相近的机构；（3）精简机构，减少层次；（4）明确规定干部与勤杂人员的比例；（5）要求划清楚企业、事业机构和行政机构的编制和开支；（6）严格编制纪律。这次机构改革以加强中央集权为中心内容。到 1953 年底，政务院工作部门增加到 42 个。

五、北京等地逐步由人民代表会议改为人民代表大会

毛泽东同志十分重视各界人民代表会议工作，中央人民政府一成立，即先后向各中央局、分局批转了上海松江县、华北各城市召开各界人民代表会议的经验。他指出："请即通令所属一律仿照办理。这是一件大事。如果一千几百个县都能开起全县代表大会来，并能开得好，那就会对于我党联系数万万人民的工作，对于使党内外广大干部获得教育，都是极重要的。"[1] 1949 年 11 月 27 日，中共中央发出指示，要求新解放地区市、县各界人民代表会议一律每三个月召开一次。12 月 2 日，中央人民政府委员会第四次会议分别通过省、市、县各界人民代表会议组织通则。1950 年 6 月，党的七届三中全会强调，必须认真开好足以团结各界人民共同进行工作的人民代表会议，人民政府的一切工作都应交人民代表会议讨论并作出决定。

---

〔1〕 毛泽东：《开好县的各界人民代表会议是一件大事》，《毛泽东文集》第六卷，人民出版社 1999 年版，第 4 页。

1951 年 2 月 28 日，刘少奇同志在出席北京市第三届人民代表会议时说："我们的国家，就是人民代表会议与人民代表大会制的国家。目前的各级人民代表会议已在代行各级人民代表大会的职权，在不久的将来，就要直接地过渡为各级人民代表大会。"[1] 他要求，一方面，要实际地而不是形式地建立起各级人民代表会议，并使它在组织形式上完备起来；另一方面，要积极创造条件从人民代表会议向人民代表大会过渡。1951 年 4 月，政务院发出《关于人民民主政权建设工作的指示》，明确要求各级人民政府必须依照各级人民代表会议组织通则，按期召开各级人民代表会议，其中大城市每年至少开会三次，县至少开会两次；各级人民政府的一切重大工作，应向各该级人民代表会议提出报告，并在代表会议上进行讨论与审查；一切重大问题应经人民代表会议讨论并作出决定等。

各地认真贯彻执行中央的决定，加紧民主政权建设，到 1952 年底，有 30 个省、2 个省级行署区、160 个市、2174 个县和 28 万个乡，先后召开各界人民代表会议，实现了从咨询协商机关到权力机关的过渡，人民代表会议已经形成一项经常的制度，在全国各地自下而上地建立起来。这为新中国成立初期民主政治建设开了个好头。各界人民代表会议的召开，促进了地方人民政权的建立，加强了党和人民的联系，在团结和动员人民群众完成土地改革、镇压反革命、恢复和发展生产、民主法制建设等方面发挥了重要作用。

---

〔1〕 刘少奇：《在北京市第三届人民代表会议上的讲话》，《刘少奇选集》下卷，人民出版社 1985 年版，第 56 页。

第三节　积极筹备召开全国人民代表大会

如何确认和巩固新生的人民政权？1949 年 9 月 29 日，中国人民政治协商会议第一届全体会议通过的《共同纲领》已经确认了新生政权的事实，赋予了这一政权以合法性或政治上的正当性。到 1952 年秋，中国人民政治协商会议第一届全体会议已经届满，何时召开全国人民代表大会的问题就被提上了议事日程。这时，党中央和毛泽东同志开始考虑如何向社会主义过渡的问题。中共中央认为进行全国选举的准备尚不充分，设想将全国人民代表大会召开时间再推迟三年。中央还认为《共同纲领》在人民及各民主党派中有崇高的威信，可暂不制定宪法，待中国基本进入社会主义以后，一步到位制定一部社会主义的宪法[1]。在实践中，"真正实行了共同纲领，因此共同纲领在人民中及各党派中威信很好"，尽管在共同纲领最初制定时，人们曾经怀疑是否真要实行共同纲领[2]。

那为什么在很短的时间内又要制定宪法呢？

1952 年 9 月底，刘少奇同志率中共代表团赴莫斯科参加苏共十九大。在访苏期间，刘少奇同志受毛泽东同志委托，在莫斯科

---

〔1〕　刘少奇：《关于中国向社会主义过渡和召开全国人民代表大会问题》，中共中央文献研究室、中央档案馆编：《建国以来刘少奇文稿》第四册，中央文献出版社 2005 年版，第 529—530 页。

〔2〕　刘少奇：《关于与斯大林会谈情况给毛泽东和中央的电报》，中共中央文献研究室、中央档案馆编：《建国以来刘少奇文稿》第四册，中央文献出版社 2005 年版，第 535—536 页。

就制定宪法问题征求斯大林的意见。斯大林在会谈时建议中国可以考虑尽早进行选举和制定宪法，不给西方敌对势力在此问题上反对中国的借口。斯大林提出，如果你们不制定宪法，不进行选举，敌人可以用两种说法向工农群众进行宣传反对你们，一是说你们的政府不是人民选举的，二是说你们国家没有宪法。因政协不是经人民选举产生的，人家就可以说你们的政权是建立在刺刀上的，是自封的。此外，《共同纲领》也不是人民选举的代表大会通过的，而是由一党提出，其他党派同意的东西，人家也可以说你们国家没有法律。"你们应从敌人（中国的和外国的敌人）那里拿掉这些武器，不给他们这些借口。"[1] 把共同纲领变成宪法——基本大法，这种宪法自然是一种粗制品，但有一个宪法，比没有要好[2]。这里，核心和实质就是要解决新生政权的正当性（或合法性）问题。中共中央采纳了斯大林的这个建议，决定召开全国人民代表大会和制定宪法。

一、召集全国人民代表大会的条件已经具备

按照《共同纲领》的规定，召开人民代表大会需要具备以下3 个条件：军事行动完全结束、土地改革彻底实现以及人民有充分的组织。到 1952 年，人民政协第一次全体会议任期已届满，是继续召开人民政协第二次全体会议呢，还是召开第一次全国人

---

〔1〕 刘少奇：《关于与斯大林会谈情况给毛泽东和中央的电报》，中共中央文献研究室、中央档案馆编：《建国以来刘少奇文稿》第四册，中央文献出版社 2005 年版，第 536 页。

〔2〕 刘少奇：《关于与斯大林会谈情况给毛泽东和中央的电报》，中共中央文献研究室、中央档案馆编：《建国以来刘少奇文稿》第四册，中央文献出版社 2005 年版，第 536 页。

民代表大会？中共中央经过权衡，决定筹备召开各级人民代表大会。

1952年12月1日，中共中央发出《关于召开党的全国代表会议的通知》。通知指出，为了充分准备全国人民代表大会的召开，中央决定于1953年2月5日召开党的全国代表会议；现在召集全国人民代表大会的条件已经具备，拟于1953年9月间召开。尽管由于"高饶事件"和其他原因，党的全国代表会议、全国人民代表大会均未能如期召开，但召开代表大会和制定宪法的通知发出后，有关筹备工作就已开始了。

1952年12月24日，政协一届全国委员会常委会第四十三次会议讨论关于筹备并召开各级人民代表大会问题。会议听取政务院总理周恩来关于中国共产党提议1953年召开全国人民代表大会及地方各级人民代表大会的说明。与会的委员和各民主党派、人民团体负责人一致认为，在三年来所取得的伟大胜利基础上，在开始大规模建设的同时，召开全国人民代表大会和地方各级人民代表大会，是适时的完全正确的，符合全国人民的要求。会议决定，由政协全国委员会向中央人民政府委员会提出建议，根据《中央人民政府组织法》第七条所规定的职权，筹备并召开全国人民代表大会和地方各级人民代表大会。

1953年1月13日，中央人民政府委员会举行第二十次会议。根据中共中央的建议，这次会议讨论关于召开全国人民代表大会和地方各级人民代表大会问题。周恩来同志在会上就这一问题作了详尽的说明。1月20日，会议审议通过《关于召开全国人民代表大会及地方各级人民代表大会的决议》。该决议提出，现在召开全国人民代表大会的条件已经具备，决定于1953年召开由人民用普选方法产生的乡、县、省（市）各级人民代表大会，并在此基础上接着召开全国人民代表大会。毛泽东同志在这次会上指出:"全国人民代表大会代表的选举,今年不办就要明年办,或者后年办。与其明年办,就不如今年办。如果过两年再开一次政治协商会议后召开全国人大也不好办,不如索性就开全国人民代表大会。所以,根据这些条件和考虑,还是抓紧召开全国人民代表大会比较好。"他还说,尽管这有困难,但是经过我们的努力,训练好干部,安排好工作,是可以克服这些困难的,是可以把选举工作搞好的[1]。

1954年8月11日,在北戴河举行的中央人民政府委员会第三十三次会议决定,9月15日召开全国人大第一次会议[2]。

二、1953年全国人大及地方各级人大选举法和第一次全国普选

(一) 新中国第一部选举法

进行全国范围的普选,是建立和实行人民代表大会制度的一个重要前提。1953年2月11日,中央人民政府委员会第二十二次会议听取邓小平同志所作的关于选举法草案的说明。邓小平同志指出,选举法起草委员会根据《共同纲领》有关实行普选问题的规定,研究三年多来我国人民民主专政的实际情况,吸收苏联选举的经验,并征求各方面的意见,经过了多次的讨论和修改,拟定了选举法(草案)。它"贯彻着一个总的精神,就是如何根

---

〔1〕 毛泽东:《关于召开全国人民代表大会的几点说明》,《毛泽东文集》第六卷,人民出版社1999年版,第257—259页。

〔2〕 《彭真传》编写组编:《彭真年谱(1949—1954)》第二卷,中央文献出版社2012年版,第478页。

据国家的情况，规定一个合乎当前实际的最民主的选举制度"[1]。会议通过全国人大及地方各级人大选举法，并决定成立以刘少奇为主席的中央选举委员会。3月1日，中央人民政府公布施行这部法律。

该法主要内容包括：一是，第一条规定各级人大"由各民族人民用普选方法产生之"。二是，明确了直接选举和间接选举相结合的人大代表选举制度。第三条规定：全国人大代表，省、县和设区的市人大代表由下一级人大选举之；乡、镇、市辖区和不设区的市人大代表由选民直接选举之。三是，明确了选举的普遍性原则。第四、五条规定：除依法尚未改变成分的地主阶级分子、依法被剥夺政治权利的反革命分子、其他依法被剥夺政治权利者、精神病患者以外，凡年满十八周岁之中华人民共和国公民，不分民族和种族、性别、职业、社会出身、宗教信仰、教育程度、财产状况和居住期限，均有选举权和被选举权；妇女与男子有同等的选举权和被选举权。四是，明确了平等原则。第六条规定："每一选民只有一个投票权。"第四十三条规定："每一选民只得进行一次登记。"五是，详细规定了各级人大代表名额，农村与城市、汉族与少数民族每一代表所代表的人口比例不同。

总之，这部法律确认了新中国成立初期选举制度的基本原则和主要内容，将人民当家作主的民主权利法律化，为在全国范围内实行普选、逐级召开地方各级人民代表大会和全国人民代表大会提供了法律依据，也为之后的选举法律制度打下了良好基础。

---

〔1〕邓小平：《关于〈中华人民共和国全国人民代表大会及地方各级人民代表大会选举法（草案）〉的说明》，全国人大常委会办公厅、中共中央文献研究室编：《人民代表大会制度重要文献选编》（一），中国民主法制出版社、中央文献出版社2015年版，第149页。

（二）新中国首次普选

为了执行好选举法，办好全国基层单位的选举工作，1953 年 4 月 3 日，中央选举委员会发出《关于基层选举工作的指示》。

为了做好这次普选工作，中央选举委员会开展了选举试点工作，进行了必要的准备工作，使普选工作有了良好的开端。1953 年 9 月 5 日，中央选举委员会第三次会议听取了邓小平同志关于选举试点工作的报告。邓小平同志指出："各地的试办工作是有成绩的，是成功的。这主要表现在：广大人民积极地参加选举运动，重视选举权利；以严肃的态度审查选民资格，做到了敌我界限分明。""各地试办工作之所以取得这些成绩，关键在于选举工作中充分发扬了民主，密切地结合了生产，所有干部经受了群众性的鉴别，选民资格做了严肃认真的确定。在这些主要环节上，各地都能有所创造，取得经验。"[1] 这个报告对试办工作经验进行了总结，并对过去一个时期所接触到的主要问题提出了明确的要求。

1953 年 9 月 16 日—18 日，中央人民政府委员会第二十七、二十八次会议听取中央选举委员会委员邓小平就全国人大及地方各级人大的选举问题所作的说明，根据各地选举工作进展情况，会议通过有关决议，决定推迟召开全国人民代表大会及地方各级人民代表大会。

从 1953 年下半年开始，我国举行了历史上第一次规模空前的普选。到这一年底，首都北京等地已开始普选工作。全国 6 亿人口，"登记选民总数为 323809684 人，占 18 周岁以上人口总数的 97.18%。而全国依法被剥夺选举权的人并加上精神病患者，

---

〔1〕 邓小平：《关于选举试点工作的报告》，《邓小平文集》中卷，人民出版社 2014 年版，第 123、124 页。

只占进行选举地区人口总数的 1.64%。这说明了我国选举制度的普遍性和平等性，也证明了我国人民民主政权具有极为广泛的群众基础。"再从各地选举的实际情况来看，选民都十分重视自己的民主权利，热烈地参加了选举。根据中央选举委员会的统计，"参加投票的有 278093100 人，占登记的选民总数的 85.88%。选民中妇女参加投票的占登记的妇女选民总数的 84.01%"〔1〕。到 1954 年 8 月，全国各地共选出地方人大代表 566 万多名，在此基础上，自下而上逐级召开了人民代表大会。乡、县、省逐级召开了人民代表大会会议，建立健全了地方各级政权组织。

由省、市人民代表大会，中央直辖少数民族行政单位以及军队单位和华侨单位等 45 个选举单位分别选举产生 1226 名出席一届全国人大的代表（台湾省代表暂缺）〔2〕。它包括了我国所有的民主阶级和民主党派的代表人物，包括了工农业劳动模范，军队的英雄人物，著名的文学、艺术、科学、教育工作者，工商界、宗教界的代表人物，包括了各民族各阶层的代表。其中有 177 名少数民族的代表，147 名妇女代表。他们的年龄从 18 岁到 90 岁以上的都有。

总之，全国范围普选的进行和地方各级人民代表大会的召开，为全国人民代表大会的成立奠定了组织基础。

三、抓紧起草新中国第一部宪法

在全国普选积极开展的同时，宪法的起草工作也在有条不紊

---

〔1〕　邓小平：《关于基层选举工作完成情况》，《邓小平文集》中卷，人民出版社 2014 年版，第 190 页。

〔2〕　中共中央党史研究室编：《中国共产党历史（1949—1978）》第二卷上册，中共党史出版社 2011 年版，第 249 页。

地进行着。1953 年 12 月 24 日下午，毛泽东同志主持召开中共中央政治局扩大会议后，乘专列离开北京前往杭州，主持起草中华人民共和国宪法草案。毛泽东同志一行于 28 日凌晨到达杭州，住刘庄。1954 年 1 月 9 日，他正式开始主持宪法起草小组的起草工作，至 1954 年 3 月 9 日起草小组工作结束。1954 年 1 月 15 日，毛泽东同志致电刘少奇并中共中央各同志，通报宪法小组的宪法起草工作计划，提出"望各政治局委员及在京各中央委员从现在起即抽暇阅看下列各主要参考文件"〔1〕，并开列了关于中外各类宪法的书目。

　　1954 年 3 月 23 日，宪法起草委员会举行第一次会议。毛泽东同志代表中国共产党向会议提出了宪法草案初稿，会议听取了宪法起草委员会委员陈伯达所作的关于宪法草案初稿的说明。陈伯达说："宪法草案的内容，是根据中共中央和毛主席的指示而写成的。中共中央指定了一个宪法起草小组，这个小组，是在毛主席的亲自领导下和亲自参加下进行工作的。宪法草案的每一章、每一节、每一条，毛主席都亲自参加了讨论。"〔2〕会议决定在最近两个月内完成对宪法草案初稿的讨论和修正，以便提请中央人民政府委员会作为草案批准公布。除由宪法起草委员会全体会议进行讨论外，还会同政协全国委员会进行分组讨论，同时分发各大行政区、各省市的领导机关和各民主党派、各人民团体的地方组织讨论。6 月 11 日召开的宪法起草委员会第七次会议，对宪法草案的全部条文作最后审查并讨论通

---

　　〔1〕 中共中央文献研究室编：《毛泽东年谱（一九四九——一九七六）》第二卷，中央文献出版社 2013 年版，第 217 页。

　　〔2〕 中共中央文献研究室编：《毛泽东年谱（一九四九——一九七六）》第二卷，中央文献出版社 2013 年版，第 225 页。

过了这个草案。

这里，需要说明的是，在一届全国人大一次会议召开前夕，即 1954 年 9 月 14 日下午，毛泽东同志主持召开中央人民政府委员会临时会议，讨论修改宪法草案。他说："宪法草案有两个地方要修改，这是代表们提出的意见。"[1] 他进一步谈到宪法的修改问题："宪法不是天衣无缝，总是会有缺点的。宪法以及别的法律，都是会有缺点的。什么时候发现，就修改。能过得去的，那就不要改了。"他最后讲了宪法起草过程，"这是一个比较完整的宪法了。最先是中共中央起草，然后是北京五百多高级干部讨论，全国八千多人讨论，然后是三个月的全国人民讨论。这一次全国人民代表大会代表一千多人又讨论"。正因为如此，"宪法的起草是慎重的，每一条、每一个字都是认真搞了的，但也不必讲是毫无缺点，天衣无缝。这个宪法是适合我们目前的实际情况的，它坚持了原则性，但是又有灵活性"[2]。这表明，宪法起草过程中充分体现了民主精神、科学精神。这也为后来的立法树立了典范和标杆，并被发扬光大。

实际上，当时中共中央对提交一届全国人大一次会议审议的其他法律草案也进行了讨论。比如，1954 年 8 月 6 日，中央政治局会议讨论了全国人民代表大会组织条例（草案）。8 月 17 日，在中央办公厅关于印发这个条例草案给各地讨论的通知里表明，条例草案交中央统战部部长、宪法起草委员会委员李维汉根据会

---

〔1〕 中共中央文献研究室编：《毛泽东年谱（一九四九——一九七六）》第二卷，中央文献出版社 2013 年版，第 280 页。

〔2〕 中共中央文献研究室编：《毛泽东年谱（一九四九——一九七六）》第二卷，中央文献出版社 2013 年版，第 281 页。

议提出的意见，加以修改后印发各地讨论。[1]

至此，一切准备工作就绪。

第四节　一届全国人大一次会议隆重举行

1954 年 9 月 15 日，一届全国人大一次会议在北京隆重召开，历时 14 天（中间休会两天），在完成了自己的历史任务后于 9 月 28 日圆满闭幕。会议的召开，标志着我国人民代表大会制度从地方到中央全面系统地正式建立起来了。这次会议于 9 月 20 日通过《中华人民共和国宪法》（即 1954 年宪法），这是新中国第一部具有社会主义性质的宪法。应该说，一届全国人大一次会议的召开和新宪法的颁布实施，是开天辟地的大事件，所以，这是一次具有里程碑意义的会议，对其重要意义作怎样高的评价都不为过。

一、毛泽东同志主持开幕式并致开幕词

9 月 15 日下午，一届全国人大一次会议开幕。毛泽东在主持会议开幕式并致开幕词时说，这次会议的任务是制定宪法和几个重要的法律，通过政府工作报告，选举新的国家领导工作人员。"我们这次会议具有伟大的历史意义。这次会议是标志着我国人

---

〔1〕　刘少奇：《对中办关于印发〈全国人民代表大会组织条例〉（草案）给各地讨论通知的批语》，中共中央文献研究室、中央档案馆编：《建国以来刘少奇文稿》第六册，中央文献出版社 2008 年版，第 336 页。

民从一九四九年建国以来的新胜利和新发展的里程碑，这次会议所制定的宪法将大大地促进我们的社会主义事业。"中国人民的总任务是"团结全国各族人民，争取一切国际朋友的支援，为了建设一个伟大的社会主义国家而奋斗，为了保卫国际和平和发展人类进步事业而奋斗"〔1〕。

会议一致选出由 97 人组成的本次会议主席团和秘书长。参加开幕式的除出席的代表 1141 人外，还有列席的政府负责人 14 人，旁听人员 136 人。各国驻我国的外交使节和外交官员 44 人，外宾 39 人应邀参加开幕式。

二、宪法是人民幸福的保证书

15 日下午，会议首先听取刘少奇代表宪法起草委员会作的关于中华人民共和国宪法草案的报告。这个报告分四部分：（1）中华人民共和国宪法草案是历史经验的总结；（2）关于宪法草案基本内容的若干说明；（3）关于全民讨论中提出的对宪法草案的意见；（4）结论。

9 月 16 日〔2〕至 18 日，代表们讨论宪法草案和刘少奇关于宪法草案的报告。上午分组讨论，下午大会发言。3 天中共有 89 位代表在大会上发言。所有发言的代表都兴奋地表示拥护中华人民共和国宪法草案，同意刘少奇代表宪法起草委员会所作的报告，建议会议通过并正式公布这部宪法。叶剑英代表说："这部人民的宪法是我国人民幸福的保证书。"许多代表说，它是共产党给

---

〔1〕 毛泽东：《为建设一个伟大的社会主义国家而奋斗》，《毛泽东文集》第六卷，人民出版社 1999 年版，第 350 页。

〔2〕 9 月 16 日，会议通过全国人大代表资格审查委员会的主任委员和委员的人选。

人民找到的宝贝。有了它，可以保证过渡到幸福的社会主义社会。所有发言的代表都表示在宪法公布后，将坚决遵守宪法，执行宪法，为宪法的贯彻实施而努力。黄炎培代表说，我万分恳切要求各方面对于宪法予以高度的重视并正确执行，所有领导、管理、监督、检察各方面对于宪法执行工作，予以特别关注，各级人民代表大会代表们更需正确反映人民群众对于国家机关工作的意见，发现了困难或偏差，必须全国上下一致努力来克服、来纠正。许多代表在发言中建议，要在全体公民中展开宪法的宣传和教育，加强守法观念。代表们还根据宪法草案的精神，对各方面的工作提出了一些有益的批评和建议。

9 月 20 日下午，一届全国人大举行全体会议。执行主席在会议上宣读中央人民政府委员会修正通过的"中华人民共和国宪法草案"最后定本全文。宣读完毕后，执行主席问代表们对这个最后定本有无意见。代表们没有意见，全场热烈鼓掌。执行主席当即宣布将这个最后定本提付表决。

宪法表决采取无记名投票的办法。"通过中华人民共和国宪法表决票"上面印有汉、蒙、藏、维吾尔四种文字。执行主席根据计票人和监票人的报告，宣布对"中华人民共和国宪法"表决的结果：投票数共 1197 张，同意票 1197 张。执行主席宣布：《中华人民共和国宪法》已由一届全国人大一次会议于 1954 年 9 月 20 日通过。同日，一届全国人大一次会议主席团以"中华人民共和国全国人民代表大会公告"的形式公布了这部宪法。这种公布方式一直延续下来。

同日下午，会议还通过全国人大组织法、国务院组织法、人民法院组织法、人民检察院组织法、地方各级人大和地方各级人民委员会组织法。这五个法律草案都是由宪法起草委员会起草并提交本次会议审议的。各代表小组对这几个法律草案进行了多次讨论，在全体会上逐一宣读法律草案的条文，逐一通过。

三、讨论和通过政府工作报告

9月23日，会议进入第三项议程——讨论和通过政府工作报告。政务院总理周恩来代表中央人民政府作政府工作报告。他在报告中对新中国成立五年来在恢复国民经济、工业化建设、发展农业、对资本主义工商业改造、教育和科学文化建设、政权建设、外交工作等方面取得的成就作了全面的说明，指出了国家建设中的困难、问题和工作上存在的缺点。他指出："我国的经济原来是很落后的。如果我们不建设起强大的现代化的工业、现代化的农业、现代化的交通运输业和现代化的国防，我们就不能摆脱落后和贫困，我们的革命就不能达到目的。"[1] 他强调，应当说，我们的工作是胜利的，这个胜利是人民的胜利。这个胜利的光荣是属于人民的。现在，全国人民代表大会已经通过了《中华人民共和国宪法》。我们相信，即将由全国人大一次会议产生的国家行政机关，根据这个伟大的人民的宪法所规定的各项原则，依靠全国人民的支持和全国人民代表大会的监督，一定能够尽到自己的责任，把我们国家的各项事业推向新的更大的胜利。

报告结束后，接着进行大会发言。从23日到26日，共有75位代表在大会上发言。其中有些代表的发言，对政府工作作了补充说明。所有代表的发言，都表示同意周恩来的政府工作报告，并列举许多事实，来证明报告中所指出的祖国各项工作的成绩。

---

〔1〕 周恩来：《把我国建设成为强大的社会主义的现代化的工业国家》，《周恩来选集》下卷，人民出版社1984年版，第132页。

他们一致表示，将坚决为贯彻、实现报告中所提出的今后的方针和任务而努力。代表们在发言中，还对各方面工作中的缺点和错误提出严肃和有益的批评。这些批评和建议，反映解放了的中国人民的蓬勃朝气和奋勇向前的决心，同时也反映出人大代表对国家负责的认真精神，他们相信自己的国家领导人一定能够忠实地执行人民的意志，不断改进工作，取得更大的成就。

发言结束后，会议一致通过大会主席团提议的关于政府工作报告的决议，批准了周恩来所作的政府工作报告，并对中央人民政府在中国共产党和毛泽东主席领导下的五年来的努力和取得的巨大成就表示满意。

26日，会议还审议并通过提案审查委员会关于提案的审查报告。这次会议共收到提案39件，决定交国务院依照审查意见分别处理。会议还通过了主席团提议的关于中华人民共和国现行法律、法令继续有效的决议。决议明确提出，所有自1949年10月1日中华人民共和国成立以来，由中央人民政府制定、批准的现行法律、法令，除同宪法相抵触的外，一律继续有效。

四、选举产生第一届中央国家机关，进行机构改革

（一）选举产生第一届中央国家机关领导人

9月27日，会议进入最后一项议程——选举和通过新的国家领导人。这次选举中，中华人民共和国主席、副主席的人选，一届全国人大常委会委员长、副委员长、秘书长和委员的人选，最高人民法院院长的人选，最高人民检察院检察长的人选，都不是由大会主席团提名的，而是由一届全国人大33个代表组的109位代表联合提名的。选举采用无记名投票方式，投票人同意选票

上所列的某一个候选人的时候，就在他上面的空格内画一个"〇"；如果不同意，就画一个"×"。如果要另选他人时，可在原候选人姓名下面的空格内写上自己要选人的姓名。

1. 会议选举毛泽东为国家主席，朱德为国家副主席。

2. 会议选举产生一届全国人大常委会，共有组成人员79人。刘少奇为委员长，宋庆龄、林伯渠、李济深、张澜、罗荣桓、沈钧儒、郭沫若、黄炎培、彭真、李维汉、陈叔通、达赖喇嘛·丹增嘉措、赛福鼎·艾则孜等13人为副委员长，彭真兼秘书长，王昆仑、王维舟等65人为委员。

一届全国人大设民族委员会、法案委员会、预算委员会、代表资格审查委员会。每次代表大会期间设立提案委员会。9月28日，根据主席团的提名，会议分别通过一届全国人大民族委员会、法案委员会和预算委员会主任委员、委员名单。根据1954年宪法第三十四条的规定，民族委员会和法案委员会在全国人大闭会期间，受全国人大常委会的领导。

3. 根据国家主席毛泽东的提名，会议决定周恩来为国务院总理。会议根据国务院总理周恩来的提名，决定任命陈云、林彪、彭德怀、邓小平、邓子恢、贺龙、陈毅、乌兰夫、李富春、李先念等10人为国务院副总理，习仲勋为国务院秘书长，还任命了各部部长、委员会主任。

4. 根据国防委员会主席毛泽东的提名，会议决定任命朱德、彭德怀、林彪、刘伯承、贺龙、陈毅、邓小平、罗荣桓、徐向前、聂荣臻、叶剑英、程潜、张治中、傅作义、龙云等15人为国防委员会副主席，于学忠等81人为委员。

5. 会议选举董必武为最高人民法院院长，张鼎丞为最高人民检察院检察长。

9 月 28 日下午，毛泽东主席主持一届全国人大一次会议最后一次会议。会议决定国务院组成人员、国防委员会副主席和委员等。他最后宣布：一届全国人大一次会议已经顺利地完成了自己的任务。本次会议的全部议程已经进行完毕。这时，全体代表起立，乐队奏起庄严的国歌。接着，全场热烈鼓掌和欢呼声达五分钟之久，代表们以无比喜悦的心情，庆贺本次会议圆满成功[1]。

这次会议的整个过程，显示了我国政治的民主性质和全国人民的民主基础上的团结一致。正如《人民日报》社论所指出的：它是中华人民共和国历史发展的里程碑，是中国人民民主制度的新阶段。

（二）国务院机构改革

1954 年，随着中国政权组织形式的确定和各级政权机关的建立，从当年底开始，用了一年多的时间，对中央和地方各级机关进行了一次较大规模的精简。

中央一级机关的精简包括：（1）在划清业务范围的基础上，调整精简了机构，减少了层次；（2）各级机关根据业务需要，紧缩了编制，明确了新的编制方案；（3）妥善安置精简下来的干部。

地方各级机关也进行了精简，专员公署和区公所分别是省、县政府的派出机关，精简比例较大。以后，随依法成立的国务院开始增设机构，到 1956 年，机构总数达 81 个，形成了新中国成立以来政府机构数量的第一次高峰。

---

[1] 刘政：《一届全国人大一次会议盛况实录》，《中国人大》增刊，2013 年 3 月 1 日。

第五节　1954 年宪法对人民代表
大会制度的新规定

　　1954 年宪法是中国人民一百多年来革命斗争的历史经验的总结，也是新中国成立以来新的历史经验的总结。毛泽东同志说，1954 年宪法总结历史经验，"结合了原则性和灵活性，原则基本上是两个：民主原则和社会主义原则"[1]。1954 年宪法对我国的国体和政体等都作了更为明确、具体的规定，进一步肯定、确认了适合我国国情、便于人民行使国家权力的人民代表大会制度。其中，第二条规定："中华人民共和国的一切权力属于人民。人民行使权力的机关是全国人民代表大会和地方各级人民代表大会。""全国人民代表大会、地方各级人民代表大会和其他国家机关，一律实行民主集中制。"这就表明我们国家的政治制度是人民代表大会制度。"我们采用这种政治制度，是同我们国家的根本性质相联系的。中国人民就是要用这样的政治制度来保证国家沿着社会主义的道路前进。"[2]

　　1954 年宪法既继承《共同纲领》关于人民代表大会制度的基本精神，又总结五年以来国家机关工作经验和各级各界人民代表会议的经验，并加以丰富发展，以国家根本法的形式，对我国

---

〔1〕　毛泽东：《关于中华人民共和国宪法草案》，《毛泽东文集》第六卷，人民出版社 1999 年版，第 326 页。
〔2〕　刘少奇：《关于中华人民共和国宪法草案的报告》，《刘少奇选集》下卷，人民出版社 1985 年版，第 156 页。

实行人民代表大会制度作出了系统的、全面的规定，进一步肯定、确认了适合我国国情、便于人民行使国家权力的人民代表大会制度。正如 1954 年宪法序言所指出的，"这个宪法以 1949 年的中国人民政治协商会议共同纲领为基础，又是共同纲领的发展"。

一、在全国人大统一行使国家权力基础上合理划分国家最高立法权、最高行政权和最高司法权

（一）全国人大是最高国家权力机关

全国人大拥有广泛的权力。这主要包括：

1. 全国人民代表大会是行使国家立法权的唯一机关，有权修改宪法，制定法律。

2. 监督宪法的实施。

3. 有权对国家重大事项作出决定。

4. 有权选举国家主席、副主席，决定国务院组成人员、国防委员会副主席和委员人选，选举最高人民法院院长、最高人民检察院检察长，并对其选举和决定的人员有罢免权。

全国人大常委会是全国人大的常设机关，主要职权包括：

1. 主持全国人大代表的选举，召集全国人大会议。

2. 有权解释法律、制定法令。

3. 有权任免部分国家机构领导人员。

4. 决定重大事项等权力。

5. 有权监督国务院、最高人民法院和最高人民检察院的工作。

（二）国务院是最高国家权力机关的执行机关，是最高国家行政机关

中华人民共和国国务院，即中央人民政府，是最高国家权力

机关的执行机关，是最高国家行政机关。国务院总理人选由全国人民代表大会根据中华人民共和国主席的提名决定，国务院组成人员的人选由全国人民代表大会根据国务院总理的提名决定。

国务院拥有广泛的行政职权，包括：

1. 根据宪法、法律和法令，规定行政措施，发布决议和命令，并且审查这些决议和命令的实施情况。

2. 向全国人大或者其常委会提出议案。

3. 统一领导各部和各委员会的工作。

4. 统一领导全国地方各级国家行政机关的工作。

5. 改变或者撤销各部部长、各委员会主任的不适当的命令和指示；改变或者撤销地方各级国家行政机关的不适当的决议和命令。

6. 执行国民经济计划和国家预算；管理对外贸易和国内贸易。

7. 管理文化、教育和卫生工作；管理民族事务、华侨事务、对外事务。

8. 领导武装力量的建设。

国务院对全国人民代表大会负责并报告工作；在全国人大闭会期间，对全国人大常委会负责并报告工作。

（三）最高人民法院和最高人民检察院

最高人民法院和最高人民检察院不再属于中央人民政府的组织系统，实现了最高司法权与最高行政权的分立。宪法规定，人民法院独立进行审判，只服从法律。最高人民法院和最高人民检察院都对全国人民代表大会负责并报告工作；在全国人大闭会期间，对全国人大常委会负责并报告工作。这些规定，为司法权的相对独立提供了宪法保障。

（四）"议行合一"的地方政权体制

1954 年宪法关于地方政权体制的规定，在一定程度上依然保留了"议行合一"的框架。这就是：地方各级人民代表大会不设常委会，实行人民委员会体制。"地方各级人民委员会是地方各级人民代表大会的执行机关，同时也行使人民代表大会的常务机关的职权。"[1] 地方各级人大和地方各级政府组织法进一步规定，地方各级人大会议由本级人民委员会召集。这些规定，在一定程度上使人民委员会承担了地方行政机关和地方权力机关的双重角色。尽管地方各级人大和地方各级政府组织法明确规定：省、自治区、直辖市、自治州、县、市、市辖区的人大会议每年举行两次，乡、民族乡、镇的人大会议每三个月举行一次，地方各级人民委员会如果认为必要或者由五分之一以上的代表提议，可以临时召集本级人大会议。在实践中，这一规定没有得到切实执行。人民委员会不召集，人民代表大会会议便不能召开。这就使得地方国家权力机关难以正常履行职能，其作用也无法得到正常发挥。

二、明确国家主席的地位和职权

（一）《共同纲领》所规定的中央人民政府主席的权力

在《共同纲领》确定的国家体制下，中央人民政府主席拥有很大的权力。这表现在：

1. 主持中央人民政府委员会的会议，并领导中央人民政府委员会的工作，无疑是这一时期国家最高权力机关和最高行政机关

---

〔1〕 刘少奇：《关于中华人民共和国宪法草案的报告》，全国人大常委会办公厅、中共中央文献研究室编：《人民代表大会制度重要文献选编》（一），中国民主法制出版社、中央文献出版社 2015 年版，第 229—230 页。

的领导人。

2. 无论是《共同纲领》还是《中央人民政府组织法》，都没有关于罢免中央人民政府主席的条款。

3. 对中央人民政府主席没有任期规定。按《中央人民政府组织法》规定，中央人民政府委员会对外代表中华人民共和国，对内领导国家政权。

董必武在作中央人民政府组织法草案说明时指出："本法草案所规定的中央人民政府委员会的职权，各国宪法多规定为国家元首的职权。我们觉得本法草案的规定，更能充分表现民主的精神。"[1]

（二）1954 年宪法所规定的中华人民共和国主席及其职权

1954 年宪法规定，设立中华人民共和国主席，并赋予其相应的职权。并规定：中华人民共和国主席对外代表中华人民共和国；统率全国武装力量，担任国防委员会主席。中华人民共和国主席在必要的时候召开最高国务会议，并担任最高国务会议主席。但是，中华人民共和国主席不直接领导国家立法或行政，同时必须始终接受国家最高权力机关的制约。这是"适应我国的实际情况，并根据中华人民共和国成立以来建设最高国家权力机关的经验，我们的国家元首职权由全国人民代表大会所选出的全国人民代表大会常务委员会和中华人民共和国主席结合起来行使。我们的国家元首是集体的国家元首。同时，不论常务委员会或中华人民共和国主席，都没有超越全国人民代表大会的权力"[2]。

---

〔1〕　董必武：《中华人民共和国中央人民政府组织法的草拟经过及其基本内容》，《董必武选集》，人民出版社 1985 年版，第 247 页。

〔2〕　刘少奇：《关于中华人民共和国宪法草案的报告》，《刘少奇选集》下卷，人民出版社 1985 年版，第 157 页。

（三）1954 年宪法对国家主席权力的制约

1954 年宪法还明确了对国家主席权力的制约，主要有：

1. 全国人民代表大会选举产生并有权罢免中华人民共和国主席。

2. 除了宪法第四十三条规定的国家主席有权在必要时召开最高国务会议，并将会议意见提交立法或行政机关讨论决定外，国家主席的权力都必须是根据全国人大的决定和全国人大常委会的决定来行使的。

3. 尽管国务院总理人选由国家主席提名，但必须由全国人大决定；国务院总理产生后，直接对全国人大而非对国家主席负责。

4. 最高国务会议的决定必须经过最高国家权力及行政机关讨论通过。

5. 中华人民共和国主席任期四年。

三、进一步健全民族区域自治制度

依据《共同纲领》，1952 年 8 月 9 日中央人民政府公布《中华人民共和国民族区域自治实施纲要》，规定各民族自治区统为中华人民共和国领土的不可分离的一部分。1954 年宪法的序言和许多条文规定了国内各民族间平等友爱互助的关系，保障各少数民族的自治权利。

1. 强调民族团结。1954 年宪法序言中有一个自然段集中阐述民族问题，即"我国各民族已经团结成为一个自由平等的民族大家庭。在发扬各民族间的友爱互助、反对帝国主义、反对各民族内部的人民公敌、反对大民族主义和地方民族主义的基础上，我国的民族团结将继续加强。国家在经济建设和文化建设的过程中将照顾各民族的需要，而在社会主义改造的问题上将充分注意各民族发展的特点"。

2. 各民族一律平等。1954年宪法第三条规定："中华人民共和国是统一的多民族国家。""各民族一律平等。""各少数民族聚居的地方实行区域自治。"将这些内容放在总纲之中，突出强调了民族问题的重要性。

3. 在国家机构一章中单列一节，对民族自治地方的自治机关作了较为详尽的规定，从代表名额、自治权限等方面，充分保障民族自治地区的自治机关行使自治权，帮助各少数民族发展经济、政治和文化建设事业。

此外，1954年宪法还扩大了人民的范围，规定了广泛的公民权利，并对民主集中制原则、中央与地方关系等人民代表大会制度的重要内容再次加以明确和充实。

从1949年《共同纲领》第一次在法律上确立人民代表大会制度为我国国家政权制度，到1954年一届全国人大一次会议和新中国第一部宪法对人民代表大会制度的继承发展，是我国根本政治制度在全国范围内形成和确立的一个关键时期，具有深远的历史意义。此后，我国的人民代表大会制度，尽管经历过曲折甚至严重破坏，但已经深入人心，保持顽强的生命力，1982年宪法重新确立人民代表大会制度，就是最有力的证明。

第六节 新中国成立初期的人大工作

1954年9月—1957年底，全国人民代表大会的工作十分活跃,可以说,这是新中国成立以来人大工作最好的历史时期之一。在这3年多时间里,一届全国人大共举行4次会议,常委会举行了89次会议,全国人大及其常委会审议通过了80多件法律、法令和有关法律问题的决定[1],审查批准"一五"计划和年度经济计划、预算,决定了综合治理黄河的方案等重大问题。总之,各级人大在促进社会主义工业化和对农业、手工业以及资本主义工商业的社会主义改造,稳定社会秩序,巩固新生人民政权,发展人民民主,建设人民民主的法制等方面,发挥了重要的作用。

一、立法工作及其成就

(一) 制定有关国家机构的基本法律

一届全国人大一次会议审议通过宪法这一根本大法,制定全国人大组织法、国务院组织法、人民法院组织法、人民检察院组织法、地方各级人大和地方各级人民委员会组织法等5个有关国家机构的基本法律,总结新中国成立后各级各界人民代表会议的经验和国家机关工作的经验,系统地规定了人民代表大会制度,从而奠定了我国人民代表大会制度的基础框架,确定了我国从新民主主义过渡到社会主义的历史道路,标志着我国人民民主政治和人民民主法制建设进入新阶段。

需要指出的是,全国人大常委会集中力量抓紧起草刑法、民法等基本法律。一届全国人大一次会议后便开始收集资料,经过9个月时间,全国人大常委会办公厅法律室、研究室分别拟出刑

---

〔1〕 据不完全统计,从1954年9月至1957年底,全国人大及其常委会、国务院及其各部委共颁布重要法规434件,涉及国家生活的各个领域。

法草案和一部分民法草案初稿。刑法草案初稿在征求中央和地方有关机关意见的基础上反复修改，到 1957 年，已起草了 22 稿。审议后，1957 年 6 月 28 日，全国人大常委会第七十七次会议听取全国人大法案委员会副主任委员武新宇关于刑法草案的说明，决定将该草案发给全国人大代表征求意见，并授权全国人大常委会审议修改。民法草案的大部分初稿也开始向中央和地方有关机关征求意见。此后，刑法草案、民法草案事实上成为审判工作的基本依据，也为 1979 年以后制定刑法、民法通则等奠定了坚实基础。

（二）授权全国人大常委会立法

根据 1954 年宪法第二十二条、第三十一条的规定，全国人大是行使国家立法权的唯一机关，全国人大常委会只有制定法令的权力。随着社会主义建设和社会主义改造事业的进展，国家亟须制定各项法律，以适应国家建设和国家工作的要求。因此，1955 年 7 月 30 日，一届全国人大二次会议根据法案委员会的建议，作出决定：在全国人民代表大会闭会期间，有些部分性质的法律，不可避免地急需常务委员会通过施行。授权常务委员会依照宪法的精神、根据实际的需要，适时地制定部分性质的法律，即单行法规[1]。

（三）通过、批准一批重要法规和决定

1957 年底以前，全国人大及其常委会还先后通过兵役法、公安派出所组织条例、警察条例、逮捕拘留条例、治安管理处罚条例、中国人民解放军军官服役条例、华侨申请使用国有荒山荒地条例等 18 个法律和法令；通过关于中华人民共和国现行法律、

---

〔1〕　全国人大常委会办公厅研究室编：《中华人民共和国全国人民代表大会文献资料汇编（1949 —1990）》，中国民主法制出版社 1991 年版，第 244 页。

法令继续有效的决议，关于对反革命分子的管制一律由人民法院判决的决定，关于不公开进行审理的案件的决定，关于死刑案件由最高人民法院判决或核准的决议[1]等决定和决议；批准国务院关于改进工业商业财政税收管理体制的规定等 12 件行政法规。这些法律法规对于维护革命胜利成果，巩固新生人民民主政权，保障社会秩序，促进社会主义改造和经济建设的顺利进行，起到了重要的作用。

这里，着重介绍一下关于农业生产合作社的规定。1956 年 6 月，一届全国人大三次会议听取农业部部长廖鲁言关于高级农业生产合作社示范章程（草案）的说明，通过高级农业生产合作社示范章程。该示范章程包括：总则，社员，土地和其他主要生产资料，资金，生产经营，劳动组织和劳动报酬，财务管理和收入分配，政治工作，文化福利事业，管理机构，附则，共十一章六十四条，自 1956 年 6 月 30 日起施行。

1955 年 11 月 9 日，一届全国人大常委会第二十四次会议讨论并通过农业生产合作社示范章程草案，决定将草案交由国务院发给县以上各级人民委员会讨论和征求人民意见。1956 年 3 月 17 日，一届全国人大常委会第三十三次会议听取国务院总理周恩来关于农业生产合作社示范章程的说明，通过农业生产合作社示范章程。1957 年 10 月 22 日，一届全国人大常委会第八十一次会议和政协二届全国委员会常委会第四十七次会议举行联席会议，讨论并基本同意 1956 年到 1967 年全国农业发展纲要（修正草

---

〔1〕 该决议是一届全国人大四次会议于 1957 年 7 月 15 日通过的。一个多月后，中共中央专门就贯彻执行这一决议发出《关于死刑案件审批办法的指示》。见《中共中央关于死刑案件审批办法的指示》，中央档案馆、中共中央文献研究室编：《中共中央文件选集（1949 年 10 月—1966 年 5 月）》第二十六册（1957 年 7 月—12 月），人民出版社 2013 年版，第 153—154 页。

案），决定公布该修正草案，征求人民意见。

二、审议决定国家一些重大事项

1955 年 7 月 6 日，一届全国人大二次会议听取国务院副总理兼国家计划委员会主任李富春作的关于发展国民经济的第一个五年计划的报告[1]，听取国务院副总理兼财政部部长李先念作的关于 1954 年国家决算和 1955 年国家预算的报告，听取国务院副总理邓子恢作的关于根治黄河水害和开发黄河水利的综合规划的报告。经过审议，会议通过关于发展国民经济的第一个五年计划的决议，同意李富春的报告；通过决议，批准 1954 年国家决算和 1955 年国家预算以及李先念的报告；通过关于根治黄河水害和开发黄河水利的综合规划的决议，批准国务院提出的关于根治黄河水害和开发黄河水利的综合规划的原则和基本内容，同意邓子恢的报告。

需要说明的是，根据 1954 年宪法的规定，全国人大有权"决定国民经济计划"，而全国人大常委会没有这项职权。在当时，国家的国民经济计划往往由中共中央来批准。比如，1955 年 4 月 25 日，中共中央批准国家计划委员会党组所提出的 1955 年度国民经济计划草案，同意国家计划委员会党组向中央所作的关于 1954 年国民经济计划执行基本情况和 1955 年国民经济计划中几个问题的报告，并明确提出"今后年度计划经中央批准后，一

---

〔1〕　此前，中共中央专门就这个五年计划草案提请国务院讨论，"并请在国务院会议通过之后，提交第一届全国人民代表大会第二次会议审议"。见《中共中央提请国务院讨论国民经济第一个五年计划草案》，中央档案馆、中共中央文献研究室编：《中共中央文件选集（1949 年 10 月—1966 年 5 月）》第十九册（1955 年 4 月—7 月），人民出版社 2013 年版，第 403 页。

般不再修改"〔1〕。

全国人大开始定期听取和审议政府、人民法院和人民检察院工作报告，并形成制度。从一届全国人大一次会议开始，每次全国人大会议都审议政府工作报告，一届全国人大二次会议开始审议国民经济计划报告和财政预决算报告，一届全国人大四次会议开始审议最高人民法院和最高人民检察院的工作报告。由于一部分常委会委员是民主人士，如爱国的知识分子、起义的国民党将领、民族工商业者等，为了有利于他们熟悉实际情况，审议、决定国家重大问题，一届全国人大常委会共听取政府有关部门专题工作汇报 37 次，国务院有关部门都派部长、副部长到会解答问题，并听取常委会委员的意见。对国民经济计划和财政预算执行中需部分变更的，国务院也及时提请全国人大常委会讨论批准。全国人大及其常委会还决定了一些有关国家机构设置、调整和人事任免事项。这些都说明，全国人大及其常委会按照宪法行使职权。

三、初步建立起工作机构和程序

这一时期，逐步建立、健全全国人大及其常委会的工作机构、工作程序和工作制度。

（一）有关工作制度

在一届全国人大常委会第一次、第三十次会议上，通过关于同外国缔结条约批准手续的决定，关于国家主席、副主席休假或

---

〔1〕《中共中央关于 1955 年度国民经济计划的批示》，中央档案馆、中共中央文献研究室编：《中共中央文件选集（1949 年 10 月—1966 年 5 月）》第十九册（1955 年 4 月—7 月），人民出版社 2013 年版，第 116 页。

者外出期间由委员长接受外国使节的决议，健全了一些工作程序和工作制度。

在一届全国人大常委会第七次、第九十四次会议上，先后作出关于津贴全国人大代表工作费的决定、关于全国人大代表工作费问题的决定，为全国人大代表开展工作、行使职权提供必要的条件。为了加强常委会同全国人大代表的联系，常委会通过了以刘少奇委员长名义给全国人大代表的信，要求常委会和全国人大代表建立经常的联系。

（二）办事机构

一届全国人大设民族委员会、法案委员会、预算委员会、代表资格审查委员会等4个专门委员会，不过，它们没有单设办事机构，其日常工作由常委会办公厅承担。

1954年9月，一届全国人大常委会设办公厅，一届全国人大常委会第一次、第十六次会议，讨论决定了全国人大常委会办公厅的组织构成。常委会办公厅下设法律室、研究室、编译室、人民接待室、民族室、顾问室、秘书处和总务处等。常委会第七次会议通过决定，在各省市设立全国人大代表办事处，负责组织全国人大代表的视察工作。

1956年办公厅撤销顾问室，增设国际议会活动办公室。1958年，常委会办公厅精简机构，撤销研究室、编译室、国际议会活动办公室和总务处，只保留法律室、人民接待室、民族室和秘书处。同年7月，秘书处改为秘书室。

四、支持、指导地方人大的工作

一届全国人大前期，地方各级人大刚刚建立，全国人大及其常委会重视对地方人大工作的支持、指导和帮助。除了制定地方各级人大和人民委员会组织法以外，还先后通过关于地方各级人大代表名额问题的决定、关于自治州人大和人民委员会每届任期问题的决定等9个决定，批准了16个关于少数民族自治地方人大和人民委员会组织条例。

全国人大常委会注意听取一些地方的工作报告，了解地方工作。在全国人大常委会第九、第十、第十一次会议上，先后听取安徽省人民委员会委员曾希圣、四川省省长李大章、广东省省长陶铸关于本省的工作报告，给刚刚建立起来的地方人大以有力支持。

不过，这一时期人民代表大会制度还处在初创阶段，各级人大工作刚刚起步，都在摸索过程中。尽管在全国实行了广泛的普选制度，但是，鉴于各种具体条件，还不能实现完全的普遍、平等和秘密投票的选举制度，直接选举只能限于乡、镇、市辖区和不设区的市，在多数基层单位采取的是举手表决的方法。这在当时来说都是必要的和正确的。

在全国人大层面，制定法律和法规、决定国家重大问题、监督"一府两院"工作都取得了很大成绩，全国人大及其常委会的工作机构、程序和制度开始逐步建立，但是，从全国范围来看，各级人大及其常委会的工作机构尚不健全，工作程序和工作制度也不完善，法律监督工作还比较薄弱。1956年秋，刘少奇委员长提出要研究在全国人大设立几个委员会，同国务院所属各部对口，以便开会时提出意见和建议。彭真副委员长兼秘书长还为此出国进行考察。经过认真研究，提出了全国人大设立政法、财经、重工业、轻工业、农业、教育、外交等8个常设委员会的方案。由于后来形势的变化特别是反右派斗争开始后，该方案就被搁置下来了。

五、一些实践探索

新中国成立初期，党和国家十分重视民主法制建设。作为全国人民代表大会组成人员的全国人大代表，不仅在会议期间对各项议题予以认真审议，建言献策，而且在闭会期间开展了卓有成效的工作。这同党和国家的主要领导人高度重视此事有极为密切的关系。

（一）加强同代表的联系

1955 年 2 月 12 日，一届全国人大常委会第七次会议通过的给全国人民代表大会代表的信中说：“常务委员会为了听取人民群众和人民代表的意见，需要同全国人民代表大会代表建立经常的联系。请你把自己在生产中、工作中、社会活动中所了解的情况，以及人民群众向你反映的问题和你的意见，随时告知常务委员会。”[1] 刘少奇委员长给每位全国人大代表发信说，这种检查、批评和讨论，有利于人大代表了解情况，知政参政，而这又进一步促进了全国人大的工作。

（二）开展代表视察

1955 年 5 月 16 日、17 日，毛泽东同志先后谈到人大代表下去考察问题。“下乡考察，是民主人士提出来的，我们把它普遍化，集体组织下去考察。各省市要招呼县、区、乡，对考察要表示欢迎，采取老实态度和积极态度。借民主人士下去这一压，对工作也有好处。我们的工作有成绩也有缺点。我们说，乱子不

---

[1] 《全国人民代表大会常务委员会给全国人民代表大会代表的信》，《中国人民政治协商会议第一届全体会议、中央人民政府委员会、全国人大及其常委会制定或者批准的法律及部分文件（1949—1956 年卷）》，中国法制出版社 2004 年版，第 219 页。

少，但一般还好。"〔1〕 这直接推动人大代表视察的制度化和视察工作的开展。

1955 年 5 月 16 日，中共中央专门发出关于全国人大代表到各地视察工作的通知。通知不仅对全国人大代表视察工作的重点、时间等提出了明确要求，而且阐明了这种视察的重大意义，"对于全国人民代表大会、各省市人民代表大会和它们的代表们的职务的履行，甚为必要"。这可以使全国人大和地方各级人大"能够集中地反映人民群众的意见和要求，从而能够正确及时地解决国家和地方的主要的和重大的问题，并便于开展批评和自我批评"；"采用这种方法的最大好处，还在于它能够对于各级党和国家机关的工作起一种非常有益的鞭策和推动作用。"要求"代表们定期下去视察工作，应该成为党和国家领导机关联系群众、调查研究的一种工作制度。"〔2〕 1955 年 5 月 18 日，一届全国人大常委会第十六次会议通过《关于全国人民代表大会代表出发视察工作问题的通知》，对全国人大代表视察工作提出要求。

从 1955 年起，常委会每年组织全国人大代表和省级人大代表进行两次视察。同时，还组织人大代表开展检查工作的活动。周恩来同志说："还要进一步使人大代表参加对政府工作的检查，一直检查到公安、司法工作。"〔3〕 刘少奇同志也指出："应当加强人民代表的视察工作，以便广泛地收集人民群众的意见，并且

〔1〕 《毛泽东年谱（一九四九——一九七六）》第二卷，中央文献出版社 2013 年版，第 375 页。
〔2〕 《中共中央关于全国人大代表到各地视察工作的通知》，中央档案馆、中共中央文献研究室编：《中共中央文件选集（1949 年 10 月—1966 年 5 月）》第十九册（1955 年 4 月—7 月），人民出版社 2013 年版，第 223—224 页。
〔3〕 周恩来：《专政要继续，民主要扩大》，《周恩来选集》下卷，人民出版社 1984 年版，第 208 页。

加强各级人民代表大会对于政府工作的检查、批评和讨论。"[1]

（三）加强各级人大代表同选民的联系

为了加强各级人大代表同选民的联系，1955 年 8 月 6 日，一届全国人大常委会第二十次会议通过关于全国人大代表和省、自治区、直辖市人大代表视察工作的决定。该决定规定：每年两次组织人大代表到原选举单位的地区、原籍或其他地区进行视察，广泛了解当地的政治、经济、文化和各种工作状况，了解人民群众的意见和要求，密切人大代表同人民群众的联系。1957 年 1 月 5 日，一届全国人大常委会和政协二届全国委员会常委会联合发出《关于组织在京全国人大代表、政协全国委员会常委会委员和国务院参事分组座谈 1956 年下半年视察中所发现的问题的通知》。

（四）关于健全人民代表大会制度的设想和方案

在 1954 年制定宪法时，就有人提出地方人大应设立常委会。但后来由于种种原因，而未能实行。1957 年 5 月 8 日，中共全国人大常委会机关党组，根据党中央和毛泽东同志指示，经过半年多的研究、探索，提出了健全人民代表大会制度的具体方案，包括：（1）调整和增设全国人大常设委员会，增设八个常设委员会，协助全国人大及其常委会开展立法和监督；（2）建立县级以上地方各级人大常委会和常设委员会，给予省、直辖市人大及其常委会一定范围的立法权；（3）各级人大代表建立固定联系的制度等[2]。但该方案上报之后，并没有得到答复。

---

〔1〕 刘少奇：《在中国共产党第八次全国代表大会上的政治报告》，《刘少奇选集》下卷，人民出版社 1985 年版，第 249 页。

〔2〕 全国人民代表大会常务委员会办公厅编：《全国人民代表大会及其常务委员会大事记（1954—2014）》，中国民主法制出版社 2014 年版，第 70 页。

/ 第二章 /

人民代表大会制度曲折发展

新中国成立以后，我们党和国家注重发扬民主，通过逐步完善人民代表大会制度、加强人大工作，保障人民行使当家作主的权力。但是，1957年下半年开始的反"右"斗争严重扩大化，成为我国人民代表大会制度建设和各级人大工作逐步走下坡路的一个转折点。从1957年到1966年，是人民代表大会制度曲折发展的时期，我国的社会主义民主法制建设在探索道路上徘徊不前。

第一节　"左"倾思想和法律虚无主义日渐抬头

一、过分强调阶级专政

鉴于当时的国际国内形势，从党的最高领导人到普通党员、普通公民都在探索、寻求改变。毛泽东同志在谈到工作方法需要作某些改变时说："主要目的，是想在工作方法方面求得一个进步，以适应已经改变了的政治情况的需要。"[1] 不过，遗憾的是，党的八大提出的路线特别是关于加强社会主义民主法制建设

---

〔1〕　毛泽东：《工作方法六十条（草案）》，《毛泽东文集》第七卷，人民出版社2006年版，第345页。

的正确方针，未能完全坚持下去。

1957 年在全党开展整风运动，发动群众向党提出批评建议，是发扬民主的正常步骤。在整风过程中，极少数资产阶级右派分子乘机向党和新生的社会主义制度发动进攻，妄图取代共产党的领导，因而，对这种进攻予以反击是完全正确和必要的，但是反右派斗争被严重地扩大化了，把一批知识分子、爱国人士和党内干部错划为"右派分子"，造成了不幸的后果。

毛泽东同志在党的八届三中全会上高度评价"大鸣、大放、大辩论、大字报"，认为这是 1957 年"中国革命创造了一个最革命最生动最民主的群众斗争形式"[1]，要把这种形式传下去。"这种形式充分发挥了社会主义民主。这种民主，只有社会主义国家才能有，资本主义国家不可能有。在这样的民主基础上，不是削弱集中，而是更加巩固了集中制，加强了无产阶级专政。"[2]

党的指导思想上犯了"左"的错误，过分强调阶级专政，以阶级斗争为纲，搞阶级斗争扩大化等。反"右"斗争开始之后，对宪法法律明文规定的原则，如公民在法律上一律平等、法院独立进行审判、检察院独立行使检察权等，都被当成错误的东西进行批判。这样，民主法制建设出现大滑坡、大倒退，进入低谷，而且"左"倾思想和法律虚无主义日渐抬头。

1959 年以后，"要人治，不要法治"的观点甚嚣尘上，使刑法、刑事诉讼法、民法、民事诉讼法等法律的起草工作一度停顿

---

〔1〕《毛泽东在中共八届三中全会上的讲话提纲》，中央档案馆、中共中央文献研究室编：《中共中央文件选集（1949 年 10 月—1966 年 5 月）》第二十六册（1957 年 7 月—12 月），人民出版社 2013 年版，第 241 页。

〔2〕《做革命的促进派——毛泽东在中共八届三中全会上的讲话》，中央档案馆、中共中央文献研究室编：《中共中央文件选集（1949 年 10 月—1966 年 5 月）》第二十六册（1957 年 7 月—12 月），人民出版社 2013 年版，第 247 页。

下来。

从当时的社会现实来说，经济上高度集中，同时我国缺乏民主法制传统，且长期的国内战争又在一定程度上加剧了不守法的恶习，再加上这一时期又过分强调"破"[1]，因此，在主观上和客观上都淡化了法制建设的社会需求。正如1958年中央政法小组在报告中所说的："刑法、民法、诉讼法根据我国实际情况来看，已经没有必要制定了。"[2]

二、"大跃进"和人民公社化运动

新中国成立后，在短短几年时间里，取得了举世瞩目的成就。以毛泽东同志为核心的中央领导集体一直深刻地认识到："如果不在今后几十年内争取彻底改变我国经济和技术远远落后于帝国主义的状态，挨打是不可避免的。"[3] 这种忧患意识是那么强烈、那么持久！急于改变"一穷二白"面貌，是当时冒进思想的重要原因之一。从1957年下半年开始，反"右"斗争扩大化以及随之而来的"左"的思想发展和强调阶级斗争，以"大跃进"、人民公社化运动和社会主义建设总路线这"三面红旗"为标记的盲目冒进，使得整个国家的政治、经济和文化生活都出现了极其不正常的情况，民主集中制遭到损害，在一定程度上阻

---

〔1〕　毛泽东同志说："应该作出这样一个总的规定，即是在多快好省地按计划按比例地发展社会主义事业的前提下，在群众觉悟提高的基础上，允许并且鼓励群众的那些打破限制生产力发展的规章制度的创举。"见毛泽东：《工作方法六十条（草案）》，《毛泽东文集》第七卷，人民出版社2006年版，第353页。

〔2〕　徐付群：《五十年代末法制建设滑坡原因新探》，《中共党史研究》1998年第5期，第83页。

〔3〕　毛泽东：《把我国建设成为社会主义的现代化强国》，《毛泽东文集》第八卷，人民出版社1999年版，第340页。

碍了我国民主政治建设的进程。

（一）关于人民公社化运动

1958 年在全国范围内开展的"大跃进"，特别是人民公社化运动"是我国经济和政治发展的产物，是党的社会主义整风运动、社会主义建设总路线和一九五八年社会主义大跃进的产物"[1]，是"跑步进入共产主义""提前进入共产主义"的具体表现。尽管党中央就这个问题在前后 5 年的时间里多次开会讨论研究并作出决定或决议，但是，这改变了 1954 年宪法所规定的农村基层政权体制。

1958 年 8 月 17 日—30 日，中共中央政治局扩大会议在北戴河举行。会议作出《中共中央关于在农村建立人民公社问题的决议》。随着农业合作化运动在全国范围内展开，人民公社的出现成为形势发展的必然趋势。正如该决议强调的："人民公社是形势发展的必然趋势"，"几十户、几百户的单一的农业生产合作社已不能适应形势发展的要求。在目前形势下，建立农林牧副渔全面发展、工农商学兵互相结合的人民公社，是指导农民加速社会主义建设，提前建成社会主义并逐步过渡到共产主义所必须采取的基本方针"。该决议提出："要实行政社合一，乡党委就是社党委，乡人民委员会就是社务委员会。"[2] 小社并大、转为人民公社，人民公社化运动在各地迅速推进，纷纷撤乡建社。

1958 年 12 月 10 日，党的八届六中全会通过关于人民公社若

〔1〕《关于人民公社若干问题的决议》，中央档案馆、中共中央文献研究室编：《中共中央文件选集（1949 年 10 月—1966 年 5 月）》第二十九册（1958 年 9 月—12 月），人民出版社 2013 年版，第 297 页。

〔2〕《中共中央关于在农村建立人民公社问题的决议》，中央档案馆、中共中央文献研究室编：《中共中央文件选集（1949 年 10 月—1966 年 5 月）》第二十八册（1958 年 5 月—8 月），人民出版社 2013 年版，第 406—407 页。

干问题的决议。该决议进一步明确了人民公社制度的一些大的政策界限。规定"人民公社的组织原则是民主集中制",工作中必须执行这个原则。"人民公社应当实行统一领导、分级管理的制度。公社的管理机构,一般可以分为公社管理委员会、管理区（或生产大队）、生产队三级。管理区（或生产大队）一般是分片管理工农商学兵、进行经济核算的单位,盈亏由公社统一负责。生产队是组织劳动的基本单位。"[1] 中央于1961年提出的《农村人民公社工作条例草案》在部分地区试行之后,将修正草案发给全国农村支部和农村人民公社讨论和试行。

1962年9月27日,党的八届十中全会通过的《农村人民公社工作条例（修正草案）》（即"六十条"）规定,农村人民公社是政社合一的组织,是我国社会主义社会在农村中的基层单位,又是我国社会主义政权在农村中的基层单位。人民公社的结构比较简单,一般只有党、政、群三大部分,实行党政合一、政社合一。人民公社的组织,可以是两级（即公社和生产队）,也可以是三级（即公社、生产大队和生产队）。人民公社的各级权力机关,是公社社员代表大会、生产大队社员代表大会和生产队社员大会。公社社员代表大会就是乡人民代表大会。公社社员的代表就是乡人民代表大会的代表。全公社范围内的重大事情,都应该由社员代表大会决定,不能由管理委员会少数人决定。公社社员代表大会要定期开会,每年至少开会两次。公社管理委员会就是乡人民委员会（即乡人民政府）,受县人民委员会和其派出机关的领导,在管理生产建设、财政、粮食、贸易、民政、文教卫

---

〔1〕《关于人民公社若干问题的决议》,中央档案馆、中共中央文献研究室编:《中共中央文件选集（1949年10月—1966年5月）》第二十九册（1958年9月—12月）,人民出版社2013年版,第315页。

生、治安、民兵和调解民事纠纷等项工作方面，行使乡人民委员会的职权。公社的社长就是乡长。

（二）关于国民经济计划和财政预算的批准和调整

1958 年 8 月中下旬，中共中央政治局在北戴河举行扩大会议，主要讨论 1959 年国民经济计划以及工业生产、农业生产、农村工作和商业工作等问题，作出关于 1959 年计划和第二个五年计划问题的决定。其实，这个决定的内容本身也是很粗线条的，篇幅很小[1]。1958 年 12 月 10 日，党的八届六中全会通过关于 1959 年国民经济计划的决议。

1961 年 1 月，在党的八届九中全会上，李富春在关于安排 1961 年国民经济计划的意见中明确提出："1961 年国民经济计划的主要指标，经过这次中央全会审查以后，将由国家计划委员会同各大区、各省市、各部门共同编制计划，下达到基层单位执行，在上半年暂不召开人民代表大会讨论。"[2]

需要说明的是，1958 年 9 月 24 日，中共中央、国务院根据统一计划、分级管理、加强协作、共同负责的原则和"重点建设、枝叶扶持"的要求，专门就改进计划管理体制作出了明确规定。明确"国家计划必须统一，各地方、各部门的经济、文化的建设都应当纳入全国统一计划之内""在国家的统一计划的前提下，实行分级管理的计划制度，以充分发挥地方的积极性""实行在中央集中领导下，以地区综合平衡为基础的、专业部门和地区

---

〔1〕《中共中央关于一九五九年计划和第二个五年计划问题的决定》，中央档案馆、中共中央文献研究室编：《中共中央文件选集（1949 年 10 月—1966 年 5 月）》第二十八册（1958 年 5 月—8 月），人民出版社 2013 年版，第 444—454 页。

〔2〕李富春：《关于安排 1961 年国民经济计划的意见——在党的八届九中全会上的报告》，中央档案馆、中共中央文献研究室编：《中共中央文件选集（1949 年 10 月—1966 年 5 月）》第三十六册（1961 年 1 月—4 月），人民出版社 2013 年版，第 46 页。

相结合的计划管理制度，以贯彻执行计划工作中的群众路线"[1]。

（三）关于撤销司法部

1959 年 4 月 28 日，二届全国人大一次会议根据国务院总理周恩来提出的议案，通过关于撤销司法部、监察部的决议，决定撤销司法部，原司法部主管的工作由最高人民法院管理；撤销监察部，对于国家行政机关工作人员的监督工作，一律由各有关机关负责进行。地方各级政府的司法行政机关和监察机关也要相应撤销。但是，1963 年 6 月 1 日，最高人民法院党组向中央请示，建议中央恢复、健全司法行政机构，"凡已撤销的（就是在司法部撤销之后，最高人民法院设立司法行政厅但后又撤销，这次建议恢复设立司法行政厅——引者注），立即恢复起来；未撤销而不够健全的，应当充实干部，使能担起工作任务。而编制问题，由各法院在现有编制中自行调整，不另增加"。1963 年 6 月 23 日，中央同意该请示报告[2]。这样，恢复、健全司法行政机构（最高人民法院设立司法行政厅）一事便定下来了。

三、强调实行民主集中制

1962 年 1 月 11 日—2 月 7 日，中共中央举行扩大的工作会议，主要是总结新中国成立 12 年来特别是 1958 年以来的工作经

---

〔1〕《中共中央、国务院关于改进计划管理体制的规定》，中央档案馆、中共中央文献研究室编：《中共中央文件选集（1949 年 10 月—1966 年 5 月）》第二十九册（1958 年 9 月—12 月），人民出版社 2013 年版，第 82—85 页。

〔2〕《中共中央批转最高人民法院党组关于恢复和健全司法行政机构的请示报告》，中央档案馆、中共中央文献研究室编：《中共中央文件选集（1949 年 10 月—1966 年 5 月）》第四十三册（1963 年 4 月—8 月），人民出版社 2013 年版，第 365—366 页。

验，统一全党的认识，加强团结，加强纪律，加强民主集中制，加强集中统一，以迅速扭转国民经济困难的局面。1962 年 1 月 30 日，毛泽东同志在讲话中着重讲了民主集中制问题〔1〕。讲到会议的开会方法，他提倡要采取民主集中制的方法、群众路线的方法，"先民主，后集中，从群众中来，到群众中去，领导同群众相结合"。我们的人民代表大会的会议，有时也许可以采用这种方法。指出"我们有些同志，对于马克思、列宁所说的民主集中制，还不理解。""不论党内党外，都要有充分的民主生活，就是说，都要认真实行民主集中制"。如果没有充分的民主生活，没有真正实行民主集中制，就不能实行批评和自我批评这种方法。没有民主，就不可能有正确的集中，也就不可能正确地总结经验。没有民主，意见不是从群众中来，就不可能制定出好的路线、方针、政策和办法。"我们的集中制，是建立在民主基础上的集中制。无产阶级的集中，是在广泛民主基础上的集中。各级党委是执行集中领导的机关。但是，党委的领导，是集体领导，不是第一书记个人独断。在党委内部只应当实行民主集中制。"他强调："在我们国家，如果不充分发扬人民民主和党内民主，不充分实行无产阶级的民主制，就不可能有真正的无产阶级的集中制。""没有民主集中制，无产阶级专政不可能巩固。"〔2〕 后来，毛泽东同志还进一步对实现民主集中制提出要求。他强调："看来此问题很大，真要实现民主集中制，是要经过认真的教育、

---

〔1〕 在 4 年之后，1966 年 2 月 12 日中共中央专门发出通知，印发毛泽东同志的这一重要讲话。

〔2〕 毛泽东：《在扩大的中央工作会议上的讲话》，《毛泽东文集》第八卷，人民出版社 1999 年版，第 290—298 页；另见中央档案馆、中共中央文献研究室编：《中共中央文件选集（1949 年 10 月—1966 年 5 月）》第五十册（1966 年 1 月—5 月），人民出版社 2013 年版，第 187—194 页。

试点和推广，并且经过长期反复进行，才能实现，否则在大多数同志当中，始终不过是一句空话。"[1]

1962年2月6日，邓小平同志重申了毛泽东同志讲话中有关民主集中制的内容，提出："没有民主，就没有集中；而这个集中，总是要在民主的基础上，才能真正地正确地实现。没有无产阶级的民主和无产阶级的集中，也就没有社会主义，资本主义就要复辟。"[2]

这里，需要说明的是，1962年，毛泽东同志针对法律虚无主义思潮，指出："刑法需要制定，民法也需要制定，没有法律不行，现在是无法无天。不仅要制定法律，还要编案例。"[3] 同年9月，人大常委会的民法研究小组开始民法草案的第二次起草工作，并于1964年7月形成民法草案（试拟稿）。该草案分为三编，共24章262条。第一编"总则"分为5章，第二编"财产的所有"分为4章，第三编"财产的流转"分为15章。

四、党和国家作了一些政策调整

1959年之后，尽管党和国家的政策有一些调整，一定程度上恢复对民主法制的建设，但只是局部的、暂时的。

---

〔1〕《中共中央关于印发毛泽东在扩大的中央工作会议上的讲话的通知》，中央档案馆、中共中央文献研究室编：《中共中央文件选集（1949年10月—1966年5月）》第五十册（1966年1月—5月），人民出版社2013年版，第185页。

〔2〕邓小平：《在扩大的中央工作会议上的讲话》，《邓小平文选》第一卷，人民出版社1994年版，第304页。

〔3〕《毛泽东年谱（一九四九—一九七六）》第5卷，中央文献出版社2013年版，第94页。还有一种类似说法："不仅刑法要，民法也需要，现在是无法无天。没有法律不行，刑法、民法一定要搞。"见佟柔主编：《中国民法》，法律出版社1990年版，第15页。

1959 年 4 月 2 日—5 日，党的八届七中全会在上海召开。全会讨论和通过 1959 年国民经济计划草案，决定由国务院将该草案提交二届全国人大一次会议审议；讨论和通过国家机构领导人员候选人的提名，决定将这一提名同各方面协商以后，向二届全国人大一次会议提出。4 月 15 日，国家主席毛泽东召集最高国务会议第十六次会议（扩大），就二届全国人大一次会议的议程、主席团成员候选人名单等问题交换意见，还讨论了准备在二届全国人大一次会议上提出的国家机构领导人候选人名单的问题。

1959 年 8 月 2 日—16 日，党的八届八中全会检查 1959 年国民经济计划的执行情况，讨论当前的经济形势，通过关于开展增产节约运动的决议，建议国务院提出 1959 年国民经济计划的调整意见，报请全国人大常委会审核批准。

1961 年 4 月 21 日，《中共中央关于西藏工作方针的指示》指出，经过普选建立各级人民代表大会和人民委员会，是彻底完成民主改革和巩固人民民主专政的一个重大步骤，也是西藏历史上从来没有过的一件大事，特别是基层的人民代表大会和人民委员会具有重大意义。基层人民代表大会及其选出的人民委员会应该在农会的基础上建立起来，务必树立贫苦农民的优势，权力务必掌握在贫苦农民之手，并且能够真正代表广大农民的意志，成为当地人民的权力机关，在党的领导下实行人民民主专政。在基层代表大会建立起来以后，再建立县级的和自治区的人民代表大会。在基层代表大会中，要有中等农奴及其他劳动者的代表，在县级和自治区的人民代表大会中，要有各革命阶级的代表，要有上层爱国人士的代表（自治区一级要比县一级安排得宽一些）。基层的和县级的人民代表大会应当在今年建立起来，争取明年至迟在后年召开自治区的人民代表大会，成立西藏自治区。要认真地做好普选和成立自治区的筹备工作，认真地开好各级人民代表大会，通过这种实际教育使干部养成民主作风，把底子扎正，防止和克服独断专行、命令主义、瞎指挥等缺点[1]。

1962 年 6 月 15 日，中共中央针对不少地方的人民代表大会没有按期召开这一问题，专门发出通知，指出"其中，有些是有延期必要的，有些是没有必要的，是不应当延期的"。强调"各地人民代表大会，凡是没有按期召开的，应即召开。同时，各地人大开会时，不一定每次都报告，通过预决算。报告和讨论一两项中心工作也可以，以免因为等预决算而延期"[2]。

1965 年 1 月 14 日，中共中央发出关于印发《农村社会主义教育运动中目前提出的一些问题》的通知（简称为"二十三条"）。其中规定的主要内容包括：一是，对形势的判断是，"我国城市和农村都存在着严重的、尖锐的阶级斗争"。这次运动的重点，是"整党内那些走资本主义道路的当权派"。二是，在"四清"（清政治、清经济、清组织、清思想）运动中，搞好运动的标准之一就是，"要看贫下中农是真正发动起来了，还是没有发动起来"[3]。三是，第十条明确规定："建立贫农、下中农协会""贫农、下中农协会，是贫农、下中农在共产党领导下自愿组成的革命的群众性的阶级组织。它监督、协助人民公社的各级干部进行工作。这种组织将在巩固无产阶级专政、巩固集体经

〔1〕《中共中央关于西藏工作方针的指示》，《建国以来重要文献选编》第十四册，中央文献出版社 1997 年版。

〔2〕《中共中央关于应按期召开人民代表大会的通知》，中央档案馆、中共中央文献研究室编：《中共中央文件选集（1949 年 10 月—1966 年 5 月）》第四十册（1962 年 5 月—8 月），人民出版社 2013 年版，第 339 页。

〔3〕《农村社会主义教育运动中目前提出的一些问题》，中央档案馆、中共中央文献研究室编：《中共中央文件选集（1949 年 10 月—1966 年 5 月）》第四十八册（1965 年 1 月—6 月），人民出版社 2013 年版，第 6、9 页。

济、发展集体生产方面，充分发挥作用。""在基层组织瘫痪的地方，在新的领导核心没有建立起来以前，可以实行一切权力归贫农、下中农协会。"[1] 四是，第十八条明确基层干部任期，要求"定期进行民主选举。连选连任，一般的，以四年为限。贪污的，犯严重错误的，不称职的，可以随时撤换"。五是，第十九条对监督问题作出规定，"干部要有上下监督，主要是群众监督"，监督机构的权力，要大于同级的执行机构。强调实行"四大民主"，所有社队都要学习人民解放军，实行政治民主、生产民主、财务民主、军事民主。[2]

1965 年，党中央和全国人大常委会根据实际需要，又一次提出县级以上地方人大设立常委会的问题。

五、关于国务院机构改革

（一）1956 年—1959 年国务院机构改革

1956 年下半年，中央提出关于改进国家行政体制的决议（草案）。这是第二次较大规模的体制改革和机构改革。这次改革以中央向地方下放权力为主要内容，通过国务院精简所属工作部门，下放权力，目的是扩大地方自主权。这次改革一直持续到 1960 年。

---

〔1〕《农村社会主义教育运动中目前提出的一些问题》，中央档案馆、中共中央文献研究室编：《中共中央文件选集（1949 年 10 月—1966 年 5 月）》第四十八册（1965 年 1 月—6 月），人民出版社 2013 年版，第 13—14 页。

〔2〕《农村社会主义教育运动中目前提出的一些问题》，中央档案馆、中共中央文献研究室编：《中共中央文件选集（1949 年 10 月—1966 年 5 月）》第四十八册（1965 年 1 月—6 月），人民出版社 2013 年版，第 15—16 页。

1958 年，撤销合并国家建设委员会等 10 多个单位[1]。经过调整，国务院部委减少 8 个，直属机构减少 5 个。到 1958 年底，国务院设 68 个工作部门。1959 年，国务院工作部门又作了进一步调整和撤并，到同年底，国务院设 39 个部委，21 个直属机构和办事机构，机构总数达 60 个，比 1956 年减少 21 个。

（二）1960 年—1965 年国务院机构改革

1960 年—1964 年，为贯彻国民经济调整的方针，进行了新中国成立后的第三次较大规模机构改革。

1. 在中央和地方各级机关进行两次比较集中的干部精简运动。（1）1960 年 7 月—1961 年 9 月，这次干部精简主要集中在中央机关，以事业单位为重点，对行政部门和事业单位同时进行精简。根据习仲勋同志《关于中央机关精简情况的报告》，在人员方面，中央各部门在京单位原有 24 万余人，已精简 8 万余人，占原有人数的 33%；在机构方面，在中央各部门的司局机构，撤销、合并了 89 个，精简了 15%。这次精简已经取得了一定成绩，主要表现在三个方面：改善了工作作风，提高了工作效率；充实了基层，加强了生产第一线；纯洁了组织。[2]（2）从 1962 年 2 月—1964 年，精简范围包括中央和地方各级机关。经过近两年时间，中央国家机关工作人员在 1961 年精简的基础上，又精简了 1 万人。全国共精简 81 万人。精简下来的干部大多数充实到基层和生产第一线。

2. 中央收回 20 世纪 50 年代后期下放给地方的权力并恢复被

---

〔1〕 具体情况，可参见一届全国人大五次会议 1958 年 2 月 11 日通过的《关于调整国务院所属组织机构的决定》。

〔2〕 习仲勋：《关于中央机关精简情况的报告》，《习仲勋文选》，中央文献出版社 1995 年版，第 266—267 页。

撤销的机构，到 1965 年底，国务院的机构数达到 79 个，为新中国成立后的第二次高峰。

第二节　全国人大会议行使职权的情况

这里，着重介绍 1958 年一届全国人大五次会议到 1964 年三届全国人大一次会议的有关情况，包括全国人大常委会为代表大会召开所做的有关准备工作。

一、一届全国人大五次会议行使职权的情况

（一）有关准备工作

1958 年 1 月，一届全国人大常委会先后 3 次召开会议讨论有关议题，为一届全国人大五次会议的召开做准备。6 日，一届全国人大常委会第九十次会议作出决定，1 月 25 日召开一届全国人大五次会议。1 月 24 日，一届全国人大常委会第九十二次会议讨论一届全国人大五次会议的有关问题，听取国务院总理周恩来关于准备提交一届全国人大五次会议的几个议案的说明，讨论关于右派分子的人大代表资格问题。1 月 31 日，一届全国人大常委会第九十三次会议听取和讨论全国人大常委会副委员长兼秘书长彭真关于预备会议向大会建议的议程、主席团成员和秘书长人选、提案审查委员会主任委员和委员的人选等问题。

（二）听取和审议有关报告

1 月 25 日—31 日，一届全国人大五次会议举行预备会议。

2月1日—11日，一届全国人大五次会议举行。会议听取全国人大代表资格审查委员会主任委员马明关于补选的代表资格和38名右派分子的代表资格问题的审查报告，通过这个报告，指出这38人不应出席这次会议。会议同意全国人大常委会的建议，通过关于罢免全国人大常委会民族委员会、法案委员会和国防委员会中的右派分子黄绍竑等10人的职务的决议。

会议分别听取国务院副总理兼财政部部长李先念作关于1957年国家预算执行情况和1958年国家预算草案的报告，国务院副总理兼国家计划委员会主任薄一波作关于1958年度国民经济计划草案的报告，全国人大常委会副委员长兼秘书长彭真作全国人大常委会工作报告，中国文字改革委员会主任吴玉章作关于当前文字改革工作和汉语拼音方案的报告。

经过审议，会议通过相关决议，批准这几个报告。

（三）调整国务院的组织机构

会议通过关于调整国务院所属组织机构的决定。具体情况是：（1）撤销国家建设委员会；（2）商业部改名为第一商业部，城市服务部改名为第二商业部；（3）第一机械工业部、第二机械工业部和电机制造工业部合并成第一机械工业部，第三机械工业部改名为第二机械工业部；（4）电力工业部和水利部合并成水利电力部；（5）建筑材料工业部、建筑工程部和城市建设部合并成建筑工程部；（6）轻工业部和食品工业部合并成轻工业部；（7）林业部和森林业部合并成林业部；（8）设立对外文化联络委员会，撤销对外文化联络局；（9）高等教育部和教育部合并成教育部。会议根据国务院总理周恩来的提请，任命各部部长和委员会主任。

这次会议还举行大会发言，2月4日—11日，共有294位代表发言。2 月 10 日，国务院总理周恩来在会上发表《目前国际形势和我国外交政策》的讲话。

二、二届全国人大一次会议行使职权的情况

（一）有关准备工作

1958 年 6 月 29 日，一届全国人大常委会第九十八次会议通过关于二届全国人大代表选举时间和二届全国人大一次会议召开时间的决定。决定在 1959 年 1 月召开二届全国人大一次会议，二届全国人大代表在 1958 年 10 月底以前选出。1959 年 1 月 23 日，一届全国人大常委会第一百零三次会议听取国务院秘书长习仲勋的说明，通过关于改期召开二届全国人大一次会议的决议，决定二届全国人大一次会议延期至 1959 年 4 月召开[1]。

（二）听取和审议有关报告

1959 年 4 月 18 日—28 日，二届全国人大一次会议举行。毛泽东主席主持开幕式。会议听取国务院总理周恩来作政府工作报告，国务院副总理兼国家计划委员会主任李富春作关于 1959 年国民经济计划草案的报告，副总理兼财政部部长李先念作关于 1958 年国家决算和 1959 年国家预算草案的报告，全国人大常委会副委员长兼秘书长彭真作全国人大常委会工作报告。

经过审议，会议通过有关决议，批准这几个报告。

（三）选举产生新一届国家机构及其领导人

1. 会议选举产生二届全国人大常委会。朱德为委员长，林伯

---

［1］ 1959 年 3 月 11 日，全国人大常委会和政协全国委员会常委会发出联合通知：二届全国人大一次会议于 1959 年 4 月 17 日在北京召开；政协三届全国委员会一次会议同时召开。

渠、李济深、罗荣桓、沈钧儒、郭沫若、黄炎培、彭真、李维汉、陈叔通、达赖喇嘛·丹增嘉措、赛福鼎·艾则孜、程潜、班禅额尔德尼·确吉坚赞、何香凝、刘伯承、林枫等 16 人为副委员长，彭真兼秘书长，委员 62 人。

2. 会议选举刘少奇为国家主席[1]，宋庆龄、董必武为国家副主席。

3. 根据国家主席刘少奇的提名，会议决定周恩来为国务院总理。根据国务院总理周恩来的提议，会议决定陈云、林彪、彭德怀、邓小平、邓子恢、贺龙、陈毅、乌兰夫、李富春、李先念、聂荣臻、薄一波、谭震林、陆定一、罗瑞卿、习仲勋等 16 人为国务院副总理；任命习仲勋兼国务院秘书长，任命国务院各部部长、委员会主任等。

4. 会议选举谢觉哉为最高人民法院院长，张鼎丞为最高人民检察院检察长。

需要说明的是，这次大会之后 3 个多月，根据中共中央的建议和实际情况，1959 年 8 月 26 日，二届全国人大常委会第五次会议听取国务院总理周恩来关于调整 1959 年国民经济计划主要指标和进一步开展增产节约运动的报告，通过关于调整 1959 年国民经济计划主要指标和开展增产节约运动的决议，批准对国民经济计划进行的较大的调整，压低了 1959 年的计划指标。

---

〔1〕　1958 年 12 月 10 日，中共八届六中全会专门作出决定，同意毛泽东提出的关于他不作下届中华人民共和国主席候选人的建议。见《中共八届六中全会同意毛泽东提出的关于他不作下届中华人民共和国主席候选人的建议的决定》，中央档案馆、中共中央文献研究室编：《中共中央文件选集（1949 年 10 月—1966 年 5 月）》第二十九册（1958 年 9 月—12 月），人民出版社 2013 年版，第 321—322 页。

三、二届全国人大二次会议行使职权的情况

（一）有关准备工作

1960 年 3 月 28 日，二届全国人大常委会第二十四次会议讨论通过二届全国人大二次会议的议程草案、主席团和秘书长名单草案、提案审查委员会主任委员和委员名单草案、常委会工作报告稿以及各代表小组召集人名单。

（二）听取和审议有关报告

1960 年 3 月 30 日—4 月 10 日，二届全国人大二次会议举行。会议听取国务院副总理兼国家计划委员会主任李富春作关于 1960 年国民经济计划草案的报告，副总理兼财政部部长李先念作关于 1959 年国家决算和 1960 年国家预算草案的报告。全国人大常委会向大会提交书面的工作报告。

会议通过关于 1960 年国民经济计划、1959 年国家决算和 1960 年国家预算的决议，决定在 1960 年要实现国民经济的"继续跃进"，号召全国各族人民努力完成 1960 年国民经济计划，为提前实现农业发展纲要而奋斗。

四、二届全国人大三次会议行使职权的情况

（一）有关准备工作

1962 年 3 月 20 日，二届全国人大常委会第五十一次会议讨论通过二届全国人大三次会议的议程草案、主席团和秘书长名单草案、提案审查委员会主任委员和委员名单草案、常委会工作报告稿，决定小组召集人名单。

（二）听取和审议有关报告

1962 年 3 月 27 日—4 月 16 日，二届全国人大三次会议举行，出席代表 1072 人。会议听取国务院总理周恩来作政府工作报告[1]，全国人大常委会向大会提交书面工作报告；通过全国人大代表资格审查委员会关于补选的代表资格的审查报告。

会议分别通过关于政府工作报告的决议、关于全国人大常委会工作报告的决议，批准这两个报告。会议还通过全国人大预算委员会关于 1960 年国家预算的审查报告、关于 1960 年国家决算的决议。

会议期间，先后有 69 位代表发言或联合发言，有关的领导在小组会上作了自我检查。在会上，国务院副总理兼外交部部长陈毅发言，国务院总理周恩来发表讲话。

（三）这次会议有三个特点

这次会议是在我国的政治经济社会生活日趋不正常的情况下召开的，具有以下 3 个特点。

1. 经过一再延期，会议才得以召开。这本身表明，全国人大及其常委会已不能正常开展工作，也不能依法履行职责。

2. 会议议程不多，没有像以往那样，听取国民经济计划草案和上一年国民经济计划执行情况、国家预算和国家决算报告以及最高人民法院工作报告、最高人民检察院工作报告。时隔 1 年多，才由全国人大批准国家预算。

3. 会议不公开举行，这是全国人大会议史上的第一次。会议一概不邀请外宾、外国驻华使节和新闻记者参加；大会的主要报告和大会发言均不全文发表，只登摘要。

---

〔1〕　周恩来：《国民经济的调整工作和当前任务》，《周恩来选集》下卷，人民出版社 1984 年版，第 370—387 页。

五、二届全国人大四次会议行使职权的情况

（一）有关准备工作

1962 年 12 月 18 日，二届全国人大常委会第七十六次会议听取国务院总理周恩来的政府工作报告，通过关于召开二届全国人大四次会议和延期举行三届全国人大代表选举的决议，决定二届全国人大四次会议于 1963 年第二季度召开，三届全国人大代表选举延期至 1963 年下半年举行。

1963 年 6 月 7 日，二届全国人大常委会第九十八次会议听取国务院总理周恩来的说明。他说，我们本来设想今年开两次会议，上半年开二届全国人大四次会议，下半年选举，年终开三届全国人大一次会议，在法律上需如此。然而，由于目前情况，各地"四清"运动和"五反"运动尚未结束，因而需要延期二届全国人大四次会议，推迟三届全国人大代表的选举[1]。会议通过关于改期召开二届全国人大四次会议的决议，决定二届全国人大四次会议改于当年第四季度召开。

1963 年 10 月 8 日，二届全国人大常委会第一百零三次会议讨论关于召开二届全国人大四次会议和代表视察工作问题。10 月 10 日，常委会第一百零四次会议决定二届全国人大四次会议在 11 月中旬召开，在这之前将组织全国人大代表就地或者到外地视察。

1963 年 11 月 13 日、14 日、15 日，二届全国人大常委会分别举行会议，讨论二届全国人大四次会议的开法、议程草案、主

---

[1] 全国人民代表大会常务委员会办公厅编：《全国人民代表大会及其常务委员会大事记（1954—2014）》，中国民主法制出版社 2014 年版，第 115—116 页。

席团和秘书长名单草案、提案审查委员会名单草案，关于三届全国人大代表名额和选举时间的决议草案，全国人大常委会工作报告稿，关于视察工作汇报的问题。

（二）听取和审议有关报告、议案

1963 年 11 月 17 日—12 月 3 日，二届全国人大四次会议举行。会议听取国务院副总理兼国家计划委员会主任李富春作关于1963 年国民经济计划执行情况和 1964 年国民经济计划草案的报告，副总理兼财政部部长李先念作关于 1963 年国家决算草案和执行情况、1964 年国家预算初步安排的报告；全国人大常委会向大会提交书面的工作报告。

会议通过相关决议，批准这几个报告。

会议听取全国人大常委会副委员长彭真作关于三届全国人大代表名额和选举问题的说明，主要是扩大代表名额，使各省和自治区、工业城市、人民武装部队应选全国人大代表名额有所增加，并适当照顾、增加少数民族的代表名额。会议通过关于三届全国人大代表名额和选举问题的决议，决定三届全国人大代表名额扩大到 3000 多人，比第二届的代表名额 1226 人增加一倍多，急剧膨胀、扩大。该决议要求在 1964 年 9 月底以前完成三届全国人大代表的选举。

六、三届全国人大一次会议行使职权的情况

（一）有关准备工作

1964 年 11 月 28 日，二届全国人大常委会第一百三十四次会议听取全国人大常委会副委员长彭真作的有关说明，决定三届全国人大一次会议于 1964 年 12 月 20 日在北京召开。会后，全国人

大常委会发出关于召开三届全国人大一次会议的通知。

1964 年 12 月 17 日，二届全国人大常委会第一百三十六次会议听取全国人大常委会副委员长彭真作的有关说明，讨论三届全国人大一次会议的开法、议程草案、主席团和秘书长名单草案，三届全国人大民族委员会、法案委员会、预算委员会、代表资格审查委员会和提案审查委员会的主任委员和委员名单草案；通过全国人大常委会工作报告稿，决定各代表小组召集人名单。

（二）听取和审议有关报告

1964 年 12 月 21 日—1965 年 1 月 4 日，三届全国人大一次会议举行。会议听取国务院总理周恩来作政府工作报告。他说："今后发展国民经济的主要任务，总的说来，就是要在不太长的历史时期内，把我国建设成为一个具有现代农业、现代工业、现代国防和现代科学技术的社会主义强国，赶上和超过世界先进水平。为了实现这一伟大的历史任务，从第三个五年计划开始，我国的国民经济的发展，可以按两步来考虑：第一步，建立一个独立的比较完整的工业体系和国民经济体系；第二步，全面实现农业、工业、国防和科学技术的现代化，使我国经济走在世界的前列。"[1] 这是我国首次正式提出要实现四个现代化的目标任务。

会议审议二届全国人大常委会的书面工作报告；通过代表资格审查委员会关于代表资格的审查报告，确认本届 3037 名代表资格全部有效。会议听取谢觉哉作最高人民法院工作报告，张鼎丞作最高人民检察院工作报告。这是自 1957 年 7 月一届全国人大四次会议听取"两高"工作报告 6 年之后，重新听取"两高"工作报告。

---

〔1〕 周恩来：《发展国民经济的主要任务》，《周恩来选集》下卷，人民出版社 1984 年版，第 439 页。

会议通过关于政府工作报告、1965 年国民经济计划主要指标和 1965 年国家预算初步安排的决议，决定批准周恩来作的政府工作报告，批准国务院提出的 1965 年国民经济计划主要指标和 1965 年国家预算的初步安排，并且授权全国人大常委会，在 1965 年国家预算草案编成以后，连同 1964 年的国家决算，加以审查和批准[1]。

（三）选举和决定新一届国家机构组成人员

1. 会议选举产生三届全国人大常委会。朱德为委员长，彭真、刘伯承、李井泉、康生、郭沫若、何香凝、黄炎培、陈叔通、李雪峰、徐向前、杨明轩、程潜、赛福鼎·艾则孜、林枫、刘宁一、张治中、阿沛·阿旺晋美、周建人等 18 人为副委员长，刘宁一兼秘书长，马纯古等 96 人为委员。

会议通过三届全国人大民族委员会和法案委员会的主任委员、委员名单。

2. 会议选举刘少奇为国家主席，宋庆龄、董必武为国家副主席。

3. 根据国务院总理周恩来的提议，会议决定林彪、陈云、邓小平、贺龙、陈毅、柯庆施、乌兰夫、李富春、李先念、谭震林、聂荣臻、薄一波、陆定一、罗瑞卿、陶铸、谢富治等 16 人为国务院副总理；任命周荣鑫为国务院秘书长，还任命了国务院各部部长、委员会主任。

4. 会议根据国家主席刘少奇的提名，决定林彪、刘伯承、贺龙、陈毅、邓小平、徐向前、聂荣臻、叶剑英、罗瑞卿、程潜、张治中、傅作义、蔡廷锴为国防委员会副主席，方强等

---

[1]　中共中央文献研究室编：《建国以来重要文献选编》（第二十册），中央文献出版社 1998 年版，第 7 页。

107 人为委员。

5. 会议选举杨秀峰为最高人民法院院长，张鼎丞为最高人民检察院检察长。

第三节　民主法制进程受到严重影响

从 1957 年下半年反"右"斗争开始到 1966 年"文化大革命"爆发，这是我国历史上多灾多难的时期。在"左"的思想影响下，由于没有切实建设社会主义民主政治，忽视人民代表大会制度建设，削弱各级人大的工作，国家政治生活越来越不正常。虽然地方各级人大、全国人大及其常委会做了大量工作，在个别方面也有所进步，但总体上说，我国人民代表大会制度建设和人大工作不仅没有进步，反而在经过一段时间徘徊之后退步了。

一、人大及其常委会行使职权受到严重影响

随着社会主义民主政治生活逐步遭到破坏，人大及其常委会难以充分、有效地行使宪法和法律赋予的职权，这些职权往往被忽视甚至受到任意侵犯，各级人大的工作逐渐退步。

（一）国家的一些重大问题不再经过全国人大及其常委会讨论决定

由于大跃进等"左"的错误，加上当时的自然灾害和苏联政府撕毁合同，20 世纪 60 年代初，我国国民经济发生严重困难，

打乱了当时国民经济计划和财政预算安排。1954年宪法所规定的一些职权自然也无法正常行使，比如年度计划、预算等在"大跃进"时期，因一再变化而不能提交全国人大会议审议。从1958年开始的第二个五年计划的方案，一直没有与全国人大及其常委会"见面"。从1961年到1962年，全国人大及其常委会两年都没有审议国民经济计划和财政预决算。直到1963年7月，二届全国人大常委会第九十九次会议听取国务院副总理兼国家计划委员会主任李富春关于第二个五年计划后两年的调整计划和计划执行情况的报告，全国人大常委会第一百次会议听取国务院副总理兼财政部部长李先念关于1961年和1962年国家决算的报告。经过充分讨论，常委会第一百零一次会议分别通过有关决议，决定批准这两个报告[1]。

（二）人大没有有效行使法定职权

1957年底以后，"左"的思想日益严重，整个国家的政治、经济和文化生活都出现了极其不正常的情况，民主集中制遭到损害。

在二届、三届全国人大常委会所举行的170次会议上，先后听取国务院有关部门工作报告达97次，但并不是为了行使全国人大常委会的职权，讨论和决定这些报告中所涉及的国家重大问题。实际上，国务院只是给全国人大常委会通通气而已。全国人大及其常委会在人们眼里逐渐演变为走形式的"橡皮图章"。

一些年份国民经济计划的决定、国家财政预算的审批被放到全国人大常委会的议程（如二届全国人大常委会第九十九、一百、一百零一次会议，三届全国人大常委会第十三次会议）。按

---

〔1〕　全国人民代表大会常务委员会办公厅编：《全国人民代表大会及其常务委员会大事记（1954—2014）》，中国民主法制出版社2014年版，第116页。

照 1954 年宪法的规定，只有全国人大才能"决定国家经济计划""审查和批准国家的预算和决算"，全国人大常委会没有这些职权。1965 年 7 月 22 日，依据三届全国人大一次会议的授权，三届全国人大常委会第十三次会议听取李先念关于 1964 年国家决算和 1965 年国家预算草案的说明[1]，通过关于 1964 年国家决算和 1965 年国家预算的决议，审查批准 1964 年国家决算和 1965 年国家预算。

在个别年份，甚至连全国人大常委会审议这个形式也不经过，国民经济计划和国家财政预算干脆由党委或政府部门决定。比如，1965 年 12 月 21 日，中共中央批准国家计划委员会提出的 1966 年国民经济计划纲要[2]。又如，国家计委关于第三个五年计划安排情况的汇报提纲（草稿）作为会议文件，提交 1965 年 9 月 18 日—10 月 12 日中央工作会议进行讨论[3]。

二、没有依法按规定正常开会

由于 1958 年的"大跃进"以及随之而来的 3 年困难时期，使我国的国民经济遭到严重挫折。国家政治生活和经济生活不正常，严重干扰和影响了各级人大的工作，不仅人大及其常委会的

---

〔1〕 李先念：关于 1964 年国家决算和 1965 年国家预算草案的说明，中共中央文献研究室编：《建国以来重要文献选编》（第二十册），中央文献出版社 1998 年版，第 326—337 页。

〔2〕《中共中央批准一九六六年国民经济计划纲要》，中央档案馆、中共中央文献研究室编：《中共中央文件选集（1949 年 10 月—1966 年 5 月）》第四十九册（1965 年 7 月—12 月），人民出版社 2013 年版，第 331—355 页。

〔3〕《关于第三个五年计划安排情况的汇报提纲（草稿）》，中共中央文献研究室编：《建国以来重要文献选编》（第二十册），中央文献出版社 1998 年版，第 359—444 页。"三五计划"，起止时间为 1966 年—1970 年。

任期没有得到落实，而且人大及其常委会会议难以按期召开，即便召开了，也往往流于形式。

按照 1954 年宪法的规定，全国人大每届任期 4 年，每年举行一次代表大会。然而，一届全国人大在 1958 年却开了第五次大会，二届全国人大任期 5 年零 7 个月，三届全国人大任期达 10 年之久。二届全国人大三次会议推迟 3 次，与二次会议相隔 23 个月；二届全国人大四次会议再次推迟，与三次会议相隔 19 个月。三届全国人大常委会第二十四会议〔1〕、第三十三次会议〔2〕分别通过决议，三届全国人大二次会议两次延期。直到 1975 年四届全国人大一次会议召开，三届全国人大二次会议也一直没能召开。实际上，这是我国政治生活不正常的一个真实写照。

这里仅以二届全国人大三次会议的召开为例。1961 年 4 月 3 日，二届全国人大常委会第三十七次会议听取国务院总理周恩来关于国内外形势和当前任务的报告。他说，现在我们正在从数量的大跃进转向质量的大跃进，巩固过去已取得的成果，来调整、充实、提高，这需要一个时间。因此，我们建议人大会议不在今年上半年开，推迟到下半年开。12 月 1 日，二届全国人大常委会第四十六次会议通过关于延期召开二届全国人大三次会议的决议。在此之前，周恩来再次解释会议延期的理由，一个是国际问题不好讲；再一个是讲两年的计划，现在也不好谈。1962 年

---

〔1〕　1965 年 12 月 30 日，三届全国人大常委会第二十四次会议听取国务院副总理李先念的说明，通过关于延期召开三届全国人大二次会议的决议。由于 1966 年的国家预算方案还没有制定出来，因此，会议决定三届全国人大二次会议延期于 1966 年上半年召开，提请三届全国人大二次会议追认。

〔2〕　1966 年 7 月 7 日，三届全国人大常委会第三十三次会议听取康生关于改期召开三届全国人大二次会议问题的说明，决定三届全国人大二次会议改期召开，具体日期另行决定。

2月15日，二届全国人大常委会第五十次会议与政协全国委员会常委会第二十四次会议举行联席会议。会议决定：原定于3月5日召开的二届全国人大三次会议延期召开，全国人大代表改于3月19日—20日报到。这样，二届全国人大三次会议推迟了三次，才于1962年3月27日举行，这与第二次会议（于1960年3月30日在北京举行）已经间隔了将近24个月。

根据当时担任全国人大常委会副秘书长兼办公厅主任的张苏回忆，在三年困难时期，全国人大开会要审议经济计划，但国务院拿不出来。他请国务院秘书长拿一些东西来讨论，不然开会什么内容也没有。时任国务院秘书长习仲勋同志去找周恩来总理，总理说拿不出东西来讨论，也没有人可以来人大作报告。同时，也没有法律案可以审议，因为当时的立法工作实际上已经停顿下来[1]。

三、人大及其常委会的工作难以正常开展

在当时背景下，人大及其常委会连例会都不能按时召开，自然也难以正常开展。1958年之后，各地人民代表大会会议上都通过了一些有关"大跃进""人民公社"等的报告和决议。1960年之后的两年多时间里，由于经济生活的困难和混乱，全国和地方人大会议不能如期召开，人大工作一度陷于停顿。1962年之后，随着我国经济形势好转，各方面的情况也都有所好转，人大及其常委会的工作有了一些恢复，但很有限，没有达到1954年—1957年人大工作的水平。

---

〔1〕 刘政：《我国人民代表大会制度的特点及其历史发展》，刘政、程湘清：《人民代表大会制度的理论和实践》，中国民主法制出版社2003年版，第12页。

　　1964 年 7 月 22 日，二届全国人大常委会第一百二十四次会议听取国务院副总理李先念作的有关说明，通过关于批准 1963 年国家决算和 1964 年国家预算的决议。会议听取国务院副总理李先念作的有关说明，通过关于调整国务院所属组织机构的决议，决定将教育部分为高等教育部和教育部，设立国家海洋局、中国旅行游览事业管理局和国务院科学技术干部局，作为国务院的直属机构。

　　1965 年 8 月 25 日，三届全国人大常委会第十五次会议通过关于成立西藏自治区的决议，决定成立西藏自治区。特别是，在"文化大革命"前夕，三届全国人大常委会听取了国务院有关部门的报告。分别是：1966 年 4 月 14 日，三届全国人大常委会第三十次会议听取文化部副部长石西民作的《高举毛泽东思想伟大旗帜，坚决把社会主义文化革命进行到底!》[1]的报告。1966 年 4 月 21 日，三届全国人大常委会第三十一次会议听取林业部副部长荀昌五作的《高举毛泽东思想伟大红旗加速发展我国林业》[2]的报告。1966 年 4 月 26 日，三届全国人大常委会第三十二次会议听取对外贸易部代部长林海云作的关于对外贸易工作情况的报告提纲[3]。

---

　　〔1〕　石西民：《高举毛泽东思想伟大旗帜，坚决把社会主义文化革命进行到底!》，全国人大常委会办公厅编：《〈全国人大常委会公报〉停刊期间全国人民代表大会及其常务委员会制定或者批准的法律及部分文件》（1966—1979 年卷），中国法制出版社 2004 年版，第 1—14 页。

　　〔2〕　荀昌五：《高举毛泽东思想伟大红旗加速发展我国林业》，全国人大常委会办公厅编：《〈全国人大常委会公报〉停刊期间全国人民代表大会及其常务委员会制定或者批准的法律及部分文件》（1966—1979 年卷），中国法制出版社 2004 年版，第 15—21 页。

　　〔3〕　林海云：《关于对外贸易工作情况的报告提纲》，全国人大常委会办公厅编：《〈全国人大常委会公报〉停刊期间全国人民代表大会及其常务委员会制定或者批准的法律及部分文件》（1966—1979 年卷），中国法制出版社 2004 年版，第 15—21 页。

四、立法逐步停顿，社会主义法制建设遭受挫折

新中国成立初期，特别是一届全国人大前期，我国社会主义法制建设取得很大成就，逐步做到有法可依。但是，从 1959 年 4 月二届全国人大一次会议到"文化大革命"爆发，除对中国人民解放军军官服役条例进行修改外，全国人大没有制定过一部法律。这一时期，全国人大常委会仅仅制定了《中华人民共和国农业税条例》。1958 年 6 月 3 日，一届全国人大常委会第九十六次会议听取财政部副部长吴波作的说明，通过农业税条例。该条例包括：总则、农业收入的计算、税率、优待和减免、征收、附则，共六章三十二条。

二届全国人大常委会共举行 137 次会议，三届全国人大常委会共举行 33 次会议，除了批准商标管理条例、外国人入境出境过境居留旅行管理条例[1]及 17 项民族自治地方人大和人民委员会组织条例，通过关于取消中国人民解放军军衔制度的决定[2]外，全国人大及其常委会再没有批准一项行政法规和地方法规。

1962 年 9 月，根据中共中央主席毛泽东和中共中央的指示，全国人大常委会的办事机构重新成立了民法研究小组，开始第二次民法起草工作[3]。1963 年，中共中央书记处、政治局常委和

---

〔1〕 二届全国人大常委会第一百一十四次会议于 1964 年 3 月 13 日听取公安部副部长凌云的说明，通过《关于批准〈外国人入境出境过境居留旅行管理条例〉的决议》。该条例包括：总则，入境、出境、过境，居留，旅行，处罚和附则，共六章十九条。

〔2〕 该决定是三届全国人大常委会第九次会议于 1965 年 5 月 22 日通过的，同日，国家主席刘少奇发布命令公布。

〔3〕 全国人民代表大会常务委员会办公厅编：《全国人民代表大会及其常务委员会大事记（1954—2014）》，中国民主法制出版社 2014 年版，第 112 页。

毛泽东同志原则审阅刑法草案第三十三稿。

在立法工作基本上停顿下来的同时，法律虚无主义日益泛滥。1959 年 4 月，二届全国人大一次会议通过决议，撤销了国家司法部和监察部。1959 年 6 月 20 日，二届全国人大常委会第四次会议通过关于批准国务院调整直属机构的决议，撤销国务院法制局，其业务改由内务部管理；撤销中央机要交通局；撤销国务院专家局，其业务改由科学技术委员会管理。刚刚起步的社会主义法制建设遭到损害。

五、人大代表制度和代表工作

（一）关于代表名额

1963 年 12 月 3 日，二届全国人大四次会议通过关于三届全国人大代表名额和选举问题的决议，决定三届全国人大代表名额扩大到 3000 多人，比第二届的代表名额 1226 人增加一倍多。农村原为 80 万人产生 1 名代表，改为 40 万人产生 1 名代表；30 万城市人口以上的工业城市，原为 10 万人产生 1 名代表，改为 5 万人产生 1 名代表。解放军代表和少数民族代表都有所增加。根据 1964 年 12 月 12 日全国人大常委会公告，新当选的三届全国人大代表共 3037 名。从此，全国人大代表名额急剧膨胀。

另外，1958 年 3 月 19 日，一届全国人大常委会第九十五次会议通过关于地方各级人大代表名额问题的决定。

（二）人大代表不能正常发挥作用

1957 年反"右"斗争被严重地扩大化了，甚至一些人大代表在宪法赋予的职权范围内提出的一些正常的、善意的批评和建议，也被当作右派言论加以批判。在一届全国人大四次会议上，有一个重要内容，就是批判右派分子。"先后在大会上发言的共有 408 人，被点名为右派的 20 多名全国人大代表作了检讨。"[1] 此后，各级人大代表在代表大会上发言谨小慎微，不敢大胆提出不同意见。

在全国人大会议期间，代表所提议案的数量也逐年减少。1957 年 6 月召开的一届全国人大四次会议，代表提案 243 件；1958 年 2 月召开的一届全国人大五次会议，锐减为 81 件；1959 年 4 月召开的二届全国人大一次会议，减为 80 件；1960 年 3 月召开的二届全国人大二次会议，又减为 46 件。直到 1962 年 3 月召开的二届全国人大三次会议，代表提案数量才又回升到 163 件，二届全国人大四次会议代表提案为 172 件，但还是少于一届全国人大四次会议的数量。

（三）代表视察工作

1962 年 2 月，二届全国人大三次会议召开前，全国人大代表分别到全国各地视察工作。在北京的全国人大代表根据自己的意愿，自由结合，分赴 21 个省（区、市）视察。住在各省（区、市）的全国人大代表，也都在本地区或到外省区视察工作[2]。

（四）代表工作保障

1958 年 3 月 7 日，一届全国人大常委会第九十四次会议通过关于全国人大代表工作费问题的决定，自 1958 年 4 月起取消全国人大代表每人每月五十元的工作费，工作、生活有需要的，另行补助。

---

〔1〕 刘政：《五十年代关于健全人民代表大会制度的一次重要探索》，刘政：《人民代表大会制度的历史足迹》（增订版），中国民主法制出版社 2014 年版，第 79 页。

〔2〕 全国人民代表大会常务委员会办公厅编：《全国人民代表大会及其常务委员会大事记（1954—2014）》，中国民主法制出版社 2014 年版，第 108 页。

这里，介绍一下有关全国人大代表被法院传唤的答复。1957 年 11 月 6 日，全国人大常委会办公厅就全国人大代表毕鸣岐因民事纠纷被诉法院可否传唤问题给天津市中级人民法院答复：经过全国人大法案委员会讨论，认为我国宪法第三十七条的规定，旨在保护全国人大代表的人身自由不受侵犯，以便利其执行代表职务。但民事案件并不涉及限制人身自由问题，因而不属于宪法第三十七条规定的范围。毕鸣岐代表因民事纠纷被诉，法院可以依法传唤，无须经过全国人大常委会许可[1]。

六、工作机构逐步削减

随着全国人大及其常委会的工作越来越不正常，一届全国人大前期相对正规化的工作程序和工作制度遭到破坏，工作机构逐步削减。

1959 年 5 月 3 日，二届全国人大常委会第一次会议决定任命张苏等 6 人为常委会副秘书长，张苏为常委会办公厅主任，余心清等 5 人为办公厅副主任。之后，全国人大及其常委会的工作机构经过几次撤并，工作人员被几次精简。至 1964 年底，全国人大各专门委员会没有单设办事机构，其日常工作由常委会办公厅承担，而办公厅仍只设法律室、人民接待室、民族室和秘书处。

1965 年 2 月 13 日，三届全国人大常委会第二次会议任命武新宇等 8 人为常委会副秘书长，武新宇为全国人大常委会办公厅主任，余心清等 7 人为办公厅副主任。

---

〔1〕　全国人民代表大会常务委员会办公厅编：《全国人民代表大会及其常务委员会大事记（1954—2014）》，中国民主法制出版社 2014 年版，第 76 页。

第三章

人民代表大会制度遭受严重破坏

1966 年，正当我国国民经济的调整基本完成并开始执行第三个五年计划的时候，意识形态领域的批判运动逐渐发展成矛头指向党的领导层的政治运动。持续时间长达十年的"文化大革命"，"使党、国家、人民遭到新中国成立以来最严重的挫折和损失，教训极其惨痛"[1]。从 1966 年 5 月"文化大革命"开始到 1975 年，是我国人民代表大会制度遭受自新中国成立以来最严重破坏的时期，人大工作被全面停止了。

第一节　"文化大革命"时期民主法制的重大部署

一、"文化大革命"全面发动

　　毛泽东同志发动"文化大革命"的出发点是"反修防修"，防止资本主义复辟、维护党的纯洁性和寻求中国自己的建设社会主义的道路。当然，这是基于他对当时我国阶级形势以及党和国

---

　　[1]《中共中央关于党的百年奋斗重大成就和历史经验的决议》，本书编写组编著：《〈中共中央关于党的百年奋斗重大成就和历史经验的决议〉辅导读本》，人民出版社 2021 年版，第 27 页。

家政治状况的错误估计而作出的判断与决定[1]。"五一六通知"和文化革命五人小组关于无产阶级文化大革命的决定（草案）是"文化大革命"全面发动的标志。

（一）"五一六通知"

1965 年 11 月 10 日，上海《文汇报》发表姚文元《评新编历史剧〈海瑞罢官〉》一文。这篇文章发表后，"在全国引起强烈震动"，成为发动"文化大革命"的导火索。[2]

1966 年 2 月初，中共中央政治局委员兼北京市委第一书记彭真召集中央文化革命五人小组开会，拟定《文化革命五人小组关于当前学术讨论的汇报提纲》（被称为《二月提纲》），对学术批判中已经出现的"左"的倾向试图加以适当约束。这个提纲经中央政治局常委讨论通过并向在武汉的毛泽东同志汇报后，于 2 月 12 日转发全党。

1966 年 5 月 4 日—26 日，中央政治局扩大会议在北京召开，刘少奇同志主持会议。这次会议旨在全面发动"文化大革命"。会议根据毛泽东同志 1966 年 4 月在杭州召开的中央政治局常委扩大会议上的意见，对彭真、罗瑞卿、陆定一、杨尚昆进行错误批判，并决定停止或撤销他们的职务。5 月 16 日，会议通过陈伯达等人起草、经毛泽东同志修改的《中国共产党中央委员会通知》（被称为"五一六通知"）。[3] 该通知 1967 年 5 月 17 日在

　　[1]　见《中国共产党中央委员会关于建国以来党的若干历史问题的决议》，中共中央文献研究室编：《三中全会以来重要文献选编》下，中央文献出版社 2011 年版，第 142 页。

　　[2]　中共中央文献研究室编：《毛泽东年谱（一九四九——一九七六）》第五卷，中央文献出版社 2013 年版，第 536 页。

　　[3]　中共中央文献研究室编：《毛泽东年谱（一九四九——一九七六）》第五卷，中央文献出版社 2013 年版，第 576—579 页。

《人民日报》发表。

"五一六通知"错误地估计当时国内政治形势，对《二月提纲》作了全面批判，为无产阶级文化大革命确定了理论、路线、方针和政策，是全面发动"文化大革命"的纲领性文件，并体现在党的九大的政治报告中。

实际上，党的九大在思想上、政治上和组织上的指导方针都是错误的。

（二）《关于无产阶级文化大革命的决定》

1966 年 8 月 1 日—12 日，党的八届十一中全会在北京召开。8 月 8 日，全会通过《关于无产阶级文化大革命的决定》（即关于"文化大革命"的十六条）。该决定规定，"文化大革命"的斗争目标是斗垮"走资本主义道路的当权派"，充分运用大字报、大辩论这些形式，进行大鸣大放，揭露一切牛鬼蛇神，把党和国家领导权夺回到无产阶级手中来。该决定对于运动的对象、依靠力量、方法等根本性问题作了有严重错误的规定。"文化革命小组、文化革命委员会、文化革命代表大会是群众在共产党领导下自己教育自己的最好的新的组织形式。它是无产阶级文化大革命的权力机构。"[1] 这是新的国家权力机构、新的组织形式。

1967 年夏秋，谢富治、王力、江青等人提出"彻底砸烂公、检、法""文攻武卫"等口号煽动武斗，北京发生了火烧英国代办处的严重涉外事件。这几个月是"文化大革命"发动以来国家动乱最剧烈、社会灾难最严重的阶段。在当时的氛围下，"造反有理"，革命有理，民主法制早已被抛在一边。

在这种背景下，1968 年 10 月《红旗》杂志发表题为《吸收

---

〔1〕　见中共中央文献研究室编：《毛泽东年谱（一九四九——一九七六）》第五卷，中国民主法制出版社 2014 年版，第 610 页。

无产阶级的新鲜血液——整党工作中的一个重要问题》的社论进一步造势。社论批判所谓"迷信选举"的保守思想,错误地指出,"迷信选举,这也是一种保守思想。革命委员会不是选举产生的,而是直接依靠广大革命群众的行动产生的,它是解放以来最具有革命代表性的无产阶级专政的权力机构,它比以往历届的党政委员和人民代表更具有广泛的群众性。"社论强调,决定领导机构本质的是执行什么路线,反映什么阶级的利益,而不是采取什么形式。民主是有阶级性的。这种在革命运动中经过彻底的群众路线产生的革命权力机构,比以前单纯用选举产生的更合于无产阶级民主,更合于民主集中制,更能深刻得多地反映无产阶级和劳动人民利益[1]。总之,既有的民主法制秩序遭到严重破坏。

二、关于"无产阶级专政下继续革命的理论"

"无产阶级专政下继续革命的理论",有其特定的含义,主要体现在作为"文化大革命"纲领文件的"五一六通知"和党的九大的政治报告之中。

1969年4月1日—24日,党的九大在北京召开。出席大会的代表1512人。当时,全国有党员2200万人,各省(市、区)

---

〔1〕《人民日报》1968年10月16日转载该社论。1966年10月14日,姚文元在给毛泽东同志送审《红旗》杂志社论稿中,增加了毛泽东同志的"最新指示":"我们的权力是谁给的?是工人阶级给的,是贫下中农给的,是占人口90%以上的广大劳动群众给的。我们代表了无产阶级,代表了人民群众,打倒了人民的敌人,人民就拥护我们。共产党基本的一条,就是直接依靠广大革命人民群众。"见中共中央文献研究室编:《毛泽东年谱(一九四九——一九七六)》第六卷,中央文献出版社2013年版,第208页。

的党委以及基层党组织大都没有恢复或建立，绝大多数党员还没有恢复组织生活。党的九大从始至终都笼罩在强烈的个人崇拜气氛之中。

党的九大政治报告分为八个部分，其核心内容是所谓"无产阶级专政下继续革命"的学说（或理论），"肯定文化大革命'是对马克思列宁主义的理论和实践的一个伟大的新贡献'"[1]。具体来说，这个报告的八个部分包括：（1）关于无产阶级文化大革命的准备；（2）关于无产阶级文化大革命的过程；（3）关于认真搞好斗、批、改；（4）关于无产阶级文化大革命的政策；（5）关于我国革命的最后胜利；（6）关于党的整顿和建设；（7）关于我国和外国的关系；（8）全党、全国人民团结起来，争取更大的胜利。

党的九大之后，林彪集团的权势膨胀到顶点，然而，一方面，他们同江青集团之间的矛盾和斗争也空前激烈；另一方面，急于抢班夺权，林彪即发动了政变。1970年8月，林彪在党的九届二中全会上发动反革命政变未遂[2] 1971年3月22日，在林彪、叶群指使下，林立果、周宇驰等人在上海制定了反革命武装政变计划"571工程"纪要。9月5日—13日，林彪反党集团策划的反革命政变阴谋被彻底粉碎。林彪、叶群、林立果等人于13日凌晨仓皇登机外逃，摔死在蒙古人民共和国的温都尔汗肯特省依德尔莫格县贝尔赫矿区南十公里处。

"9·13事件"表明一场反革命武装政变的阴谋彻底失败，

---

〔1〕　中共中央文献研究室编：《毛泽东年谱（一九四九——一九七六）》第六卷，中央文献出版社2013年版，第240页。

〔2〕　中共中央文献研究室编：《毛泽东年谱（一九四九——一九七六）》第六卷，中央文献出版社2013年版，第321—335页。

是"文化大革命"推翻党的一系列基本原则的结果，客观上宣告了"文化大革命"理论和实践的破产。[1]

三、党的十大肯定了党的九大所确立的政治路线和组织路线

林彪事件后，党的一些重大的组织问题亟须解决，其中最迫切的是修改载有林彪为接班人等内容的党章和产生新的中央领导机构。为此，党中央决定提前召开党的十大。1973 年 8 月 24 日—28 日，党的十大在北京举行。当时全国有 2800 万党员，出席大会的代表 1249 人。

在会上，周恩来同志代表中共中央作了政治报告。报告分为三个部分：（1）关于九大路线；（2）关于粉碎林彪反党集团的胜利；（3）关于形势和任务。他说："在国内，我们要遵循党在整个社会主义历史阶段的基本路线和政策，坚持无产阶级专政下的继续革命，团结一切可以团结的力量，努力把我国建设成一个强大的社会主义国家，对人类作出较大的贡献。"他提出："我们的社会主义革命任务还很繁重。无产阶级文化大革命斗、批、改的任务，各条战线都需要继续深入。我们工作中的缺点、错误和某些不正之风，还有待努力克服。我们全党要抓紧当前的有利时机，巩固和发展无产阶级文化大革命的成果，把各项工作做好。""我国在经济上还是一个穷国，还是一个发展中的国家。我们要贯彻执行鼓足干劲，力争上游，多快好省地建设社会主义的总路

---

[1]《中国共产党中央委员会关于建国以来党的若干历史问题的决议》，中共中央文献研究室编：《三中全会以来重要文献选编》下，中央文献出版社 2011 年版，第 145 页。

线，抓革命、促生产。"〔1〕报告中还提出最近要举行四届全国人民代表大会。实际上，1970 年 9 月，毛泽东同志就提出，党的九届二中全会"公报中要写上全会向全国人大常委会提出关于召开四届人大的建议"〔2〕。在党的九届二中全会闭幕会上，周恩来在讲话中也说，向人大常委会建议，在适当的时候召开四届全国人大。

党的十大继续了党的九大的"左"倾错误，充分肯定了党的九大所确立的路线，仍然号召全党"坚持无产阶级专政下的继续革命"，坚持"文化大革命"，强调"要进一步加强党的一元化领导"。这样的"左"倾指导方针使"文化大革命"愈拖愈久，破坏性后果越来越大。在上海造反起家的王洪文在党的十大上当选为中共中央副主席。但同时，也解放了一批自"文化大革命"开始后备受打击迫害的老干部，有些老干部进入了中央委员会。周恩来、叶剑英、李德生等同志被选举为中央副主席，邓小平、王稼祥等同志等被选进中央委员会。

党的十大以后，江青、张春桥、姚文元、王洪文在中央政治局内结成"四人帮"，江青集团的势力得到进一步加强。

第二节　作为新的政权组织形式的"革命委员会"

在"文化大革命"中，特别是党的八届十一中全会之后，红

〔1〕　周恩来：《在中国共产党第十次全国代表大会上的报告》，http://cpc. people. com. cn/GB/64162/64168/64562/65450/4429430. html。访问日期：2015 年 2 月 17 日。
〔2〕　中共中央文献研究室编：《毛泽东年谱（一九四九——一九七六）》第六卷，中央文献出版社 2013 年版，第 332 页。

卫兵的"革命行动"发展迅速，开始破坏社会秩序和民主法制，出现了否定人民代表大会制度的倾向，在政治制度上寻求建立一种新的组织形式，人民代表大会制度和人大工作都遭到严重破坏，逐渐被"新的"政权组织形式所取代。

一、人民公社

1966 年 8 月 8 日，党的八届十一中全会通过的关于无产阶级文化大革命的决定中规定，文化革命小组、文化革命委员会和文化革命代表大会"是无产阶级文化大革命的权力机构"。北京大学聂元梓等人炮制了一张搞乱全国的大字报："20 世纪 60 年代的北京人民公社的宣言"。毛泽东同志称赞这张大字报，并考虑在城市建立人民公社的问题。张春桥心领神会，立即把上海夺权后建立的机构定名为"上海人民公社"。

1967 年 2 月 5 日，上海人民公社宣告成立。张春桥任主任，姚文元、王洪文任副主任。

张春桥、姚文元夺得上海领导权后，即筹划建立新领导机构，并声称："上海人民公社的建立，标志着上海夺权的完成。"对此，1967 年 2 月 6 日，毛泽东同志提出批评，"所有省市都叫人民公社，那全国就叫中华人民公社啦，也不要中央、国务院了。今天上海要登报成立人民公社，要压下去，不要搞。"[1] 23 日，上海人民公社改称上海革命委员会[2]。

---

〔1〕 中共中央文献研究室编：《毛泽东年谱（一九四九——一九七六）》第六卷，中央文献出版社 2013 年版，第 48 页。

〔2〕 《1967 年 2 月 5 日上海人民公社成立》，人民网资料，http：//www. people. com. cn/GB/historic/0205/5729. html。访问日期：2015 年 2 月 20 日。

1967 年 2 月 11 日，中共中央副主席周恩来主持召开负责日常工作的政治局成员同中央文革小组成员的碰头会。会上，谭震林、陈毅、叶剑英、李先念、徐向前等同志对"文化大革命"的错误做法提出强烈的批评。叶剑英质问说，上海夺权，改名为上海公社，这样大的问题，涉及国家体制，不经政治局讨论，就擅自改变名称，这是想干什么？但这在当时被称为"二月逆流"[1]。

1966 年底—1967 年，"文化大革命"在全国范围内爆发。城市人民公社草草收场。之后，随着革命委员会的普遍成立，公社管理委员会、镇人民委员会均改称为革命委员会，履行乡政府职权，实行党政一元化领导。

二、革命委员会

毛泽东同志提出："在需要夺权的那些地方和单位必须实行革命的'三结合'的方针，建立一个革命的、有代表性的、有无产阶级权威的临时权力机构，这个权力机构的名称，叫革命委员会好。"[2] 1967 年 2 月 6 日，毛泽东同志在谈夺权问题时说："各个城市夺权，要有广大革命群众代表、军队代表、机关革命干部代表三结合，没有三结合，就不能承认。"[3]

在踢开地方党委、砸烂地方各级人大和人民委员会之后，建立起来的"革命委员会"这种集党、政、军、审判、检察权于一

---

〔1〕 全国人民代表大会常务委员会办公厅编：《全国人民代表大会及其常务委员会大事记（1954—2014）》，中国民主法制出版社 2014 年版，第 138 页。
〔2〕 刘政：《我国人民代表大会制度的特点及其历史发展》，刘政、程湘清：《人民代表大会制度的理论和实践》，中国民主法制出版社 2003 年版，第 12 页。
〔3〕 中共中央文献研究室编：《毛泽东年谱（一九四九——一九七六）》第六卷，中央文献出版社 2013 年版，第 47 页。

身的临时权力机构，实行党政合一、高度集中的领导体制。

1967 年 9 月，毛泽东同志视察河南、湖北、湖南、江西、浙江、上海等省、市"文化大革命"的情况，沿途发表一系列谈话，肯定全国是"形势大好"。毛泽东同志认为，群众运动从来都没有像这次发动得这么广泛、这么深入。号召各地的群众组织实现革命的大联合，支持所谓"群众的专政"。专政是群众的专政，靠政府捉人不是好办法〔1〕。

1968 年 3 月 9 日，中共中央、国务院、中央军委、中央文革小组转发河北省革委会关于设置工作机构情况的报告。报告说，河北省革命委员会按照精兵简政的原则，在革命委员会内只设立办事组、秘书组、保卫组、政治部、生产指挥部等五个组（部），工作人员为 80 人。其中军队支左干部 41 人，地方干部（包括生产指挥部原有干部）39 人。报告重申，原省委和省人委等旧政权机构不能发号施令，一切权力归革命委员会；在这些旧机构中工作的人员集中搞斗批改。中共中央等在批示中同意河北省革命委员会的这个报告，并希望各省、市、自治区在各级革命委员会（筹备小组）设置工作机构时，都能参照执行〔2〕。

1968 年 9 月 7 日，《人民日报》《解放军报》发表社论，庆祝全国各省（市、区）（除台湾省外）全部建立了革命委员会。从 1967 年 1 月上海"革命风暴"夺权到 1968 年 9 月西藏、新疆两个自治区革命委员会的成立，这样，经过 20 个月的"夺权"运动，就在全国（除台湾省外）全部成立了革命委员会〔3〕。

---

〔1〕《人民日报》1967 年 9 月 25 日的报道。

〔2〕全国人民代表大会常务委员会办公厅编：《全国人民代表大会及其常务委员会大事记（1954—2014）》，中国民主法制出版社 2014 年版，第 140—141 页。

〔3〕《无产阶级文化大革命的全面胜利万岁》，《人民日报》《解放军报》1968 年 9 月 7 日。

所谓"革命委员会",是在对原有的合法的人民政权全盘否定的基础上建立起来的,是在彻底打碎人民代表大会制度这一政权组织形式后建立起来的。在实行"一元化"领导的口号下,它集党、政、军大权于一身,包揽行政、司法、党务等各项工作,是一种党政高度合一、国家权力机关与行政机关、司法机关合一的体制。这种所谓"一元化"的政治体制,是我国政治体制在职能、结构上的一次大倒退,一切以领袖的"最高指示""最新指示"为准。而要改革这种高度"一元化"的政治体制,乃是新时期一项极其艰巨的任务。

三、政府机构大变动

"文化大革命"中,政府机构发生非正常的大变动。1966 年—1975 年国务院机构再一次进行了改革。1970 年,国务院的 79 个部门撤销合并为 32 个,其中 13 个还由部队管理,成为新中国成立以来中央政府机构数的最低峰。

1975 年,邓小平同志主持国务院工作,并对各领域进行整顿,与之相适应,国务院工作部门恢复到 52 个。

第三节 人民代表大会制度在"文化大革命"中遭受严重破坏

1966 年 5 月,"文化大革命"爆发后,人民代表大会制度遭受严重破坏,人大工作也被全面停止了。

一、作为国家权力机关的人大及其常委会名存实亡

1966 年 7 月 7 日，三届全国人大常委会第三十三次会议召开，听取康生关于改期召开三届全国人大二次会议问题的说明。康生在会上宣布说，一个轰轰烈烈的史无前例的无产阶级文化大革命运动开始了，这是全国性的大鸣、大放、大辩论、大字报的全面的大民主运动。在革命运动中，少开一次会或迟开一次会，是可以的，允许的[1]。这样，在没有经过讨论的情况下，会议就作出决定：三届全国人大二次会议改期召开，具体日期另行决定。同时，这次会议还通过了决定任免的名单[2]。

这是三届全国人大常委会的最后一次会议。此后，在长达 8 年零 6 个月的时间内，全国人大及其常委会都没有再举行过一次会议。"文化大革命"中，不仅没有单独编制政府预算草案（仅仅在国民经济计划中列出预算），更谈不上执行宪法关于向全国人大报告预算和决算的规定。全国人大及其常委会仅仅在名义上还保留着，实际上已名存实亡，失去了国家权力机关的作用，全国人大及其常委会的工作机构也被严重损坏。在地方，人大及其常委会被彻底砸烂，被"临时权力机构"——革命委员会所取代，公、检、法机关被彻底砸烂。民主也好，法制也罢，均已形同虚设。

---

〔1〕 刘政：《我国人民代表大会制度的特点及其历史发展》，刘政、程湘清：《人民代表大会制度的理论和实践》，中国民主法制出版社 2003 年版，第 11—12 页。

〔2〕 《全国人大常委会关于改期召开第三届全国人民代表大会第二次会议的决议》，全国人大常委会办公厅编：《〈全国人大常委会公报〉停刊期间全国人民代表大会及其常务委员会制定或者批准的法律及部分文件》（1966—1979 年卷），第 32 页及以下。

二、社会主义民主法制被严重破坏

新中国成立以后逐步建立起来的社会主义民主和法制遭受空前劫难，宪法和法律失去了普遍约束力，大批由人大选出的国家机关领导人被打倒，各级人大的许多代表也遭受迫害，造成了全国性的大动乱。

"文化大革命"期间，在一些地方，"革命委员会"被林彪、江青反革命集团分子和"打、砸、抢"分子所控制，社会主义民主和法制遭到践踏，宪法和法律成为一纸空文，既失去了对国家政治、经济、文化生活和公民活动的普遍约束力，也不能维护人民群众的民主权利，甚至不能保障公民的人身安全。

在关于三届全国人大常委会委员政治情况的报告中，115 名全国人大常委会组成人员中有 61 人（占总数的53%）被分别诬陷为"特务""特务嫌疑""叛徒""叛徒嫌疑""反革命修正主义分子、走资派、三反分子""有严重问题"。其中，包括朱德委员长和彭真、李井泉、林枫、刘宁一、张治中等 7 位副委员长及陈少敏等 54 位委员。同时，全国人大常委会机关被实行军管，军管组进驻。机关从人民大会堂迁出，干部分批下放到干校劳动[1]。

在"文化大革命"中，大批由人大选出的国家和地方领导人被打倒，从国家主席、委员长、副委员长、常委会委员、副总理、部长，到地方人大代表、基层干部、无辜群众，任意被批、被斗、被抓、被整，有的身陷囹圄，有的被迫害致死。仅据最高人民检察院特别检察厅的材料统计，"文化大革命"期间被林彪、江青反

---

〔1〕　全国人民代表大会常务委员会办公厅编：《全国人民代表大会及其常务委员会大事记（1954—2014）》，中国民主法制出版社 2014 年版，第 141 页。

革命集团诬陷迫害的达 72 万多人，被迫害致死的 3.4 万多人。这一沉痛教训说明，没有党内民主和人民民主，在国家体制中人民代表大会制度失去了作用，就会给党、国家和人民带来多么惨重的灾难。

值得注意的是，"文化大革命"期间，全党、全国各族人民做了许多工作，以各种形式同林彪、"四人帮"进行了抵制和斗争。毛泽东同志多次对陈伯达等人提出批评，明确反对对老干部统统打倒。比如，1968 年 5 月 20 日，他在谈到一些部门和地区打倒老干部的情况时说："都打倒怎么行？""干部统统打倒了，那怎么行？"[1] 不仅如此，毛泽东同志还明确提出了一大批需要保护的干部。1969 年 5 月 4 日，周恩来同志指示驻全国人大机关和政协全国委员会机关的军代表，不要批斗民主党派的领导人[2]。

我们党和国家并没有被摧毁，并且还能够维持统一，全国人大及其常委会依然存在，进行一些外事活动，这说明没有人敢公开否定它。人民代表大会制度的根基仍然在支撑着共和国的大厦。

第四节　召开四届全国人大和修改宪法的提议

一、有关提议和准备

1970 年 3 月 7 日，毛泽东同志在武昌提出召开四届全国人大

---

〔1〕 中共中央文献研究室编：《毛泽东年谱（一九四九——一九七六）》第六卷，中央文献出版社 2013 年版，第 165 页。

〔2〕 全国人民代表大会常务委员会办公厅编：《全国人民代表大会及其常务委员会大事记（1954—2014）》，中国民主法制出版社 2014 年版，第 142 页。

和修改宪法的意见，指出国家体制可以改变，不要设主席、副主席，就由人大常委会负责人代表，并让汪东兴回北京传达这个意见。3月8日，周恩来主持召开中央政治局会议。会议一致拥护毛泽东同志的意见，并商定组成工作班子，立即着手进行四届全国人大的筹备工作。3月16日，中共中央政治局就修改宪法的指导思想和修改宪法中的一些原则性问题，向毛泽东主席写了关于修改宪法问题的请示，毛泽东同志阅批了这个请示。3月17日—20日，中共中央在北京召开工作会议，讨论召开四届全国人大和修改宪法问题。出席会议的有各省、市、自治区革委会党的核心小组和各大军区、军委各总部、各军兵种的负责人共103人。会议讨论康生、张春桥、吴法宪、李作鹏、纪登奎草拟的关于修改宪法问题的请示，协商了四届全国人大代表名额和选举问题。到会的大多数同志拥护毛泽东同志关于不设国家主席的建议。

二、中共中央发出有关筹备的通知

1970年7月20日，中共中央发出关于修改宪法和四届人大代表问题的通知。通知指出，为了进一步筹备四届全国人大的召开，中共中央要求各省、市、自治区革命委员会和中央军委，认真动员各厂矿、公社、军队、机关、学校、企业事业单位、街道组织的革命群众，广泛讨论宪法，提出修改意见；讨论和通过四届人大的候选代表[1]。通知指出，毛主席在1954年3月23日宪法起草委员会上说过：这个宪法（即1954年宪法）是过渡时期的宪法，大概可以管十五年左右。毛主席的英明预见实现了。特

---

〔1〕　中共中央文献研究室编：《毛泽东年谱（一九四九—一九七六）》第六卷，中央文献出版社2013年版，第313页。

别是经过"文化大革命",我国的无产阶级专政空前巩固,我国的面貌发生了深刻的变化,为适应这种情况,需要对 1954 年宪法进行修改,使它成为一部在新形势下体现毛泽东思想的社会主义新宪法。这次修改宪法的指导思想是,毛主席关于国家学说的伟大理论和实践。

1970 年 7 月 17 日,中共中央决定成立修改宪法起草委员会,并开始着手修改宪法的工作。宪法起草常委会以毛泽东为主任、林彪为副主任,成员共 57 人,还包括:叶群、叶剑英、刘伯承、江青、朱德、许世友、陈伯达、陈锡联、李先念、李作鹏、吴法宪、张春桥、邱会作、周恩来、姚文元、康生、黄永胜、董必武、谢富治等中央政治局委员 19 人;纪登奎、李雪峰、李德生、汪东兴等政治局候补委员 4 人;潘复生等各省、自治区、直辖市党的核心小组负责同志 24 人;以及郭沫若、王洪文、倪志福、蔡树梅、尉凤英、陈永贵、吕玉兰、张积慧等 8 人。

三、庐山会议讨论修改宪法和国民经济计划

1970 年 8 月 23 日—9 月 6 日,党的九届二中全会在江西庐山召开。会议主要讨论修改宪法问题,审定国民经济计划。围绕设不设国家主席的问题,进行了激烈的斗争。在全会开幕会上,林彪在没有向党中央请示、报告的情况下,按照预谋,突然发表蛊惑人心的长篇讲话,在坚持设国家主席的同时,以颂扬毛泽东个人为幌子,大讲天才问题。林彪讲话之后,其集团成员纷纷活动起来,妄图将会议引入歧途,从而制造了一场混乱。陈伯达还于 8 月 23 日自拟了"国家主席"的宪法条文。与会的许多人也表示衷心赞成在宪法第二条中增加"毛主席是国家主席,林副主

席是国家副主席”和宪法要恢复国家主席一章的意见。

1970年8月25日，毛泽东同志召开中央政治局常委扩大会议，责令陈伯达检讨。毛泽东同志批判了陈伯达的谬论，并找林彪谈话。周恩来同志找吴法宪、李作鹏、邱会作谈话，并责令他们向党中央作检查。8月26日下午，毛泽东同志找陈伯达谈话，对他进行了严厉批评，并让他找吴法宪、李作鹏、邱会作谈谈。同日晚上，毛泽东同志主持召开中共中央政治局扩大会议。会上，陈伯达、吴法宪作检讨。8月31日，毛泽东同志写了《我的一点意见》一文，批评了英雄创造历史的观点和唯心论的先验论，告诫人们不要上号称懂得马克思，实际上根本不懂马克思那样一些人的当。全会在挫败林彪集团的突然袭击之后，仍按原定的议程进行工作[1]。

经过讨论，会议批准国务院关于全国计划会议和1970年国民经济计划的报告，并决定向全国人大常委会建议，进行必要的准备工作，以便在适当的时候，召开四届全国人大。会议还基本通过宪法修改草案。

1970年9月12日，中共中央发出关于组织群众广泛讨论宪法修改草案的通知，将中共九届二中全会原则通过的宪法修改草案下发，并要求立即转发给各基层单位，广泛地组织人民群众进行讨论，提出修改意见。

---

〔1〕 中共中央文献研究室编：《毛泽东年谱（一九四九——一九七六）》第六卷，中央文献出版社2013年版，第321—334页。

/ 第四章 /

人民代表大会制度初步恢复

"文化大革命"后期，人民代表大会制度和人大工作有所恢复。1975年1月四届全国人大一次会议之后，特别是1976年10月粉碎"四人帮"之后，到1978年2月26日五届全国人大一次会议召开，各级人大都陆续开始恢复履职活动，重新开展工作，我国人民代表大会制度建设和人大工作开始逐步恢复。

第一节　"文化大革命"后期民主法制建设的重大部署

一、粉碎"四人帮"和党的十届三中全会召开

　　1976年10月6日晚，华国锋、叶剑英等同志代表中共中央政治局，执行党和人民的意志，采取断然措施，对江青、张春桥、王洪文、姚文元实行隔离审查，一举粉碎"四人帮"。这标志着持续10年之久的"文化大革命"结束。

　　在这场所谓的"大革命"中，包括党和国家领导人在内的大批中央党政军领导干部、民主党派负责人、各界知名人士和群众受到诬陷和迫害。党和政府的各级机构、各级人民代表大会和政协组织，长期陷于瘫痪和不正常状态。公安、检察、法院等专政

机关和维护社会秩序的机关都被搞乱了。因此，粉碎"四人帮"的胜利，从危难中挽救了中国的社会主义事业，为党和国家进入新的历史时期奠定了基础。

1977 年 7 月 16 日—21 日，党的十届三中全会召开。会议追认中央政治局 1976 年 10 月 7 日作出的关于华国锋同志任中共中央委员会主席、中国共产党中央军事委员会主席的决议；恢复邓小平同志中共中央委员、中央政治局委员、常委、中共中央副主席，中共中央军委副主席，国务院副总理，中国人民解放军总参谋长的职务；永远开除王洪文、张春桥、江青、姚文元的党籍，撤销他们党内外的一切职务。

二、党的十一大提出要恢复民主集中制

1977 年 8 月 12 日—18 日，党的十一大在北京召开。当时全国党员有 3500 多万。应到大会的代表 1510 人，除刘伯承等 8 位同志因病因事请假未能出席预备会议外，实际出席会议代表 1502名。华国锋同志作政治报告，叶剑英同志作关于修改党的章程的报告，邓小平同志致闭幕词。

大会宣告历时 10 年的"文化大革命"已经结束，我国社会主义革命和社会主义建设进入新的发展时期。大会一致赞同党中央遵照毛主席的遗志提出的抓纲治国的战略决策和实现这个战略决策的八项战斗任务，一致赞同党中央根据毛主席的对外工作路线提出的各项方针、政策。这次会议重申建设社会主义的现代化强国的任务，要求动员一切积极因素，团结一切可以团结的力量，为在 20 世纪内把我国建设成为伟大的社会主义强国而奋斗。但是，这次会议仍然坚持"关于无产阶级专政下继续革命的伟大

理论"，没有能纠正"文化大革命"的"左"倾错误理论、政策和口号。大会通过了经过修改后的《中国共产党章程》和关于政治报告的决议、关于修改党的章程报告的决议。

（一）党的政治报告重申要达到天下大治

华国锋同志在政治报告中重申了 1977 年 3 月中央工作会议上党中央提出达到天下大治的八项要求，认为这八条就是我们党在当前和今后一个时期内，抓纲治国的主要的战斗任务。

华国锋同志说，"一定要发扬民主，健全民主集中制"。在人民内部，不可以没有自由，也不可以没有纪律；不可以没有民主，也不可以没有集中。这种民主和集中的统一，自由和纪律的统一，就是我们的民主集中制。没有民主集中制，无产阶级专政不可能巩固。

报告揭露"四人帮"反对毛主席的指示，他们一方面恣意践踏人民民主和党内民主，乱打棍子，乱扣帽子，凌驾于党之上，骑在人民头上作威作福；另一方面，他们又煽动无政府主义，鼓吹什么"踢开党委闹革命""矛头向上就是大方向""砸烂一切规章制度""越乱越好"。针对"四人帮"既破坏无产阶级的民主又破坏无产阶级的集中，报告提出要"在深入揭批'四人帮'中，一定要充分发扬人民民主和党内民主，健全民主集中制"。为了健全民主集中制，还必须坚决反对一切无组织无纪律的行为，重申党的纪律：一是个人服从组织；二是少数服从多数；三是下级服从上级；四是全党服从中央。要用"三大纪律八项注意"教育战士，教育干部，教育群众，教育党员和人民。

报告还重申毛泽东同志说过的："我们的目标，是想造成一个又有集中又有民主，又有纪律又有自由，又有统一意志、又有个人心情舒畅、生动活泼，那样一种政治局面，以利于社会主义革命和社会主义建设，较易于克服困难，较快地建设我国的现代工业和现代农业，党和国家较为巩固，较为能够经受风险。" 以此来统一全党全军和全国各族人民的认识，健全民主集中制，实现毛主席所倡导的这种政治局面[1]。

（二）关于党章的修改

1977 年 8 月 13 日，叶剑英同志在关于修改党的章程的报告中，从八个方面对中国共产党章程修改草案作说明，尤其是论述了党的民主集中制的问题。他指出，新党章把 "在本世纪内，党要领导全国各族人民把我国建设成为农业、工业、国防和科学技术现代化的社会主义强国" 的目标写进总纲，这就必须加强党的建设。为此，就要坚持辩证唯物主义和历史唯物主义的世界观，反对唯心主义和形而上学的世界观。要健全民主集中制，充分发扬民主，决不允许任何人压制批评和打击报复；同时又强调在民主的基础上集中，加强党的纪律。为了维护民主集中制的原则和党的纪律，新党章规定设置纪律检查委员会。

报告提出："我们党是按照民主集中制组织起来的。我们党的民主集中制，是在民主基础上的集中和在集中指导下的民主。" 要采取从团结的愿望出发，经过批评或者斗争，分清是非，达到新的团结的方法，处理同志之间的关系，而不能用 "残酷斗争，无情打击" 的方法。在党委内部，认真实行集体领导和个人分工负责相结合的原则，依靠集体的政治经验和集体的智慧，防止和克服个人说了算或者个人不敢负责的不良倾向。

报告提出："我们必须充分认识发扬民主的重要性。任何破坏党的民主生活，侵害党员民主权利的行为，都是违反民主集中

---

〔1〕 华国锋：《十一大上的政治报告》，http://cpc.people.com.cn/GB/64162/64168/64563/65449/4526439.html。访问日期：2015 年 2 月 17 日。

制的，是党的纪律所不允许的。"强调为了保证我们党的行动统一，必须加强党的纪律；为了维护党的民主集中制的原则和纪律，必须防止和纠正各种危害党与群众关系的现象[1]。

1977 年 9 月 24 日，根据党的十一大党章的规定，中共中央决定中央一级国家机关和人民团体的党的领导小组或党的核心小组，改称党组。地方各级国家机关和人民团体的领导小组或党的核心小组，也要按照上述原则办理。

1978 年 2 月 18 日—23 日，党的十一届二中全会举行。全会的任务是从政治上、思想上和组织上为五届全国人大完成各项必要的准备工作。全会一致通过政府工作报告、1976 年—1985 年发展国民经济十年计划纲要草案、宪法修改草案和关于修改宪法的报告，决定提请五届全国人大一次会议审议。全会一致通过全国人大常委会组成人员、国务院总理和国务院其他组成人员、最高人民法院院长、最高人民检察院检察长的人选名单，决定分别提请五届全国人大一次会议讨论。

第二节　四届全国人大一次会议的召开

毛泽东同志虽然在全局上一直坚持"文化大革命"的错误，但还是领导了粉碎林彪反革命集团的斗争，对"四人帮"也进行过严厉批评和揭露，并且挫败了"四人帮"妄图组阁的阴谋，从而使四届全国人大一次会议终于在 1975 年 1 月召开。这次大会

---

〔1〕　叶剑英：《关于修改党的章程的报告》，http://cpc.people.com.cn/GB/64162/64168/64563/65449/4526437.html。访问日期：2015 年 2 月 18 日。

的召开，标志着全国人大及其常委会的各项工作开始恢复。

一、有关准备工作

1975 年 1 月 5 日—11 日，四届全国人大一次会议举行预备会议。四届全国人大代表共 2885 名。其中：中共党员占 76.3%，民主党派、无党派人士占 8.3%；工人占 28.2%，农民占 22.9%，干部占 11.2%，解放军占 16.85%，知识分子占 11.99%，归国华侨占 1.03%；少数民族占 9.4%，妇女占 22.63%。中共党员和工农代表所占代表总数的比例都大大高于前三届。这次预备会议讨论四届全国人大一次会议的主要文件和其他准备工作，并通过四届全国人大一次会议的议程。

与此同时，中共中央也召开相关会议。1 月 8 日—10 日，党的十届二中全会召开。会议主要讨论四届全国人大的准备工作，决定将宪法修改草案、关于修改宪法的报告、政府工作报告和全国人大常委会、国务院组成人员的候选人名单，提请四届全国人大一次会议讨论。1 月 12 日，中共中央副主席王洪文主持召开代表团团长会议，吴德介绍会议议程。吴德说，全国人民代表大会是在中国共产党领导下的最高国家权力机关。我们党是执政的党。这次大会的议程，三个文件和人事安排，是经毛主席同意，党的十届二中全会批准的，四届全国人大代表中的共产党员都必须坚决执行，保证大会顺利通过。

二、四届全国人大一次会议行使职权的情况

1975 年 1 月 13 日—17 日，四届全国人大一次会议举行。出

席会议的人大代表 2864 人。毛泽东同志提出他不当代表，也不参加会议。周恩来同志抱病出席大会，并作政府工作报告。现将这次会议议程分述如下。

（一）会议听取和讨论关于修改宪法的报告

1 月 13 日，会议听取张春桥代表中共中央作关于修改宪法的报告。他说，二十年来的实践证明，1954 年宪法是正确的。"它的基本原则，今天仍然适用。但是，1954 年以来，我国的政治、经济、文化和国际关系都发生了重大变化。它的部分内容，今天已经不适用了。总结我们的新经验，巩固我们的新胜利，反映我国人民坚持无产阶级专政下继续革命的共同愿望，就是我们这次修改宪法的主要任务"〔1〕。

现在提出的这个修改草案，是 1954 年宪法的继承和发展。"它是经过全国各族人民反复讨论产生的，是领导机关的意见和广大群众的意见相结合的产物。序言是新写的。条文从 106 条，缩减为 30 条。"草案规定："全国人民代表大会是在中国共产党领导下的最高国家权力机关"，"中国共产党中央委员会主席统率全国武装力量"。由于不设国家主席，草案对 1954 年宪法关于国家机构的规定作了相应的修改。"这些规定，必将有利于加强党对国家机构的一元化领导，符合全国人民的愿望。"〔2〕

14 日—16 日，代表们分组讨论宪法修改草案。17 日，四届全国人大一次会议举行全体会议。全体代表举手表决通过修改后

〔1〕《关于修改宪法的报告》，全国人大常委会办公厅编：《〈全国人大常委会公报〉停刊期间全国人民代表大会及其常务委员会制定或者批准的法律及部分文件》（1966—1979 年卷），中国法制出版社 2004 年版，第 44 页。
〔2〕《关于修改宪法的报告》，全国人大常委会办公厅编：《〈全国人大常委会公报〉停刊期间全国人民代表大会及其常务委员会制定或者批准的法律及部分文件》（1966—1979 年卷），中国法制出版社 2004 年版，第 45 页。

的《中华人民共和国宪法》（即 1975 年宪法）和关于修改宪法的报告。

（二）会议听取和审议周恩来作政府工作报告

在政府工作报告中，周恩来总理重申 1965 年初三届全国人大一次会议提出的从第三个五年计划开始，我国国民经济发展按"两步走"的设想。这就再次明确在 20 世纪内全面实现四个现代化的宏伟目标。周恩来同志指出："我们要在 1975 年完成和超额完成第四个五年计划，这样就可以为在 1980 年以前实现上述的第一步设想打下更牢固的基础。从国内国际的形势看，今后的十年，是实现上述两步设想的关键的十年。……国务院将按照这个目标制订十年长远规划、五年计划和年度计划。国务院各部、委，地方各级革命委员会，直到工矿企业和生产队等基层单位，都要发动群众，经过充分讨论，制订自己的计划，争取提前实现我们的宏伟目标。"[1] 可以说，这次会议在一定程度上鼓舞了全国各族人民建设社会主义的信心。

1 月 17 日，会议通过关于政府工作报告的决议，批准政府工作报告，强调"我们再用二十多年的时间，一定能够在本世纪内把我国建设成为社会主义的现代化强国"[2]。这次会议之后第 3 天，即 1975 年 1 月 20 日，四届全国人大常委会第一次会议听取吴德副委员长关于政府工作报告修改情况的汇报。

---

〔1〕 周恩来：《向四个现代化的宏伟目标前进》，《周恩来选集》下卷，人民出版社 1984 年版，第 479 页。

〔2〕《中华人民共和国第四届全国人民代表大会第一次会议关于政府工作报告的决议》，全国人大常委会办公厅编：《〈全国人大常委会公报〉停刊期间全国人民代表大会及其常务委员会制定或者批准的法律及部分文件》（1966—1979 年卷），中国法制出版社 2004 年版，第 48 页。

（三）会议选举和任命新一届国家机构领导人员

1. 选举产生四届全国人大常委会。朱德为委员长，董必武、宋庆龄、康生、刘伯承、吴德、韦国清、赛福鼎·艾则孜、郭沫若、徐向前、聂荣臻、陈云、谭震林、李井泉、张鼎丞、蔡畅、乌兰夫、阿沛·阿旺晋美、周建人、许德珩、胡厥文、李素文、姚连蔚等22人为副委员长〔1〕，千比等144人为委员〔2〕。这里，作两点说明：（1）这一届全国人大没有设立专门委员会；（2）四届全国人大常委会第一次会议任命姬鹏飞为四届全国人大常委会秘书长。

2. 任命新的国务院组成人员。根据中共中央的提议，大会任命周恩来为国务院总理，邓小平、张春桥、李先念、陈锡联、纪登奎、华国锋、陈永贵、吴桂贤、王震、余秋里、谷牧、孙健等12人为国务院副总理；还任命了国务院各部部长、委员会主任。

1975年2月1日，周恩来总理主持国务院常务会议，讨论国务院12位副总理分工问题。全体副总理出席会议，中央军委常务副主席叶剑英、中国科学院院长郭沫若列席会议。周恩来说："我身体不行了，今后国务院的工作由小平同志主持。"〔3〕会后，周恩来同志病重住院，由邓小平同志主持中央日常工作，并代周恩来主持国务院会议，呈批主要文件和主管外事工作。实际上，这就形成了以周恩来同志、邓小平同志为领导核心的新一届国务院。

---

〔1〕 其中多数人均担任过第一、二、三届全国人大常委会副委员长。

〔2〕 其中多数是第一、二、三届或第五、六届全国人大常委会委员。

〔3〕 中共中央文献研究室编：《毛泽东年谱（一九四九——一九七六）》第六卷，中央文献出版社2013年版，第570页。

（四）四届全国人大一次会议的一些特点

1. 这次会议并不是真正的或严格意义上的人民代表大会会议。因为出席这次会议的全国人大代表共 2885 名，这些人大代表并不是由选举产生的，而是采取"民主协商"方式由各省、市、自治区革命委员会、军队等方面推选的，有些代表是指定的或者特邀的。

2. 这次会议距上一次会议即三届全国人大一次会议，已经 8 年零 6 个月。这次会议的召开，意味着我国已结束过去那种不正常的政治生活，逐渐恢复到一种正常的政治生活状态。

3. 这次会议会期短，正式会议只举行了 5 天。第一天大会开幕，最后一天大会闭幕，中间 3 天分组讨论。

4. 这次会议的议题少，选举产生的新一届国家机构并不完整。比如，没有选举产生最高人民法院院长，而是在这次会议之后，1975 年 1 月 20 日，四届全国人大常委会第一次会议任命江华为最高人民法院院长。

5. 会议是在极端严格的保密措施下秘密举行的。代表们秘密进京报到，不准离开驻地一步，不准与外界有任何联系；代表都是通过秘密通道进入大会会场的[1]。直到闭会后发布新闻公报，世人才知道大会的召开以及大会所决定的事情。

尽管这次会议存在上述缺陷或不足，但这次会议的召开说明，人民代表大会制度在我国仍然具有相当的基础。

---

〔1〕 刘政：《人民代表大会制度的历史足迹》，中国民主法制出版社 2008 年版，第 214 页。

第三节　1975 年宪法

一、1975 年宪法的主要内容

1975 年宪法确认社会主义改造的胜利成果和社会主义建设所取得的成就。它由序言，总纲，国家机构，公民的基本权利和义务，国旗、国徽、首都等四章组成。修改后的宪法，序言是新写的，条文大幅度减少，从 1954 年宪法的一百零六条缩减为三十条，不到 1954 年宪法的三分之一。

（一）关于指导思想的规定

这部宪法的指导思想是毛泽东同志提出的无产阶级专政下继续革命的理论和党在整个社会主义历史阶段的基本路线。序言提出："社会主义社会是一个相当长的历史阶段。在这个历史阶段中，始终存在着阶级、阶级矛盾和阶级斗争，存在着社会主义同资本主义两条道路的斗争，存在着资本主义复辟的危险性，存在着帝国主义、社会帝国主义进行颠覆和侵略的威胁。这些矛盾，只能靠无产阶级专政下继续革命的理论和实践来解决。""我们必须坚持中国共产党在整个社会主义历史阶段的基本路线和政策，坚持无产阶级专政下的继续革命，使我们伟大的祖国永远沿着马克思主义、列宁主义、毛泽东思想指引的道路前进。"[1]

---

〔1〕《中华人民共和国宪法》，全国人大常委会办公厅编：《〈全国人大常委会公报〉停刊期间全国人民代表大会及其常务委员会制定或者批准的法律及部分文件》（1966—1979 年卷），中国法制出版社 2004 年版，第 38 页。

1975 年宪法第一章总纲第二条规定："中国共产党是全中国人民的领导核心。工人阶级经过自己的先锋队中国共产党实现对国家的领导。""马克思主义、列宁主义、毛泽东思想是我国指导思想的理论基础。"[1]

（二）关于国家制度的主要规定

从根本上说，1975 年宪法坚持 1954 年宪法确立的两大原则，即人民民主原则和社会主义原则。同时，由于这部宪法中不设国家主席，就对 1954 年宪法关于国家机构的规定，作了相应的修改。

1. 国体或国家性质。规定："中华人民共和国是工人阶级领导的以工农联盟为基础的无产阶级专政的社会主义国家。"

2. 保留人民代表大会的政权组织形式和民主集中制原则。规定："中华人民共和国的一切权力属于人民。人民行使权力的机关，是以工农兵代表为主体的各级人民代表大会。""各级人民代表大会和其他国家机关，一律实行民主集中制。""各级人民代表大会代表，由民主协商选举产生。原选举单位和选民，有权监督和依照法律的规定随时撤换自己选出的代表。"

3. 明确规定："全国人民代表大会是在中国共产党领导下的最高国家权力机关。""全国人民代表大会由省、自治区、直辖市和人民解放军选出的代表组成。在必要的时候，可以特邀若干爱国人士参加。"

4. 概括地规定了全国人大及其常委会的职权。（1）全国人

---

〔1〕《中华人民共和国宪法》，全国人大常委会办公厅编：《〈全国人大常委会公报〉停刊期间全国人民代表大会及其常务委员会制定或者批准的法律及部分文件》（1966—1979 年卷），中国法制出版社 2004 年版，第 39 页。下引该宪法条文，不再一一注明。

大的职权。根据第十七条的规定，它的职权包括："修改宪法，制定法律，根据中国共产党中央委员会的提议任免国务院总理和国务院的组成人员，批准国民经济计划、国家的预算和决算，以及全国人民代表大会认为应当由它行使的其他职权。"（2）全国人大常委会的职权。宪法第十八条规定："全国人民代表大会常务委员会是全国人民代表大会的常设机关。它的职权是：召集全国人民代表大会会议，解释法律，制定法令，派遣和召回驻外全权代表，接受外国使节，批准和废除同外国缔结的条约，以及全国人民代表大会授予的其他职权。"

5. 保留在各少数民族聚居的地区实行民族区域自治制度。规定："中华人民共和国是统一的多民族的国家。实行民族区域自治的地方，都是中华人民共和国不可分离的部分。""各民族一律平等。反对大民族主义和地方民族主义。"

二、1975 年宪法的局限和不足

总的来说，1975 年宪法是在特定历史条件下，在错误指导思想影响下产生的。因此，它也加进了许多违背人民民主原则和社会主义原则的东西，主要表现在以下几个方面。

（一）在指导思想方面

在序言和总纲中，肯定"无产阶级专政下继续革命"的理论和实践。规定"无产阶级必须在上层建筑其中包括各个文化领域对资产阶级实行全面的专政"；"大鸣、大放、大辩论、大字报，是人民群众创造的社会主义革命的新形式"。

（二）在经济制度方面

1. 忽视发展生产力这项极为重要的任务，离开生产力发展的实际状况来强调生产关系和上层建筑领域的变革。

2. 强调"一大二公",对非农业个体劳动者经济和农村人民公社社员的自留地和家庭副业予以极大的限制。规定:"国家允许非农业的个体劳动者在城镇街道组织、农村人民公社的生产队统一安排下,从事在法律许可范围内的,不剥削他人的个体劳动。同时,要引导他们逐步走上社会主义集体化的道路。""在保证人民公社集体经济的发展和占绝对优势的条件下,人民公社社员可以经营少量的自留地和家庭副业,牧区社员可以有少量的自留畜。"

(三)在政体方面

1975年宪法关于政体或政权组织形式的规定,取消了1954年宪法中许多合理的规定,因而,出现了较大的倒退。

1. 大幅度地取消和限制全国人大及其常委会的职权,如取消了监督宪法的实施和监督行政、审判、检察机关的工作等重要的职权。从而,进一步肯定和发展了政企不分、以党代政的现实,弊端不但未除,反而固化了、加剧了。

2. 取消国家主席的建制。中华人民共和国不设国家主席、副主席。

3. 肯定地方各级革命委员会,用地方各级革命委员会代替地方各级人民委员会。规定地方各级革命委员会是地方各级人民代表大会的常设机关,同时又是地方各级人民政府。

4. 把省以下的专区改为地区,规定地区召开人民代表大会。因此,地区也成为一级政权,使得我国的政权组织形式发生了一定程度的"混乱"。

5. 肯定了人民公社"政社合一"的体制,规定人民公社的人民代表大会是农村的权力机关,人民公社管理委员会是行政机关，"农村人民公社是政社合一的组织"。

6. 把1954年宪法规定的国务院"统一领导全国地方各级国家行政机关的工作"，修改为国务院"统一领导各部、各委员会和全国地方各级国家机关的工作"，不仅搞乱了国家行政机关的设置，也搞乱了国家行政机关本身的分工。

7. 否定司法体制和司法制度。（1）取消人民检察院，原检察院的职权由公安机关行使。（2）取消1954年宪法规定的人民法院独立进行审判，只服从法律以及公开审判、被告人有权获得辩护的制度。"检察和审理案件，都必须实行群众路线。对于重大的反革命刑事案件，要发动群众讨论和批判。"[1]

（四）关于人民代表大会制度的一些具体规定

在人民代表大会的会期、职权和代表的产生等的规定上，1975年宪法也比1954年宪法出现了明显的退步。

1. 关于人大代表的产生，规定"各级人民代表大会代表，由民主协商选举产生"，"可以特邀若干爱国人士参加"。

2. 关于代表大会会期，将1954年宪法规定的全国人大会议每年举行一次改为"全国人民代表大会会议每年举行一次。在必要的时候，可以提前或者延期"，这是既往实践的写照，增加了开会的随意性。

3. 关于法院院长的任免，规定地方各级人民法院院长由各级革命委员会任免。

（五）关于公民权利和义务的规定

1. 在规定的理念和具体方式上，突出了公民义务，采取了

---

〔1〕《中华人民共和国宪法》，全国人大常委会办公厅编：《〈全国人大常委会公报〉停刊期间全国人民代表大会及其常务委员会制定或者批准的法律及部分文件》（1966—1979年卷），中国法制出版社2004年版，第42页。

"先规定义务、后规定权利"的方式，并仅用 4 个条文来予以规定。

2. 在公民的权利和义务上，取消了"公民在法律上一律平等"的规定，取消了国家为公民享受经济、政治、文化等方面的权利和自由提供物质保障的规定，缩小了公民基本权利和自由的范围。

此外，1975 年宪法在形式上也很不完备。如篇幅过于窄小，条文数过少，规范不够明确，有些规定是口号式和形象化的语言，使许多重要事项和重要问题缺乏宪法根据、无法可依。

第四节　五届全国人大一次会议行使职权的情况

1976 年 10 月 6 日，中共中央政治局一举粉碎了"四人帮"反革命集团。这之后，全国人大及其常委会恢复履职活动，地方各级人民代表大会也陆续召开。

一、有关准备工作

1975 年 11 月 3 日，全国人大常委会准备召开四届全国人大常委会第三次会议，当时拟定的会议议程有：听取和审议关于 1975 年国民经济计划执行情况的汇报和 1976 年的大体规划，听取关于石油化工生产情况的汇报等。但是，这次会议因故一再推迟时间，终于在一年之后召开了。

1976 年 11 月 30 日—12 月 2 日，四届全国人大常委会举行第三次会议。12 月 2 日，会议一致同意邓颖超同志为四届全国人大常委会副委员长，并决定提请下一次全国人民代表大会会议追认〔1〕。一些与"四人帮"有牵连的委员，未被允许出席会议。会议听取吴德副委员长关于粉碎"四人帮"反革命集团斗争问题的报告。委员们纷纷发言，愤怒揭发批判"四人帮"反革命集团篡党夺权的罪行。

1977 年 10 月，中共中央召开各省、自治区、直辖市组织部部长、统战部部长会议。根据这次会议关于省、自治区、直辖市人民代表大会有关问题的讨论意见，各省、自治区、直辖市于 1967 年、1968 年成立的革命委员会作为一届人民代表大会计算。

1977 年 10 月 15 日，中共中央发出关于召开五届全国人大的通知。通知指出，中央决定于 1978 年春召开五届全国人大。通知还对召开五届全国人大的指导思想、大会议程、代表名额和条件、代表的比例、代表的选举办法以及各省、市、自治区召开人民代表大会的时间和任务，都作了阐述和规定。通知要求各省、市、自治区和解放军，向党内外群众征求对修改宪法的意见。通知规定：五届全国人大由省、市、自治区和人民解放军选出的代表组成，工农和其他劳动人民占 52% 左右，干部占 11% 左右，解放军占 14% 左右，知识分子占 14% 左右，爱国人士占 8% 左右，归国华侨占 1% 左右。通知要求各省、市、自治区在当年 10 月—12 月分别召开人民代表大会，由革命委员会向大会报告工作，选举新的革命委员会，并选举出席五届全国人大会议的代表。

---

〔1〕 这次会议还任命黄华为外交部部长，免去乔冠华的外交部部长职务。

1977 年 10 月 23 日—24 日，四届全国人大常委会举行第四次会议。会议听取华国锋主席代表中共中央向全国人大常委会提出的关于提前召开五届全国人大的建议的说明。华国锋同志说，中共中央提出提前召开五届全国人大的建议，是经过慎重考虑的。去年，我们党和国家经历了非常的事变。粉碎"四人帮"的伟大胜利，使我国进入了社会主义革命和社会主义建设的新的发展时期。为了进一步清除"四人帮"在国家政权中的流毒和影响，从政治上和组织上巩固和发展无产阶级文化大革命特别是粉碎"四人帮"斗争的胜利成果，为了贯彻执行党的十一大路线，实现抓纲治国的战略决策，进一步巩固和加强无产阶级专政，迎接社会主义经济建设高潮和文化建设高潮，中共中央认为，有必要提前召开五届全国人大[1]。经过审议，会议通过关于召开五届全国人大一次会议的决定，决定于 1978 年春召开五届全国人大一次会议。会议议程是：听取和审议政府工作报告，听取关于修改宪法的报告和修改宪法，选举和任命国家领导工作人员[2]。

1978 年 2 月 18 日，四届全国人大常委会发出通知，定于 1978 年 2 月 26 日在北京召开五届全国人大一次会议。从 1977 年 10 月开始，根据中央通知和全国人大常委会的决定，各省（区、市）陆续召开省级人民代表大会。

---

[1] 华国锋：《在第四届全国人民代表大会常务委员会第四次会议上的讲话》，全国人大常委会办公厅编：《〈全国人大常委会公报〉停刊期间全国人民代表大会及其常务委员会制定或者批准的法律及部分文件》（1966—1979 年卷），中国法制出版社 2004 年版，第 93 页。

[2] 《关于召开第五届全国人民代表大会第一次会议的决定》，全国人大常委会办公厅编：《〈全国人大常委会公报〉停刊期间全国人民代表大会及其常务委员会制定或者批准的法律及部分文件》（1966—1979 年卷），中国法制出版社 2004 年版，第 92 页。

1978 年 2 月 25 日，五届全国人大代表资格审查委员会[1]通过关于代表资格的审查报告。报告显示，各省、市、自治区和人民解放军选出出席五届全国人大的代表 3500 名。河北、北京、辽宁选出的代表中，各有一名因发现犯有严重错误，已由原选举单位撤销代表资格，现有代表 3497 名。这是历届全国人大代表数量最多的。

二、五届全国人大一次会议行使职权的具体情况

1978 年 2 月 26 日—3 月 5 日，五届全国人大一次会议举行。这次会议的提前召开，标志着各级人大都恢复活动，重新开始工作、行使职权。会议通过对 1975 年宪法修改后的宪法，听取和审议政府工作报告，选举叶剑英为全国人大常委会委员长，通过国家机关领导人的任命名单，初步清理了"四人帮"的帮派分子。

（一）关于修改宪法

会议听取中共中央副主席、中央政治局常委叶剑英关于修改宪法的报告。该报告包括三部分：关于新时期的总任务，关于宪法条文的修改，关于宪法的实施。

关于新时期的总任务，叶剑英说，宪法修改草案把中国共产党第十一次全国代表大会规定的全国人民在新时期的总任务，用法律的形式肯定下来，记载在序言中。这就是："坚持无产阶级专政下的继续革命，开展阶级斗争、生产斗争和科学实验三大革命运动，在本世纪内把我国建设成为农业、工业、国防和科学技术现代化的伟大的社会主义强国。"这个总任务，是以毛主席关于无产阶级专政下继续革命的伟大学说、以毛主席制定的中国共

---

〔1〕　主任委员为纪登奎，副主任委员为：胡耀邦、李强、梁必业、朱蕴山，委员有于明涛等 26 人。

产党在整个社会主义历史阶段的基本路线为根据的。

关于宪法条文的修改，叶剑英同志说，第一，要调动全国各族人民的社会主义积极性，为实现新时期的总任务而奋斗，就必须充分发扬社会主义民主。第二，有关国家机关和工作人员的条款，作了较大的修改，提出了必不可少的严格要求。这些要求当中，最根本的一条，就是联系群众。第三，还规定了强化人民的国家机器，加强对敌人的专政。第四，这次修改宪法，根据新时期的总任务，对于巩固社会主义经济基础，高速度地发展社会生产力，作了明确的规定。第五，实现新时期的总任务，不但需要有一个经济建设的高潮，而且需要有一个文化建设的高潮。宪法修改草案对这一点给予了充分的注意。

关于宪法的实施，叶剑英同志说，从宪法的原则精神到具体条文规定，都要保证全部实施。不论什么人，违反宪法都是不能容许的。对于破坏社会主义法制、危害国家和人民的利益、侵犯人民权利的行为，必须严肃处理，情节严重的要依法制裁。我们还要依据新宪法，修改和制定各种法律、法令和各方面的工作条例、规章制度。新宪法规定，全国人民代表大会的重要职权之一是"监督宪法和法律的实施"，地方各级人民代表大会也要在本行政区域内"保证宪法、法律、法令的遵守和执行"，还要充分发挥工会、贫下中农协会、共青团、妇联和其他人民团体以及政协等的作用。为了动员和依靠广大群众的力量来保证宪法的实施，当前应该结合深入揭批"四人帮"，在全国进行一次普遍的宪法宣传教育。以后还要经常进行宣传教育[1]。

---

〔1〕 叶剑英：《关于修改宪法的报告》，全国人大常委会办公厅编：《〈全国人大常委会公报〉停刊期间全国人民代表大会及其常务委员会制定或者批准的法律及部分文件》（1966—1979 年卷），中国法制出版社 2004 年版，第 121—134 页。

1978 年 3 月 5 日，五届全国人大一次会议通过经重新修改的《中华人民共和国宪法》（即 1978 年宪法）。这是新中国的第三部宪法。

（二）听取和审议政府工作报告

会议听取和审议中共中央主席、国务院总理、中央军委主席华国锋作题为《团结起来，为建设社会主义的现代化强国而奋斗》的政府工作报告。他既回顾了 3 年来的斗争和新时期的总任务，又报告了从 1976 年到 1985 年发展国民经济十年规划[1]。这是继四届全国人大一次会议之后 3 年多，五届全国人大一次会议听取和审议政府工作报告。

经过审议，会议通过关于政府工作报告的决议，批准这个报告。会议"完全同意国务院提出的 1976 年到 1985 年发展国民经济十年规划纲要"，认为"这个规划纲要是积极的、有可靠根据的，经过努力，是一定能够完成和超额完成的"[2]。

（三）选举和决定新一届国家机构领导人员

1. 选举产生五届全国人大常委会。叶剑英为委员长，宋庆龄、聂荣臻、刘伯承、乌兰夫、吴德、韦国清、陈云、郭沫若、谭震林、李井泉、张鼎丞、蔡畅、邓颖超、赛福鼎·艾则孜、廖

---

〔1〕　在此之前，这个规划就已开始讨论。1975 年 10 月 26 日—1976 年 1 月 23 日，在北京举行的全国计划会议讨论发展国民经济的十年规划和 1976 年计划，原定会议将讨论经济工作和体制改革问题，由于会议期间开始所谓"反击右倾翻案风"，这两项议程以及为此准备的工业 20 条等有关文件没有拿到会上讨论。因此，会议只确定 1976 年的国民经济计划和 1976 年—1985 年发展国民经济十年规划纲要（草案）。见全国人大常委会办公厅编：《全国人民代表大会及其常务委员会大事记（1954—2014）》，中国民主法制出版社 2014 年版，第 157 页。

〔2〕《中华人民共和国第五届全国人民代表大会第一次会议关于政府工作报告的决议》，全国人大常委会办公厅编：《〈全国人大常委会公报〉停刊期间全国人民代表大会及其常务委员会制定或者批准的法律及部分文件》（1966—1979 年卷），中国法制出版社 2004 年版，第 135 页。

承志、姬鹏飞、阿沛·阿旺晋美、周建人、许德珩、胡厥文等 20
人为副委员长，姬鹏飞兼秘书长，才旦卓玛等 175 人为委员。

2. 产生新的国务院。根据国务院总理华国锋的提议，会议决
定国务院其他组成人员：邓小平、李先念、徐向前、纪登奎、余
秋里、陈锡联、耿飚、陈永贵、方毅、王震、谷牧、康世恩、陈
慕华等 13 人为副总理，以及各部部长、委员会主任。

根据国务院总理华国锋的提议，会议决定郭沫若为中国科学
院院长、胡乔木为中国社会科学院院长。

3. 会议选举江华为最高人民法院院长、黄火青为最高人民检
察院检察长。

需要说明的是，1978 年 5 月 24 日，中共中央发出通知，根
据五届全国人大一次会议通过的宪法，重新设置人民检察院，与
公安机关、人民法院互相配合，又互相制约，同各种违法乱纪行
为作斗争。

（四）通过了国歌

会议通过了中华人民共和国国歌，国歌由聂耳作曲、集体
填词。

第五节　1978 年宪法

一、1978 年宪法的主要内容

1978 年宪法除序言外，分总纲，国家机构，公民的基本权利
和义务，国旗、国徽、国歌，共四章六十条。

这部宪法在结构上与前两部（1954 年宪法、1975 年宪法）相同。主要内容继承了 1954 年宪法的一些基本原则，增加了实现四个现代化的任务，强调要发扬社会主义民主、大力发展科学和教育事业。

（一）序言

回顾了中国革命的历史进程，明确我国社会主义革命和社会主义建设进入了新的发展时期。在新时期的总任务："坚持无产阶级专政下的继续革命，开展阶级斗争、生产斗争和科学实验三大革命运动，在本世纪内把我国建设成为农业、工业、国防和科学技术现代化的伟大的社会主义强国。"增加规定"把我国建设成为农业、工业、国防和科学技术现代化的伟大的社会主义强国"。

（二）第一章总纲

规定国家制度和社会制度的基本原则，特别规定了发扬社会主义民主、保障人民参加国家管理和管理各项经济、文化事业的原则和具体措施。

1. 去掉 1975 年宪法中"全面专政"的规定，强调"国家坚持社会主义的民主原则，保障人民参加管理国家，管理各项经济事业和文化事业"。

2. 首次规定"国家保护环境和自然资源，防治污染和其他公害"。

3. 规定国家大力发展科学事业、教育事业，提高全国人民的文化科学水平。

（三）第二章国家机构

这方面规定得比 1975 年宪法完备和具体，重申了 1954 年宪法中规定的关于国家机关的某些职权。

1. 采取列举的方式，分别规定了全国人大、全国人大常委会的职权。明确全国人大常委会有权解释宪法，赋予全国人大常委会委员长一些职权。

2. 明确全国人大及其常委会可以根据需要设立若干专门委员会。

3. 完善了司法制度。（1）恢复了检察机关的设置；（2）取消了其职权交由公安机关行使的规定；（3）恢复了审判公开和辩护制度。

（四）第三章公民的基本权利和义务

在1975年宪法规定的基础上作了大量补充，由1975年宪法的四条增加到十六条，恢复和增加了公民的一些权利和自由。

二、1978 年宪法的不足与局限

1978 年宪法比1975 年宪法有所进步，它在一定程度上纠正了1975 年宪法中反映"左"的指导思想的条文。但是，1978 年宪法是在粉碎"四人帮"后不到一年半的时间里修改完成的，在这短短的时间里，党和国家刚刚从"十年动乱"中复苏，开始拨乱反正，"解放思想，实事求是"的思想路线和"实践是检验真理的唯一标准"的原则还没有得到确认；"两个凡是"的思想还继续禁锢着人们的头脑；党的十一届六中全会尚未召开，还没有能够对毛泽东同志的功过是非，毛泽东思想的历史地位，以及无产阶级"文化大革命"等作出正确评价；许多被"四人帮"颠倒了的政治理论和是非关系还有待重新探讨。因此，也就不可能正确地总结新中国成立以来社会主义革命和社会主义建设中的经验教训。

总之，由于当时历史条件的限制，1978 年宪法并没有完全摆脱 1975 年宪法的影响，未能彻底清理"文化大革命"期间"左"的思想影响，还存在一些不正确的政治理论观念和不适应客观实际情况的条文规定。

（一）关于指导思想

序言中仍然保留了"坚持无产阶级专政下的继续革命"的错误提法，仍然要"以阶级斗争为纲"，并且充分肯定了"文化大革命"。

（二）关于国家机构

在国家机构的规定方面，还存在明显缺陷。

1. 没有恢复国家主席的设置。

2. 省级以下各级政权机关仍然保留了"文化大革命"的产物，仍然保留"地方各级革命委员会"的名称。

（三）关于公民的基本权利和义务

在公民的基本权利和义务中，仍然规定公民"有运用'大鸣、大放、大辩论、大字报'的权利"等。

第六节　人大工作概略

一、人大工作逐渐恢复

（一）概述

四届全国人大及其常委会成立于 1975 年 1 月，任期 3 年零 1 个月。四届全国人大只召开 1 次会议，听取关于宪法草案的说明 1 件，通过宪法 1 件（即 1975 年宪法），听取国务院的政府工作报告 1 件。

四届全国人大常委会共召开 4 次会议和 1 次紧急会议，听取关于法律草案的说明 1 件，通过有关法律问题的决定 1 件；听取国务院工作汇报 3 件，分别是：（1）1975 年 3 月 17 日，四届全国人大常委会第二次会议听取国务院副总理兼公安部部长华国锋作关于特赦释放全部在押战犯问题的说明，通过关于特赦释放全部在押战争罪犯的决定，决定对全部在押的 293 名战争罪犯实行特赦释放，并予以公民权。（2）四届全国人大常委会第二次会议还听取国务院副总理兼国家计划委员会主任余秋里作关于我国国民经济计划的情况报告[1]。此外，这次会议还听取全国人大常委会副委员长李素文关于辽宁省海城、营口等地防震救灾情况的汇报。（3）1977 年 10 月 23 日，四届全国人大常委会第四次会议听取国务院副总理余秋里关于国内经济情况的说明。

四届全国人大常委会还处理代表提案 753 件，听取外事报告 1 件，其他报告 3 件。

从 1975 年到 1978 年，四届全国人大常委会共举行 4 次会议，逐渐恢复听取国务院关于国民经济计划及发展情况的说明，恢复任命最高人民法院院长和全国人大常委会工作机构的人员等，为恢复人民代表大会制度做了一些工作。地方各级人大也陆续恢复，选举产生了地方各级国家机关负责人，经历严重削弱和损坏的人民代表大会制度开始逐渐恢复。

（二）这种"恢复"还只是局部的和有限的

1. 从全国人大来说。四届全国人大一次会议仅仅开了 5 天时间，并且没有公开举行。大会修改了 1954 年宪法，肯定了一些

---

〔1〕 这在会议议程中是"听取关于 1975 年国民经济计划的说明"，但报告时有变化。

错误的东西，如强调以党代政、鼓励"大鸣、大放、大辩论、大字报"等。大会选举产生的国家政权负责人中也混进了一些"三种人"。按照1975年宪法的规定，全国人大每届任期5年，每年举行1次会议。实际上，四届全国人大任期只有3年时间，仅开了1次大会。五届全国人大一次会议不仅提前召开了，而且议题也比四届全国人大一次会议的议题丰富，但正如1978年宪法内容所反映出来的一样，人民代表大会制度和人大工作还没有完全恢复、真正恢复。

2. 从全国人大常委会来说。从1975年到1978年，四届全国人大常委会会议，除了通过关于特赦释放全部在押战争罪犯和几起任命事项外，实质性内容不是太多，全国人大及其常委会的各项工作还没有走上正轨。国家的重大问题仍然不是由全国人大及其常委会讨论决定，甚至连1976年4月任命华国锋为国务院总理、免去邓小平的副总理职务，也没有经过全国人大及其常委会。

实际上，1976年1月，中共中央主席毛泽东提议，并经中共中央政治局通过决定，确定华国锋任国务院代总理，主持中央日常工作。2月2日，中共中央发出经毛泽东主席批示同意的通知。通知宣布，经毛泽东提议，中共中央政治局一致通过，由华国锋任国务院代总理；在叶剑英生病期间，由陈锡联负责主持中央军委工作。4月6日，中共中央政治局举行会议。会议根据毛泽东主席的指示，通过中共中央的两个决议。第一个决议是，根据伟大领袖毛主席的提议，中共中央政治局一致通过，华国锋同志任中国共产党中央委员会第一副主席，国务院总理。第二个决议是，中共中央政治局讨论了发生在天安门广场的反革命事件和邓小平最近的表现，认为邓小平问题的性质已经变为对抗性的矛盾。根据伟大领袖毛主席提议，政治局一致通过，撤销邓小平党内外一切职务，保留党籍，以观后效[1]。

3. 从地方人大来说。地方各级人民代表大会自 1966 年"文化大革命"开始到 1977 年 10 月，在长达 12 年时间里，没有召开过人民代表大会会议，也没有开展相应活动。1977 年 11 月—1978 年 2 月，各省、自治区、直辖市根据中共中央 1977 年 10 月关于召开五届全国人大的通知和四届全国人大常委会第四次会议关于召开五届全国人大一次会议的决定，陆续召开人民代表大会会议。这一届省级人民代表大会的代表名额和代表选举产生的具体办法，是由各省（自治区、直辖市）革命委员会自行规定的。在会议上，由省（自治区、直辖市）革命委员会报告工作，选举产生新的省（自治区、直辖市）革命委员会和五届全国人大代表。

二、有关工作机构

四届全国人大各专门委员会仍没有单设办事机构，其日常工作由常委会办公厅承担。

1975 年 3 月 17 日，四届全国人大常委会第二次会议任命罗青长、武新宇、李金德、沙千里为四届全国人大常委会副秘书长。

全国人大常委会办公厅下设秘书组、外事组、政法组和总务组。1975 年 7 月，常委会设立民族政策研究组和宗教政策研究组。不过，这两个组在国家民委和宗教事务管理局恢复后就被撤销。

---

〔1〕 中共中央文献研究室编：《毛泽东年谱（一九四九——一九七六）》第六卷，中央文献出版社 2013 年版，第 646—647 页。

　　此外，这里对 1976 年—1981 年国务院机构改革略作说明。1976 年，"四人帮"被粉碎后，鉴于当时经济上已处于崩溃，故沿用并发展了 20 世纪 50 年代后期的管理体制和机构设置。到 1981 年，国务院的工作部门增加到 100 个，达到新中国成立以来的最高峰。

/ 第五章 /

人民代表大会制度全面恢复

"文化大革命"结束后，在党和国家面临何去何从的重大历史关头，我们党深刻认识到，只有实行改革开放才是唯一出路，否则我们的现代化事业和社会主义事业就会被葬送。新的航程已经开启！以党的十一届三中全会的召开为标志，到1982年党的十二大的召开和新宪法的颁布实施，人民代表大会制度实现了从初步恢复到全面恢复的过渡。此后，人民代表大会制度和人大工作都迎来了一个新的春天。

第一节　改革开放初期民主法制
建设的重大部署

　　1978年12月18日—22日，党的十一届三中全会在北京隆重召开，果断结束"以阶级斗争为纲"，实现了党和国家工作中心战略转移，开启了改革开放和社会主义现代化建设新时期，实现了新中国成立以来我们党的历史上具有深远意义的伟大转折。"党的十一届三中全会提出一系列新的政策。就国内政策而言，最重大的有两条，一条是政治上发展民主，一条是经济上进行改革，同时相应地进行社会其他领域的改革。"[1] 这是在认真总结

---

〔1〕　邓小平：《政治上发展民主，经济上实行改革》，《邓小平文选》第三卷，人民出版社1993年版，第116页。

经验的基础上作出的重大战略决策。实际上，党的十一届三中全会以后，伴随党和国家对执政规律认识的逐步深化，相应的，对民主法制建设的重视也是空前的。"过去我们曾经对法制建设的重要意义认识不够，强调不够，经过十年内乱，大家头脑比较清醒了，认识到像'文化大革命'中那样无法无天是要吃苦头的，决不能再让它重演。"[1] 正是基于对历史的深刻反思和对经验教训的认真汲取，我们党和国家作出了加强民主法制建设的重大决定。

一、党的十一届三中全会决定在党的生活和国家政治生活中加强民主

在为党的十一届三中全会的召开做准备的中央工作会议上，邓小平同志在讲话中明确指出："为了保障人民民主，必须加强法制。必须使民主制度化、法律化，使这种制度和法律不因领导人的改变而改变，不因领导人的看法和注意力的改变而改变。现在的问题是法律很不完备，很多法律还没有制定出来。往往把领导人说的话当做'法'，不赞成领导人说的话就叫做'违法'，领导人的话改变了，'法'也就跟着改变。……做到有法可依，有法必依，执法必严，违法必究。"[2]

党的十一届三中全会全面深刻地总结了新中国成立以来正反两方面的经验教训，特别是"文化大革命"的沉痛教训，作出把

---

〔1〕 彭真：《不仅要靠党的政策，而且要依法办事》，《彭真文选》，人民出版社1991年版，第492页。

〔2〕 邓小平：《解放思想，实事求是，团结一致向前看》，《邓小平文选》第二卷，人民出版社1994年第2版，第146—147页。

全党工作的着重点和全国人民的注意力转移到社会主义现代化建设上来的重大决策；对民主和法制问题进行了认真的讨论，决定在党的生活和国家政治生活中加强民主，提出"为了保障人民，必须加强社会主义法制"的目标和任务。这次会议是具有重大转折意义的，重新确立了党的正确的思想路线和组织路线，开辟了我国改革开放和社会主义现代化建设的新局面，也是我国社会主义民主法制和人民代表大会制度建设史上又一座里程碑，使我国社会主义民主法制和人民代表大会制度建设进入了一个新的时期。

会议强调："为了保障人民民主，必须加强社会主义法制，使民主制度化、法律化，使这种制度和法律具有稳定性、连续性和极大的权威，做到有法可依，有法必依，执法必严，违法必究。从现在起，应当把立法工作摆到全国人民代表大会及其常务委员会的重要议程上来。""宪法规定的公民权利，必须坚决保障，任何人不得侵犯。""要保证人民在自己的法律面前人人平等，不允许任何人有超于法律之上的特权。"[1] 这里，一是加强法制建设，是与保障人民民主联系在一起的，是"使民主制度化、法律化"。在这种意义上的"法制"，不仅仅是法律制度的简称而已，也不是与民主毫无关系的。法也好，法规也罢，是通过民主程序制定出来的，其内容本身必须是民主的，所谓民主立法，既包括立法内容的民主也包括立法程序的民主。二是对20世纪50年代"依法办事"的含义（即有法可依，有法必依）作了进一步扩充，由"有法可依，有法必依"八个字，发展成了"有法可依，有法必依，执法必严，违法必究"十六个字，更加

---

〔1〕《中国共产党第十一届中央委员会第三次全体会议公报》，中共中央文献研究室编：《三中全会以来重要文献选编》（上），中央文献出版社2011年版，第9页。

全面准确，成为新时期法制建设的基本方针。三是强调法律面前人人平等，法律制定出来以后还必须在全社会一体遵循，对社会产生实实在在的调控和规制作用。这表明，我们党对治理国家的基本方式有了新的认识，由以往的依靠政策治理国家逐步转变为既依靠政策又依靠法律来治理国家[1]，同时，这也是新时期民主法制建设的宣言书。总之，以邓小平同志在中共中央工作会议上的讲话精神为主旨，使"全党对社会主义民主和法制建设重要性的认识产生了一次历史性的飞跃"[2]。

　　针对当时我国的许多领域无法可依、法制建设处于一片空白的现状，党的十一届三中全会明确提出，应当把立法工作摆到全国人大及其常委会的重要议程上来。叶剑英同志提出："我国的社会主义法制从建国以来，还没有很好地健全起来。"[3] 邓小平同志指出，现在的问题是法律很不完备，很多法律还没有制订出来。"我们的法律是太少了，成百个法律总要有的，这方面有很多工作要做。"[4] "现在立法的工作量很大，人力不够，因此法律条文开始可以粗一点，逐步完善。有的法规地方可以先试搞，然后经过总结提高，制定全国通行的法律。修改补充法律，

---

〔1〕 彭真指出："我们根据地的政权也有一些法，但有限，也很简单。"新中国成立以后，"不讲法制怎么行？要从依靠政策办事，逐步过渡到不仅靠政策，还要建立、健全法制，依法办事。"见彭真：《不仅要靠党的政策，而且要依法办事》，《彭真文选》，人民出版社1991年版，第491—492页。

〔2〕 全国人大常委会办公厅研究室编著：《人民代表大会制度建设四十年》，中国民主法制出版社1991年版，第153页。

〔3〕 叶剑英：《尽快完善我国的法制》，《叶剑英选集》，人民出版社1996年版，第503页。

〔4〕 邓小平：《党和国家领导制度的改革》，《邓小平文选》第二卷，人民出版社1994年第2版，第189页。此前，邓小平同志提出："应该集中力量制定刑法、民法、诉讼法和其他各种必要的法律。"见邓小平：《解放思想，实事求是，团结一致向前看》，《邓小平文选》第二卷，人民出版社1994年第2版，第146页。

成熟一条就修改补充一条，不要等待'成套设备'。总之，有比没有好，快搞比慢搞好。"[1]

实际上，新时期人大工作的起点和突破口，首先就是从立法工作开始的。在这一背景下，加强立法力量成为必然选择，其中一个重要举措就是设立全国人大常委会法制委员会。1979 年 1 月，中共中央决定在全国人大常委会设立法制委员会。1979 年 2 月 17 日—23 日，五届全国人大常委会第六次会议举行，会议听取乌兰夫副委员长关于设立全国人大常委会法制委员会的说明，通过了关于设立法制委员会的决定和由 80 人组成的委员会名单，决定成立五届全国人大常委会法制委员会，协助全国人大常委会加强法制工作。彭真同志为主任，胡乔木等 10 人为副主任，委员 69 人。该机构囊括了全国法律方面和其他方面的杰出人才。1979 年 3 月 13 日，全国人大常委会法制委员会正式成立，并召开第一次会议。

经过 3 个多月的紧张工作，全国人大常委会法制委员会提出了全国人大和地方各级人大选举法、地方人大和地方各级政府组织法、人民法院组织法、人民检察院组织法等的修订草案和刑法、刑事诉讼法、中外合资经营企业法草案。五届全国人大常委会第八次会议对这些草案进行讨论修改后，提交五届全国人大二次会议审议。

二、发展社会主义民主，健全社会主义法制是中央坚定不移的基本方针

在新的历史条件下，邓小平同志把社会主义民主提到了社会

---

〔1〕　邓小平：《解放思想，实事求是，团结一致向前看》，《邓小平文选》第二卷，人民出版社 1994 年第 2 版，第 147 页。

主义本质特征和实现社会主义现代化必备条件的高度来认识。"没有民主就没有社会主义,就没有社会主义的现代化"〔1〕,这是我们党提出的一个重大论断,从社会主义本质和根本特征的高度阐明发展社会主义民主的必要性、重要性、紧迫性。邓小平同志在论述民主与法制之间辩证关系的基础上,提出了"两手抓"的著名论断。"民主和法制,这两个方面都应该加强,过去我们都不足。要加强民主就要加强法制。没有广泛的民主是不行的,没有健全的法制也是不行的。""民主要坚持下去,法制要坚持下去。这好像两只手,任何一只手削弱都不行。"〔2〕此后,在邓小平同志有关论述中,"两只手"(或"两手抓")的说法是经常出现的。

1979 年 9 月 29 日,叶剑英同志在庆祝中华人民共和国成立三十周年大会上的讲话中,提出"向着四个现代化的宏伟目标前进"〔3〕。他指出:"我们要在改革和完善社会主义经济制度的同时,改革和完善社会主义政治制度,发展高度的社会主义民主和完备的社会主义法制。我们要在建设高度物质文明的同时,提高全民族的教育科学文化水平和健康水平,树立崇高的革命理想和革命道德风尚,发展高尚的丰富多彩的文化生活,建设高度的社会主义精神文明。这些都是我们社会主义现代化的重要目标,也

---

〔1〕 邓小平:《坚持四项基本原则》,《邓小平文选》第二卷,人民出版社 1994 年第 2 版,第 168 页。

〔2〕 邓小平:《民主和法制两手都不能削弱》,《邓小平文选》第二卷,人民出版社 1994 年第 2 版,第 189 页。

〔3〕 叶剑英同志说:"我们所说的四个现代化,是实现现代化的四个主要方面,并不是说现代化事业只以这四个方面为限。"见叶剑英:《在庆祝中华人民共和国成立三十周年大会上的讲话》,中共中央文献研究室编:《三中全会以来重要文献选编》(上),中央文献出版社 2011 年版,第 204 页。

是实现四个现代化的必要条件。"〔1〕 他强调从各个方面坚持一切依靠群众、一切为了群众的路线。"要依靠群众，调动群众的积极性，首先必须充分发扬社会主义民主，保障人民群众真正享有参加管理国家事务和本单位事务的权力。"〔2〕 他还提出，"必须进一步健全党的纪律和社会主义法制，切实保障全体党员和全体公民的民主权利，使党内民主和社会主义民主制度化、法律化"〔3〕。

　　1980 年 8 月 18 日，邓小平同志在中共中央政治局扩大会议上发表题为《党和国家领导制度的改革》重要讲话。"为了适应社会主义现代化建设的需要，为了适应党和国家政治生活民主化的需要，为了兴利除弊，党和国家的领导制度以及其他制度，需要改革的很多。"〔4〕 "要从制度方面解决问题"〔5〕，必须推进党和国家领导制度的改革。要通过党和国家领导制度改革，正确界定党和国家的职能，用党内民主来推动国家政治生活和整个社会生活的民主。"领导制度、组织制度问题更带有根本性、全局性、稳定性和长期性"〔6〕。

---

〔1〕　叶剑英：《在庆祝中华人民共和国成立三十周年大会上的讲话》，中共中央文献研究室编：《三中全会以来重要文献选编》（上），中央文献出版社 2011 年版，第204 页。

〔2〕　叶剑英：《在庆祝中华人民共和国成立三十周年大会上的讲话》，中共中央文献研究室编：《三中全会以来重要文献选编》（上），中央文献出版社 2011 年版，第212 页。

〔3〕　叶剑英：《在庆祝中华人民共和国成立三十周年大会上的讲话》，中共中央文献研究室编：《三中全会以来重要文献选编》（上），中央文献出版社 2011 年版，第202 页。

〔4〕　邓小平：《党和国家领导制度的改革》，《邓小平文选》第二卷，人民出版社1994 年第 2 版，第 322 页。

〔5〕　邓小平：《党和国家领导制度的改革》，《邓小平文选》第二卷，人民出版社1994 年第 2 版，第 348 页。

〔6〕　邓小平：《党和国家领导制度的改革》，《邓小平文选》第二卷，人民出版社1994 年第 2 版，第 333 页。

邓小平同志指出："我们过去发生的各种错误，固然与某些领导人的思想、作风有关，但是组织制度、工作制度方面的问题更重要。这些方面的制度好可以使坏人无法任意横行，制度不好可以使好人无法充分做好事，甚至会走向反面。"〔1〕我们国家有几千年封建社会的历史，缺乏社会主义的民主和社会主义的法制。的确，旧中国留给我们的，封建专制传统比较多，民主法制传统很少〔2〕。"我们进行了二十八年的新民主主义革命，推翻封建主义的反动统治和封建土地所有制，是成功的，彻底的。但是，肃清思想政治方面的封建主义残余影响这个任务，因为我们对它的重要性估计不足，以后很快转入社会主义革命，所以没有能够完成。"〔3〕"解放以后，我们也没有自觉地、系统地建立保障人民民主权利的各项制度，法制很不完备，也很不受重视。"〔4〕我们过去的一些制度，实际上受了封建主义的影响，包括个人迷信、家长制或家长作风等。在民主的实践方面，我们过去做得不够，并且犯过错误〔5〕。"即使像毛泽东同志这样伟大的人物，也受到一些不好的制度的严重影响，以至对党对国家对他个人都造成了很大的不幸。"〔6〕

---

〔1〕 邓小平：《党和国家领导制度的改革》，《邓小平文选》第二卷，人民出版社1994 年第 2 版，第 333 页。

〔2〕 邓小平：《党和国家领导制度的改革》，《邓小平文选》第二卷，人民出版社1994 年第 2 版，第 348、332 页。

〔3〕 邓小平：《党和国家领导制度的改革》，《邓小平文选》第二卷，人民出版社1994 年第 2 版，第 335 页。

〔4〕 邓小平：《党和国家领导制度的改革》，《邓小平文选》第二卷，人民出版社1994 年第 2 版，第 332 页。

〔5〕 参见邓小平：《党和国家领导制度的改革》，《邓小平文选》第二卷，人民出版社 1994 年第 2 版，第 168、348 页。

〔6〕 邓小平：《党和国家领导制度的改革》，《邓小平文选》第二卷，人民出版社1994 年第 2 版，第 333 页。

邓小平同志指出："改革并完善党和国家各方面的制度，是一项艰巨的长期的任务。"〔1〕"实现民主和法制，同实现四个现代化一样，不能用大跃进的做法，不能用'大鸣大放'的做法。就是说，一定要有步骤，有领导。"〔2〕"我们要不断总结历史经验，深入调查研究，集中正确意见，从中央到地方，积极地、有步骤地继续改革。"〔3〕

政治体制改革包括民主和法制，因此，可以肯定的是要坚持实行人民代表大会制度，不断加强和改善人民代表大会制度。如何发展人民民主，怎样进行政治体制改革，应当建立一套什么样的民主政治制度，这是需要严肃认真对待的问题。邓小平同志指出："什么是中国人民今天所需要的民主呢？中国人民今天所需要的民主，只能是社会主义民主或称人民民主。"〔4〕社会主义民主政治的核心、本质和精髓是实现人民民主。我们进行社会主义现代化建设，就是"要在经济上赶上发达的资本主义国家，在政治上创造比资本主义国家的民主更高更切实的民主"，"认真建立社会主义的民主制度和社会主义法制"〔5〕。同时，还要"改善人

〔1〕　邓小平：《党和国家领导制度的改革》，《邓小平文选》第二卷，人民出版社1994年第2版，第342页。

〔2〕　邓小平：《目前的形势和任务》，《邓小平文选》第二卷，人民出版社1994年第2版，第257页。

〔3〕　邓小平：《党和国家领导制度的改革》，《邓小平文选》第二卷，人民出版社1994年第2版，第322页。

〔4〕　邓小平：《坚持四项基本原则》，《邓小平文选》第二卷，人民出版社1994年第2版，第175页。

〔5〕　邓小平：《党和国家领导制度的改革》，《邓小平文选》第二卷，人民出版社1994年第2版，第322、348页。此前，邓小平同志就说过："我们要在大幅度提高社会生产力的同时，改革和完善社会主义的经济制度和政治制度，发展高度的社会主义民主和完备的社会主义法制。"见邓小平：《在中国文学艺术工作者第四次代表大会上的祝词》，《邓小平文选》第二卷，人民出版社1994年第2版，第208页。

民代表大会制度"〔1〕。叶剑英同志也指出："为了发展社会主义民主，保证人民真正当家作主，必须不断地加强和健全我国人民代表大会的制度，充分发挥各级人代会及其常设机构作为国家权力机关的作用。"〔2〕

1980 年 10 月 25 日，邓小平同志在同中央负责同志谈话时提出："党的工作的核心，是支持和领导人民当家作主。"〔3〕 1980 年 12 月，邓小平同志在中央工作会议上指出："要继续发展社会主义民主，健全社会主义法制。这是三中全会以来中央坚定不移的基本方针，今后也决不允许有任何动摇。"要制定一系列的法律、法令和条例，使民主制度化、法律化〔4〕。这一重大论断是具有革命意义的，充分表明发展社会主义民主、健全社会主义法制作为党和国家坚定不移的基本方针已被确定下来，也充分表明我们党和国家加强社会主义民主法制建设的坚定信心和决心。这是我国加强社会主义民主法制建设的新起点，并由此进入了一个全新的时代。

三、党的十一届六中全会在党的指导思想上完成拨乱反正

1981 年 6 月 27 日—29 日，党的十一届六中全会在北京举行。会议审议通过《中国共产党中央委员会关于建国以来党的若

---

〔1〕 邓小平：《党和国家领导制度的改革》，《邓小平文选》第二卷，人民出版社 1994 年第 2 版，第 339 页。

〔2〕 叶剑英：《健全社会主义法制》，《叶剑英选集》，人民出版社 1996 年版，第 512 页。

〔3〕 中共中央文献研究室编：《邓小平年谱（一九七五——一九九七）》（上），中央文献出版社 2004 年版，第 685 页。

〔4〕 邓小平：《贯彻调整方针，保证安定团结》，《邓小平文选》第二卷，人民出版社 1994 年第 2 版，第 359 页。

干历史问题的决议》。该决议"运用马克思主义的辩证唯物论和历史唯物论，对建国三十二年来党的重大历史事件特别是'文化大革命'作出了正确的总结，科学地分析了在这些事件中党的指导思想的正确和错误，分析了产生错误的主观因素和社会原因，实事求是地评价了伟大领袖和导师毛泽东同志在中国革命中的历史地位，充分论述了毛泽东思想作为我们党的指导思想的伟大意义。决议肯定了三中全会以来逐步确立的适合我国情况的建设社会主义现代化强国的正确道路，进一步指明了我国社会主义事业和党的工作继续前进的方向"[1]。

决议在"团结起来，为建设社会主义现代化强国而奋斗"这一部分，明确提出我们党在新的历史时期的奋斗目标，指出"要在坚持社会主义道路，坚持人民民主专政即无产阶级专政，坚持共产党的领导，坚持马克思列宁主义、毛泽东思想这四项基本原则的基础上，把全党、全军和全国各族人民的意志和力量进一步集中到建设社会主义现代化强国这个伟大目标上来。四项基本原则，是全党团结和全国各族人民团结的共同的政治基础，也是社会主义现代化建设事业顺利进行的根本保证"。决议指出："在剥削阶级作为阶级消灭以后，阶级斗争已经不是主要矛盾。由于国内的因素和国际的影响，阶级斗争还将在一定范围内长期存在，在某种条件下还有可能激化。既要反对把阶级斗争扩大化的观点，又要反对认为阶级斗争已经熄灭的观点。"[2]

---

〔1〕《中国共产党第十一届中央委员会第六次全体会议公报》，中共中央文献研究室编：《三中全会以来重要文献选编》（下），中央文献出版社 2011 年版，第 175—176 页。

〔2〕《中国共产党中央委员会关于建国以来党的若干历史问题的决议》，中共中央文献研究室编：《三中全会以来重要文献选编》（下），中央文献出版社 2011 年版，第 166、169 页。

　　决议强调：逐步建设高度民主的社会主义政治制度，是社会主义革命的根本任务之一。新中国成立以来没有重视这一任务，成了"文化大革命"得以发生的一个重要条件，这是一个沉痛教训。"必须根据民主集中制的原则加强各级国家机关的建设，使各级人民代表大会及其常设机构成为有权威的人民权力机关，在基层政权和基层社会生活中逐步实现人民的直接民主，特别要着重努力发展各城乡企业中劳动群众对于企业事务的民主管理。必须巩固人民民主专政，完善国家的宪法和法律并使之成为任何人都必须严格遵守的不可侵犯的力量，使社会主义法制成为维护人民权利，保障生产秩序、工作秩序、生活秩序，制裁犯罪行为，打击阶级敌人破坏活动的强大武器。决不能让类似'文化大革命'的混乱局面在任何范围内重演。"[1] 这里，一是既指出没有社会主义民主政治制度是"文化大革命"得以发生的一个重要条件，也强调建设高度民主的社会主义政治制度是防范"文化大革命"重演的有力武器。二是强调必须根据民主集中制的原则加强各级国家机关的建设。这是恢复我国人民代表大会制度的本来意义。

　　这次会议是继十一届三中全会以后我们党又一次具有重大意义的会议，是总结经验、团结前进的会议，是"党和国家拨乱反正、继往开来的一个新的里程碑"[2]。这次会议在党的指导思想上完成了拨乱反正的重大历史任务。实际上，这成了修改宪法的指导思想，并且该决议的许多提法和内容也是1982年宪法的直接依据。

----

　　〔1〕《中国共产党中央委员会关于建国以来党的若干历史问题的决议》，中共中央文献研究室编：《三中全会以来重要文献选编》（下），中央文献出版社2011年版，第169—170页。

　　〔2〕 胡耀邦：《在庆祝中国共产党成立六十周年大会上的讲话》，中共中央文献研究室编：《三中全会以来重要文献选编》（下），中央文献出版社2011年版，第180页。

四、注重法律的实施和依法办事

法律制定出来之后，还需要得到切实有效的实施。党中央十分注重法律的贯彻实施。1979 年 6 月 25 日，邓小平同志在五届全国人大二次会议党内负责人会议上的讲话中指出："我们制定法律的步伐要加快。确实要搞法制，特别是高级干部要遵守法制。以后，党委领导的作用第一条就是应该保证法律生效、有效。没有立法以前，只能按政策办事；法立了以后，坚决按法律办事。"[1] 1979 年 9 月 9 日，中共中央发布《关于坚决保证刑法、刑事诉讼法切实实施的指示》（即著名的 "64 号文件"）。指示提出："五届人大二次会议一致通过的刑法、刑事诉讼法等七个重要法律，得到了全国各族人民的热烈拥护。现在大家最关心的，是我们能否坚决实施这些法律。" 这是一个直接关系到党和国家信誉的大问题。因此，必须严肃对待。指示要求严格按照刑法和刑事诉讼法办事，坚决改变和纠正一切违反刑法和刑事诉讼法的错误思想和做法。加强党对司法工作的领导，切实保证司法机关行使宪法和法律规定的职权。其中最重要的一条，就是切实保证法律的实施，充分发挥司法机关的作用，切实保证检察院独立行使检察权，法院独立行使审判权。党委与司法机关各有专责，不能互相代替，不应互相混淆。为此，中央决定取消各级党委审批案件的制度。指示强调，对于国家法律，从党中央委员会到基层组织，从党中央主席到每个党员，都必须一体遵行。必须坚持法律面前人人平等的原则，绝不允许有不受法律约束的特殊

---

〔1〕　中共中央文献研究室编：《邓小平年谱（一九七五——一九九七）》（上），中央文献出版社 2004 年版，第 527—528 页。

公民，绝不允许有凌驾于法律之上的特权[1]。这是党的十一届三中全会后中共中央专门就法制问题发出的第一个文件，表明我们党加强社会主义法制的决心，有利于在全社会树立严格实行社会主义法制的信心。

同时，在中央文件和领导人讲话中，出现了"依法治国"提法，不过其含义是指"依法办事"。1979 年，《中共中央关于坚决保证刑法、刑事诉讼法切实实施的指示》中提出，这些法律能否严格执行，"是衡量我国是否实行社会主义法治的重要标志"[2]。叶剑英同志指出："法律和规章条例一经制定，就要有稳定性和连续性，要有极大的权威，只有经过法定的程序才能修改，而不能以任何领导人的个人意志为转移。"[3] 1983 年 2 月，彭真同志在中央政法委员会扩大会议上的讲话中强调："一定要依法办事"，"无论立法机关、执法机关、司法机关都要依法办事。党有党章，要按党章办事。国家有宪法，有法律，要依法办事，并养成习惯。"[4] 实际上，彭真同志在这前后几年的讲话中[5]，把依法治国与依法办事并用，且反复强调"依法办事"。

〔1〕《中共中央关于坚决保证刑法、刑事诉讼法切实实施的指示》，全国人大常委会办公厅、中共中央文献研究室编：《人民代表大会制度重要文献选编》（二），中国民主法制出版社、中央文献出版社 2015 年版，第 459—465 页。

〔2〕《中共中央关于坚决保证刑法、刑事诉讼法切实实施的指示》，全国人大常委会办公厅、中共中央文献研究室编：《人民代表大会制度重要文献选编》（二），中国民主法制出版社、中央文献出版社 2015 年版，第 459 页。

〔3〕叶剑英：《健全社会主义法制》，《叶剑英选集》，人民出版社 1996 年版，第 510—511 页。

〔4〕彭真：《在中央政法委员会扩大会议上的讲话》，彭真：《论新时期的社会主义民主与法制建设》，中央文献出版社 1989 年版，第 174 页。

〔5〕1979 年 9 月 1 日，彭真同志在中央党校发表《关于社会主义法制的几个问题》的讲话中就说："现在要依法办事，依法治国，你是领导，不懂法怎么行？"还说："领导，就是按照法律来领导。要依法办事，有法可依，有法必依，执法必严，违法必究。"《红旗》1979 年第 11 期。

与"依法办事"相应的是，"法律面前人人平等"。一方面，这二者是紧密相连的；另一方面，法律面前人人平等也是法治的内在要求。叶剑英同志指出，"一定要保证人民在自己的法律面前人人平等，不允许任何人有超于法律之上的特权"[1]"国家的法律是人人必须遵守的。一切公民，无论是党内党外、上级下级，无论是什么社会地位和社会成分，在法律面前一律平等"[2] 1980 年 1 月，邓小平同志在中共中央召集的干部会议上说："我们要在全国坚决实行这样一些原则：有法必依，执法必严，违法必究，在法律面前人人平等。"[3] 过去一个时期，"以党代政""以言代法"的现象，严重损害了社会主义民主制度和法律的严肃性、权威性。要真正树立宪法和法律的权威，任何党员包括党员干部，都要遵守"公民在法律和制度面前人人平等，党员在党章和党纪面前人人平等。人人有依法规定的平等权利和义务，谁也不能占便宜，谁也不能犯法。不管谁犯了法，都要由公安机关依法侦查，司法机关依法办理，任何人都不许干扰法律的实施，任何犯了法的人都不能逍遥法外"[4]。彭真同志也提出："我们讲法律面前人人平等，是对所有公民都一律平等，是真正的人人平等。……法律是我们自己制定的，为什么还不应该

〔1〕　叶剑英：《尽快完善我国的法制》，《叶剑英选集》，人民出版社 1996 年版，第 504 页。

〔2〕　叶剑英：《健全社会主义法制》，《叶剑英选集》，人民出版社 1996 年版，第 511 页。

〔3〕　邓小平：《目前形势和任务》，《邓小平文选》第二卷，人民出版社 1994 年第 2 版，第 254 页。

〔4〕　邓小平：《党和国家领导制度的改革》，《邓小平文选》第二卷，人民出版社 1994 年第 2 版，第 332 页。

实行法律面前人人平等?"[1] 不过，这时所说的"法律面前人人平等"，更多的是强调法律适用上的平等。可以肯定的是，法律面前人人平等这一根本原则的确立，是社会主义法制史的一个重大突破，对完善社会主义法制，实现由"人治"到"法治"的转变具有决定性的意义。

具有特别意义的是，设"两案"特别检察厅和特别法庭。1980年9月29日，五届全国人大常委会第十六次会议通过一项决定，根据最高人民法院和最高人民检察院的建议，成立最高人民检察院特别检察厅和最高人民法院特别法庭，检察、审判林彪、江青反革命集团案主犯。

第二节　五届全国人大二次会议
行使职权的情况

应该说，五届全国人大二次会议很重要，值得大书特书。这不仅因为它是改革开放之后召开的第一次全国人民代表大会会议，更因为这次会议议题或内容是修改了现行宪法有关规定，通过了七部法律。从这七部法律的内容上说，明确了地方人大和政府的产生、组织、职权，健全了人民法院和人民检察院等国家机构，还在国内没有相关实践的基础上创设了中外合资经营企业法律制度。

---

〔1〕 彭真：《在全国检察工作座谈会、全国高级人民法院和军事法院院长会议、第三次全国预审工作会议上的讲话》，彭真：《论新时期的社会主义民主与法制建设》，中央文献出版社1989年版，第24页。

一、五届全国人大二次会议概述

（一）预备会议

1979 年 6 月 17 日，五届全国人大二次会议举行预备会议，由叶剑英委员长主持。会议一致通过五届全国人大二次会议议程，选举产生由 235 人组成的大会主席团和秘书长。

会议还分别通过五届全国人大代表资格审查委员会、预算委员会、法案委员会以及五届全国人大二次会议提案审查委员会主任委员、副主任委员和委员名单。需要说明的是，五届全国人大三次会议、四次会议的预备会议分别通过了提案审查委员会人选名单。

五届全国人大代表资格审查委员会一产生就举行会议，讨论通过关于代表情况和补选的代表资格的审查报告。

（二）审议有关议案和报告

1979 年 6 月 18 日—7 月 1 日，五届全国人大二次会议召开。这次会议先后听取国务院总理华国锋作政府工作报告，国务院副总理兼国家计划委员会主任余秋里作关于 1979 年国民经济计划草案的报告，财政部部长张劲夫作关于 1978 年国家决算和 1979 年国家预算草案的报告。这就恢复了"文化大革命"期间中断了 13 年的国家预决算报告制度。而上一次听取和审议国务院的预算决算报告，还是在 1965 年。

会议还书面印发全国人大常委会工作报告，全国人大代表资格审查委员会关于代表情况和补选的代表资格审查的报告，最高人民法院工作报告和最高人民检察院工作报告。

经过审议，会议通过有关决议，批准这几个报告。

（三）对 1978 年宪法进行第一次修正

会议讨论了全国人大常委会提出的关于修正《中华人民共和国宪法》若干规定的议案[1]，通过关于修正《中华人民共和国宪法》若干规定的决议，自 1980 年 1 月 1 日起施行。该决议涉及 1978 年宪法第二章第三节的标题和第三十四、三十五、三十六、三十七、三十八、四十二、四十三条，主要内容为以下几项。

1. 县和县以上的地方各级人大设立常委会，它是本级人大的常设机关[2]。

2. 将地方各级革命委员会改为地方各级人民政府。

3. 将县的人民代表大会代表改为由选民直接选举。

4. 将上级人民检察院同下级人民检察院的关系由监督改为领导。

这次修改的内容不多，主要是为了加强地方国家机构的建设、健全地方政权体制，也为本次会议新制定的选举法和 3 个组织法提供了宪法依据。

---

〔1〕 该议案是 1979 年 6 月 26 日，根据中共中央的建议，由全国人大常委会向全国人大提出的。

〔2〕 1979 年 5 月 17 日，法制委员会主任彭真专门向中央写了报告。报告说，关于这个问题，现在有 3 个方案：（一）用立法手续把革命委员会体制固定下来。这样做，不赞成的人可能很多。（二）取消革命委员会，恢复人民委员会。这样做，在名义上虽然取消了革命委员会，但对于扩大人民民主、健全社会主义法制不一定能有多大实质性的帮助和改进。（三）在县以上地方各级人民代表大会设常务委员会，并恢复人民委员会（包括省长、市长、县长等职称），这个方案可能比较好些。报告还阐述了实行第三个方案的理由。见全国人民代表大会常务委员会办公厅编：《全国人民代表大会及其常务委员会大事记（1954—2014）》，中国民主法制出版社 2014 年版，第 178 页。5 月中下旬，邓小平同志在审阅该报告后作出批示："我赞成第三方案，相应的这次人大只修改宪法这一条，其他不动。"见中共中央文献研究室编：《邓小平年谱（一九七五——一九九七）》（上），中央文献出版社 2004 年版，第 516 页。

（四）审议通过七部法律

会议听取彭真作关于七个法律草案的说明。彭真说："没有健全的社会主义法制，就很难发展社会主义民主。""'人心思法'，全国人民都迫切要求有健全的法制。"这次大会将要审议通过的法律和它们的贯彻执行，迈出了加强和健全我国社会主义法制的一大步[1]。

经过认真审议，7月1日会议通过地方各级人大和地方各级政府组织法、全国人大和地方各级人大选举法、刑法、刑事诉讼法、人民法院组织法、人民检察院组织法和中外合资经营企业法等七部法律。其中，全国人大和地方各级人大选举法和地方各级人大和地方各级政府组织法，"是保障全国各族人民行使当家作主权利和加强地方政权建设的重要法律。实行县级直接选举，建立县级人大常委会和人民政府，是我国选举制度和地方政权建设的一项重大改革，是改进和完善我国人民代表大会制度这个根本政治制度的重大措施"[2]。

这次会议通过七部法律，充分说明立法工作在沉寂了20多年以后得到恢复并取得新的成就。这是新时期我国法制建设的一个良好开端。邓小平同志对此给予高度评价："在建国以来的二十九年中，我们连一个刑法都没有，过去反反复复搞了多少次，三十几稿，但是毕竟没有拿出来。现在刑法和刑事诉讼法都通过和公布了，开始实行了。全国人民都看到了严格实行社会主义法

---

〔1〕　彭真：《关于七个法律草案的说明》，《彭真文选》，人民出版社1991年版，第368、382页。

〔2〕《中共中央批转〈民政部党组关于全国县级直接选举试点情况的报告〉，刘政、于友民、程湘清主编：《人民代表大会工作全书（1949—1998）》，中国法制出版社1999年版，第921页。

制的希望。这不是一件小事情啊!"[1] 还说:"民主和法制,这两个方面都应该加强,过去我们都不足。……我们吃够了动乱的苦头。"[2]

(五) 补选和决定任命部分国家机构领导人员

这次会议补选彭真、肖劲光、朱蕴山、史良为五届全国人大常委会副委员长。会议通过五届全国人大民族委员会名单。

根据国务院总理华国锋的提议,会议决定任命陈云、薄一波、姚依林为国务院副总理。

二、关于选举法

(一) 1979 年全国人大和地方各级人大选举法

在总结 1953 年全国人大及地方各级人大选举法的基础上,新制定的全国人大和地方各级人大选举法包括:总则,地方各级人大代表名额,全国人大代表名额,各少数民族的选举,选区划分,选民登记,代表候选人的提出,选举程序,对代表的监督、罢免和补选,对破坏选举的制裁,附则,共十一章四十四条。该法对人大代表选举制度作了一些重要改革和完善,主要内容有以下几项。

1. 扩大普选范围。不再单列尚未改变成分的地主阶级分子、反革命分子等,除依照法律被剥夺政治权利的外,年满 18 周岁的中国公民都有选举权和被选举权。将原来规定的精神病患者,限定为无法行使选举权和被选举权的精神病患者。

---

[1] 邓小平:《目前的形势和任务》,《邓小平文选》第二卷,人民出版社 1994 年第 2 版,第 243 页。

[2] 邓小平:《民主和法制两手都不能削弱》,《邓小平文选》第二卷,人民出版社 1994 年第 2 版,第 189 页。

2. 扩大直接选举范围。规定县级人大代表由选民直接选举产生，把直接选举的范围从农村乡（镇）一级扩大到乡（镇）、县两级，同时简化了直接选举的程序。全国人大、省级人大、设区的市级人大则仍实行间接选举。

3. 实行差额选举。将原来人大代表选举中采用的等额选举改为实行代表候选人名额多于应选代表名额的差额选举制。各级人大代表的选举都实行差额选举，直接选举的代表候选人名额，应多于应选代表名额的二分之一至一倍；间接选举的代表候选人名额，应多于应选代表名额的五分之一至二分之一。特别是，不仅各级人大代表的选举实行差额选举的办法，而且地方各级人大选举本级国家机关领导人员也实行了差额选举的办法。

4. 改进选区划分的办法。将原来按居住状况单一划分法，改为按生产单位、事业单位、工作单位和居住状况的复合划分法。

5. 改进推荐候选人的办法。改变原来只有组织提名或非党派的选民或代表才能联合或单独提出候选人名单的做法，规定任何选民或代表凡有 3 人以上附议，都可以提出候选人，扩大选民或代表联名提出候选人的权利。

6. 实行自下而上、自上而下、充分民主地酝酿候选人的办法。选民或代表依法联名提出的候选人与政党、人民团体或主席团提出的候选人都必须提交选民或代表反复酝酿讨论，民主协商直至在必要时举行预选确定正式候选人（名单）。

7. 增设选民了解代表候选人的条款。规定推荐候选人的党派、团体和选民应向选举委员会介绍候选人的情况，也可以用任何形式宣传代表候选人。

8. 改进表决方式。规定一律采用无记名投票表决，取消举手表决方式，允许选举委员会认可下的委托投票。

9. 给予省级人大常委会决定地方人大代表名额的权利。改变 1953 年全国人大及地方各级人大选举法对各级人大代表数额的上下限规定，名额只按人口比例作原则规定，具体名额由省级人大常委会自行决定。

10. 明确规定每一个少数民族至少应有一名代表参加全国人民代表大会。

（二）中国人民解放军选举全国人大和地方各级人大代表的办法

1981 年 6 月 10 日，五届全国人大常委会第十九次会议通过中国人民解放军选举全国人大和地方各级人大代表的办法。根据全国人大和地方各级人大选举法规定的原则，结合军队的实际情况，该办法共分 8 条，涉及改进人大代表选举制度的内容主要有以下几项。

1. 确认参加选举的范围。现役军人、行政关系在军队的工厂的人员、在军队工作的在编和非编职工、经过批准的随军家属，参加军队的选举。驻地方单位的军代表、在地方院校学习的军队干部战士、为军队服务而行政关系不在军队的工厂的人员，参加所在地区的地方选举。

2. 明确选举机构的设立。人民解放军各总部、各军区、各军兵种、军事院校、省军区、军与相当军的单位、军分区、师级警备区、团与相当团的单位，均成立选举委员会，负责办理各该级的选举事宜，指导所属部队的选举工作。人民解放军选举委员会的人选，由全国人大常委会批准。其他各级选举委员会的人选，由上一级选举委员会批准。

3. 规范代表候选人的提名和代表的产生。军队选举全国人大和地方各级人大的代表，一般采取由下而上隔级召开军人代表大会复选的办法。选举出席军人代表大会的代表候选人，以及全国人大和地方各级人大的代表候选人的名额，应比应选代表名额多五分之一至一倍。出席地方各级人大的代表，一般应当与出席上级军人代表大会的代表同时选举产生。

鉴于将直接选举人大代表的范围扩大到县一级是首次，为稳妥起见，做了多方面必要的准备工作，特别是在全国进行了试点，既周密部署试点工作，加强指导，又及时地进行必要的总结，从而保证了这项工作的顺利开展。1979 年 12 月 10 日—27 日，全国县级直接选举试点工作会议在北京召开。彭真同志在会上发表讲话，对选举试点工作中提出的一些问题讲了意见。这些问题主要包括：候选人名单的确定，选民登记和选民资格，选举，代表人数，加强党对选举工作的领导等[1]。1980 年 1 月 26 日，中共中央批转民政部党组关于全国县级直接选举试点情况的报告。该报告比较系统地总结了各地开展县级直接选举试点工作的一些主要经验。1980 年 7 月 31 日，中共中央批转民政部党组关于1980 年上半年全国县级直接选举试点情况和下半年开展选举工作需要解决的几个问题的报告。中央在批示中充分肯定了试点工作取得的成绩和积累的经验，同时指出："有些地方对选举工作仍不够重视，思想不够解放，不敢充分发扬民主，不尊重选民的权利，不依法办事。这些问题，必须引起各级党委的高度重视。"[2] 1979 年下半年，66 个县、自治县、不设区的市和市辖区进行了直接选举的试点工作，第一批 66 个县级人大常委会产

---

〔1〕　彭真：《关于全国选举试点工作的几点意见》，彭真：《论新时期的社会主义民主与法制建设》，中央文献出版社 1989 年版，第 38—46 页。

〔2〕　《中共中央批转民政部党组〈关于 1980 年上半年全国县级直接选举试点情况和下半年开展选举工作需要解决的几个问题的报告〉》，刘政、于友民、程湘清主编：《人民代表大会工作全书（1949—1998）》，中国法制出版社 1999 年版，第 924 页。

生。1979 年下半年开始到 1981 年底全国县乡举行了第一次直接选举。

三、1979 年地方各级人大和地方各级政府组织法

在总结经验的基础上，新的地方各级人大和地方各级政府组织法包括：总则，地方各级人大，县级以上的地方各级人大常委会，地方各级政府，共四章四十二条。

（一）健全地方各级人大的组织体系

1. 改变农村人民公社政社合一的体制，在乡镇一级建立乡镇人民代表大会，设置主席、副主席负责代表大会闭会期间的工作。

2. 将自治州、设区的市人大任期由原来 3 年改为 5 年，将乡镇人大任期由原来的 2 年改为 3 年。

（二）县级以上地方各级人大设立常委会

地方人大组织制度最大的变化，是改变过去县级以上地方各级人大不设常委会，由人民委员会行使权力机关的常设机关和执行机关的双重职能的规定和做法，决定在县级以上地方各级人大设立常委会，将地方各级革命委员会改为人民政府，并相应地恢复省长、市长、自治区主席和州长、县长等职称。主要内容有以下几项。

1. 县级以上地方各级人大常委会是本级人大的常设机关，对本级人大负责并报告工作。

2. 县级以上地方各级人大常委会由主任、副主任、委员若干人组成，常委会组成人员不兼任本级政府、人民法院、人民检察院的组成人员。这有利于加强常委会的工作，强化对行政、审

判、检察机关的监督。

3. 明确了县级以上地方各级人大常委会组成人员的名额。

4. 县级以上地方人大常委会主任、副主任组成主任会议，负责处理常委会的重要日常工作。地方人大常委会根据工作需要设立办事机构。

（三）有关职权

1. 明确地方人大及其常委会的职权，包括：（1）选举、罢免或者任免本级政府的组成人员；（2）监督本级政府的工作等。

2. 省、自治区、直辖市人大根据本行政区域的具体情况和实际需要，在和国家宪法、法律、政策、法令、政令不抵触的前提下，可以制定和颁布地方性法规，并报全国人大常委会和国务院备案。

3. 省、自治区、直辖市人大常委会在本级人大闭会期间，根据本行政区域的具体情况和实际需要，在和国家宪法、法律、政策、法令、政令不抵触的前提下，可以制定和颁布地方性法规，并报全国人大常委会和国务院备案。

（四）对地方人大代表的新规定

扩大地方人大代表的权利，增加对代表行使职权的保障。主要内容有以下几项。

1. 地方各级人大代表应当和原选举单位或者选民保持密切联系，宣传法律、法令和政策，协助本级政府推行工作，并且向人大及其常委会反映群众的意见和要求。

2. 在代表大会期间，代表有权向本级政府和它的所属工作部门以及人民法院、人民检察院提出质询，受质询机关必须在会议中负责答复。

3. 县级以上地方各级人大代表，非经本级人大常委会同意，不受逮捕或者审判。如果因为是现行犯被拘留，执行拘留的机关必须立即报请该级人大常委会批准。

4. 地方各级人大代表出席人大会议和执行代表职务的时候，国家根据需要给予往返旅费和必要的物质上的便利或者补贴。

5. 间接选举的人大代表可以列席原选举单位的人大会议，直接选举的县级以下人大代表分工联系选民，有代表 3 人以上的居民地区或生产单位可以组织代表小组。

需要提及的是，1979 年 8 月 11 日，中共中央转发中央组织部、统战部关于设立地方人大常委会和进一步调整好领导班子的意见。

第三节　人大工作和人民代表大会制度恢复的其他情况

一、全国人大及其常委会工作概述

（一）全国人大依法行使职权的情况

这一时期，全国人大会议召开 3 次，分别是五届全国人大二、三、四次会议。五届全国人大会议共听取国务院的政府工作报告 3 件，国务院的计划预算报告 3 件；全国人大常委会工作报告 3 件（包括 1 件书面报告）；最高人民法院和最高人民检察院工作报告各 3 件（包括各 1 件书面报告）；修改宪法 1 件，制定法律 14 部。这里只着重介绍五届全国人大三次、四次会议行使职权的情况。

1. 在立法方面，还审议通过关于修改宪法第四十五条的决议、国籍法、婚姻法、中外合资经营企业所得税法、个人所得税法、经济合同法、外国企业所得税法、民事诉讼法（草案）（原则上批准）等。

2. 在监督方面，还听取关于 1980 年、1981 年国民经济计划安排的报告，关于 1979 年国家预算、1980 年国家预算草案和 1981 年国家概算的报告，关于 1980 年国家决算和 1981 年国家概算执行情况的报告等。1980 年 8 月 30 日—9 月 10 日，在五届全国人大三次会议期间，北京、天津、上海等 5 个代表团的 170 多名全国人大代表就新中国成立以后投资最大的上海宝山钢铁厂建设问题提出质询，负责答问的是时任冶金工业部部长唐克。这次质询是大会秘书处依据 1978 年宪法作出的相应处理。这是全国人大历史上第一个质询案，也被称为"共和国质询第一案"。

3. 在人事任免方面，1980 年 8 月 30 日—9 月 10 日召开的五届全国人大三次会议上有重大人事变更。根据中共中央的决定和提议，这次会议通过决议，接受华国锋辞去国务院总理职务，邓小平、李先念、陈云、徐向前、王震、王任重辞去国务院副总理职务的请求；决定赵紫阳为国务院总理，增补杨静仁、张爱萍、黄华为副总理；接受陈永贵要求解除副总理职务的请求。这次会议还接受聂荣臻、刘伯承、张鼎丞、蔡畅、周建人辞去五届全国人大常委会副委员长职务的请求，补选彭冲、习仲勋、粟裕、杨尚昆、班禅额尔德尼·确吉坚赞为副委员长，杨尚昆兼全国人大常委会秘书长。这次会议对一部分国家领导工作人员的调整，是改革国家领导制度的重要一步。

（二）全国人大常委会依法行使职权的情况

这一时期，从五届全国人大常委会第六次会议开始至第二十五次会议，共召开了 20 次会议。

1. 在立法方面，先后审议通过法律和有关决定决议。包括：森林法（试行）[1]，逮捕拘留条例，环境保护法（试行）[2]，关于中华人民共和国建国以来制定的法律、法令效力问题的决议，批准国务院关于劳动教养的补充规定的决定，学位条例，关于刑事诉讼法实施问题的决定[3]，关于实施刑事诉讼法规划问题的决议[4]，律师暂行条例，广东省经济特区条例，关于批准国务院关于老干部离职休养的暂行规定的决定，关于批准国务院关于职工探亲待遇的规定的决议，惩治军人违反职责罪暂行条例，关于死刑案件核准问题的决定，关于处理逃跑或者重新犯罪的劳改犯和劳教人员的决定，关于刑事案件办案期限问题的决定，关于授权广东省、福建省人大及其常委会制定所属经济特区的各项单行经济法规的决议，关于严惩严重破坏经济的罪犯的决定，关于公布中华人民共和国宪法修改草案的决议，关于批准国家建设征用土地条例的决议，海洋环境保护法，商标法，文物保护法，食品卫生法（试行）等。总之，我国法制建设取得明显成绩，已颁布近 300 件新法律、法令和行政法规，其中近 250 件是经济法规。

2. 在监督方面，先后听取关于邓小平副总理访问美国情况的报告，关于李先念副总理访问坦桑尼亚、莫桑比克、赞比亚、扎

---

[1] 五届全国人大常委会第六次会议原则通过。

[2] 五届全国人大常委会第十一次会议原则通过。

[3] 1980 年 2 月 5 日—12 日举行的五届全国人大常委会第十三次会议，听取最高人民检察院检察长黄火青代表最高人民检察院、最高人民法院提出关于刑事诉讼法实施问题的建议。

[4] 1980 年 4 月 8 日—16 日召开的五届全国人大常委会第十四次会议审议通过，批准最高人民法院、最高人民检察院和公安部关于在 1980 年分期分批全面实施刑事诉讼法的规划。

伊尔非洲四国和顺访巴基斯坦情况的报告，关于 1979 年工业交通生产情况和 1980 年任务设想的汇报，关于中外合资经营企业法实施以来的情况汇报，关于整顿城市治安的情况汇报和今后工作的意见，关于 1979 年国民经济计划执行情况和 1980 年国民经济计划的安排，关于调整 1981 年国民经济计划和国家财政收支的报告，关于国际形势和外交工作的报告，关于学位工作和加强学校思想政治教育工作情况的汇报，关于目前文化艺术工作的一些情况和问题的汇报，关于第二次中日政府成员会议的总结报告，关于我国海上石油对外合作勘探开发情况的汇报，关于 1982 年经济和社会发展计划草案的报告，关于 1982 年国家预算草案的报告，关于 1981 年国家决算的报告，关于中美就解决美国售台武器问题达成协议的情况报告等。经过审议，会议通过相关决定或决议。

3. 在重大事项决定方面，先后审议通过关于植树节的决议，关于不延长中苏友好同盟互助条约的决议，关于县级直接选举工作问题的决定，关于修改宪法和成立宪法修改委员会的决议，关于成立最高人民检察院特别检察厅和最高人民法院特别法庭检察、审判林彪、江青反革命集团案主犯的决定，关于撤销最高人民检察院特别检察厅和最高人民法院特别法庭的决议，关于防止关停企业和停建缓建工程国家财产遭受损失的决议，关于授予宋庆龄同志中华人民共和国名誉主席称号的决定，关于全国县级直接选举工作总结报告的决议，关于开展全民植树运动的决议，关于推迟审议宪法修改草案的决议，关于宽大释放全部在押的原国民党县团以下党政军特人员的决定，关于设置最高人民法院顾问、最高人民检察院顾问的决议，关于批准长江南通港、张家港对外国籍船舶开放的决定，关于延长本届人民公社、镇人民代表大会任期的决议等。

4. 在机构设置方面，先后审议通过有关人大或者国务院的机构的决议或决定。主要包括批准设立国家农业委员会等，决定设立五届全国人大常委会法制委员会，关于设立建筑材料工业部和任免名单的决定，关于设立国务院秘书长、农垦部、粮食部和任免名单的决定，关于设立国务院财政经济委员会和任命名单的决定（及相应的撤销决议），关于设立外国投资管理委员会、进出口管理委员会和任命名单的决定，关于省、自治区、直辖市可以在 1979 年设立人大常委会和将革命委员会改为人民政府的决议，关于设立第八机械工业部、司法部、地质部和任免名单的决定，关于设立国务院机械工业委员会的决议，关于设立国家能源委员会的决议，关于设立对外文化联络委员会的决议，关于设立国家计划生育委员会的决议，关于设置国务院顾问的决议，关于将第八机械工业部和第七机械工业部合并的决议，关于国务院机构改革问题的决议，关于国务院部委机构改革实施方案的决议，关于批准国务院直属机构改革实施方案的决议，关于将新华社作为国务院的组成部门的决议，关于设立国防科学技术工业委员会的决议等。

二、1982 年国务院机构改革

党的十一届三中全会以后，中国进入了一个新的发展时期，开始实行经济体制改革和对外开放。但是，1981 年国务院的工作部门有 100 个，达到新中国成立以来的最高峰。机构臃肿、层次重叠、职责不清、效率很低的状况，已经到了不能容忍的地步，已不能适应改革开放和经济社会发展的需要，亟待改革。因此，从 1982 年开始，首先从国务院做起，自上而下地开展各级机构改革。1982 年国务院机构改革的主题，就是提高政府工作效率，实行干部年轻化。

1981 年 12 月，五届全国人大四次会议审议通过的政府工作报告中，国务院提出从国务院各部门首先做起进行机构改革，限期完成。1982 年 3 月 8 日，五届全国人大常委会第二十二次会议听取赵紫阳关于国务院机构改革问题的报告，通过关于国务院机构改革问题的决议，原则批准国务院机构改革初步方案。1982 年 5 月 4 日，五届全国人大常委会第二十三次会议听取国务院部委机构改革实施方案和赵紫阳关于国务院机构改革进展情况和三项议案的说明，通过关于国务院部委机构改革实施方案的决议。

这次改革，在领导班子方面，明确规定了各级各部的职数、年龄和文化结构，减少了副职，提高了素质；在精简机构方面，国务院各部委、直属机构、办事机构从 100 个减为 61 个；省、自治区政府工作部门从 50—60 个减为 30—40 个；直辖市政府机构稍多于省政府工作部门；城市政府机构从 50—60 个减为 45 个左右；行署办事机构从 40 个左右减为 30 个左右，县政府部门从 40 多个减为 25 个左右；在人员编制方面，国务院各部门从原来的 5.1 万人减为 3 万余人；省、自治区、直辖市党政机关人员从 18 万人减为 12 万余人。市县机关工作人员约减 20%；地区机关精简幅度更大一些。改革之后，国务院各部委正副职是一正二副或者一正四副，领导班子平均年龄也有所下降，部委平均年龄由 64 岁降到 60 岁，局级平均年龄由 58 岁降到 54 岁。

这次改革历时 3 年之久，其范围包括各级党政机关，是新中国成立以来规模较大、目的性较强的一次建设和完善各级机关的改革。通过精简各级领导班子和废除领导职务终身制，加快了干部队伍的年轻化，是一个很大的突破。1982 年政府机构改革的历史性进步可以概括为：一是开始废除领导干部职务终身制；二是精简各级领导班子；三是加快干部队伍年轻化建设步伐。

这次改革不仅以精兵简政为原则，而且注意到了经济体制改革的进一步发展可能对政府机构设置提出的新要求，力求使机构调整为经济体制改革的深化提供有利条件，较大幅度地撤并了经济管理部门，并将其中一些条件成熟的单位改革成了经济组织。但是，由于当时经济体制改革的重点在农村，对于行政管理没有提出全面变革的要求，因此政府机构和人员都没有真正减下来。这次改革是一次有益的探索，加快了干部队伍的年轻化，但没有触动高度集中的计划经济管理体制，没有实现政府职能的转变。

三、健全人大选举和任免制度

（一）县级以上地方人大的选举和任免制度

1. 选举本级人大常委会的组成人员。

2. 决定省长、副省长，自治区主席、副主席，市长、副市长，州长、副州长，县长、副县长，区长、副区长的人选。

3. 省（区、市）的人大选举本级人民法院院长和中级人民法院院长；自治州、县、自治县、市、市辖区的人大选举本级人民法院院长。

4. 省（区、市）的人大选举本级人民检察院检察长和人民检察院分院检察长；自治州、县、自治县、市、市辖区的人大选举本级人民检察院检察长；选出的人民检察院检察长，须报经上级人民检察院检察长提请该级人民代表大会常务委员会批准。

5. 选举上一级人大代表。

6. 地方各级人大有权罢免本级人民政府的组成人员。县级以上的地方各级人大有权罢免本级人大常委会的组成人员和由它选出的人民法院院长、人民检察院检察长。罢免人民检察院检察长，须报经上级人民检察院检察长提请该级人大常委会批准。

7. 省长、副省长，自治区主席、副主席，市长、副市长，州长、副州长，县长、副县长，区长、副区长，镇长、副镇长，人民公社管理委员会的组成人员，县级以上的地方各级人民代表大会常务委员会的组成人员和人民法院院长、人民检察院检察长的人选，由本级人民代表大会主席团或者代表联合提名。候选人名额一般应多于应选人名额。如果所提候选人名额过多，可以进行预选，根据较多数人意见，确定正式候选人名单。选举采用无记名投票方式。代表对于确定的候选人，可以投赞成票，可以投反对票，可以另选其他任何选民，也可以弃权。

（二）县级以上地方人大常委会的选举和任免制度

1. 在本级人大闭会期间，决定副省长、自治区副主席、副市长、副州长、副县长、副区长的个别任免；在省长、自治区主席、市长、州长、县长、区长因故不能担任职务的时候，决定代理的人选。

2. 决定本级人民政府秘书长、厅长、局长、主任、科长的任免，报经国务院或者上一级人民政府批准。

3. 按照人民法院组织法和人民检察院组织法的规定，任免人民法院副院长、庭长、副庭长、审判委员会委员、审判员，任免或者批准任免人民检察院副检察长、检察委员会委员、检察员。

4. 在本级人大闭会期间，补选上一级人大出缺的代表和撤换个别代表。

（三）人民公社、镇人大的选举和任免制度

人民公社、镇人大选举人民公社主任、副主任、管理委员会委员，决定镇长、副镇长的人选。

四、健全立法制度

（一）赋予地方立法权

1979 年 7 月 1 日，五届全国人大二次会议通过新的地方各级人大和地方各级政府组织法。涉及充实人大立法制度的内容，主要是规定省（区、市）人大及其常委会根据本行政区域的具体情况和实际需要，在同宪法、法律、政策、法令、政令不相抵触的前提下，可以制定地方性法规，民族自治地方人大有权依照当地民族的政治、经济和文化的特点制定自治条例，报全国人大常委会备案。这就改变了过去立法权集中在中央，地方没有立法权的状况。从此，我国逐步向多层次的立法体制转变。

1979 年 11 月 29 日，新疆维吾尔自治区人大常委会第二次会议通过了新疆维吾尔自治区人民政府关于继续推行维吾尔、哈萨克新文字和同时使用维吾尔、哈萨克老文字的决定，关于加强集市贸易管理的布告和关于加强边境管理区安全保卫工作的通告等 3 件地方性法规。这是我国由省级人大常委会制定的最早的地方性法规。

（二）加强法律解释工作

1981 年 6 月 10 日，五届全国人大常委会第十九次会议通过关于加强法律解释工作的决议。其中，有关立法制度的内容，主要是明确了全国人大常委会、最高人民法院、最高人民检察院、国务院及主管部门、省级人大常委会及省级政府主管部门在法律解释工作中的权限。

1. 凡关于法律、法令条文本身需要进一步明确界限或作补充规定的，由全国人大常委会进行解释或用法令加以规定。

2. 凡属于法院审判工作中具体应用法律、法令的问题，由最高人民法院进行解释[1]；凡属于检察工作中具体应用法律、法令的问题，由最高人民检察院进行解释。

3. 凡属于地方性法规条文本身需要进一步明确界限或作补充规定的，由制定法规的省（区、市）人大常委会进行解释或作出规定。凡属于地方性法规如何具体应用的问题，由省（区、市）人民政府主管部门进行解释。

（三）授权地方立法

1981 年 11 月 26 日，五届全国人大常委会第二十一次会议通过关于授权广东省、福建省人大及其常委会制定所属经济特区的各项单行经济法规的决议。该决议规定：授权广东省、福建省人大及其常委会，根据有关法律、法令、政策规定的原则，按照各该省经济特区的具体情况和实际需要，制定经济特区的各项单行经济法规，并报全国人大常委会和国务院备案。

这是全国人大常委会第一次授权地方立法，是对我国立法体制的一项重大改革。

（四）全国人大对其常委会的单项授权立法

1981 年 12 月 13 日，五届全国人大四次会议原则上批准民事诉讼法草案，授权全国人大常委会修改后公布试行。一个多月后，即 1982 年 3 月 8 日，根据五届全国人大四次会议的授权，五届全国人大常委会第二十二次会议审议通过民事诉讼法（试行）。

---

〔1〕 实际上，1979 年 7 月 1 日，五届全国人大二次会议通过的人民法院组织法，规定最高人民法院对于在审判工作中如何具体应用法律、法令的问题，进行解释。

五、健全人大监督制度

这一时期，对人大及其常委会的监督职权和监督制度的规定，主要体现在地方各级人大和政府组织法之中。

（一）县级以上地方人大监督制度

1. 在本行政区域内，保证宪法、法律、政策、法令、政令和上级人大决议的遵守和执行，保证国家计划和国家预算的执行。

2. 审查和批准本行政区域的国民经济计划和预算、决算。

3. 讨论、决定本行政区域的政治、经济、文化、教育、卫生、民政、民族工作的重大事项。

4. 县级以上的地方各级人大常委会是本级人大的常设机关，对本级人大负责并报告工作。

5. 听取和审查本级人大常委会的工作报告；听取和审查本级人民政府和人民法院、人民检察院的工作报告。

6. 改变或者撤销本级人民政府的不适当的决议和命令；改变或者撤销下一级人民代表大会的不适当的决议和下一级人民政府的不适当的决议和命令。

7. 地方各级人大举行会议的时候，代表向本级人民政府和它所属各工作部门以及人民法院、人民检察院提出的质询，经过主席团提交受质询的机关。受质询的机关必须在会议中负责答复。

当然，上述内容中，有的属于"重大事项决定权"范围，如第2项、第3项。

（二）县级以上地方人大常委会的监督制度

1. 讨论、决定本行政区域的政治、经济、文化、教育、卫生、民政、民族工作的重大事项。

2. 根据本级人民政府的建议，决定对本行政区域国民经济计划和预算的部分变更。

3. 监督本级人民政府、人民法院和人民检察院的工作，联系本级人大代表，受理人民群众对上述机关和国家工作人员的申诉和意见。

4. 改变或者撤销下一级人民代表大会的不适当的决议。

上述第 1 项也是属于"重大事项决定权"范围。

（三）人民公社、镇的人大监督制度

1. 在本行政区域内，保证宪法、法律、政策、法令、政令和上级人民代表大会决议的遵守和执行。

2. 根据国家计划，决定本行政区域的经济、文化事业和公共事业的建设计划；决定本行政区域民政工作的实施计划。

3. 听取和审查人民公社管理委员会、镇人民政府的工作报告；改变或者撤销人民公社管理委员会、镇人民政府的不适当的决议和命令。

六、健全人大代表制度

这主要体现在 1979 年地方组织法中。

（一）地方各级人大和地方各级政府组织法对人大代表制度的规定

1. 县级以上的地方各级人大代表，非经本级人大常委会同意，不受逮捕或者审判。如果因为是现行犯被拘留，执行拘留的机关必须立即报请该级人大常委会批准。

2. 地方各级人大代表在出席人大会议和执行代表职务的时候，国家根据需要给予往返的旅费和必要的物质上的便利或者补贴。

3. 地方各级人大代表应当和原选举单位或者原选区选民保持密切联系，宣传法律、法令和政策，协助本级人民政府推行工作，并且向人大和它的常委会、人民政府反映群众的意见和要求。省（区、市）、自治州（设区的市）的人大代表可以列席原选举单位的人大会议。县、自治县、不设区的市、市辖区、人民公社、镇的人大代表分工联系选民，有代表三人以上的居民地区或者生产单位可以组织代表小组，协助本级人民政府推行工作。

4. 省（区、市）、自治州（设区的市）的人大代表受原选举单位的监督；县、自治县、不设区的市、市辖区、人民公社、镇的人大代表受原选区选民的监督。地方各级人大代表的选举单位和选民有权随时撤换自己选出的代表。代表的撤换必须由原选举单位以全休代表的过半数通过，或者由原选区以选民的过半数通过。

5. 地方各级人大代表因故不能担任代表职务的时候，由原选举单位或者由原选区选民补选。

（二）关于认真办理全国人民代表大会代表提案的通知

1982 年 3 月 16 日，国务院发出该通知，提出以下要求。

1. 要切实加强领导，把办理提案的工作摆到议事日程，落实到计划和工作安排上。

2. 对提案的处理，要认真负责，积极主动，实事求是。

3. 提案办理情况要及时写出报告，对提案所提意见、要求，要逐条明确回答，交代清楚。

4. 在机构改革的过程中，合并或撤销单位所承办的提案，各有关部门要做好交接工作，防止因机构和人员的变动而发生无人负责的现象。

七、健全人大会议制度

各级人大及其常委会集体行使职权，集中表现为开好人大会议和常委会会议。完备的会议制度对于保证人大及其常委会集体行使职权、依法履行职能、充分发挥整体作用至关重要。

（一）邀请省级人大常委会负责人列席会议

1980 年 4 月 8 日—16 日，五届全国人大常委会举行第十四次会议。全国人大常委会邀请各省（区、市）人大常委会负责人列席这次会议。这是全国人大常委会历史上的首次。列席会议可以发言，参加讨论，反映地方的情况和意见。

（二）地方各级人大的会议制度

1. 县级以上的地方各级人大会议由本级人大常委会召集。人民公社、镇的人大会议由人民公社管理委员会、镇人民政府召集。

2. 地方各级人大会议每年至少举行一次。经过五分之一代表提议，可以临时召集本级人大会议。

3. 地方各级人大举行会议的时候，选举主席团主持会议。

4. 地方各级人大举行会议的时候，可以设立代表资格审查委员会、议案审查委员会和其他需要设立的委员会，在主席团领导下进行工作。

5. 地方各级人大举行会议的时候，主席团、常务委员会、本级人民政府和代表（有三人以上附议），都可以提出议案。向地方各级人大会议提出的议案，由主席团提请人大会议讨论，或者交付议案审查委员会审查后提请人大会议讨论。

6. 地方各级人民代表大会进行选举和通过决议，以全体代表的过半数通过。

7. 地方各级人大举行会议的时候，本级人民政府所属各工作部门负责人和人民法院院长、人民检察院检察长可以列席。

（三）县级以上地方各级人大常委会的会议制度

1. 召集本级人民代表大会会议。

2. 常委会会议由主任召集，每两个月至少举行一次。常委会的决议，由常委会以全体组成人员的过半数通过。

八、全国人大的工作机构和办事机构

在五届全国人大期间，全国人大的有关工作机构如下。

（一）专门委员会的办事机构

1979 年 6 月，五届全国人大民族委员会产生后，设立办公室作为办事机构，办公室设秘书组、法案组和调查研究组。从这以后，各专门委员会便陆续有了自己的办事机构。

（二）常委会办公厅

1978 年，常委会办公厅增设信访组。1980 年，常委会办公厅所设的组改名为室，总务组划归秘书室。1981 年办公厅增设研究室。这里，再单独介绍常委会法制委员会。

1979 年 2 月，常委会设立法制委员会，由 80 人组成，彭真兼任主任，胡乔木等 10 人为副主任。最初，法制委员会下设法律室、政策研究室和办公室。应该说，从性质和地位上说，法制委员会既不同于专门委员会，也不同于办公厅和后来的法制工作委员会等办事机构和工作机构。

九、地方人大恢复开展工作

从 1977 年到 1982 年，地方各级人大工作也得到了比较快的恢复和比较大的发展，各省（区、市）人大及所属各县、市人大都依法相继建立了常委会。

（一）县级以上各级人大设立常委会

县级以上各级人大设立常委会，这是我国地方政权建设的一项特别创举，是新中国成立以来我国政治体制改革的最大突破，也是人民代表大会制度的重大发展。

需要说明的是，按全国人大和地方各级人大选举法、地方各级人大和政府组织法的规定，施行日期是自 1980 年 1 月 1 日起。1979 年 9 月 13 日，五届全国人大常委会第十一次会议通过有关决议，提出"省、自治区、直辖市如果能够做好准备工作，也可以在 1979 年召开人民代表大会，设立人民代表大会常务委员会和将革命委员会改为人民政府"[1]。

按照关于修正宪法若干规定的决议和全国人大和地方各级人大选举法、地方各级人大和政府组织法的规定，1979 年下半年，66 个县、自治县、不设区的市和市辖区进行了直接选举的试点工作，第一批 66 个县级人大常委会产生。1979 年 8 月 14 日，西藏自治区三届二次会议选举产生自治区人大常委会，这是我国设立的第一个省级人大常委会。8 月 28 日，青海省五届人大二次会议选举产生青海省人大常委会，这是全国第二个设立省级人大常委会的省份。到 1979 年底，21 个省（区、市）人大设立了常委会，其他省级人大常委会则在 1980 年内全部建立。设区的市、自治州的人大常委会基本上也都在 1980 年内建立起来了。

---

〔1〕《关于省、自治区、直辖市可以在一九七九年设立人民代表大会常务委员会和将革命委员会改为人民政府的决议》，《全国人民代表大会常务委员会公报》1980 年第 1 号，第 5 页。

全国范围的县级直接选举工作在 1980 年下半年全面展开，到 1981 年底，全国 2700 多个县、自治县、不设区的市和市辖区，先后都在直接选举的基础上召开人大会议，建立县级人大常委会。从 1979 年下半年到 1981 年底，经过两年半时间，县级以上地方各级人大常委会先后建立起来。在乡镇一级，设置乡镇人大主席、副主席，负责代表大会闭会期间的工作。在地区一级，由省（区）人大常委会设立了派出的工作机构。在省（区、市）和自治州、设区的市人大，建立了法制（政法）、财政经济、教育科学、文化卫生等专门委员会。我国人民代表大会制度建设和地方人大工作进入了一个崭新的发展阶段。

（二）加强对地方人大工作的指导

1981 年 4 月 20 日，中共中央发出《中共中央关于批转彭真同志在全国省、自治区、直辖市人大常委会负责同志座谈会上的讲话纪要的通知》。这是中共中央发出的有关地方人大常委会建设和工作的第一个文件。通知指出："县以上地方各级人大设立常委会，是我国地方政权组织的一项重要改革。"按照地方组织法的规定，把地方各级人大常委会的工作搞好，对健全我国社会主义民主和社会主义法制，加强地方各级政权建设，有十分重要的意义。"为了搞好地方各级人大常委会的工作，发挥地方各级人大常委会在地方各级人大闭会期间作为地方国家权力机关的作用，必须加强县以上地方各级党委对地方各级人大常委会的领导。"[1] 为此，提出以下意见。

1. 县以上地方各级党委要把加强对地方各级人大常委会的领

---

〔1〕《中共中央关于批转彭真同志在全国各省、自治区、直辖市人大常委会负责同志两次座谈会上的讲话纪要的通知》，刘政、于友民、程湘清主编：《人民代表大会工作全书（1949—1998）》，中国法制出版社 1999 年版，第 927 页。

导，作为自己的一项重要任务，定期研究人大常委会的工作，凡是按照法律规定应当提交人大常委会审议的事项，都要提交人大常委会讨论。党委研究人大常委会的工作时，可以通知人大常委会负责实际工作的党员领导干部列席会议。

2. 各级党委要根据人大常委会工作开展的需要，本着精干节约、逐步充实的原则，及时解决人大常委会办事机构的设置、人员编制和经费问题；对人大常委会的办公地址和办公用房，也要根据工作需要适当安排[1]。

（三）召开省级人大常委会负责同志座谈会

1980 年 4 月 8 日—16 日，五届全国人大常委会第十四次会议举行，首次邀请各省、自治区、直辖市人大常委会负责人列席会议。自此之后，这一工作机制一直延续下来。

1980 年 4 月 18 日，五届全国人大常委会召开全国各省（区、市）人大常委会负责同志第一次座谈会。彭真同志在讲话中着重讲了地方人大常委会的主要任务、职权，关于上下级人大常委会的关系，关于坚持党的领导和发挥国家权力机关作用的问题，关于地方人大常委会的机构、编制。彭真同志认为，原则应是按照工作设机构、定编制，因事设人，不能因人设事。他说，人大常委会是权力机关，也是工作机关，不是"养老院"，不是"清谈清谈""建议建议"，而是依法行使权力，进行工作。但是，也不像政府机关，没有那么多日常工作。人大常委会委员中，老同志可以多些，也需要他们作为领导骨干。工作班子，有个别老的也可以，但是，要以青壮年为主，要能做"苦力"，少而精，高

---

〔1〕《中共中央关于批转彭真同志在全国各省、自治区、直辖市人大常委会负责同志两次座谈会上的讲话纪要的通知》，刘政、于友民、程湘清主编：《人民代表大会工作全书（1949—1998）》，中国法制出版社 1999 年版，第 927 页。

效率，精干善战[1]。

　　1981 年 3 月 7 日，五届全国人大常委会第十七次会议结束后，常委会举行来京列席会议的各省（区、市）人大常委会负责同志座谈会，彭真副委员长发表讲话。

---

　　[1] 彭真：《关于地方人大常委会的工作》，彭真：《论新时期的社会主义民主与法制建设》，中央文献出版社 1989 年版，第 56—64 页。

国家出版基金项目
NATIONAL PUBLICATION FOUNDATION

中国特色社会主义根本政治制度
人民代表大会制度纪实

总　顾　问　王汉斌
编委会主任　乔晓阳

人民代表大会制度发展历程 (下)

万其刚 / 著

中国出版集团
中国民主法制出版社

全国百佳图书
出版单位

第六章

人民代表大会制度与现行宪法

1982 年 9 月、11 月，党的十二大和五届全国人大五次会议相继召开，我国人民代表大会制度进入全面恢复和发展的时期。以现行宪法的公布施行为重要标志，人民代表大会制度得到了国家根本法的确认。特别是随着邓小平理论的提出和发展，相应地，人大工作和人民代表大会制度得到了进一步丰富和发展。

第一节　邓小平理论与人民代表大会制度理论

党的十一届三中全会后，以邓小平同志为主要代表的中国共产党人，深刻总结新中国成立以来正反两方面经验，围绕什么是社会主义、怎样建设社会主义这一根本问题，借鉴世界社会主义历史经验，创立了邓小平理论，成功开创了中国特色社会主义。其中包括发展社会主义民主，健全社会主义法制的重要内容，深刻地回答了社会主义民主法制建设的一系列问题，丰富和发展了人民代表大会制度理论与实践，人民代表大会制度建设和人大工作实践进入了新时期。

一、"坚持四项基本原则"

这是 1979 年 3 月 30 日邓小平同志在党的理论工作务虚会上

的讲话中首次明确提出的。他在讲到"形势和任务"时，指出"在思想政治方向方面，我们已经基本上回到马列主义、毛泽东思想的正确轨道上来，我们将永远沿着这个轨道前进"。同时，还存在着"某些政治上、思想上的不安定因素"。其中，"林彪、'四人帮'的流毒，特别是派性和无政府主义的流毒，同一些怀疑社会主义、怀疑无产阶级专政、怀疑党的领导、怀疑马列主义毛泽东思想的思潮相结合，开始在一小部分人中间蔓延"[1]。

针对这种情况，邓小平同志明确提出："现在搞建设，也要适合中国情况，走出一条中国式的现代化道路。"而"中国式的现代化，必须从中国的特点出发"[2]。这就提出了"中国式的现代化"这一重大命题。

接下来，他着重从思想政治方面进行分析阐述。他鲜明提出："我们要在中国实现四个现代化，必须在思想政治上坚持四项基本原则。这是实现四个现代化的根本前提。"这就是：必须坚持社会主义道路、必须坚持无产阶级专政、必须坚持共产党的领导、必须坚持马列主义毛泽东思想。[3] 他强调，这四项基本原则并不是新的东西，是我们党长期以来所一贯坚持的。

邓小平同志深刻阐述了无产阶级专政的本质，并把民主上升为社会主义的本质来对待。他指出："无产阶级专政对于人民来说就是社会主义民主，是工人、农民、知识分子和其他劳动者所共同享有的民主，是历史上最广泛的民主。"在民主的实践方面，

---

〔1〕 邓小平：《坚持四项基本原则》，《邓小平文选》第二卷，人民出版社 1994 年第 2 版，第 159—162 页。

〔2〕 邓小平：《坚持四项基本原则》，《邓小平文选》第二卷，人民出版社 1994 年第 2 版，第 163、164 页。

〔3〕 邓小平：《坚持四项基本原则》，《邓小平文选》第二卷，人民出版社 1994 年第 2 版，第 164—165 页。

我们过去做得不够，并且犯过错误。"现在我们已经坚决纠正了过去的错误，并且采取各种措施继续努力扩大党内民主和人民民主。没有民主就没有社会主义，就没有社会主义的现代化。当然，民主化和现代化一样，也要一步一步地前进。社会主义愈发展，民主也愈发展。这是确定无疑的。"这里，"没有民主就没有社会主义，就没有社会主义的现代化"是一个全新的重大论断，深化了对民主是社会主义的本质特征的认识，深化了民主是实现社会主义现代化必备条件的认识。同时，强调"发展社会主义民主，决不是可以不要对敌视社会主义的势力实行无产阶级专政"[1]。

邓小平同志进一步指出，四项基本原则都同民主问题有关。什么是中国人民今天所需要的民主呢？这"只能是社会主义民主或称人民民主，而不是资产阶级的个人主义的民主。人民的民主同对敌人的专政分不开，同民主基础上的集中也分不开。我们实行的是民主集中制，这就是民主基础上的集中和集中指导下的民主相结合"[2]。

在邓小平理论中，坚持四项基本原则，是一以贯之的。这也体现在宪法法律之中，成为全党全国各族人民共同的行为准则。

二、提出建设高度的社会主义民主是我们的根本目标和根本任务之一

1982 年 9 月，党的十二大在北京召开。这是党的七大以后最

---

〔1〕 邓小平：《坚持四项基本原则》，《邓小平文选》第二卷，人民出版社 1994 年第 2 版，第 168 页。

〔2〕 邓小平：《坚持四项基本原则》，《邓小平文选》第二卷，人民出版社 1994 年第 2 版，第 175 页。

重要的一次会议。邓小平同志在开幕词中指出，我们的现代化建设，必须从中国的实际出发。"把马克思主义的普遍真理同我国的具体实际结合起来，走自己的路，建设有中国特色的社会主义，这就是我们总结长期历史经验得出的基本结论。"[1]

党的十二大报告指出："建设高度的社会主义民主，是我们的根本目标和根本任务之一。"[2] 社会主义民主是资产阶级民主所无法比拟的。"我们一定要按照民主集中制的原则，继续改革和完善国家的政治体制和领导体制，使人民能够更好地行使国家权力，使国家机关能够更有效地领导和组织社会主义建设。社会主义民主要扩展到政治生活、经济生活、文化生活和社会生活的各个方面，发展各个企业事业单位的民主管理，发展基层社会生活的群众自治。"[3] 这里，强调"民主集中制原则"，是有着深刻历史背景的。这是因为，"在过去一个相当长的时间内，民主集中制没有真正实行，离开民主讲集中，民主太少"[4]。党的十二大通过对此前六年历史性胜利的总结，继承、丰富和发展了十一届三中全会关于社会主义民主和法制建设的认识，进一步重申和确认了按照民主集中制的原则，在党的领导下制定和完备各种法律的要求，成为党关于如何进行人大制度建设总体指导原则的科学定位。

---

〔1〕 邓小平：《中国共产党第十二次全国代表大会开幕词》，《邓小平文选》第三卷，人民出版社1993年版，第3页。

〔2〕 胡耀邦：《全面开创社会主义现代化建设的新局面》，中共中央文献研究室编：《十二大以来重要文献选编》（上），中央文献出版社2011年版，第28页。

〔3〕 胡耀邦：《全面开创社会主义现代化建设的新局面》，中共中央文献研究室编：《十二大以来重要文献选编》（上），中央文献出版社2011年版，第28页。

〔4〕 邓小平：《解放思想，实事求是，团结一致向前看》，《邓小平文选》第二卷，人民出版社1994年第2版，第144页。他还指出："解放思想，开动脑筋，一个十分重要的条件就是要真正实行无产阶级的民主集中制。我们需要集中统一的领导，但是必须有充分的民主，才能做到正确的集中。当前这个时期，特别需要强调民主。"

党的十二大报告指出，应当根据社会主义民主的原则，建立人与人之间的平等关系和个人与社会之间的正确关系。"社会主义民主的建设必须同社会主义法制的建设紧密地结合起来，使社会主义民主制度化、法律化。……即将提交全国人民代表大会通过的新宪法草案，根据党的十一届三中全会以来我国民主建设所取得的成就和已经确定的方针，作出了许多具有重大意义的新规定。这部宪法的通过，将使我国社会主义民主的发展和法制建设进入一个新的阶段"〔1〕。

党的十二大通过深刻总结我们党执政的经验教训，重新制定了一部体现马克思主义政党原则、中国共产党党情和时代特点的《中国共产党章程》，第一次比较全面、正确地回答了新时期执政党建设的目标、途径和方法等基本问题，是一部至今仍在发挥作用的好党章。总纲中规定："中国共产党领导人民发展社会主义民主，健全社会主义法制，巩固人民民主专政。应当切实保障人民管理国家事务和社会事务、管理经济和文化事业的权利"；党的领导主要是政治、思想和组织的领导；还明确提出"党必须在宪法和法律的范围内活动"〔2〕。这是一项极其重要的原则，是首次在党章中作出这一规定，其重要意义不言而喻。因为"党是人民的一部分。党领导人民制定宪法和法律，一经国家权力机关通过，全党必须严格遵守"〔3〕。

党中央强调加强经济立法。这是为了适应改革尤其是经济体

〔1〕 胡耀邦：《全面开创社会主义现代化建设的新局面》，中共中央文献研究室编：《十二大以来重要文献选编》（上），中央文献出版社 2011 年版，第 29 页。

〔2〕 《中国共产党章程》，中共中央文献研究室编：《十二大以来重要文献选编》（上），中央文献出版社 2011 年版，第 55、57 页。

〔3〕 胡耀邦：《全面开创社会主义现代化建设的新局面》，中共中央文献研究室编：《十二大以来重要文献选编》（上），中央文献出版社 2011 年版，第 29—30 页。

制改革的需要。1984 年 10 月，党的十二届三中全会提出要加快以城市为重点的整个经济体制改革的步伐，基本任务就是建立起具有中国特色的充满生机和活力的社会主义经济体制。"经济体制的改革和国民经济的发展，使越来越多的经济关系和经济活动需要用法律形式固定下来。国家立法机关要加快经济立法"〔1〕。

1982 年宪法颁布实施后，强调要以宪法为依据。1983 年 6 月，彭真提出要按宪法规定加强社会主义民主和法制建设。为了健全社会主义法制，全国人大及其常委会要加强立法工作〔2〕。1985 年 1 月，彭真在省（区、市）人大常委会负责同志座谈会上指出："立法需要有两个根据，一是实际情况，二是宪法。……我们这样一个大国，各地政治、经济、文化发展很不平衡。因此，法律只能解决最基本的问题，不能规定太细，太细了就难以适用全国。为了因地制宜地解决问题，一个法律制定出来以后，一般还需要制定实施细则，作出具体规定。"〔3〕

三、提出要建立起比较完备的经济法规体系

1985 年 9 月 16 日，党的十二届四中全会召开，为党的全国

〔1〕 《中共中央关于经济体制改革的决定》，中共中央文献研究室编：《十二大以来重要文献选编》（中），中央文献出版社 2011 年版，第 575 页。

〔2〕 彭真：《在第六届全国人民代表大会第一次会议上的讲话》，彭真：《论新时期的社会主义民主与法制建设》，中央文献出版社 1989 年版，第 189—190 页。

〔3〕 彭真：《关于立法工作》，彭真：《论新时期的社会主义民主与法制建设》，中央文献出版社 1989 年版，第 246 页。1985 年 12 月 4 日，彭真同志在全国民法通则草案座谈会上还指出："社会主义是一个很长的历史时期，在这个时期里，法要逐步完备，任务是繁重的，任重道远。法律是一门科学，有自身的体系，左右、上下，特别是与宪法不能抵触"。见彭真：《论新时期的社会主义民主与法制建设》，中央文献出版社 1989 年版，第 302 页。

代表会议做准备。全会讨论并原则通过《中共中央关于制定国民经济和社会发展第七个五年计划的建议（草案）》，决定将该文件提请党的全国代表会议审议；讨论确定关于进一步实现中央领导机构成员新老交替的原则。

1985 年 9 月 18 日—23 日，党的全国代表会议在北京召开[1]。会议主要任务是完成"七五"计划的制定、中央领导机构的新老交替。在这次会议上，胡耀邦同志致"团结奋斗，再展宏图"开幕词，赵紫阳同志就中央关于"七五"计划的建议（草案）作说明，邓小平同志和陈云同志分别发表重要讲话，李先念同志致闭幕词。

会议通过《中共中央关于制定国民经济和社会发展第七个五年计划的建议》。党中央提出要建立新型的社会主义经济体制，就要求国家对企业的管理逐步由直接控制为主转向间接控制为主，主要运用经济手段和法律手段，并采取必要的行政手段，来控制和调节经济运行。同时，"要求把更多的经济关系和经济活动的准则用法律的形式固定下来，使法律成为调节经济关系和经济活动的重要手段。因此，必须十分重视经济立法和经济司法工作，……力争在'七五'期间建立起比较完备的经济法规体系，逐步使各项经济活动都能有法可依，并且真正做到有法必依、执法必严"[2]。

---

〔1〕 1984 年 10 月 20 日，中共十二届三中全会通过《关于召开党的全国代表会议的决定》，决定于次年 9 月召开全国代表会议，讨论通过关于国民经济和社会发展第七个五年计划纲要的建议，并进行增选中央委员会成员等组织事宜。在中国共产党历史上，在党的全国代表大会之外，只开过 2 次全国代表会议，分别是 1955 年和 1985 年，目的都是研究解决重大问题。

〔2〕《中共中央关于制定国民经济和社会发展第七个五年计划的建议》，中共中央文献研究室编：《十二大以来重要文献选编》（中），人民出版社 2011 年版，第 274、278—279 页。

会议宣读党的十二届四中全会《关于同意一部分老同志不再担任中央三个委员会成员的请求提请全国代表会议审议的报告》。会议同意叶剑英、邓颖超、徐向前、聂荣臻、乌兰夫、王震、韦国清、李德生、宋任穷、张廷发等 64 位同志不再担任第十二届中央委员会委员或候补委员，李井泉、萧劲光、何长工等 37 位同志不再担任中央顾问委员会委员，黄克诚、王从吾、李昌等 30 位同志不再担任中央纪律检查委员会委员。会议以无记名投票方式，增选中央委员会委员 56 人，候补委员 35 人；增选中央顾问委员会委员 56 人；增选中央纪律检查委员会委员 31 人。

9 月 24 日，党的十二届五中全会进一步进行新老交替，对中央政治局、中央书记处成员进行局部调整。这次会议增选田纪云、乔石、李鹏、吴学谦、胡启立、姚依林为中央政治局委员，同意习仲勋、谷牧、姚依林关于不再担任中央书记处书记的请求，增选乔石、田纪云、李鹏、郝建秀、王兆国为中央书记处书记。

四、制定一部"有中国特色的、适应新时期需要的、能够保障社会主义现代化建设顺利进行和国家长治久安的好宪法"[1]

改革开放新时期，邓小平同志一直指导宪法的修改工作，既提出了修改工作的指导思想，又在宪法理念和结构乃至具体条文等方面提出了指导意见。主要内容有以下几个方面。

---

[1] 王汉斌：《社会主义民主法制文集》（上），中国民主法制出版社 2012 年版，第 19—20 页。

（一）明确宪法修改工作的指导思想

众所周知，1979年和1980年先后两次对1978年宪法作了个别内容的修改。1980年，邓小平同志在《党和国家领导制度的改革》中说，中央正在考虑进行的重大改革，第一项就是将向全国人大提出修改宪法的建议。"要使我们的宪法更加完备、周密、准确，能够切实保证人民真正享有管理国家各级组织和各项企业事业的权力，享有充分的公民权利，要使各少数民族聚居的地方真正实行民族区域自治，要改善人民代表大会制度，等等。关于不允许权力过分集中的原则，也将在宪法上表现出来"[1]。这个讲话事实上成为1982年宪法起草工作的重要指导思想。

（二）全面修改宪法应以1954年宪法为基础

在通常情况下，修改宪法是以现行宪法（即1978年宪法）为基础。主持修宪工作的彭真同志，经过认真研究、反复比较，考虑还是以1954年宪法为基础进行修改。为此，他请示邓小平同志。邓小平同志赞成该意见。1981年9月，邓小平同志在谈到修改宪法情况时指出，过去我们有一个比较完备的宪法，就是1954年通过的宪法。我们现在就是以它作为基础来修改。设国家主席问题是这次修改宪法的一个重要内容，同时还有其他一些重要内容，但都比较好处理。党的十一届三中全会以来两年多的时间证明，我们的路线、方针、政策符合中国的国情，是行之有效的，当然可以反映到宪法中。中国要搞社会主义，坚持社会主义，宪法中要肯定这一点。要建设一个高度民主、高度文明的现代化的社会主义国家。四个现代化，特别是高度民主、高度文

---

〔1〕 邓小平：《党和国家领导制度的改革》，《邓小平文选》第二卷，人民出版社1994年第2版，第339页。

明，过去没有反映到宪法里，这次要反映进去。[1] 如前所述，1981 年 12 月，他强调宪法序言要提马列主义毛泽东思想。

（三）调整宪法的结构顺序

1982 年 2 月 17 日，邓小平同志同彭真、胡乔木、邓力群等同志谈宪法修改草案（讨论稿）的意见，指出："从一九五四年到现在，原来宪法已有近三十年了，新的宪法要给人面貌一新的感觉。同意把'权利与义务'放在'国家机构'前面的意见。政社分开问题要说，现在的宪法草案没说，只说人民公社是经济组织。"[2] 在这之前的三部宪法，从结构上说，都是"总纲""国家机构""公民的基本权利和义务"。1982 年在研究宪法修改时，有人提出一种意见，要把"公民的基本权利和义务"放到"国家机构"之前。邓小平同志同意该意见。这样，从理念上、逻辑上说，就更为顺当了。就是说，先有公民及其权利，再根据公民的委托或者授权而产生国家机构，国家机构则依职权保障公民权利的顺利实现。

因此，这不是一个简单地调整宪法结构的问题，而是宪法理念的更新，是国家一切权力属于人民这一宪法理念和原则的内在要求、集中体现，进一步彰显了人民主体地位和人民当家作主的根本属性。

（四）关于国家机构的设置

当时，关于是否设置国家主席，是一个敏感话题。[3] 邓小

---

〔1〕《邓小平年谱（1904—1997）》第五卷，中央文献出版社 2020 年版，第 66—67 页。

〔2〕《邓小平年谱（1904—1997）》第五卷，中央文献出版社 2020 年版，第 97 页。

〔3〕"我国五四年宪法规定设国家主席，但由于'文革'中林彪事件后批判设国家主席是林彪的反党纲领，一九七五年宪法和一九七八年宪法都没有规定设国家主席。"见王汉斌：《邓小平同志亲自指导起草一九八二年宪法》，王汉斌：《社会主义民主法制文集》（上），中国民主法制出版社 2012 年版，第 25 页。

平同志明确指出，还是要设国家主席。他在中共中央政治局会议上对宪法修改草案（讨论稿）发表意见，主张设立国家主席，并强调："如果国家需要就设立，不能从对某一个人的考虑来确立我们国家的体制。"[1] 他还主张设立中央军事委员会，并亲自起草了关于中央军委一节的条文，还提出了其他一些意见，这里就不一一列举了。

五、提出社会主义民主政治的本质和核心是人民当家作主

1987年10月25日，党的十三大在北京举行。大会提出并系统阐述社会主义初级阶段理论，制定了党在社会主义初级阶段的基本路线，明确"三步走"发展战略和各项改革任务。"十三大实际上应该叫做改革、开放的大会，要加快改革步伐，深化改革。政治体制改革的问题几年前就提出来了，但过去把重点放在经济体制改革上。这次才把政治体制改革提到议事日程上来。"[2] 改革、开放是党的十三大的主题，其中的重要内容就是推进党和国家领导制度的改革。

党的十三大明确提出："政治体制和经济体制改革目的，都是为了在党的领导下和社会主义制度下更好地发展社会生产力，充分发挥社会主义的优越性。也就是说，我们最终要在经济上赶上发达的资本主义国家，在政治上创造比这些国家更高更切实的民主，并且造就比这些国家更多更优秀的人才。要用这些要求来

---

〔1〕《邓小平年谱（1904—1997）》第五卷，中央文献出版社2020年版，第99页。

〔2〕 邓小平：《关于召开党的十三大的几次谈话》，中共中央文献研究室编：《十三大以来重要文献选编》（上），中央文献出版社2011年版，第1页。

检验改革的成效。"〔1〕

我国的基本政治制度是好的，但在具体的领导制度、组织形式和工作方式上，存在着一些重大缺陷，主要表现为权力过于集中，官僚主义严重，封建主义影响远未肃清。党的十三大报告指出，进行政治体制改革，就要兴利除弊，建设有中国特色的社会主义民主政治。政治体制的改革，必须逐步健全社会主义民主，完善社会主义法制，努力克服官僚主义现象和封建主义影响，促进经济体制改革和对内对外开放。"改革的长期目标，是建立高度民主、法制完备、富有效率、充满活力的社会主义政治体制。""改革的近期目标，是建立有利于提高效率、增强活力和调动各方面积极性的领导体制。"〔2〕

党的十三大强调："社会主义民主政治的本质和核心，是人民当家作主，真正享有各项公民权利，享有管理国家和企事业的权力。"报告对完善人民代表大会制度作了全面部署，并提出 4 项具体任务：（1）继续完善人大及其常委会的各项职能，加强立法工作和法律监督。（2）进一步密切各级人大与群众的联系，使人大能够更好地代表人民，并受到人民的监督。（3）加强全国人大特别是它的常委会的组织建设，在逐步实现委员比较年轻化的同时，逐步实现委员的专职化。（4）完善全国人大常委会和各专门委员会的议事规则和工作程序，加强制度建设〔3〕。

党的十三大提出："社会主义民主和社会主义法制不可分

---

〔1〕　赵紫阳：《沿着有中国特色的社会主义道路前进》，中共中央文献研究室编：《十三大以来重要文献选编》（上），中央文献出版社 2011 年版，第 30 页。

〔2〕　赵紫阳：《沿着有中国特色的社会主义道路前进》，中共中央文献研究室编：《十三大以来重要文献选编》（上），中央文献出版社 2011 年版，第 30—31 页。

〔3〕　赵紫阳：《沿着有中国特色的社会主义道路前进》，中共中央文献研究室编：《十三大以来重要文献选编》（上），中央文献出版社 2011 年版，第 38 页。

割。"国家的政治生活、经济生活和社会生活的各个方面，民主和专政的各个环节，都应该做到有法可依，有法必依，执法必严，违法必究。我们必须一手抓建设和改革，一手抓法制。"总之，应当通过改革，使我国社会主义民主政治一步一步走向制度化、法律化。这是防止'文化大革命'重演，实现国家长治久安的根本保证。"[1]

六、坚持实行并不断改善人民代表大会制度

进行政治体制改革，就要坚持实行人民代表大会制度，不断改善人民代表大会制度。1987 年 4 月 16 日，邓小平同志指出，我们大陆讲社会主义民主，和资产阶级民主的概念不同。"西方的民主就是三权分立，多党竞选，等等。我们并不反对西方国家这样搞，但是我们中国大陆不搞多党竞选，不搞三权分立、两院制。我们实行的就是全国人民代表大会一院制，这最符合中国实际。如果政策正确，方向正确，这种体制益处很大，很有助于国家的兴旺发达，避免很多牵扯。……大陆在下个世纪，经过半个世纪以后可以实行普选。"[2] "资本主义社会讲的民主是资产阶级的民主，实际上是垄断资本的民主，无非是多党竞选、三权鼎立、两院制。我们的制度是人民代表大会制度，共产党领导下的人民民主制度，不能搞西方那一套。"[3] "在政治体制改革方面

---

〔1〕　赵紫阳：《沿着有中国特色的社会主义道路前进》，中共中央文献研究室编：《十三大以来重要文献选编》（上），中央文献出版社 2011 年版，第 40 页。

〔2〕　邓小平：《会见香港特别行政区基本法起草委员会委员时的讲话》，《邓小平文选》第三卷，人民出版社 1993 年版，第 220 页。

〔3〕　邓小平：《改革的步子要加快》，《邓小平文选》第三卷，人民出版社 1993 年版，第 240 页。

有一点可以肯定，就是我们要坚持实行人民代表大会的制度，而不是美国的三权鼎立制度。"[1]

由于五届全国人大、六届全国人大卓有成效的努力，我国立法工作取得了很大成就，法律体系初步形成了。但是，这"与社会现实生活提出的要求，与完备法制的目标，都还有很大距离"。因为"我们的法律体系仅仅是初步形成，还很不完备，还有许多重要的法律需要制定"。万里同志指出，我们立法工作的任务十分繁重，本届人大的立法工作，需要有一个通盘考虑。本届常委会要制定出一个五年立法规划，然后有计划、有步骤地进行，成熟一个，制定一个。条件不成熟的，继续由政府制定行政法规[2]。

七、要处理好法治和人治的关系

法制建设中的一个重要问题，就是有法必依，法律法规一旦颁布，就必须得到遵守和执行。1983 年 3 月 27 日，中共中央印发彭真同志在中央政法委员会扩大会议上的讲话要点。他在讲话中强调，"政法机关不要违宪"，"全国各级政法部门，特别是公安、检察、法院等执法、司法机关，必须严格维护宪法的尊严，成为执行宪法的模范"。他提出政法各部门要尽可能先主动地、系统地检查一次工作中有没有和宪法不符合的问题[3]。

1985 年以后，依法治国主要是指依法管理、依法治理。依法

---

〔1〕 邓小平：《在接见首都戒严部队军以上干部时的讲话》，《邓小平文选》第三卷，人民出版社 1993 年版，第 307 页。

〔2〕 万里：《关于七届全国人大常委会主要工作的意见》，《万里文选》，人民出版社 1995 年版，第 583—584 页。

〔3〕 彭真：《在中央政法委员会扩大会议上的讲话》，彭真：《论新中国的政法工作》，中央文献出版社 1992 年版，第 333 页及以下。

治省、依法治市、依法治县、依法治乡等依法治理活动在全国广大城乡蓬勃开展起来。1985 年 6 月，中央宣传部、司法部拟定了《关于向全体公民普及法律常识的五年规划》。中共中央、国务院在转发这个"一五"普法规划的通知中说："要通过正反两方面的典型，在全体人民中树立各种遵纪守法的榜样，创造依法治国、依法办事的良好气氛。"〔1〕

1986 年 7 月 10 日，中共中央发出的《中共中央关于全党必须坚决维护社会主义法制的通知》指出，在新的历史条件下，要认真贯彻落实"一手抓建设，一手抓法制"的思想。各级干部和全体党员要自觉地接受群众的监督和法制的约束，养成依法办事的习惯。

1986 年 9 月—11 月，邓小平同志在谈到进行政治体制改革问题时指出："要通过改革，处理好法治和人治的关系，处理好党和政府的关系。"〔2〕这里已经明确提出要处理法治和人治的关系问题。纵观世界历史，分明可以看到，如何治国理政，从治理的模式或方式来说，无非就是人治或者法治，或者更准确地说是这两者的结合，区别只在于，其结合的程度不同。同时，法治尽管不是最好的，但优于一人之治。这是法治本身的特点和优势所在。可以说，就是要避免人治，避免"人亡政息"。实际上，正是努力探索解决人治和法治的问题，才进一步促成我们党和国家提出并实行依法治国。

1988 年 9 月 5 日，邓小平同志在会见外宾时说："我有一个观

〔1〕　1990 年 12 月 13 日，中共中央、国务院转发的中宣部和司法部制定的"二五"普法规划中，进一步把依法治国具体化为依法治理，以期推动依法治理事业继续向前发展。

〔2〕　邓小平：《关于政治体制改革问题》，《邓小平文选》第三卷，人民出版社1993 年版，第 177 页。

点，如果一个党、一个国家把希望寄托在一两个人的威望上，并不很健康。那样，只要这个人一有变动，就会出现不稳定。……我认为，过分夸大个人作用是不对的。"[1] 1989 年 6 月 16 日，邓小平同志在与几位中央负责同志谈话时指出："一个国家的命运建立在一两个人的声望上面，是很不健康的，是很危险的。不出事没问题，一出事就不可收拾。"[2] 3 个月之后，邓小平同志在会见李政道教授时又说："我历来不主张夸大一个人的作用，这样是危险的，难以为继的。把一个国家、一个党的稳定建立在一两个人的威望上，是靠不住的，很容易出问题。"[3] 邓小平的这一基本观点，即反对人治，是一贯的、坚定的，是他加强社会主义民主法制建设思想合乎逻辑的发展。

中央文件和中央领导同志的讲话中一再强调，党领导人民制定宪法和法律，也要领导人民遵守和执行宪法和法律。彭真同志说："坚持党的领导，遵从人民意志，严格依法办事，三者是一致的、统一的。"[4] 彭真同志指出，党的领导与依法办事是一致的。"在我们的国家，党领导人民制定宪法和法律，党又领导人民遵守、执行宪法和法律，党自己也必须在宪法和法律的范围内活动。"[5]

此后，关于实行人治还是法治的争论一直都还有，但坚持和

---

〔1〕 邓小平：《总结历史是为了开辟未来》，《邓小平文选》第三卷，人民出版社 1993 年版，第 272—273 页。

〔2〕 邓小平：《第三代领导集体的当务之急》，《邓小平文选》第三卷，人民出版社 1993 年版，第 311 页。

〔3〕 邓小平：《我们有信心把中国的事情做得更好》，《邓小平文选》第三卷，人民出版社 1993 年版，第 325 页。

〔4〕 彭真：《进一步实施宪法，严格按照宪法办事》，《彭真文选》，人民出版社 1991 年版，第 489 页。

〔5〕 彭真：《关于政法工作的几个问题》，《彭真文选》，人民出版社 1991 年版，第 605 页。

实行法治日益成为主流、成为共识。1989 年 9 月 26 日，江泽民同志在中外记者招待会上提出要遵循法治方针，指出："我们绝不能以党代政，也绝不能以党代法。这也是新闻界常讲的究竟是人治还是法治的问题。我想我们一定要遵循法治的方针。"[1] 这表明：法治是与人治相对立的；法治是治国的方针。在我国，实行法治就是要从根本上解决以党代政、以党代法的问题。

1984 年 4 月 26 日，中共中央发出《中共中央关于任免国家机关领导人员必须严格依照法律程序办理的通知》，指出："我们党领导人民制定了宪法和法律，也要领导人民执行宪法和法律。十二大党章规定：'党必须在宪法和法律的范围内活动。'党组织的一切活动都不能违背宪法和法律的规定，这是党和国家政治生活中必须遵守的一个基本原则，必须引起各级党委高度重视。"[2] 该通知是转发经党中央批准、中共中央组织部 1983 年 9 月发出的《中共中央组织部关于任免国家机关和其他行政领导职务必须按照法律程序和有关规定办理的通知》。

第二节　五届全国人大五次会议行使职权的情况

1982 年 11 月 26 日—12 月 10 日，五届全国人大五次会议在

---

〔1〕　这是时任中共中央总书记江泽民同志回答《纽约时报》记者提问时说的话。见《人民日报》1989 年 9 月 27 日，第 1 版。

〔2〕《中共中央关于任免国家机关领导人员必须严格依照法律程序办理的通知》，全国人大常委会办公厅、中共中央文献研究室编：《人民代表大会制度重要文献选编》（二），中国民主法制出版社、中央文献出版社 2015 年版，第 625 页。

北京举行。这次会议最重要的一项议程，就是修改宪法。

这里，先介绍一下五届全国人大常委会第二十三次会议对宪法修改草案的审议情况。

一、关于修改宪法

（一）五届全国人大常委会会议的审议

1982 年 4 月 22 日—5 月 4 日，五届全国人大常委会举行第二十三次会议。会议听取宪法修改委员会副主任委员彭真受全国人大常委会委员长、宪法修改委员会主任委员叶剑英的委托作关于宪法修改草案的说明。彭真同志着重说明了宪法修改草案中体现我国国家体制的重要改革和新的发展的 7 个方面。

1. 加强人民代表大会制度，扩大全国人大常委会的职权，规定县级以上的地方人大设立常委会。

2. 恢复设立国家主席，健全国家体制。

3. 国务院实行总理负责制，各部、各委员会实行部长、主任负责制，以提高国务院的行政工作效率。

4. 国家设立中央军事委员会，领导全国武装力量，中央军委主席由全国人大选举和罢免。

5. 根据发挥中央和地方两个积极性的原则，规定中央和地方适当分权，省（区、市）人大和它的常委会有权制定和颁布地方性法规。

6. 加强民族区域自治，扩大民族自治地方的自治权，规定自治区主席、自治州州长、自治县县长由实行区域自治的民族的公民担任。

7. 加强基层政权。按照政社分开的原则，规定设立乡政权，保留人民公社作为集体经济组织，搞好居民委员会和村民委员会的建设。

经过 2 天的分组审议，常委会组成人员一致同意宪法修改委员会的建议。会议通过关于公布宪法修改草案的决议，决定公布宪法修改草案，交付全国各族人民讨论。全民讨论至 8 月 31 日结束。

（二）关于宪法修改草案的报告

11 月 26 日，五届全国人大五次会议举行全体会议。叶剑英委员长主持开幕式。会议听取宪法修改委员会副主任委员彭真受叶剑英的委托作的关于宪法修改草案的报告。报告分为 6 个部分：（1）关于我国的人民民主专政制度；（2）关于我国的社会主义经济制度；（3）关于社会主义精神文明；（4）关于国家机构；（5）关于国家的统一和民族的团结；（6）关于独立自主的对外政策。

彭真同志在报告中指出，1978 年宪法通过以来的几年，正是我们国家处在历史性转变的重要时期。党的十一届三中全会后，根据新情况制定一系列正确的方针和政策，使国家的政治生活、经济生活和文化生活发生了巨大的变化。现行宪法在许多方面已经同现实的情况和国家生活的需要不相适应，有必要对它进行全面的修改。宪法修改草案总的指导思想是，坚持四项基本原则，即坚持社会主义道路，坚持人民民主专政，坚持中国共产党的领导，坚持马克思列宁主义、毛泽东思想。这四项基本原则是全国各族人民团结前进的共同的政治基础，也是社会主义现代化建设顺利进行的根本保证。新时期的基本特点是，剥削阶级作为阶级整体已经消灭，阶级斗争不再是社会的主要矛盾。国家工作的重点和方针，必须适应这个基本特点作出重大的改变。在新的历史条件下坚持四项基本原则，必须把马克思主义的普遍真理同中国社会主义建设的具体实践结合起来，走出一条具有中国特色的社会主义道路。拨乱反正的一项重大战略方针，就是把国家的工作重点坚决转移到社会主义现代化经济建设上来。一切工作都要围绕这个重点，为这个重点服务。同时，还必须充分重视社会主义精神文明的建设，充分重视发展社会主义民主。

彭真同志还指出，这个宪法修改草案继承和发展了 1954 年宪法的基本原则，充分注意总结我国社会主义发展的丰富经验，因此，这次代表大会一定能够制定出一部有中国特色的、适应新的历史时期社会主义现代化建设需要的、长期稳定的新宪法。他说，宪法修改草案明确规定："中华人民共和国的一切权力属于人民。"这是我国国家制度的核心内容和根本原则。十亿人民掌握国家权力，是维护人民的根本利益的可靠保证，也是我们的国家能够经得起各种风险的可靠保证。他指出，选举权和被选举权是人民行使国家权力的重要标志。国家机构的设置和职责权限的规定，要体现这样的精神，在法律的制定和重大问题的决策上，必须由国家权力机关，即全国人大和地方各级人大，充分讨论，民主决定，以求真正集中和代表人民的意志和利益。适当扩大全国人大常委会的职权是加强人民代表大会制度的有效办法[1]。

12 月 4 日，五届全国人大五次会议举行全体会议。会议首先全文宣读宪法修改草案，以举手表决方式，通过总监票人和监票人名单，然后采用无记名投票方式，通过并公布施行《中华人民

---

〔1〕 彭真：《关于中华人民共和国宪法修改草案的报告》，《彭真文选》，人民出版社 1991 年版，第 435—463 页。

共和国宪法》（即 1982 年宪法或现行宪法，通常也叫第四部宪法）。现行宪法包括：序言，公民的基本权利和义务，国家机构，国旗、国徽、首都，共四章一百三十八条。它深刻总结了 1954 年宪法施行以来的经验教训，以法律的形式确认了中国各族人民奋斗的成果，规定了国家的根本制度和根本任务，是国家的根本法，具有最高的法律效力。

新宪法对于整个国家的长治久安，各族人民的安居乐业，实现现代化，把我国建设成为高度文明、高度民主的社会主义国家，是不可缺少的法律保证。这部宪法合乎国情、顺乎民意，是一部定乾坤、保安宁的"振兴法"，是一部富国利民的"幸福法"，是一部保障社会主义现代化建设的"根本法"[1]。

二、听取审议有关议案和报告

会议听取国务院总理赵紫阳作关于我国国民经济和社会发展第六个五年计划的报告，财政部部长王丙乾作关于 1982 年国家预算执行情况和 1983 年国家预算草案的报告，通过关于批准国务院 1982 年国家预算执行情况和 1983 年国家预算报告的决议。全国人大常委会、最高人民法院、最高人民检察院分别向大会提出书面工作报告，请代表们审议，会议通过相关决议，批准这几个报告。

需要指出的是，全国人大常委会在总结过去一年工作时提出："立法要从我国的实际情况出发，按照社会主义法制原则，

---

〔1〕《新时期治国安邦的总章程》，《人民日报》1982 年 12 月 5 日。

逐步建立有中国特色的独立的法律体系。"[1] 这时提出的法律体系，还只是初步的，究其原因，乃是当时的立法还很不完备，但更根本的原因是改革才刚刚起步，社会实践经验还不够充分。正如彭真同志所分析的：党和国家的工作重点转移到社会主义现代化建设的"这种客观形势把经济立法推上了重要议事日程，要求抓紧，搞好。那么，是不是一下就能搞得很完备呢？不行。不是不想，而是不可能。三中全会以来，在指导思想、方针政策上拨乱反正，实行经济调整，体制正在改革。立法不能只凭愿望和想当然，不能离开实际头脑里想搞什么就搞什么"。因此，"它只能是社会实践经验的总结，是实践证明正确的政策的法律化、条文化。这要有一个实践过程，主观和客观的矛盾只能在实践中解决"[2]。应该说，这是从实际出发的，实事求是的。

三、修改和制定有关国家机构的法律

新宪法"为了完善国家的领导体制和政治体制，发展社会主义民主，健全社会主义法制，对国家机构作了一系列新的重要规定。同时，在实践中也出现了一些新的情况和新的问题。因此，

---

〔1〕 杨尚昆：《中华人民共和国全国人民代表大会常务委员会工作报告》，《中华人民共和国全国人民代表大会常务委员会公报》（1980—1982 年卷），中国法制出版社2004 年版，第 577 页。在此之前，彭真同志在一次讲话中就提出了"法的体系"这一概念。"立法，不能不考虑法自身的体系逻辑，不能这个法这么规定，那个法那么规定，互相矛盾。但是，归根到底，正像恩格斯说的，是'经济关系反映为法原则'。不管人们承认不承认，生产力、生产关系发展了，社会发展了，实际发展了，法也要发展，法的体系也要发展。"见彭真：《论新中国的政法工作》，中央文献出版社 1992 年版，第 297 页。

〔2〕 彭真：《在全国经济法制工作经验交流会上的讲话》，彭真：《论新中国的政法工作》，中央文献出版社 1992 年版，第 298—299 页。

需要对同宪法相配合的有关国家机构的几个法律作相应的修改或者重新修订"[1]。就是说，为适应新情况，与现行宪法相一致，这次会议对全国人大组织法、国务院组织法、地方各级人大和地方各级政府组织法等有关国家机构的重要法律进行相应修改或重新修订。12 月 10 日，会议通过并公布这几部法律，自公布之日起施行。具体情况如下。

（一）全国人大组织法

这是在 1954 年全国人大组织法基础上修改的，包括：全国人大会议，全国人大常委会，全国人大各专门委员会，全国人大代表，共四章四十六条。

（二）国务院组织法

这是在 1954 年国务院组织法基础上重新制定的。该法共 11 条，主要是对国务院的组成人员、组成部门、会议制度和活动准则等作了规定。

（三）修改全国人大和地方各级人大选举法、地方各级人大和地方各级政府组织法

这几部法律是在 1979 年修订的基础上，根据现行宪法作了一些相应的、必要的和小幅度的修改。

四、审议其他议案和报告

会议听取全国人大常委会副委员长兼秘书长杨尚昆关于六届

---

〔1〕　习仲勋：《关于四个法律案的说明》，《全国人民代表大会常务委员会公报》1982 年第 5 号，第 550 页；另见全国人大常委会办公厅、中共中央文献研究室编：《人民代表大会制度重要文献选编》（二），中国民主法制出版社、中央文献出版社 2015 年版，第 595 页。

全国人大代表名额和选举问题的说明，初步打算选举 3000 名人大代表，比五届全国人大代表名额减少约 500 人。

会议通过关于本届全国人大常委会职权的决议，决定在六届全国人大一次会议根据本次会议通过的宪法选出国家主席、副主席和下届全国人大常委会之前，本届全国人大常委会和全国人大常委会委员长、副委员长继续分别按照 1978 年宪法第二十五条和第二十六条的规定行使职权。

会议还通过关于国歌的决议，决定恢复《义勇军进行曲》作为我国国歌。

根据关于提案的审查报告，五届全国人大五次会议共收到代表提案 2012 件（用少数民族文字提出的提案 68 件）。属于工业交通方面的 744 件，农业方面的 241 件，财贸方面的 178 件，文教科技方面的 417 件；属于政法、国防、民族、外事方面的 522 件。会议同意提案审查委员会的建议，按照各项提案的审查意见，分别交由全国人大常委会、国务院、最高人民法院和最高人民检察院研究办理。

第三节　1982 年宪法对人民代表大会制度的新规定

现行宪法对我国新时期的根本任务和国家制度等作了一系列规定，重塑了国家权力的架构，特别是对人民代表大会制度进行了完善，使我国人民代表大会制度的发展进入一个新阶段。这主要表现在以下几个方面。

一、适当扩大全国人大常委会的职权

这是加强人民代表大会制度的重大举措和有效办法。我国幅员辽阔，人口众多，全国人大代表的人数不宜太少，但是人数多了，又不便于进行经常性的工作。全国人大常委会是全国人大的常设机关，它的组成人员也可以说是全国人大的常务代表，人数少，可以经常开会，进行繁重的立法工作和其他经常性工作。所以，适当扩大全国人大常委会的职权是必要的、可行的。1982 年宪法将原来属于全国人大的一部分职权，交由它的常委会行使，这样，既加强了全国人大常委会，又加强了全国人大。

（一）明确新的国家立法体制

1. 全国人大和它的常委会行使国家立法权。

2. 全国人大有权修改宪法，制定和修改刑事、民事、国家机构的和其他的基本法律。

3. 全国人大常委会有权解释宪法；制定和修改除应当由全国人大制定的法律以外的其他法律；在全国人大闭会期间，对全国人大制定的法律进行部分补充和修改，但是，不得同该法律的基本原则相抵触；有权解释法律。

4. 国家主席根据全国人大的决定和全国人大常委会的决定，公布法律。

5. 国务院根据宪法和法律，制定行政法规。

6. 省（区、市）人大和它们的常委会，在不同宪法、法律、行政法规相抵触的前提下，可以制定地方性法规，报全国人大常委会备案。

7. 民族自治区的人大有权依照当地民族的政治、经济和文化的特点，制定自治条例和单行条例。自治区的自治条例和单行条例报全国人大常委会批准后生效。自治州、自治县的自治条例和单行条例，报省或者自治区的人大常委会批准后生效，并报全国人大常委会备案。

（二）增加监督职权（重大事项决定权）

全国人大常委会有权监督宪法的实施；在全国人大闭会期间，审查和批准国民经济和社会发展计划、国家预算在执行过程中必须作的部分调整方案。

（三）增加人事任免权

在全国人大闭会期间，根据国务院总理的提名，决定部长、委员会主任、审计长、秘书长的人选；全国人大常委会组成人员不得担任国家行政机关、审判机关和检察机关的职务。

二、加强全国人大及其常委会的组织

全国人大常委会委员长、副委员长、秘书长组成委员长会议，处理全国人大常委会的重要日常工作。全国人大常委会还设有工作机构，各司其职。这样就能及时地处理常委会的重要工作，保证常委会的正常运转。

宪法还明确规定全国人大设立民族、法律、财政经济、教育科学文化卫生、外事、华侨委员会和其他需要设立的专门委员会。这样，增设了法律委员会、财政经济委员会、教育科学文化卫生委员会、外事委员会等专门委员会[1]。在全国人大闭会期间，各专门委员会受全国人大常委会的领导。各专门委员会在全

---

〔1〕 以前，全国人大设立预算委员会，现在改设财政经济委员会，并一直延续下来。

国人大及其常委会领导下，研究、审议和拟定有关议案。

三、恢复建立国家主席和副主席、设立国家中央军事委员会

（一）恢复设立国家主席和副主席

在宪法修改过程中，如前所述，邓小平同志明确主张要恢复设立国家主席的职位。中国是个大国，设国家主席，对国家有利。

国家主席、副主席由全国人大选举，其资格必须是有选举权和被选举权的年满45周岁的中华人民共和国公民。国家主席缺位的时候，由副主席继任主席的职位。国家副主席缺位的时候，由全国人大补选。国家主席、副主席都缺位的时候，由全国人大补选；在补选以前，由全国人大常委会委员长暂时代理主席职位。

（二）新设立中央军事委员会

根据邓小平同志的意见，在"国家机构"一章中增加一节，专门对中央军事委员会作出规定[1]。

中华人民共和国中央军事委员会领导全国武装力量，其每届任期同全国人大每届任期。中央军委主席由全国人大选举产生，对全国人大和全国人大常委会负责。

四、规定中央和地方的国家机构职权划分

遵循在中央的统一领导下，充分发挥地方的主动性、积极性

---

[1] 王汉斌：《社会主义民主法制文集》（上），中国民主法制出版社2012年版，第27页。

的原则。

（一）加强地方政权的建设

1. 县级以上的地方各级人大设立常委会。地方各级人民政府实行首长负责制，设立乡级政权。

2. 省级人大及其常委会的职权，概括起来有：（1）决定本行政区的政治、经济、文化、教育、卫生、民政、民族工作的重大事项；（2）审查和批准本行政区的国民经济计划和预算、决算；（3）选举产生本行政区的地方国家机关；（4）制定地方性法规。

（二）规定"一个国家，两种制度"

为解决台湾与大陆统一和香港、澳门回归祖国问题，宪法第三十一条对此作了规定："国家在必要时得设立特别行政区。在特别行政区内实行的制度按照具体情况由全国人民代表大会以法律规定。"同时，第六十二条关于全国人大职权的规定中还明确："决定特别行政区的设立及其制度。"这就为"一国两制"提供了直接的、明确的宪法依据。

五、完善民族区域自治制度

新宪法不仅重新确立了我国的民族方针政策，而且全面恢复1954年宪法有关该制度的原则和主要内容，并根据国家情况的变化增加新的内容，对民族区域自治制度进行了新的、更为完善的规定。

（一）明确"各民族平等、团结和共同繁荣"的基本原则

规定"各民族平等、团结和共同繁荣"的基本原则，强调必须反对大民族主义，主要是大汉族主义，也要反对地方民族主义。

（二）进一步明确了民族区域自治制度

宪法第三章"国家机构"第六节"民族自治地方的自治机关"，从条文数来看，加重了分量；从内容上说，确立了原则，增加了一些关于民族区域自治制度的规定。

此外，新宪法还明确规定，全国各族人民、一切国家机关和武装力量，各政党和各社会团体、各企业事业组织，都必须以宪法为根本的活动准则，并且负有维护宪法尊严、保证宪法实施的职责。任何组织或者个人都不得有超越宪法和法律的特权。

第四节　六届全国人大一次会议和七届全国人大一次会议行使职权的情况

一、六届全国人大一次会议行使职权的情况

这次会议的主要任务是审议政府工作报告，审查和批准国民经济和社会发展计划、国家决算，选举和决定新的一届国家领导人员，组成新的一届国家领导机构。这是新宪法公布施行以后所召开的第一次全国人民代表大会会议，也是一次换届的大会，成为此后的全国人大会议的基本格局，因此，具有典型的示范意义。

（一）有关准备工作

1983 年 5 月 5 日—9 日，五届全国人大常委会举行第二十七次会议。会议通过关于召开六届全国人大一次会议的决定，决定六届全国人大一次会议于 6 月 6 日召开。会议听取全国人大代表

资格审查委员会主任委员彭冲关于六届全国人大代表资格审查报告的说明。彭冲同志说，截至 5 月初，全国 29 个省（区、市）的人大分别召开会议，人民解放军召开军人代表大会，台湾省台胞代表召开协商选举会议，这些会议都采取差额选举和无记名投票的办法，依法选举产生第六届全国人大代表 2978 人。会议确认各选举单位选出的六届全国人大代表的资格全部有效。会议通过全国人大代表资格审查委员会关于六届全国人大代表资格的审查报告和关于公布六届全国人大代表名单的公告。

1983 年 5 月 31 日—6 月 1 日，中共中央邀请五届全国人大常委会、政协五届全国委员会、各民主党派、各人民团体负责人和无党派人士代表举行民主协商会，就如何开好六届全国人大一次会议和政协六届全国委员会一次会议问题进行充分的商讨。胡耀邦总书记主持协商会，并受中共中央委托，就将在人大、政协大会上选举和决定的国家领导人、全国政协领导人人选问题，提出中共中央的建议，薄一波对这次人事安排作说明。孙晓村、许德珩等在会上相继发言，表示完全同意中共中央建议。彭真在会上讲话时说，今天大家在这样重大问题上取得一致的意见，是我们社会主义民主的体现。

1983 年 6 月 4 日，六届全国人大一次会议举行预备会议。会议听取杨尚昆关于六届全国人大一次会议筹备工作的说明。会议选出由 164 人组成的大会主席团和秘书长，通过六届全国人大一次会议议程，决定大会 6 月 6 日开幕。6 月 6 日—21 日，六届全国人大一次会议举行。

（二）听取审议有关议案和报告

会议听取国务院总理赵紫阳作政府工作报告，国务院副总理兼国家计划委员会主任姚依林作关于 1983 年国民经济和社会发展计划的报告，财政部部长王丙乾作关于 1982 年国家决算的报告。全国人大常委会副委员长兼秘书长杨尚昆、最高人民法院院长江华、最高人民检察院检察长黄火青分别提出五届全国人大常委会、最高人民法院、最高人民检察院的书面工作报告。

经过审议，会议通过有关决议，批准上述各项报告。

（三）选举和决定新一届国家机构领导人

1. 会议选举产生六届全国人大常委会。彭真为委员长，陈丕显、韦国清、耿飚、胡厥文、许德珩、彭冲、王任重、史良、朱学范、阿沛·阿旺晋美、班禅额尔德尼·确吉坚赞、赛福鼎·艾则孜、周谷城、严济慈、胡愈之、荣毅仁、叶飞、廖汉生、韩先楚、黄华等 20 人为副委员长，王汉斌为秘书长，丁光训等 133 人为委员。

根据现行宪法的规定，会议决定设立全国人大民族、法律、财经、教科文卫、外事、华侨等六个专门委员会，并通过这六个专门委员会组成人员名单。在这六个专门委员会成立之后的联席会议上，彭真同志就专门委员会如何工作发表讲话时说，六个专门委员会是全国人大和它的常委会的重要工作机构。全国人大和它的常委会要加强经常工作，没有必要的专门委员会做助手，是困难的。专门委员会的职责同国务院、最高人民法院和最高人民检察院不是唱"对台戏"，它遵循的方针是实事求是，按照宪法办事，是就是，非就非。对的，就肯定，就支持；错的，就否定，就纠正。不管是谁，不管对哪个单位，都是实事求是，坚持真理，随时修正错误[1]。

2. 会议选举李先念为国家主席，乌兰夫为国家副主席。

---

〔1〕 彭真：《全国人大专门委员会怎么工作》，《彭真文选》，人民出版社 1991 年版，第 470—472 页。

3. 根据国家主席李先念的提名，会议决定赵紫阳为国务院总理。根据国务院总理赵紫阳的提名，会议决定任命万里、姚依林、李鹏、田纪云为国务院副总理，方毅、谷牧、康世恩、陈慕华、姬鹏飞、张劲夫、张爱萍、吴学谦、王丙乾、宋平为国务委员，田纪云兼国务院秘书长，还任命各部部长、委员会主任。

4. 会议选举邓小平为国家中央军委主席。会议根据国家中央军委主席邓小平的提名，决定叶剑英、徐向前、聂荣臻、杨尚昆为国家中央军委副主席；余秋里、杨得志、张爱萍、洪学智为中央军委委员。

5. 会议选举郑天翔为最高人民法院院长，杨易辰为最高人民检察院检察长。

根据关于六届全国人大一次会议代表议案处理意见的报告，本次会议收到议案61件，其中，财政经济方面29件，教育、科学、文化、卫生方面17件，政法方面7件，国防方面6件，华侨工作方面2件。还收到建议、批评和意见1433件。

会议结束之前，国家主席李先念、全国人大常委会委员长彭真分别发表讲话。

二、七届全国人大一次会议行使职权的情况

1988年3月24日，七届全国人大一次会议举行预备会议。会议由六届全国人大常委会委员长彭真主持。会议通过七届全国人大一次会议的23项议程。3月25日—4月13日，七届全国人大一次会议举行。在开幕会上，出席会议的代表以举手表决的方式，通过关于同意赵紫阳辞去国务院总理职务的请求的决定。关于全国人大会议召开的时间，逐渐从以往在年中甚至年底召开提

前到 3 月召开。

（一）听取审议有关议案和报告

会议听取国务院代总理李鹏作政府工作报告，国务院副总理兼国家计划委员会主任姚依林作关于 1988 年国民经济和社会发展计划草案的报告，国务委员兼财政部部长王丙乾作关于 1987 年国家预算执行情况和 1988 年国家预算草案的报告，全国人大常委会副委员长陈丕显受六届全国人大常委会和彭真委员长委托作全国人大常委会工作报告，最高人民法院院长郑天翔作最高人民法院工作报告，最高人民检察院检察长杨易辰作最高人民检察院工作报告。

经过审议，会议通过有关决议，批准这几个报告。

（二）1988 年国务院机构改革

会议听取国务院副总理宋平作关于国务院机构改革方案的说明。宋平说，政府机构改革是政治体制改革的重要组成部分。国务院机构改革的方案是在中共中央领导下，经过 1 年多的调查研究，反复讨论、听取各方面的意见后，逐步形成的。

1988 年 4 月 9 日，会议以举手表决的方式，通过关于国务院机构改革方案的决定，决定原则批准国务院机构改革方案。按照这个方案，拟撤销部、委 12 个；新组建部、委 9 个；保留部、委、行、署 32 个；转为事业单位 1 个；改革后的国务院组成部委 41 个。

在 1982 年机构改革后，由于没有触动高度集中的计划经济管理体制，没有实现政府职能的转变等原因，政府机构不久又呈膨胀趋势。因此，1988 年国务院机构改革的主题为"转变政府职能是机构改革的关键"。

新一轮的机构改革，重点在于大力推进政府职能的转变。政府的经济管理部门要从直接管理为主转变为间接管理为主，强化宏观管理职能，淡化微观管理职能。其内容主要是合理配置职能，科学划分职责分工，调整机构设置，转变职能，改变工作方式，提高行政效率，完善运行机制，加速行政立法。改革的重点是那些与经济体制改革关系密切的经济管理部门。改革采取了自上而下，先中央政府后地方政府，分步实施的方式进行。

通过改革，国务院部委由 45 个减为 41 个；直属机构从 22 个减为 19 个，非常设机构从 75 个减到 44 个，部委内司局机构减少 20%。在国务院 66 个部、委、局中，有 32 个部门共减少 1.5 万多人，有 30 个部门共增加 5300 人，增减相抵，机构改革后的国务院人员编制比原来减少了 9700 多人。但是，由于经济过热，这次精简的机构很快又膨胀起来了。

这是一次弱化专业经济部门分钱、分物、直接干预企业经营活动的职能，以达到增强政府宏观调控能力和转向行业管理目的的改革。此次改革是在推动政治体制改革，深化经济体制改革的大背景下出现的，其历史性的贡献是首次提出了"转变政府职能是机构改革的关键"这一命题。改革采取了自上而下，先中央政府后地方政府，分步实施的方式进行。由于后来一系列复杂的政治经济原因，这一命题在实践中没有及时"破题"；再加上治理、整顿工作的需要，原定于 1989 年开展的地方机构改革暂缓进行。

(三) 选举和决定新一届国家机构领导人

1. 会议选举产生七届全国人大常委会。万里为委员长，习仲勋、乌兰夫、彭冲、韦国清、朱学范、阿沛·阿旺晋美、班禅额尔德尼·确吉坚赞、赛福鼎·艾则孜、周谷城、严济慈、荣毅仁、叶飞、廖汉生、倪志福、陈慕华、费孝通、孙起孟、雷洁琼、王汉斌等 19 人为副委员长，彭冲兼秘书长，丁光训等 135 人为委员。

会议决定设立七个专门委员会，比六届全国人大多设一个专门委员会，即增设内务司法委员会。会议以举手表决的方式[1]，分别通过七届全国人大民族、法律、内务司法、财经、教科文卫、外事、华侨等七个专门委员会组成人员名单。

2. 会议选举杨尚昆为国家主席，王震为国家副主席。

3. 根据国家主席杨尚昆的提名，会议决定李鹏为国务院总理。根据国务院总理李鹏的提名，会议决定任命姚依林、田纪云、吴学谦为国务院副总理，李铁映、秦基伟、王丙乾、宋健、王芳、邹家华、李贵鲜、陈希同、陈俊生为国务委员，陈俊生兼国务院秘书长[2]，还任命各部部长、委员会主任。

4. 会议选举邓小平为国家军委主席。根据国家军委主席邓小平的提名，会议决定赵紫阳、杨尚昆为国家军委副主席。

5. 会议选举任建新为最高人民法院院长，刘复之为最高人民检察院检察长。

（四）现行宪法第一个修正案

1988 年 3 月 12 日，六届全国人大常委会第二十五次会议讨论了中共中央关于修改宪法个别条款的建议，并依照宪法第六十四条的规定，提出宪法个别条款的修正案草案，提请七届全国人大一次会议审议。

---

〔1〕　在选举专门委员会组成人员时，中国台湾代表黄顺兴、浙江代表钱礼和吴东侨、黑龙江代表古宣辉等人都对人选提出意见，广东代表伍禅要求从华侨委员会候选名单中退出来。还有代表提出各专门委员会组成人员名单应当逐人表决。3 月 29 日，各报公布选举中弃权和反对的人数。

〔2〕　1988 年 12 月 29 日，七届全国人大常委会第五次会议批准任命罗干为国务院秘书长，免去陈俊生兼任的国务院秘书长职务，免去罗干的劳动部部长职务。

1988 年 3 月 31 日，七届全国人大一次会议第四次全体会议审议宪法修正案草案。1988 年 4 月 12 日，七届全国人大一次会议审议通过并公布施行宪法修正案。具体来说，共有两条。

1. 在宪法第十一条中增加规定："国家允许私营经济在法律规定的范围内存在和发展。私营经济是社会主义公有制经济的补充。国家保护私营经济的合法的权利和利益，对私营经济实行引导、监督和管理。"

2. 将宪法第十条第四款修改为："任何组织或者个人不得侵占、买卖或者以其他形式非法转让土地。土地的使用权可以依照法律的规定转让。"

这次修正是对现行宪法的第一次修正。这次修正与我国所实行的经济体制改革密不可分。众所周知，伴随经济体制改革的日益深入，市场机制的作用日益受到重视。党的十二大提出以计划经济为主，市场调节为辅；党的十二届三中全会指出商品经济是社会经济发展不可逾越的阶段，我国社会主义经济是公有制基础上的有计划商品经济；党的十三大提出社会主义有计划商品经济的体制应该是计划与市场内在统一的体制。在这一背景之下，这个宪法修正案集中在经济制度部分，将党和国家关于计划与市场关系的认识、关于经济体制改革的目标模式载入宪法，集中体现了我国经济体制改革的成果，既对私营经济的补充作用作了充分肯定，又首次在宪法上确认了土地使用权的商品属性（即可以交易转让）。

在闭幕会上，国家主席杨尚昆、全国人大常委会委员长万里分别发表讲话。4 月 15 日，中共中央政治局举行全体会议。会议讨论全国人大代表、政协全国委员会委员的意见，分别成立专门小组解决教育、物价、党风、政纪等问题。

第五节　全国人大及其常委会
行使职权的其他情况

这一时期，全国人大及其常委会在党的领导下，认真履行宪法和法律赋予的职责，各方面的工作都有了新的、较大的进展。

一、全国人大行使职权的情况

这一时期，从五届全国人大五次会议开始，至党的十三届四中全会，全国人大会议共召开7次。

（一）在立法方面

除了制定现行宪法并对该宪法进行第一次修正之外，还审议通过其他法律。主要包括：民族区域自治法、兵役法、继承法、关于授权国务院在经济体制改革和对外开放方面可以制定暂行的规定或者条例的决定、民法通则、义务教育法、外资企业法、关于村民委员会组织法（草案）的决定、全民所有制工业企业法、中外合作经营企业法、行政诉讼法、全国人大议事规则、关于国务院提请审议授权深圳市制定深圳经济特区法规和规章的议案的决定等。

这里，特别说明一下民族区域自治法。该法是六届全国人大二次会议于1984年5月31日审议通过的，是我国第一部关于民族区域自治的专门法律。这部法律全面总结了我国实行民族区域自治制度30多年的经验和教训，使宪法关于民族区域自治的基本原则具体化，使得维护和发展我国社会主义民族关系进一步法律化、制度化。民族区域自治法是"根据宪法关于民族区域自治的基本原则和规定，具体保障这个制度胜利实施的基本法律"[1]。

（二）在监督方面

全国人大会议听取和审议国务院的政府工作报告（或五年计划报告[2]）、全国人大常委会工作报告、最高人民法院工作报告和最高人民检察院工作报告。会议还听取和审议国务院关于 1984 年国民经济和社会发展计划草案的报告、关于 1983 年国家决算和 1984 年国家预算草案的报告、关于 1985 年国民经济和社会发展计划草案的报告、关于 1984 年国家预算执行情况和 1985 年国家预算草案的报告、关于 1987 年国民经济和社会发展计划草案的报告、关于 1986 年国家预算执行情况和 1987 年国家预算草案的报告、关于 1988 年国民经济和社会发展计划草案的报告、关于 1987 年国家预算执行情况和 1988 年国家预算草案的报告、关于 1989 年国民经济和社会发展计划草案的报告、关于 1988 年国家预算执行情况和 1989 年国家预算草案的报告等。经过审议，会议通过有关决定或决议。

（三）在重大事项决定方面

全国人大会议先后审议通过关于批准《中华人民共和国政府和大不列颠及北爱尔兰联合王国政府关于香港问题的联合声明》的决定、关于授权全国人大常委会审议批准《中华人民共和国政

---

〔1〕 阿沛·阿旺晋美：《关于〈中华人民共和国民族区域自治法（草案）〉的说明》，《全国人民代表大会常务委员会公报》1984 年第 2 号。

〔2〕 1986 年 3 月 25 日，六届全国人大四次会议听取国务院总理赵紫阳同志作关于第七个五年计划草案的报告。国家的国民经济和社会发展五年计划在执行的第一年就提交全国人大会议审议，在新中国的历史上还是第一次。

府和葡萄牙共和国政府关于澳门问题的联合声明》的决定、关于
七届全国人大代表名额和选举问题的决定、七届全国人大第一次
会议选举办法、关于成立澳门特别行政区基本法起草委员会的决
定、关于设立海南省的决定、关于建立海南经济特区的决议等。

（四）在机构设置方面

全国人大会议审议通过关于成立香港特别行政区基本法起草
委员会的决定等。

二、全国人大常委会行使职权的情况

这一时期，从 1983 年 3 月 5 日五届全国人大常委会第二十
六次会议开始，到 1989 年 3 月 9 日七届全国人大常委会第七次
会议，共召开会议 34 次。

（一）在立法方面

1. 制定的法律，主要包括：海上交通安全法、统计法、专利
法、水污染防治法、森林法[1]、药品管理法、会计法、涉外经
济合同法、草原法、计量法、居民身份证条例、外国人入境出境
管理法、公民出境入境管理法、渔业法、矿产资源法、土地管理
法、治安管理处罚条例、外交特权与豁免条例、企业破产法（试
行）、国境卫生检疫法、邮政法、海关法、技术合同法、大气污
染防治法、档案法、村民委员会组织法（试行）、水法、中国人
民解放军军官军衔条例、保守国家秘密法、中国人民解放军现役
军官服役条例、野生动物保护法、标准化法、进出口商品检验
法、传染病防治法等。这里，着重说一下企业破产法（试行）的

---

〔1〕 这替代了1979年2月23日五届全国人大常委会第六次会议原则通过的森林
法（试行）。

有关情况。1986 年 8 月 3 日，中央电视台播出一则"沈阳市政府召开新闻发布会，宣告沈阳市爆破器械厂破产倒闭"新闻。在计划经济体制尚未打破的年代，这一消息犹如一块巨石，在人们心中激起了巨大的波澜。1986 年 12 月 2 日，六届全国人大常委会第十八次会议通过的企业破产法（试行），是一部实现从计划经济向商品经济转变的重要法律，曾先后几次更改名称（实际上是明确该法的调整对象和范围），一开始叫国营企业破产法，后又叫全民所有制企业破产法，最后定为企业破产法。同时，明确该法自全民所有制工业企业法实施满三个月之日起试行。

2. 修改的法律，主要包括：人民法院组织法、人民检察院组织法、中外合资经营企业所得税法、全国人大和地方各级人大选举法、地方各级人大和地方各级政府组织法、土地管理法等。

3. 有关决定或决议，主要包括：关于县级以下人大代表直接选举的若干规定，关于严惩严重危害社会治安的犯罪分子的决定，关于迅速审判严重危害社会治安的犯罪分子的程序的决定，关于国家安全机关行使公安机关侦查、拘留、预审和执行逮捕的职权的决定，关于授权国务院对职工退休退职办法进行部分修改和补充的决定，关于批准消防条例的决议[1]，关于刑事案件办案期限的补充规定，关于授权国务院改革工商税制发布有关税收条例草案试行的决定，关于批准法制工作委员会关于对 1978 年底以前颁布的法律进行清理的情况和意见的报告的决定，关于惩治走私罪的补充规定，关于惩治贪污罪贿赂罪的补充规定，关于惩治泄露国家秘密犯罪的补充规定，关于惩治捕杀国家重点保护的珍贵、濒危野生动物犯罪的补充规定等。

---

〔1〕 1984 年 5 月 11 日六届全国人大常委会第五次会议批准该条例后，国务院 1984 年 5 月 13 日将其公布施行。

（二）在监督方面

全国人大常委会还听取或审议国务院及其部门、最高人民法院、最高人民检察院的报告。

1. 听取或审议国务院及其有关部门的报告、汇报。主要有：关于文化艺术工作中精神污染的一些情况和问题的报告，关于加强学校思想政治工作保护青少年健康成长的报告，关于广播电视系统精神污染的一些情况和问题的报告，关于当前国际形势和一年多来的外交工作的报告，关于我国当前经济情况的报告，关于目前对外贸易工作情况的报告，关于中国体育代表团参加第二十三届奥运会的情况汇报，关于中国女排夺得奥运会比赛冠军的情况汇报，关于经济特区建设和沿海十四个城市进一步开放工作进展情况的报告，关于黄河、长江、淮河、永定河防御特大洪水方案的报告，关于审计机关建立以来工作情况的报告，关于当前产品质量状况和改进措施的报告，关于我国当前的经济形势的报告，关于今年价格改革的情况的报告，关于1985年的国际形势和我国的外交工作的报告，关于1985年国家决算的报告，关于1985年审计工作的报告、关于我国核电建设情况和发展方针的报告，关于劳动制度改革问题的汇报，关于一些高等院校少数学生闹事的情况汇报，关于1986年经济发展的情况和1987年经济和社会发展计划重点的汇报，关于1986年国家预算执行情况的汇报，关于农业生产情况的汇报，关于1986年贯彻实施全国人大常委会在公民中基本普及法律常识的决议情况的报告，关于1986年国家决算的报告，关于大兴安岭特大森林火灾事故和处理情况的汇报[1]，关于

---

〔1〕 1987年6月11日—23日召开的六届全国人大常委会第二十一次会议，听取并审议了该汇报，通过了关于大兴安岭特大森林火灾事故的决议、关于撤销杨钟的林业部部长职务的决定。

审计工作的报告，关于农业生产问题的汇报，关于 1987 年国家决算的报告，关于我国教育工作一些情况的汇报，关于公安工作和当前社会治安情况的报告，关于文物保护法实施情况的报告，关于价格、工资改革初步方案制定情况的汇报，关于当前农业生产形势和明年工作安排的汇报，关于当前经济情况和明年的计划安排的汇报，关于普及法律常识工作情况的报告等。

2. 听取最高人民法院、最高人民检察院的报告或汇报。主要有：关于严厉打击流氓团伙分子利用淫秽性物品进行犯罪活动的情况汇报、关于严厉打击严重经济犯罪活动的几个问题的汇报、关于检察机关打击严重经济犯罪活动工作情况的报告等。

3. 听取全国人大专门委员会的说明或汇报。主要有：谴责美国国会制造"两个中国"严重事件的说明、关于今年 1 月六届全国人大常委会第十四次会议期间 57 名委员联名提出的议案的处理情况的汇报等。

（三）在重大事项决定方面

全国人大常委会先后听取相关说明，审议通过六届全国人大少数民族代表名额分配方案，台湾省出席六届全国人大代表协商选举方案，全国人大代表资格审查委员会关于六届全国人大代表资格的审查报告和关于六届全国人大代表名单的公告，关于地区和市合并后市人大提前换届问题的决定，关于在公民中基本普及法律常识的决议，关于县、乡两级人民代表大会选举时间的决定，全国人大代表参加各国议会联盟代表团章程，关于教师节的决定，香港特别行政区基本法起草委员会名单，关于批准长江南京港对外国籍船舶开放的决定，关于县、乡两级人民代表大会代表选举时间的决定，关于加强法制教育维护安定团结的决定，关于批准中华人民共和国政府和葡萄牙共和国政府关于澳门问题的联合声明的决议，关于七届全国人大少数民族代表名额分配方案的决定，关于台湾省出席七届全国人大代表协商选举方案的决定，关于批准中央军事委员会关于授予军队离退休干部中国人民解放军勋章荣誉章的规定的决定，关于确认 1955 年—1965 年期间授予的军官军衔的决定，关于海南省人民代表会议代行海南省人民代表大会职权的决定，七届全国人大常委会工作要点，关于加强民主法制维护安定团结保障改革和建设顺利进行的决定，关于海南省出席七届全国人大代表团组成的决定等。

（四）在机构设置和人事任免方面

全国人大常委会审议通过关于由对外经济贸易部行使原外国投资管理委员会的批准权的决定，五届全国人大常委会代表资格审查委员会名单[1]，全国人大 10 个对外双边友好小组主席、副主席和小组成员名单，全国人大常委会法制工作委员会名单，关于在沿海港口城市设立海事法院的决定、全国人大 6 个对外双边友好小组主席、副主席和小组成员名单，关于设立国家教育委员会和撤销教育部的决定，关于将广播电视部改为广播电影电视部的决定，关于设立监察部的决定，关于设立国家机械工业委员会和撤销机械工业部、兵器工业部的决定，七届全国人大常委会代表资格审查委员会主任委员、副主任委员、委员名单，澳门特别行政区基本法起草委员会名单等。

1987 年 11 月 24 日，六届全国人大常委会第二十三次会议审议国务院总理赵紫阳提出的辞去总理职务的请求和由国务院副总理李鹏任代总理的建议的议案，通过决定，同意赵紫阳辞去国务院总理职务，报请七届全国人大一次会议确认；同意赵紫阳的建

---

〔1〕　这是 1983 年 3 月 5 日五届全国人大常委会第二十六次会议通过的，从此，就改为全国人大常委会代表资格审查委员会，而不再是全国人大代表资格审查委员会。

议，在七届全国人大一次会议决定国务院总理的人选以前，由国务院副总理李鹏任国务院代总理，行使总理职权，领导国务院的工作。

第六节　人民代表大会制度的新进展

一、修改完善人大代表选举制度

（一）全国人大和地方各级人大选举法的第一次修改

1982 年 12 月 10 日，五届全国人大五次会议对全国人大和地方各级人大选举法作第一次修改。主要内容有以下几项。

1. 减少农村与城镇每一代表的人口数比例。对人口特多的镇或企事业职工人数在总人口中所占比例较大的县，经省级人大常委会决定，农村每一代表所代表人口数同镇或企事业职工每一代表所代表人口数之比可以小于四比一直至一比一。

2. 对宣传代表候选人的方式作了限定，将原来可用各种方式宣传代表候选人，改为推荐候选人的党派、团体或选民，只能在选民小组会上介绍所推荐的代表候选人。

3. 降低另行选举的当选票数。将原规定二次选举得票数必须过半数才能当选改为超过选票的三分之一即可当选。

4. 全国人大和归侨人数较多地区的地方人大，应当有适当名额的归侨代表。

5. 对聚居境内人数较少的少数民族每一代表所代表的人口数给予照顾，规定人口特少的民族至少应有代表一人。

6. 地方各级人大代表在任期内调离或者迁出本行政区域的，其代表资格自行终止，缺额另行补选。

为了更好地实施全国人大和地方各级人大选举法，1983 年 3 月，五届全国人大常委会第二十六次会议通过关于县级以下人大代表直接选举的若干规定，对直接选举中的具体问题作了补充和立法解释。

（二）对全国人大和地方各级人大选举法的第二次修改

1986 年 12 月 2 日，六届全国人大常委会第十八次会议对全国人大和地方各级人大选举法作第二次修改，着重在完善选举程序、推进选举制度更加民主化方面。这是为了保证 1987 年底以前县、乡两级人大换届选举工作顺利进行。

1. 简化选民登记手续。选民登记按选区进行，经登记确认的选民资格长期有效。每次选举前对上次选民登记以后新满 18 周岁的、被剥夺政治权利期满后恢复政治权利的选民，予以登记；对选民迁出原选区的，列入新迁入的选区的选民名单；对死亡和依法被剥夺政治权利的人，从选民名单上除名。

2. 完善选民或者代表提名制度。将选民或者代表联名推荐代表候选人的人数从原来的三人以上改为十人以上。明确规定由选民直接选举的代表候选人应多于应选代表名额的三分之一至一倍。

3. 在确定正式代表候选人方面，规定选区选民小组（或全体代表）反复酝酿、讨论、协商，根据较多数选民（或代表）的意见，确定正式代表候选人名单。删去了原来直接或间接选举代表中通过预选确定正式候选人名单的规定。这是因为一些地方提出，将选民集中起来比较困难，预选增加了工作量。

4. 间接选举时，增加大会主席团向代表介绍候选人，推荐者在代表小组会上介绍所推荐的候选人的规定。

5. 限定委托代为投票数量。规定每一选民接受其他选民委托代为投票不得超过三人。

6. 降低当选票数。将直接选举时候选人获得全体选民过半数的选票始得当选，改为选区全体选民的过半数参加投票，获得参加选举选民过半数当选。间接选举仍然要获得全体代表过半数选票当选。

7. 减少代表名额。在法律规定上将全国人大代表的名额限定在三千人以内。

8. 对聚居境内人数较少的少数民族应选人大代表名额给予照顾。

9. 对华侨回国期间参加选举给予照顾，可以参加原籍地或者出国前居住地的选举。

10. 强化县乡选举的领导工作。将县、乡级选举委员会由同级政府领导改为由县级人大常委会领导。补充规定省、自治区、直辖市、设区的市、自治州的人大常委会指导本行政区域内县级以下人大代表的选举工作。

11. 对代表辞职、补选和罢免的具体程序进行完善。

二、健全人大组织制度

（一）健全人大组织体系

1982 年 12 月 10 日，五届全国人大五次会议审议通过新的全国人大组织法，同时对地方各级人大和地方各级政府组织法作第一次修改。其中，健全人大组织制度突出表现在加强全国人大及其常委会的组织，健全地方各级人大的组织体系。主要内容有以下几项。

1. 人大常委会委员长（主任）会议的组成。全国人大常委会委员长、副委员长、秘书长组成委员长会议，县级以上地方人大常委会主任、副主任组成主任会议，负责处理常委会的重要日常工作。

2. 常委会的组成。全国人大常委会组成人员中，应有适当名额的少数民族代表。各级人大常委会的组成人员不得担任国家行政机关、审判机关和检察机关的职务；如果担任上述职务，必须辞去常委会的职务。这实际上是要求人大常委会的组成人员专职，有利于对行政、审判、检察机关的监督，也有利于实现委员的年轻化。

3. 专门委员会的组成和职责。各专门委员会由主任委员、副主任委员若干人和委员若干人组成。各专门委员会负责研究、审议和拟订有关议案，开展调查研究。

4. 办事机构和工作机构的组成。常委会设立代表资格审查委员会、办公厅、工作委员会。代表资格审查委员会由主任委员、副主任委员、委员组成，工作委员会由主任、副主任、委员组成。

5. 全国人大及其常委会可以组织特定问题的调查委员会。

6. 改变了农村人民公社政社合一的体制，在乡镇一级建立乡镇人大，设置主席、副主席负责代表大会闭会期间的工作。

7. 将自治州、设区的市人大任期由原来的 3 年改为 5 年，将乡镇人大任期由原来的 2 年改为 3 年。

（二）对地方各级人大和地方各级政府组织法的第二次修改

1986 年 12 月 2 日，六届全国人大常委会第十八次会议对地方各级人大和地方各级政府组织法的第二次修改，内容主要有以下几项。

1. 对地方人大专门委员会进行补充规定。省、自治区、直辖市、自治州、设区的市人大根据需要，可以设立法制（政法）委员会、财政经济委员会、教育科学文化卫生委员会等专门委员会，负责研究、审议和拟定有关议案，对属于本级人大及其常委会职权范围内同本委员会有关的问题进行调查研究，提出建议。专门委员会的组成人员由主席团在代表中提名，大会通过。大会闭会期间，常委会可以补充任命个别副主任委员和部分委员，由主任会议提名，常委会会议通过。

2. 对地方人大代表资格审查委员会进行补充规定。乡级人大每届第一次会议通过的代表资格审查委员会行使职权至本届人大任期届满为止。县级以上地方各级人大常委会设立代表资格审查委员会，其主任委员、副主任委员和委员的人选，由常委会主任会议在常委会组成人员中提名，常委会会议通过。

3. 在省自治区、直辖市、自治州、设区的市人大常委会主任会议中增加秘书长。

4. 规定县级以上地方各级人大及其常委会也可以组织特定问题的调查委员会。

三、健全人事任免制度

（一）全国人大组织法的有关规定

1. 明确国家领导人员的任期，连续任职不得超过两届。国家主席、副主席，全国人大常委会委员长、副委员长，国务院总理、副总理、国务委员，最高人民法院院长，最高人民检察院检察长连续任职不得超过两届，废除了实际上存在的领导职务终身制。

2. 国家机构领导人员的选举提名。全国人大常委会组成人员的人选，国家主席、副主席的人选，中央军委主席的人选，最高人民法院院长和最高人民检察院检察长的人选，由主席团提名，经各代表团酝酿协商后，再由主席团根据多数代表的意见确定正式候选人名单。国务院总理人选由国家主席提名。国务院其他组成人员的人选由总理提名。中央军委其他组成人员的人选由军委主席提名。

3. 国家机构领导人员的罢免。全国人大三个以上的代表团或者十分之一以上的代表，可以提出对于全国人大常委会组成人员，国家主席、副主席，国务院和中央军委组成人员的人选，最高人民法院院长，最高人民检察院检察长的罢免案，由主席团提请大会审议。

4. 推选代理委员长职务的人选。委员长因为健康情况不能工作或者缺位的时候，由常务委员会在副委员长中推选一人代理委员长的职务，直到委员长恢复健康或者全国人大选出新的委员长为止。

5. 专门委员会成员的任免。专门委员会主任委员、副主任委员和委员的人选，由主席团在代表中提名，大会通过。在大会闭会期间，全国人大常委会可以补充任命专门委员会的个别副主任委员和部分委员，由委员长会议提名，常务委员会会议通过。各专门委员会可以根据工作需要，任命专家若干人为顾问。顾问由全国人大常委会任免。

6. 办事机构和工作机构领导人员的任免。常委会代表资格审查委员会主任委员、副主任委员和委员的人选，由委员长会议在常委会组成人员中提名，常委会会议通过。常委会副秘书长和常委会工作委员会主任、副主任和委员，由委员长提请常委会任免。

从六届全国人大常委会开始，任命专门委员会的顾问。1983 年 9 月 2 日，六届全国人大常委会第二次会议任命陶希晋、周仁山为全国人大法律委员会顾问，勇龙桂、左春台为全国人大财经委员会顾问。1986 年 3 月 19 日，六届全国人大常委会第十五次会议任命李清为全国人大法律委员会顾问，张忱为全国人大财经委员会顾问。此后，全国人大常委会还任命了法律、内务司法、财经、外事、华侨等专门委员会的顾问。但是，1988 年 7 月 1 日，七届全国人大常委会第二次会议在就全国人大外事委员会一位顾问人选进行表决时，投票结果为：73 票赞成、4 票反对、48 票弃权、4 人未按表决器，因赞成票未过半数而否决该项任命[1]。此后，全国人大常委会还继续任命全国人大专门委员会顾问，但越来越少直至不再任命。

（二）全国人大议事规则

有关人大任免制度的主要内容如下。

1. 提名。全国人大常委会组成人员、专门委员会成员的人选，由主席团在代表中提名。提名时应当向会议介绍候选人的基本情况，并对代表提出的问题作必要的说明。

2. 选举或者决定任命。全国人大会议选举或者决定任命，采用无记名投票方式。得票数超过全体代表半数的，始得当选或者通过。大会全体会议选举或者表决任命案的时候，设秘密写票处。选举或者表决结果，由会议主持人当场宣布。候选人的得票数，应当公布。选举和决定任命的具体办法由大会全体

---

〔1〕 全国人大常委会办公厅编：《全国人民代表大会及其常务委员会大事记（1954—2014）》，中国民主法制出版社 2014 年版，第 324 页。

会议通过。

3. 辞职。全国人大会议期间，常委会组成人员，国家主席、副主席，国务院组成人员，中央军委组成人员，最高人民法院院长和最高人民检察院检察长提出辞职的，由主席团将其辞职请求交各代表团审议后，提请全体会议决定；大会闭会期间提出辞职的，委员长会议将其辞职请求提请全国人大常委会会议审议决定。接受辞职的，报请全国人大下次会议确认。

4. 缺位代理人选。全国人大闭会期间，国务院总理、中央军委主席、最高人民法院院长、最高人民检察院检察长辞职或者缺位的，全国人大常委会可以分别决定代理人选。

5. 罢免。主席团、三个以上的代表团或者十分之一以上的代表，可以提出对于全国人大常委会组成人员，国家主席、副主席，国务院组成人员，中央军委组成人员，最高人民法院院长和最高人民检察院检察长的罢免案，由主席团交各代表团审议后，提请大会全体会议表决；或者依法组织调查委员会，由全国人大下次会议根据调查委员会的报告审议决定。罢免案提请大会全体会议表决前，被提出罢免的人员有权在主席团会议和大会全体会议上提出申辩意见，或者书面提出申辩意见，由主席团印发会议。全国人大常委会组成人员、专门委员会成员的全国人大代表职务被原选举单位罢免的，其全国人大常委会组成人员、专门委员会成员的职务相应撤销，由主席团或者全国人大常委会予以公告。

（三）全国人大常委会议事规则

有关人大任免制度的主要内容如下。

1. 任命案的提出。提请任命的机关应当介绍被任命人员的基本情况，必要时有关负责人应当到会回答询问。提议案的机关的负责人可以在常委会全体会议、联组会议上对议案作补充说明。

2. 任免案的表决。任免案逐人表决，根据情况也可以合并表决。

（四）地方各级人大和地方各级政府组织法

1986 年 12 月 2 日，六届全国人大常委会第十八次会议对地方各级人大和地方各级政府组织法作了修改。其中有关人大人事任免制度的内容主要有以下几项。

1. 明确人大选举国家机构领导人员的权力。地方人大选举省长、副省长，自治区主席、副主席，市长、副市长，州长、副州长，县长、副县长，区长、副区长。选举本级人民法院院长和人民检察院检察长。

2. 扩大代表联合提名的权力。县以上地方各级人大常委会组成人员，省长、副省长，自治区主席、副主席，市长、副市长，州长、副州长，县长、副县长，区长、副区长，乡长、副乡长，镇长、副镇长，人民法院院长、人民检察院检察长的人选，由本级人大主席团或者代表十人以上联合提名。

3. 确立差额选举的原则。县以上地方各级人大常委会主任、秘书长，省长、自治区主席、市长、州长、县长、区长、乡长、镇长，人民法院院长，人民检察院检察长的候选人数一般应多一人，进行差额选举。如果提名的候选人只有一人，也可以等额选举。人大常委会副主任，副省长、自治区副主席、副市长、副州长、副县长、副区长、副乡长、副镇长的候选人数应比应选人数多一至三人，人大常委会委员的候选人数应比应选人数多十分之一至五分之一，进行差额选举。

4. 赋予地方人大罢免权。县级以上地方各级人大举行会议的时候，主席团、常委会或者十分之一以上的代表联名，可以提出对本级人大常委会组成人员、政府领导人员、人民法院院长、人民检察院检察长的罢免案，由主席团提请大会审议。乡级人大举行会议的时候，主席团或者五分之一以上的代表联名，可以提出对乡长、副乡长，镇长、副镇长的罢免案，由主席团提请大会审议。

5. 赋予地方人大及其常委会接受辞职权。地方各级政府领导人员、县以上地方各级人大常委会组成人员、人民法院院长、人民检察院检察长，可以向本级人大提出辞职，由大会决定是否接受辞职。大会闭会期间，可以向本级人大常委会提出辞职，由常委会决定是否接受辞职。常委会决定接受辞职后，报本级人大备案。

（五）全国人大常委会人事任免办法

1989 年 10 月，七届全国人大常委会委员长会议制定的全国人大常委会人事任免办法，主要内容包括以下几项。

1. 任免案的提出。提请任免机关向全国人大常委会提出的任免案（包括任命人选简历和任免理由），由委员长会议决定提请常委会会议审议。

2. 任免案的审议。常委会会议审议任免案时，由常委会办公厅将有关文件（包括任命人选简历和任免理由）印发常委会组成人员。审议中提出的问题，必要时由提出任免案的机关的负责人进行回答和解释。

3. 任免案的表决。常委会表决任免案采用无记名方式，特殊情况下可以采用其他方式，由常委会全体组成人员的过半数通过。表决结果由主持人当场宣布。

4. 逐人表决。包括国务院各部部长、委员会主任、审计长、秘书长，中央军事委员会副主席、委员，常委会副秘书长，专门委员会个别副主任委员、部分委员、顾问，常委会工作委员会主任、副主任、委员，最高人民法院副院长、军事法院院长，最高人民检察院副检察长、军事检察院检察长的任免。

5. 合并表决。最高人民法院庭长、副庭长、审判员、审判委员会委员，最高人民检察院检察员、检察委员会委员等的任免，以及批准省、自治区、直辖市人民检察院检察长的任免，决定驻外全权代表的任免，一般合并表决，根据情况也可以逐人表决。常委会代表资格审查委员会主任委员、副主任委员、委员的任免，合并表决。

6. 表决顺序。任免案中同一职务要进行任命和免职两项的表决时，先进行免职项表决，再进行任命项表决。

7. 任免案的公布。国务院部长、委员会主任、审计长、秘书长，驻外全权代表的人选经常委会决定后，由国家主席根据常委会的决定予以任免并公布。其他人选由常委会公布。

四、完善立法制度

现行宪法、全国人大组织法、地方各级人大和地方各级政府组织法对立法权限划分、立法程序、法律解释等问题作了基本规定，全国人大议事规则和全国人大常委会议事规则又进一步作了具体规定。

（一）授权全国人大常委会立法

1987 年 4 月 11 日，六届全国人大五次会议通过的关于村民委员会组织法（草案）的决定，原则通过村民委员会组织法草案，并授权全国人大常委会根据宪法规定的原则，参照大会审议中代表提出的意见，进一步调查研究，总结经验，审议修改后颁布试行。经过试行，再根据实践经验进一步修改后，提请全国人大会议通过公布施行。1987 年 11 月 24 日，六届全国人大常委会第二十三次会议根据全国人大的授权，审议通过村民委员会组织法（试行）。

（二）授权国务院立法

1983 年 9 月—1985 年 4 月，全国人大及其常委会先后 3 次通过有关决定，对我国立法体制再次进行重大改革，授权国务院立法。具体情况是：

1. 第一次授权。1983 年 9 月 2 日，六届全国人大常委会第二次会议通过关于授权国务院对职工退休退职办法进行部分修改和补充的决定，授权国务院对 1978 年 5 月 24 日五届全国人大常委会第二次会议原则批准的国务院关于安置老弱病残干部的暂行办法和国务院关于工人退休、退职的暂行办法的部分规定作一些必要的修改和补充。

2. 第二次授权。1984 年 9 月 18 日，六届全国人大常委会第七次会议通过关于授权国务院改革工商税制发布有关税收条例草案试行的决定。按照这个决定，全国人大常委会授权国务院在实施国营企业利改税和改革工商税制的过程中，拟定有关税收条例，以草案形式发布试行，再根据试行的经验加以修改，提请全国人大常委会审议。国务院发布试行的以上税收条例草案，不适用于中外合资经营企业和外资企业。同一天，国务院据此发布产品税条例（草案）、增值税条例（草案）、盐业税条例（草案）、营业税条例（草案）、资源税条例（草案）、企业所得税条例（草案）等六个税收条例草案和国营企业调节税征收办法，均自 1984 年 10 月 1 日起试行。

3. 第三次授权。1985 年 4 月 10 日，六届全国人大三次会议通过关于授权国务院在经济体制改革和对外开放方面可以制定暂行的规定或者条例的决定。按照这个决定，全国人大授权国务院对于有关经济体制改革和对外开放方面的问题，必要时可以根据宪法，在同有关法律和全国人大及其常委会的有关决定的基本原则不相抵触的前提下，制定暂行的规定或者条例，颁布实施，并报全国人大常委会备案。经过实践检验，条件成熟时由全国人大或者其常委会制定法律。

（三）赋予地方人大立法权

根据现行宪法和1982年12月10日五届全国人大五次会议对地方各级人大和地方各级政府组织法的修改，我国多层次立法体制正式形成。

1986年12月2日，六届全国人大常委会第十八次会议对地方各级人大和地方各级政府组织法的修改，增加规定省（区）的人民政府所在地的市和经国务院批准的较大的市的人大根据本市的具体情况和实际需要，在不同宪法、法律、行政法规和本省（区）的地方性法规相抵触的前提下，可以制定地方性法规，报省（区）的人大常委会批准后施行。就是说，将原来的"较大的市"拟定本市需要的地方性法规草案，提请省（区）人大常委会审议制定，修改为可以制定地方性法规，报省（区）人大常委会批准后施行。

（四）授权海南省人大及其常委会立法权

1988年4月13日，七届全国人大一次会议通过关于建立海南经济特区的决议，授权海南省人大及其常委会，根据海南经济特区的具体情况和实际需要，遵循国家有关法律、全国人大及其常委会有关决定和国务院有关行政法规的原则制定法规，在海南经济特区实施，并报全国人大常委会和国务院备案。

（五）规范法律案审议制度

1983 年 3 月 5 日，五届全国人大常委会委员长会议讨论全国人大常委会审议法律草案的程序问题。彭真同志提出法律案审议分步走的方案："对于向人大常委会提出的法律案，第一次常委会会议确定是不是列入议程，这个法律案能不能成立。成立了，就把这个法律案发给常委委员，同时交给专门委员会审议，让大家有一个考虑研究的时间，在下次或者以后的常委会会议上再审议通过。"[1] 委员长会议形成了一个委员长会议纪要。在紧接着举行的常委会第二十六次会议全体会议上，全国人大常委会副委员长兼秘书长杨尚昆报告了委员长会议关于全国人大常委会审议法律草案的程序问题的意见。根据委员长会议纪要，今后全国人大常委会审议法律草案一般采取如下程序："凡向全国人大常委会提出的法律草案，由委员长会议提出是否列入常委会会议议程的意见，经常委会同意列入议程后，先在常委会会议上听取法律草案的说明，然后将法律草案交全国人大法律委员会和有关的专门委员会进行审议修改；同时，常委会组成人员将法律草案和有关资料带回，进行研究，在下次或者以后的常委会会议再对该法律草案进行审议。"[2]

这是鉴于当时干部和群众很注意法律的稳定性和能不能严格执行，全国人大常委会审议法律草案需要有一定的时间，避免仓促审议，考虑不周，影响法律的稳定性，而在程序上作出

〔1〕《彭真传》编写组：《彭真传（1979—1997）》第四卷，中央文献出版社 2012 年版，第 1581—1582 页。

〔2〕《全国人民代表大会常务委员会委员长会议纪要》，《全国人民代表大会常务委员会公报（1983—1985 年卷）》，中国法制出版社 2004 年版，第 15 页；另见《彭真传》编写组编：《彭真年谱（1979—1997）》第五卷，中央文献出版社 2012 年版，第 180 页。

的一个规定。

这就改变了以往全国人大及其常委会所通常采取的一审制，即"当次会议提出法律案，当次会议就审议通过"。从此以后，一件法律案，一般要经过两次或者两次以上的常委会会议审议，将主要矛盾和分歧意见解决之后，才付表决。

五、完善人大监督制度

现行宪法、全国人大组织法、地方各级人大和地方各级政府组织法，对人大及其常委会的监督职权和监督制度进行了比较具体的规定。各级人大及其常委会认真履行监督职权，不断改进监督工作，在实践中积累了许多好的经验。

（一）加强地方性法规备案工作

1987 年 5 月 25 日，全国人大常委会办公厅、国务院办公厅联合发出关于地方性法规备案工作的通知。

1. 地方性法规、自治条例和单行条例应于批准之日起的 30 日内，将法规文本、说明、备案报告等有关材料分别报送全国人大常委会和国务院各一式 15 份。

2. 报送备案的地方性法规、自治条例和单行条例及有关文件应是铅印或打印的正式文本；不要以会议文件或文件汇编的撕页报送。

3. 备案报告应加盖省、自治区、直辖市人大常委会的印章。

（二）开始酝酿起草监督法

为了规范监督工作制度和监督程序，全国人大常委会从 1986 年就开始酝酿监督法。实际上，以起草、修改、审议、颁布实施监督法为主线，人大监督制度不断得到规范。1982 年宪法实施后，各级人大及其常委会的工作有很大的进展。六届全国人大三次会议期间，许多代表对加强人大监督工作提出意见和建议。1986 年 8 月，全国人大常委会启动了监督立法调研工作。1990 年 5 月，七届全国人大常委会成立监督法起草组开始工作，1990 年 10 月拟出全国人大及其常委会监督法草案，调整范围不涉及地方人大及其常委会的监督工作。

六、完善人大代表制度

（一）修改地方各级人大和地方各级政府组织法关于代表的规定

1986 年 12 月 2 日，六届全国人大常委会第十八次会议对地方各级人大和地方各级政府组织法的第二次修改，涉及人大代表制度的内容主要有两项。

1. 增加规定地方各级人大代表、常委会组成人员，在代表大会和常委会会议上的发言和表决，不受法律追究。

2. 修改规定县级以上地方各级人大代表，非经本级人大主席团许可，在大会闭会期间，非经本级人大常委会许可，不受逮捕或者刑事审判。如果因为是现行犯被拘留，执行拘留的公安机关应当立即向该级人大主席团或者常委会报告。

（二）改进全国人大代表视察

中共全国人大常委会机关党组提出的关于改进全国人大代表视察办法的意见，经中共中央批准后，全国人大常委会办公厅于 1985 年 12 月 23 日正式发出。该意见主要是将原来集中统一组织代表视察逐步改为分散的经常的视察，同时与必要的集中视察相结合，要求人大代表一般在其工作、居住的地、市范围内就地视察，经常进行不脱产的视察活动，同选举单位和人民群众保持密切联系，听取人民群众的意见和要求。

（三）关于全国人大常委会加强同代表联系

1987 年 6 月 19 日，六届全国人大常委会委员长会议原则批准关于全国人大常委会加强同人大代表联系的几点意见。1987 年 6 月 25 日，全国人大常委会办公厅发出关于印发关于全国人大常委会加强同人大代表联系的几点意见的通知。主要内容有以下几项。

1. 全国人大常委会同全国人大代表的联系。包括加强同全国人大代表选举单位的联系，请代表列席常委会会议，举行代表座谈会，安排代表视察活动，组织代表参加专题调查，认真办理代表的建议和意见。居住在地方的全国人大常委会组成人员，应当注意同当地人大常委会和全国人大代表的联系。全国人大常委会的办事机构，要尽量多给代表发送相关资料。

2. 省级人大常委会同全国人大代表的联系。包括省级人大常委会负责人列席全国人大常委会会议前，征求当地有关全国人大代表的意见向全国人大常委会反映，会后向当地有关全国人大代表传达。省级人大开会时可以通知本单位选出的全国人大代表列席。省级人大常委会安排本级人大代表开展活动时可以邀请当地的全国人大代表参加。接受全国人大常委会的委托，组织全国人大代表进行视察、专题调查、召开座谈会征求代表意见，负责协助安排代表小组的活动，协助联系安排代表进行的分散视察活动，负责处理代表在视察中提出的应由地方解决的问题。

3. 建立代表小组。在全国人大代表比较集中的城市和地区，根据代表的意见和便于组织、便于活动的原则，按行业、工作单位或居住状况，分别组成代表小组。代表小组的活动要根据实际情况安排，讲求实效。

4. 全国人大代表同选举单位和人民群众的联系。代表要积极参加当地人大常委会安排的有关活动，接受选举单位的监督。代表要主动听取人民的意见和要求，向全国人大常委会和地方人大常委会反映情况，提出建议、批评和意见。每次全国人大会议闭会后，代表要及时向所在工作单位和群众传达大会精神，了解大会决议以及法律的贯彻实施情况。

（四）关于全国人大代表持视察证视察

1987年7月2日，全国人大常委会办公厅提出的关于全国人大代表持视察证视察的意见，主要内容有以下几项。

1. 代表持视察证，可以利用业余时间或结合工作就地、就近进行经常的分散的视察活动。代表持证视察采取小型、分散、灵活的形式。可以一个人单独视察，也可以几个人联合进行。

2. 代表持证视察的内容、单位、时间，由代表自行确定，由当地人大常委会协助联系。

3. 代表持证视察一般到基层单位，由被视察单位对工作比较熟悉的干部或负责人如实介绍情况。代表如需约见地方政府负责人，可请当地人大常委会协助联系安排。地方负责人可以会见，也可以指定专人接待，回答问题。

4. 代表在视察中不直接处理问题，如有意见和建议可以书面提出。其中，地方可以处理的，交地方人大常委会转有关部门研究处理；需中央有关部门解决的，交全国人大常委会办公厅转有关部门研究处理。

从1987年3月开始，全国人大常委会办公厅制发全国人大代表视察证，许多地方人大常委会办公厅也制发人大代表视察证，使代表的视察活动逐步经常化、制度化，有利于全国人大代表更好地发挥作用。

(五) 代表闭会期间的履职方面

这一时期，全国人大代表在代表大会闭会期间的主要活动，就是在全国人大会议召开之前，在各省 (区、市) 人大常委会的协助下，开展代表视察。而视察的内容，往往是根据当年党和国家的中心任务来确定的。略作说明如下。

1. 关于教育事业。1985 年 10 月 8 日，陈丕显、彭冲副委员长在座谈会上，希望参加视察的全国人大常委会委员深入调查研究，为推动教育事业发展和今后审议、制定有关法律提供依据。

2. 关于国民经济和社会发展情况以及换届选举等。1986 年 12 月下旬—1987 年 3 月上旬，全国人大代表主要视察各地 1986 年国民经济和社会发展计划以及财政预算的执行情况，当前县、乡两级换届选举工作的情况以及贯彻全国人大常委会关于加强法制教育维护安定团结的决定的情况，并征求对全民所有制工业企业法草案的意见。

3. 关于治理和整顿经济以及有关法制建设。从 1988 年 11 月中旬到 12 月上旬，全国人大常委会部分委员分赴浙江、福建、辽宁、陕西等 15 个省、市视察工作。这次视察内容是了解各地治理经济环境、整顿经济秩序的情况，了解农业情况，征求对行政诉讼法草案的意见。一些委员还就有关法律的实施情况进行调查。

七、健全人大会议制度

(一) 全国人大常委会议事规则

1987 年 11 月 24 日，六届全国人大常委会第二十三次会议通过的全国人大常委会议事规则，内容主要有以下几项。

1. 明确常委会会期。全国人大常委会一般每两个月举行一次会议。有特殊需要的时候，可以召集临时会议。

2. 提前通知有关事项。常委会会议议程草案由委员长会议拟订，提请常委会全体会议决定。常委会举行会议，应当在会议举行前七日，将开会日期、建议会议讨论的重要事项，通知常委会组成人员。

3. 确定列席会议人员。常委会举行会议的时候，国务院、中央军委、最高人民法院、最高人民检察院的负责人列席会议。各专门委员会主任委员、副主任委员，有关的专门委员会委员、顾问，有关部门负责人，列席会议。各省、自治区、直辖市人大常委会主任或者副主任一人列席会议。必要的时候，可以邀请有关的全国人大代表列席会议。

4. 规定会议形式。常委会举行会议的时候，召开全体会议，并召开分组会议和联组会议。常委会分组会议对议案或有关工作报告进行审议的时候，应当通知有关负责人到会，听取意见，回答询问。常委会联组会议可以听取和审议专门委员会对议案审议意见的汇报，对会议议题进行讨论。这就从法律上把分组会议、联组会议确定下来。

5. 对议案提出的要求。议案列入常委会会议议程，提议案的机关、有关专门委员会、常委会有关工作部门应当提供有关的资料。提议案的机关的负责人可以在常委会全体会议、联组会议上对议案作补充说明。

6. 对议案审议的要求。议案一般要经过常委会全体会议听取说明、分组会议审议、专门委员会审议、联组会议审议，再进行表决。在审议中有重大问题需要进一步研究的，经委员长或委员长会议提出、联组会议或者全体会议同意，可以暂不付表决，交专门委员会进一步审议，提出审议报告。

7. 规定发言时间。常委会组成人员和列席会议的人员在全体会议上的发言，不超过十分钟。在联席会议上，第一次发言不超过十五分钟，第二次对同一问题的发言不超过十分钟。事先提出要求，经会议主持人同意的，可以延长发言时间。

（二）全国人大议事规则

1989 年 4 月 4 日，七届全国人大二次会议通过的全国人大议事规则，内容主要有：

1. 明确代表大会举行会议的时间。规定全国人大会议于每年第一季度举行[1]。全国人大常委会认为必要，或者有五分之一以上代表提议，可以召开全国人大临时会议。

2. 提前印发会议文件。全国人大常委会在代表大会会议举行的一个月前，将开会日期和建议会议讨论的主要事项通知代表，并将准备提请会议审议的法律草案发给代表。全国人大会议举行前一个月，国务院有关部门应当就国民经济和社会发展计划和计划执行情况、国家预算及预算执行情况的主要内容，向全国人大财经委员会和有关的专门委员会汇报，由财经委员会进行初步审查。国务院在向全国人大会议提出关于国民经济和社会发展计划和计划执行情况的报告、关于国家预算及预算执行情况的报告的同时，应将国民经济和社会发展计划主要指标（草案）、国家预算收支表（草案）和国家预算执行情况表（草案）一并印发会议。

---

[1] 在此之前，全国人大会议的会期并不固定，有的年份在 2、3、4 月召开，有的年份在 5、6、7 月召开，有的年份如 1982 年 11 月 26 日才召开五届全国人大二次会议。六届全国人大三次会议于 1985 年 3 月 27 日召开，从此之后，全国人大会议都是在第一季度召开的。

3. 健全预备会议程序。提请预备会议审议的大会主席团和秘书长名单草案、会议议程草案，以及会议的其他准备事项，要经代表团充分讨论，由全国人大常委会根据各代表团的讨论提出调整意见，决定列席会议人员名单。

4. 增加审议议案和报告的方式。改变以往主要在代表小组会议审议议案和有关报告的做法，增加代表团全体会议审议，主席团可以召开大会全体会议进行发言。主席团常务主席可以就重大的专门性问题，召集代表团推选的有关代表进行讨论。专门委员会审议议案和有关报告涉及专门性问题，可以邀请有关方面的代表和专家列席会议，发表意见。

5. 规定发言时间。代表在大会全体会议上发言，每人可以发言两次，第一次不超过十分钟，第二次不超过五分钟。在主席团会议上发言的，每人可以就同一议题发言两次，第一次不超过十五分钟，第二次不超过十分钟。

6. 增加会议开放程度。（1）代表在全国人大各种会议上的发言整理简报印发会议，并可根据本人要求，将发言记录或者摘要印发会议；（2）大会全体会议设旁听席；（3）全国人大选举或者决定任命的表决结果，候选人的得票数应当公布；（4）全国人大会议举行新闻发布会、记者招待会。

1988年6月24日，七届全国人大常委会第一次新闻发布会宣布，全国人大常委会将建立新闻发布会、记者招待会制度，一般两个月举行一次，并设立旁听制度。从此，全国人大常委会新闻发布会、记者招待会制度建立起来并在实践中不断发展完善。

至此，各级人大及其常委会的会议制度逐步规范，逐步形成了适合国家权力机关特点的会议制度和议事程序。在会期方面，全国人大会议基本上在三月上旬召开，时间两个星期左右，全国人大常委会会议基本上在双月下旬召开，时间一个星期左右；省级人大会议基本上在二月召开，时间十天左右，省级人大常委会会议基本上在单月下旬召开，时间五天左右；设区的市级人大、县级人大会议基本上在一月召开，时间五天左右，设区的市级人大常委会、县级人大常委会会议有单月召开的，也有双月召开的，时间三天左右。乡镇人大会议的召集时间比较灵活，时间基本上一天。在会议议程方面，代表大会每次会议的议程基本上都包括听取和审议政府工作报告、计划报告、预算报告，审查和批准计划和预算，审议法律或法规草案，听取和审议同级人大常委会工作报告、人民法院工作报告、人民检察院工作报告，并作出相应决议。常委会每次会议的议程基本上都包括审议法律或地方法规草案，听取和审议政府、人民法院、人民检察院专项工作报告，每年第二季度审查和批准决算、听取和审议审计报告，每年第三季度听取和审议计划执行情况的报告。在会议形式方面，代表大会基本上包括全体会议、代表团会议、代表小组会议、主席团会议，常委会基本上包括全体会议、联组会议、分组会议。同时，还对代表和常委会组成人员提出议案、询问和质询、组织特定问题调查委员会、审议任免案作了明确规定，对会议发言、简报、列席和旁听、会议新闻发布等都建立了有关制度。

八、健全全国人大常委会有关机构

（一）将全国人大常委会法制委员会改为全国人大常委会法制工作委员会

1983 年 9 月 2 日，六届全国人大常委会第二次会议通过全国人大常委会法制工作委员会名单，决定将全国人大常委会法制委员会改为全国人大常委会法制工作委员会，并任命王汉斌为主任，宋汝棼、项淳一、裴劭恒、顾昂然、高西江为副主任，顾昂然兼任秘书长。

（二）全国人大常委会代表资格审查委员会

1984 年 3 月 12 日，六届全国人大常委会第四次会议通过由 15 人组成的六届全国人大常委会代表资格审查委员会名单。廖汉生为主任委员，朱学范、班禅额尔德尼·确吉坚赞、宋一平、郑伯克为副主任委员，王兆国等 10 人为委员。

1988 年 4 月 13 日，七届全国人大常委会第一次会议通过七届全国人大常委会代表资格审查委员会主任委员、副主任委员、委员名单。代表资格审查委员会由 13 人组成，倪志福为主任委员，宋一平、冯之浚、孟连崑为副主任委员，扎喜旺徐等 9 人为委员。

（三）办事机构和工作机构

这里，先介绍一下关于健全人大机关工作和机构的报告。1987 年 6 月 16 日，全国人大常委会委员长会议原则批准彭冲副委员长兼秘书长作的关于健全人大机关工作和机构的报告。该报告包括：（1）健全人大机关和机构的指导思想；（2）加强统一领导，切实做好几个方面的工作；（3）制定和完善工作制度；（4）健全工作机构；（5）改善行政管理工作；（6）加强政治思想工作。报告同时建议将办公厅研究室升格为全国人大常委会研究部。

这一时期的办事机构和工作机构如下。

1. 专门委员会办事机构。1983 年 6 月，六届全国人大一次会议增设 5 个专门委员会，即法律、财政经济、教育科学文化卫生、外事、华侨委员会。1988 年 4 月，七届全国人大一次会议决定增设内务司法委员会。除法律委员会外，其他各专门委员会都设办公室，民族委员会还设有法案室、调研室，财政经济委员会还设有经济法室、计划预算室、研究室、办公室，内务司法委员会还设有内务室、司法室，教育科学文化卫生委员会还设有教育室、科技室、文化室和人口卫生体育室，华侨委员会还设有研究室。

附表：全国人大各专门委员会办事机构一览表（1986 年 9 月）

民族委员会	办公室、法案室、调研室
法律委员会	办公室
内务司法委员会	内务室、司法室
财政经济委员会	经济法室、计划预算室、研究室、办公室
教育科学文化卫生委员会	办公室、教育室、科技室、文化室、人口卫生室
外事委员会	办公室
华侨委员会	办公室、研究室

注：法工委同时是法律委员会的办事机构。

2. 办公厅。1983 年 8 月以后，全国人大常委会办公厅所设的室改为局，政法室改为联络局。1985 年中央书记处专门就全国人大常委会办公厅设立研究室（正局级）作了批示。研究室下设综合组、经济组、政法文教组、国际组，并代管全国人大常委会办公厅图书馆。1987 年研究室撤销综合组，设立政治组，政法文教组改为理论组。1986 年常委会办公厅增设行政管理局。1987 年全国人大常委会办公厅设立人事局和新闻局。1988 年 4 月 22 日，万里委员长同全国人大机关负责同志谈话，强调全国人大常委会必须密切联系群众，把人民来访接待室恢复起来。遵照万里委员长的指示和七届全国人大常委会工作要点的要求，全国人大常委会信访部门充实了干部队伍，恢复了全国人大常委会办公厅人民来访接待室，并于 1988 年 10 月 25 日正式接待来访群众[1]。1988 年 5 月，人民大会堂管理局由中共中央办公厅划归全国人大常委会办公厅管理。同年 8 月，全国人大常委会秘书处设立秘书组，作为其办事机构。1989 年 2 月，全国人大常委会办公厅设立中国民主法制出版社。1991 年 7 月，全国人大干部培训中心成立，为常委会机关事业单位。

3. 法制工作委员会。五届全国人大五次会议分别于 1982 年 12 月 4 日、10 日通过修改后的宪法和全国人民代表大会组织法。该组织法第二十八条规定："常务委员会可以根据需要设立工作委员会。""工作委员会的主任、副主任和委员由委员长提请常务委员会任免。"1983 年 9 月，六届全国人大常委会第二次会议决定将全国人大常委会法制委员会改为全国人大常委会法制工作委员会，设主任、副主任和秘书长、副秘书长。最初，法制工作委员会下设法律室、政策研究室和办公室，1985 年改设办公室、刑法室、民法国家法室、经济法室和研究室，1987 年把民法国家法室分成民法室和国家法行政法室。

4. 代表资格审查委员会，不单设办公室，办公室设在办公厅联络局。

附表：全国人大常委会办事机构一览表（1986 年 9 月）

办公厅	秘书局、外事局、联络局、研究室、信访局、行政管理局
法工委	办公室、刑法室、民法室、国家法行政法室、经济法室、研究室、机关党委
代表资格审查委员会	办公室设在联络局

注：法工委的办公室同时是法律委员会的办公室。

---

[1] 据《人民日报》1993 年 2 月 26 日报道，仅在七届全国人大常委会任期的五年间，信访部门共受理人民来信 394036 件次，接待人民来访 67665 人次，重点立案发函处理 4494 件，处理结案 2452 件。经过信访部门和各方面的工作，共纠正冤假错案 793 件，纠正违法违纪 404 件。

九、有关工作制度和一些新探索

（一）制定第一个立法规划

1988年4月3日，万里提出，我们立法工作的任务十分繁重，七届人大的立法工作，需要有一个通盘考虑，要制定出一个五年立法规划。实际情况是，七届全国人大常委会没有制定五年立法规划，只是制定了一个两年规划（1991年10月—1993年3月）。但这是全国人大常委会制定五年立法规划的开始，从此形成制度。

1988年12月，万里在七届全国人大常委会在京委员和部分专门委员会委员座谈会上讲话时指出："两年立法工作的部署定下来以后，就要分清轻重缓急，一件一件地抓紧落实，要定任务、定班子、定时间，保证如期提出比较成熟的草案。要组织各专门委员会、国务院有关部门和社会力量通力合作，常委会的办事机构要做好服务工作。为了加快立法步伐，外国、香港一些有关商品经济发展的成熟法律，应该注意借鉴，适合我们国情的可以吸收过来，不必事事从头搞起。"[1]

（二）制定首个常委会工作要点

1988年6月25日—7月1日，七届全国人大常委会举行第二次会议。会议听取彭冲副委员长关于七届全国人大常委会工作要点的汇报，审议并通过七届全国人大常委会工作要点。要点进一步明确了常委会工作的指导思想，即遵循宪法和中共十三大的精神，以社会主义初级阶段的理论为指导，把保证和促进改革开放

---

〔1〕 万里：《人大及其常委会的工作要走向法律化制度化》，《万里文选》，人民出版社1995年版，第593—594页。

作为首要职责，把加强社会主义民主和法制建设作为中心任务，把加强自身建设放在重要位置，紧密结合实际，积极开展工作，为社会主义现代化建设和改革开放的顺利进行，创造一个安定团结、民主和谐的良好环境。此后，全国人大常委会编制年度工作要点逐渐成为一种制度。

（三）立法工作制度

1. 公开征求意见等实行民主立法的做法和工作制度。1988 年 11 月 9 日，全国人大常委会办公厅发出关于公布行政诉讼法草案征求意见的通知。

2. 召开座谈会。这是立法工作中最常用的一种做法和制度。比如，1985 年 12 月 4 日—12 日，由彭真委员长建议，全国人大法律委员会、全国人大常委会法制工作委员会召开民法通则草案座谈会，邀请全国一些高等院校、科研机构的法律专家和中央及地方有关部门的 180 多名同志参会征求意见。又如，1988 年 12 月 6 日—7 日，万里委员长主持召开在京的全国人大常委会委员和全国人大专门委员会部分委员座谈会，讨论全国人民代表大会议事规则草案。万里委员长在会议开始时发表讲话。万里说：“决策民主化和提高议事效率，二者兼得并取，是我们必须坚持和发挥的优势。”[1] 陈宗基、黄顺兴、秦川、陈舜礼、陈鹤桥、胡绩伟、叶笃正、古耕虞、林丽韫、莫文祥、徐采栋、周谷城、邹瑜、杨波、何英、段苏权、区棠亮、胡克实、扎喜旺徐等先后在座谈会上发言。

总之，立法座谈会的形式多样、灵活，其中，既有相关部门和专家学者的座谈会，也有部分常委会委员和专门委员会委员的

---

〔1〕 万里：《人大及其常委会的工作要走向法律化制度化》，《万里文选》，人民出版社 1995 年版，第 593 页。

座谈会。

3. 召开立法工作干部培训班。1985 年 7 月，全国人大常委会召开立法工作干部培训班，彭真委员长在会见立法工作干部培训班学员时发表讲话，着重就健全社会主义法制的重要性、长期性和培养法制工作干部讲了意见。1986 年 9 月 1 日，又召开了第二期立法工作干部培训班。

（四）人大代表建议办理工作

全国人大代表在大会期间提出建议、批评和意见，这是一种代表履职行为，必须认真对待，依法加以办理。

1985 年 4 月 10 日，全国人大常委会办公厅、全国政协办公厅和国务院办公厅联合召开会议，要求有关单位尽快处理并答复人大代表的建议、批评和意见和政协委员的提案。1988 年 12 月 11 日，全国人大常委会办公厅、国务院办公厅、全国政协办公厅联合召开全国办理人大代表建议、政协委员提案工作经验交流会。河北省政府、中宣部、国家计委、宁夏回族自治区政府和四川省乐山市的负责人在会上介绍他们各自在办理工作中的经验。在一些有关国计民生的重大问题上，人大代表的建议推动了有关部门决策的民主化、科学化[1]。

随着建议数量逐年增加，各地区、各部门相继成立了办理机构，并制定完善了一系列办理制度。目前，承办建议的工作已在全国范围内形成网络，对各级人大代表提出的意见建议已基本做到了件件有着落，事事有交代，对于保障人大代表的民主权利起到了积极作用。

---

[1] 从会上反映的情况看，从 1976 年到 1988 年的 12 年时间，仅全国人大代表的建议即为 16000 多件。其中，已得到解决、基本得到解决或已被列入计划的占 70% 以上，其余的建议主要是限于条件，暂时还解决不了，留待以后解决。

（五）邀请省级人大常委会负责同志列席会议并召开座谈会

这一时期，全国人大常委会（或其办公厅）在常委会会议期间，定期或不定期召开省级人大常委会负责同志（但不限于这些领导同志）座谈会，座谈的内容往往是根据当时国内的有关重大任务和实际情况而定。比如，1983 年 3 月 7 日—8 日，全国人大常委会召开各省、自治区、直辖市〔以下简称各省（区、市）〕人大常委会负责人座谈会。杨尚昆、习仲勋、王汉斌等同志分别就换届和选举作了讲话。1983 年 6 月 23 日—24 日，六届全国人大常委会举行第一次会议。各省（区、市）人大常委会负责人和第一书记列席会议。会议结束时，彭真委员长就如何贯彻六届全国人大一次会议精神、加强省级人大常委会的工作发表讲话。1984 年 5 月 28 日，全国人大常委会召开由地方人大常委会负责人、六届全国人大二次会议的各代表团团长、全国人大常委会委员参加的座谈会，主要是座谈如何加强全国人大常委会与地方各级人大常委会的联系、充分发挥人大代表作用等问题。1984 年 11 月 15 日—17 日，全国人大常委会召开委员座谈会，继续研究、讨论、学习中共中央关于经济体制改革的决定，各省（区、市）人大常委会负责人参加会议。

1985 年 1 月 21 日—23 日，全国人大常委会举行全国人大各专门委员会和各省（区、市）人大常委会负责人关于我国经济立法工作座谈会。彭真委员长就对外开放和经济体制改革中如何加强立法工作发表讲话[1]。1985 年 11 月 23 日和 24 日，全国人大常委会召开列席六届全国人大常委会第十三次会议的各省（区、市）人大常委会负责人座谈会。彭真委员长就民主和法制的重要

---

〔1〕 在这之后差不多一个月，即 2 月 3 日，彭真就同一个主题与浙江省人大常委会负责人及有关工作人员进行座谈并发表讲话。

性、人大的监督和人大常委会的自身建设等问题发表讲话。

与此同时，全国人大民族、财经、教科文卫等专门委员会也分别召开有关座谈会。

应该说，在六届全国人大常委会期间召开的座谈会是最多的，这恐怕与现行宪法公布施行的时间还不长，各方面在理解和实施方面存在一定困难和问题是有密切关系的。当然，遇到困难和问题，通过召开座谈会，找到解决的办法，这实际上也是一种工作方法。

在七届全国人大常委会期间，继续召开了这类座谈会。比如，1988 年 10 月 27 日—28 日，七届全国人大常委会召开各省（区、市）代表联络工作座谈会，万里委员长和习仲勋、彭冲副委员长接见与会同志，彭冲副委员长还就加强与代表的联系发表讲话。

（六）地方人大的有关创新实践

1. 第一个乡镇人大主席团诞生。1986 年 9 月，全国第一个乡镇人大主席团及其常务主席在湖南省沅江市新湾镇诞生。这对于加强乡镇人大工作，促进基层民主法制建设有着十分深远的意义。

2. 地方人大常委会纠正有关违法现象。这里举两个例子。1985 年 11 月，河南省长葛县委个别领导干部不经县人大或其常委会，擅自免去县人民法院院长和副院长的职务。河南省人大常委会经过调查，督促县委、县人大常委会纠正了这一违法决定。1987 年，湖北省兴山县建阳坪乡人民代表大会通过关于筹资办学的决议，规定全乡的教育附加费一律分摊到学生头上，由教师向学生家长征收。之后，兴山县人大常委会会议经过审议后，认为这个决议不符合义务教育法的规定，决定予以撤销。[1]

---

〔1〕 张宝山、于浩、李小健：《踏着改革的节律：人大四十年辉煌与荣耀》，《中国人大》2018 年第 23 期，第 26 页。

3. 首次罢免副省长。1989 年 5 月 15 日，在湖南省七届人大二次会议上，由省人大代表提出的"清理整顿公司不力负有领导责任"湖南省副省长杨汇泉罢免案，获得表决通过。省级人大依法罢免副省长，这在新中国历史上还是第一次。

第七章

人民代表大会制度的坚持和完善

党的十三届四中全会后，以江泽民同志为主要代表的中国共产党人，坚持党的基本理论、基本路线，加深了对什么是社会主义、怎样建设社会主义和怎样建设党的认识，形成了"三个代表"重要思想，在国内外形势十分复杂、世界社会主义出现严重曲折的严峻考验面前，捍卫了中国特色社会主义，开创全面改革开放新局面，推进党的建设新的伟大工程，成功把中国特色社会主义推向21世纪。

从1989年6月党的十三届四中全会开始到2002年的13年，我国改革开放进程波澜壮阔，市场经济发展峰回路转，国际局势风云变幻。这当中包括对新的历史条件下如何加强国家政权建设、推进社会主义民主政治和政治文明建设、坚持和实行依法治国等重大问题进行研究，系统地阐明我国人民代表大会制度的性质、地位和作用，科学地回答了为什么要坚持人民代表大会制度、怎样坚持和完善人民代表大会制度等一系列问题，继承、丰富和发展了邓小平理论关于人民代表大会制度的论述，构成了"三个代表"重要思想科学体系的主要内容，丰富和发展了人民代表大会制度理论，推动民主法治建设取得新进展。

第一节 "三个代表"重要思想对
人民代表大会制度理论的发展

一、首次提出坚持和完善人民代表大会制度

1990 年 3 月，江泽民同志把坚持和完善人民代表大会制度同建设社会主义民主政治、推进政治体制改革紧密联系起来，对人民代表大会制度作了最全面、系统的阐述。他重申："没有民主，就没有社会主义，就没有社会主义现代化。进行政治体制改革，就是要兴利除弊，建设有中国特色的社会主义民主政治。"强调"建设高度的社会主义民主和完备的法制，是我们的根本目标和根本任务之一，也是人民群众的共同愿望。""无论在什么情况下，我们都要牢牢掌握社会主义民主的旗帜。""建设社会主义民主政治，最重要的是坚持和完善人民代表大会制度"[1]。这是党中央首次明确提出坚持和完善人民代表大会制度。

人民代表大会制度是我们党长期进行人民政权建设的经验总结，也是我们党对国家事务实施领导的一大特色和优势。当然，这个制度还需要继续完善，人大工作也需要改进和加强。特别是要根据我国的国情认真研究如何更好地坚持四项基本原则，坚持改革开放，加强社会主义民主法制建设，更好地发挥人大作用的

---

[1] 江泽民：《坚持和完善人民代表大会制度》，《江泽民文选》第一卷，人民出版社 2006 年版，第 111 页。

问题。为此，江泽民同志提出了一个重大问题，就是"如何在保证党的领导的前提下充分发挥人大的作用"。"我们党是执政的党，党的执政地位是通过党对国家政权机关的领导来实现的。如果放弃了这种领导，就谈不上执政地位。""党同政权机关性质不同，职能不同，组织形式和工作方式也不同，党不能代替人大行使国家权力。党的政治领导、思想领导、组织领导，要通过政治原则、政治方向、重大决策的领导和思想政治工作、向政权机关推荐重要干部等来实现。要善于使党有关国家重大事务的主张经过法定程序成为国家意志。因此，如何在保证党的领导的前提下充分发挥人大的作用，是一个十分重要的问题。"[1]

江泽民同志从三个方面进一步对此作了深刻阐述。首先，加强党的领导同发挥国家权力机关的作用是一致的。党对国家政治生活的领导，最本质的内容就是组织和支持人民当家作主。只有在党的领导下，才能充分发挥人民代表大会制度的作用，而人民代表大会制度的加强和完善，可以更好地实现党的领导。党领导人民建立了国家政权，党还要领导和支持政权机关充分发挥职能，实现人民的意志。这样做，不是削弱了党的领导，而是加强了党的领导。其次，党要尊重支持人大依法行使职权。人大是国家权力机关，也是党联系人民群众的重要渠道。各级党组织都要尊重宪法和法律规定的人大及其常委会的地位，重视发挥人大及其常委会的作用。各级党委要把人大工作列入重要议事日程，定期听取人大党组的汇报，讨论研究人大的工作，关心人大的建设。人大党组要建立健全向同级党委的请示报告制度，保证党的路线方针政策在人大工作中贯彻落实。再次，各级党组织，包括

---

　　〔1〕　江泽民：《坚持和完善人民代表大会制度》，《江泽民文选》第一卷，人民出版社 2006 年版，第 112 页。

人大党组，都要遵守党章关于"党必须在宪法和法律的范围内活动"的原则，遵守宪法关于"任何组织或者个人都不得有超越宪法和法律的特权"的规定。[1]加强党的领导同充分发扬民主和严格依法办事是一致的。

江泽民同志指出："人大及其常委会要以党的基本路线为指导，认真履行宪法赋予的各项职责，把加强社会主义民主法制建设作为自己的中心任务。"我们的法律还不够完备，立法任务还很繁重，要进一步加强立法工作。"在我们国家生活的各种监督中，人大作为国家权力机关的监督是最高层次的监督。监督'一府两院'的工作是人大及其常委会的一项重要职责。这种监督，既是一种制约，又是支持和促进。""人大既要敢于监督，又要善于监督，只有把两者很好地结合起来，才能达到监督的目的。"[2]

江泽民同志对人大自身建设提出了明确要求。（1）"人民代表大会应该成为联系群众、反映民意、解决矛盾的主要民主渠道。"作为人民代表机关的人大及其常委会，也应该进一步加强同人民群众的联系，使人大更好地代表人民，并接受人民的监督。"人大及其常委会组成人员要坚持走群众路线，深入调查研究，充分反映各方面的意见，这样才能使制定的法律和作出的决定符合客观实际，符合广大人民的利益。"（2）在组织建设方面，"在人大常委会组成人员中有一定数量实践经验丰富的老同志是必要的，但也要有相当数量年富力强的同志，还要注意吸收有一

---

〔1〕 江泽民：《坚持和完善人民代表大会制度》，《江泽民文选》第一卷，人民出版社2006年版，第112—113页。

〔2〕 江泽民：《坚持和完善人民代表大会制度》，《江泽民文选》第一卷，人民出版社2006年版，第114—115页。

定专业知识的同志，使常委会组成人员的年龄结构和知识结构更趋合理"。(3) 在工作制度建设方面，"要完善人大及其常委会和专门委员会的工作制度，使工作进一步程序化、制度化"。(4) 在思想作风建设方面，"要加强马克思主义理论的学习，加强宪法和法律的学习，加强党的路线方针政策的学习，不断提高理论水平和工作能力"[1]。

1990 年 3 月，党的十三届六中全会通过的《中共中央关于加强党同人民群众联系的决定》指出："人民代表大会制度是我国的根本政治制度。党要加强在人民代表大会中的工作，进一步发挥人大作为权力机关的作用，加强人大及其常委会的立法和监督职能。人大中的党组织和人大代表中的党员，要密切联系非党代表和广大群众，经常了解他们的意见和要求。"[2]

1990 年底，中共中央提出："加快经济法制建设，促进经济调控的规范化、制度化。'八五'期间，要逐步建立比较完备的经济法规体系，使各方面的经济关系和经济活动有法可依。"[3] 这就要求在"八五"期间建立比较完备的经济法规体系。

万里同志指出："要搞好民主、法制建设，就一定要坚持和完善人民代表大会制度。""我们国家要长治久安，必须加强民

---

〔1〕 江泽民：《坚持和完善人民代表大会制度》，《江泽民文选》第一卷，人民出版社 2006 年版，第 115—116 页。

〔2〕《中共中央关于加强党同人民群众联系的决定》，中共中央文献研究室编：《十三大以来重要文献选编》（中），中央文献出版社 2011 年版，第 341—342 页。

〔3〕《中共中央关于制定国民经济和社会发展十年规划和"八五"计划的建议》，中共中央文献研究室编：《十三大以来重要文献选编》（中），人民出版社 2011 年版，第 764 页。该建议还提出：抓紧制定计划法、预算法、银行法、投资法、公司法、价格法、市场法、劳动法、工资法和审计法等基本经济法律法规，并切实加强经济监督和经济司法工作。

主、法制建设，发挥人大作用。"[1] 他提出"搞四个现代化一定要有两手，即一手抓建设和改革开放，一手抓法制。民主和法制状况，是一个国家现代化程度的标志。没有高度的社会主义民主和健全的法制，就没有社会主义现代化，我们国家就不能长治久安。""一定要把对法律执行情况的监督检查同制定法律放在同等重要的地位"。人大在这方面更是责无旁贷，我们要采取检查法律实施等有效措施，加强法律监督。"各级人大要理直气壮地把法律监督抓起来。"[2]

1992 年初，邓小平同志在南方谈话中明确提出："计划多一点还是市场多一点，不是社会主义与资本主义的本质区别。计划经济不等于社会主义，资本主义也有计划；市场经济不等于资本主义，社会主义也有市场，计划和市场都是经济手段。"[3] 这就从根本上破除了把计划经济和市场经济看作属于社会基本制度范畴的框框，有利于解放思想，对于党和国家的重大决策具有直接影响。

二、提出人民民主是社会主义的本质要求和内在属性

1992 年 10 月，党的十四大在北京召开。大会确立邓小平建设有中国特色社会主义理论在全党的指导地位[4]，概括了建设

---

〔1〕 万里：《发挥人大作用，搞好民主法制建设》，《万里文选》，人民出版社 1995 年版，第 604 页。

〔2〕 万里：《执法检查和制定法律同等重要》，《万里文选》，人民出版社 1995 年版，第 615、616 页。

〔3〕 邓小平：《在武昌、深圳、珠海、上海等地的谈话要点》，《邓小平文选》第三卷，人民出版社 1993 年版，第 373 页。

〔4〕 党的十四大通过的党章突出强调邓小平同志关于社会主义本质的论述，并把建设有中国特色社会主义理论写入党章。

有中国特色社会主义理论的主要内容，明确建立社会主义市场经济体制的改革目标，要求全党抓住机遇，加快发展，集中精力把经济建设搞上去。

党的十四大报告明确指出："人民民主是社会主义的本质要求和内在属性。"重申没有民主和法制就没有社会主义，就没有社会主义的现代化。"同经济体制改革和经济发展相适应，必须按照民主化和法制化紧密结合的要求，积极推进政治体制改革。我们的政治体制改革，目标是建设有中国特色的社会主义民主政治，绝不是搞西方的多党制和议会制。"我们应当在发展社会主义民主、健全社会主义法制方面取得明显进展，以巩固和发展稳定的社会政治环境，保证经济建设和改革开放的顺利进行[1]。

党的十四大报告指出："进一步完善人民代表大会制度，加强人民代表大会及其常委会的立法和监督等职能，更好地发挥人民代表的作用。"决策的科学化、民主化是实行民主集中制的重要环节，是社会主义民主政治建设的重要任务。强调"要把民主法制实践和民主法制教育结合起来，不断增强广大干部群众的民主意识和法制观念"[2]。在经历了党的十三大以后不寻常的五年，国民经济加速发展出现一些问题，1989年春夏之交发生政治风波，遭遇历史上罕见的洪涝灾害，国际政治风云急剧变化等复杂的形势后，党的十四大重申"没有民主和法制就没有社会主义，就没有社会主义的现代化"，重申"政治体制改革的目标"，有利于进一步坚定全国各族人民继续坚持和完善人民代表大会制

---

〔1〕　江泽民：《加快改革开放和现代化建设步伐，夺取有中国特色社会主义事业的更大胜利》，《江泽民文选》第一卷，人民出版社2006年版，第235页。

〔2〕　江泽民：《加快改革开放和现代化建设步伐，夺取有中国特色社会主义事业的更大胜利》，《江泽民文选》第一卷，人民出版社2006年版，第236页。

度，走中国特色社会主义政治道路的决心和信心。

党的十四大提出，我国经济体制改革的目标模式是关系整个社会主义现代化建设全局的一个重大问题，其核心是正确认识和处理计划经济与市场经济的关系。我国经济体制改革的目标是要"建立社会主义市场经济体制"。为此，要高度重视法制建设。"加强立法工作，特别是抓紧制定与完善保障改革开放、加强宏观经济管理、规范微观经济行为的法律和法规，这是建立社会主义市场经济体制的迫切要求。"[1] 可以说，实行社会主义市场经济，对法治建设提出了更为急迫、更为明确的要求。其中的道理很简单，市场经济与法治之间有一种天然的内在关系。实际上，在此前后，法学理论界提出"市场经济是法制经济"的命题，许多学者则主张"市场经济是法治经济"，并逐渐达成共识，也渐渐被决策者认可，一个重要表现就是提出要建立"适应社会主义市场经济的法律体系"。

1993 年 3 月，江泽民同志指出，全国人大及其常委会要把加强经济立法作为第一位的任务，放在最重要的位置，"在本世纪内，努力把适应社会主义市场经济的法律体系初步建立起来"[2]。这就明确提出了"社会主义市场经济法律体系"的概念。乔石同志提出要"初步形成社会主义市场经济法律体系"，"以改革的精神加快立法步伐，特别是要把经济立法放在最重要的位置。……要力争在本届全国人大任期内，初步形成社会主义市场经济法律体系，推动和保障社会主义市场经济的发展"。在

---

〔1〕 江泽民：《加快改革开放和现代化建设步伐，夺取有中国特色社会主义事业的更大胜利》，《江泽民文选》第一卷，人民出版社 2006 年版，第 225、236 页。

〔2〕 中共中央文献研究室编：《江泽民论有中国特色社会主义（专题摘编）》，中央文献出版社 2002 年版，第 330 页。

这次讲话中，乔石同志还提出，加强社会主义民主和法制建设，是我国实现四个现代化的重要保证。"人民代表大会制度是人民当家作主的最好组织形式。"[1] 乔石同志指出："适应建立社会主义市场经济体制和现代化建设的需要，必须加强社会主义民主和法制建设。我们要努力建设有中国特色的社会主义民主政治，进一步完善人民代表大会制度，保障人民当家作主的民主权利。"[2]

江泽民同志在学习邓小平理论工作会议上的讲话中提出："推进社会主义民主政治建设，必须处理好党的领导、发扬民主、依法办事的关系。党的领导是关键，发扬民主是基础，依法办事是保证，绝不能把三者割裂开来、对立起来。"[3] 初步阐明了这三者之间的关系。

三、初步提出依法治国方略

1994 年 12 月 9 日，江泽民同志在中共中央举办的法律知识讲座上发表讲话时说，建设社会主义法制，实行依法治国，是为了把我们国家建设成为富强、民主、文明的社会主义现代化国

---

〔1〕 乔石：《全面履行宪法和法律赋予的职责　推进社会主义民主政治建设》，《乔石谈民主与法制》（下），人民出版社、中国长安出版社 2012 年版，第 333—334页。1993 年 4 月 1 日，乔石同志进一步指出：全国人大常委会要把加快经济立法作为第一位的任务，尽快制定一批有关社会主义市场经济方面的法律。"在 90 年代，我们要初步建立起社会主义市场经济体制，就必须相应地逐步建立起社会主义市场经济的法律体系。"见乔石：《逐步建立社会主义市场经济法律体系》，《乔石谈民主与法制》（下），人民出版社、中国长安出版社 2012 年版，第 337 页。

〔2〕 乔石：《努力建设有中国特色的社会主义民主政治》，《乔石谈民主与法制》（下），人民出版社、中国长安出版社 2012 年版，第 393 页。

〔3〕 江泽民：《在学习邓小平理论工作会议上的讲话》，江泽民：《论党的建设》，中央文献出版社 2001 年版，第 293 页。

家。1995 年 1 月 20 日，江泽民同志在中共中央举办的法律知识讲座上发表讲话时指出："中央政治局、书记处和国务院的领导同志及有关部门的负责同志，听取了法学专家的讲座，这对贯彻邓小平同志关于加强社会主义法制建设的思想，运用法律手段更好地管理国家和社会事务是很有意义的。党既要领导宪法和法律的制定，又要自觉地在宪法和法律的范围内活动，严格依法办事，依法管理国家，对实现全党和全国人民意志的统一，对维护法律的尊严和中央的权威关系十分重大。"[1]

1996 年 2 月 8 日，中共中央又一次举办法律知识讲座[2]，讲座结束时，江泽民同志发表讲话，深刻阐述了"依法治国"的内涵，指出"加强社会主义法制建设，依法治国，是邓小平同志建设有中国特色社会主义理论的重要组成部分，是我们党和政府管理国家和社会事务的重要方针。实行和坚持依法治国，就是使国家各项工作逐步走上法制化的轨道，实现国家政治生活、经济生活、社会生活的法制化、规范化；就是广大人民群众在党的领导下，依照宪法和法律的规定，通过各种途径和形式，管理国家事务，管理经济和文化事业，管理社会事务；就是逐步实现社会主义民主的制度化、法律化"[3]。依法治国是社会进步、社会文明的一个重要标志，是我们建设社会主义现代化国家的必然要求。实行和坚持依法治国，对于推动经济持续快速健康发展和社会全面进步，保障国家的长治久安，具有十分重要的意义。这表明我们党适应经济社会发展的客观要求，对依法治国的认识又有

---

〔1〕 《人民日报》1995 年 1 月 21 日的报道。

〔2〕 这次讲座由中国社会科学院法学研究所研究员王家福讲授《关于依法治国，建设社会主义法制国家的理论和实践问题》。

〔3〕 江泽民：《坚持依法治国》，《江泽民文选》第一卷，人民出版社 2006 年版，第 511 页。

了提高，达到了一种全新的高度。"这是中国第三代党中央的核心人物关于未来治国方略和政治走向的一次公开宣示。"[1] 应该说，这次法律知识讲座对于依法治国基本方略的提出，是一种催化剂，起了积极的推动作用。也可以说，这是一个很好的契机，学者们的建言在一定程度上转化成了党的决策。

1996 年 3 月，八届全国人大四次会议通过的国民经济和社会发展"九五"计划和 2010 年远景目标纲要明确提出："依法治国，建设社会主义法制国家。加强立法、司法、执法、普法工作。坚持改革、发展与法制建设紧密结合，继续制定实施与经济社会发展相适应的法律法规。加强和改善司法、行政执法和执法监督。坚决纠正有法不依、执法不严、违法不究、滥用职权等现象，建立对执法违法的追究制度和赔偿制度。"[2] 这就在我们国家的文件中提出了依法治国的基本方针和主要内容，为依法治国方略的正式提出作了很好的铺垫。

在八届全国人大四次会议上，全国人大常委会副委员长田纪云在全国人大常委会工作报告中明确提出："坚持和实行依法治国的方针，认真履行宪法赋予的职责，进一步健全人民代表大会制度，做好立法、监督和其他各项工作，积极推进建设社会主义法制国家的进程，保障改革开放和现代化建设的顺利

---

〔1〕　这是当时外电的评论。转引自任建新主编：《社会主义法制建设基本知识》，法律出版社 1996 年版，第 231 页。

〔2〕　《中华人民共和国第八届全国人民代表大会第四次会议文件汇编》，人民出版社 1996 年版，第 103 页。需要说明的是，1995 年 9 月 28 日，中共十四届五中全会所通过的《中共中央关于制定国民经济和社会发展"九五"计划和 2010 年远景目标的建议》中，没有"依法治国，建设社会主义法制国家"的内容。李鹏同志在关于该目标纲要的报告中说："加强法制建设，依法治国，建设社会主义法制国家，是实现国家长治久安的重要保证。"见《中华人民共和国第八届全国人民代表大会第四次会议文件汇编》，人民出版社 1996 年版，第 30 页。

进行。"〔1〕 1997 年 2 月，江泽民同志提出，要始终注意维护国家法制的统一性和严肃性，"依法治国是新的条件下党领导人民建设和治理国家的基本方略"〔2〕。

四、正式提出依法治国基本方略

1997 年 9 月，党的十五大胜利召开。大会首次使用"邓小平理论"概念，明确阐述了社会主义初级阶段的基本纲领，规划了跨世纪发展的战略部署，提出建设有中国特色社会主义的政治，就是在中国共产党领导下，在人民当家作主的基础上，依法治国，发展社会主义民主政治。同时，还进一步全面地阐述了政治体制改革和民主法制建设的有关问题。

党的十五大报告进一步明确了目标，就是"在坚持四项基本原则的前提下，继续推进政治体制改革，进一步扩大社会主义民主，健全社会主义法制，依法治国，建设社会主义法治国家"〔3〕。这是在党的报告中第一次完整地提出要"依法治国，建设社会主义法治国家"。同时，将"建设社会主义法制国家"改为"建设社会主义法治国家"，虽然只是把"制"改为了"治"，一字之改，却反映了我们党对于执政规律认识的深化、对于执政

---

〔1〕 《中华人民共和国第八届全国人民代表大会第四次会议文件汇编》，人民出版社 1996 年版，第 302 页。乔石同志在这次全国人大会议闭幕会上的讲话中，提出"依法治国是国家稳定发展、长治久安的根本保障"，"依法治国，建设社会主义法制国家"是"指导今后我国现代化建设的一条十分重要的方针"。见乔石：《依法治国是国家稳定发展、长治久安的根本保障》，《乔石谈民主与法制》（下），人民出版社、中国长安出版社 2012 年版，第 478、480 页。

〔2〕 江泽民：《加强社会主义民主法制建设》，《江泽民文选》第一卷，人民出版社 2006 年版，第 644 页。

〔3〕 江泽民：《高举邓小平理论伟大旗帜，把建设有中国特色社会主义事业全面推向二十一世纪》，《江泽民文选》第二卷，人民出版社 2006 年版，第 28 页。

理念把握的提升。

党的十五大报告进一步明确了"依法治国"的含义。"依法治国，就是广大人民群众在党的领导下，依照宪法和法律规定，通过各种途径和形式管理国家事务，管理经济文化事业，管理社会事务，保证国家各项工作都依法进行，逐步实现社会主义民主的制度化、法律化，使这种制度和法律不因领导人的改变而改变，不因领导人看法和注意力的改变而改变。"

党的十五大报告正式把依法治国确定为"党领导人民治理国家的基本方略"。强调"依法治国把坚持党的领导、发扬人民民主和严格依法办事统一起来，从制度和法律上保证党的基本路线和基本方针的贯彻实施，保证党始终发挥总揽全局、协调各方的领导核心作用"。在我们党的历史上，把"依法治国"作为"党领导人民治理国家的基本方略"明确提出来，是第一次；把这一基本方略写进党的政治报告中，也是第一次。同时，明确是依法治国把坚持党的领导、发扬人民民主和严格依法办事统一起来，其理论意义和实践意义都是非常重大的。

党的十五大明确提出："坚持和完善人民代表大会制度，保证人民代表大会及其常委会依法履行国家权力机关的职能，加强立法和监督工作，密切人民代表同人民的联系。""到 2010 年形成有中国特色社会主义法律体系"。这是党中央第一次正式提出要形成"有中国特色社会主义法律体系"。同时，"要把改革和发展的重大决策同立法结合起来。逐步形成深入了解民情、充分反映民意、广泛集中民智的决策机制，推进决策科学化、民主化，提高决策水平和工作效率"[1]。坚持和实行依法治国，建设社会主

---

〔1〕　江泽民：《高举邓小平理论伟大旗帜，把建设有中国特色社会主义事业全面推向二十一世纪》，《江泽民文选》第二卷，人民出版社 2006 年版，第 28—30 页。

法治国家，其前提就是有法可依，因此，必须加强立法工作，提高立法质量，形成统一、和谐的法律体系。总之，党的十五大报告的这些论述，标志着"依法治国"是治国方式的根本转变。

党的十五大明确提出要完善民主监督制度，"要深化改革，完善监督法制，建立健全依法行使权力的制约机制"。人大监督应该抓住重大问题，"加强对宪法和法律实行的监督，维护国家法制统一。加强对党和国家方针政策贯彻的监督，保证政令畅通。加强对各级干部特别是领导干部的监督，防止滥用权力，严惩执法犯法、贪赃枉法。"[1]。

1998 年 2 月，乔石同志提出："在中国，发展民主首要的是切实坚持、不断巩固和加强人民代表大会制度。"[2] 1999 年 12 月，李鹏同志在为《百国议会概览》一书作序时指出："在坚持和完善人民代表大会制度的过程中，学习和借鉴外国议会制度中的一些适合我国的经验，是很有必要的。尽管外国议会与我国人民代表大会制度的本质不同，但外国议会中的一些具体做法，如立法程序、监督程序等，是可以供我们吸收和借鉴的。"[3]

2001 年 3 月，九届全国人大四次会议通过的中国国民经济和社会发展第十个五年计划纲要进一步明确指出："依法治国，建设社会主义法治国家，是社会主义现代化的重要目标。"这就将"依法治国"从治国方略的手段层次上升为社会主义现代化重要目标的目的层次，将建设社会主义法治国家统一于建设社会主义

〔1〕 江泽民：《高举邓小平理论伟大旗帜，把建设有中国特色社会主义事业全面推向二十一世纪》，《江泽民文选》第二卷，人民出版社 2006 年版，第 31—32 页。

〔2〕 乔石：《要长时期地毫不动摇地实行"一国两制"的方针》，《乔石谈民主与法制》（下），人民出版社、中国长安出版社 2012 年版，第 574 页。

〔3〕 李鹏：《序》，北京市人大常委会、新华社国际部：《百国议会概览》，北京出版社 2000 年版，第 1 页。另参见《中国人大》2000 年第 2 期。

现代化国家的目标之内。

2002 年 3 月 3 日，江泽民同志在九届全国人大五次会议、政协九届全国委员会五次会议党员负责人会议上发表讲话。江泽民指出，要实现到 2010 年形成有中国特色社会主义法律体系的目标，任务仍然繁重。立法要服务于国家的中心工作，达到促进改革开放和社会主义现代化建设的目的。要在立法工作中克服不适当地强调部门和地方利益的倾向，使制定的法律、法规有利于在全国范围内更好地解放和发展生产力，繁荣和弘扬社会主义文化，体现最广大人民的根本利益。江泽民说，建设有中国特色的社会主义民主政治，最根本的就是要通过科学的制度和程序，把坚持党的领导、充分发扬民主和严格依法办事统一起来。坚持党的领导是根本，充分发扬民主是目标，严格依法办事是保障，必须有机地统一于社会主义民主政治建设的实践之中，统一于社会主义现代化建设的全过程[1]。

五、提出建设社会主义政治文明和"三个有机统一"

2002 年 11 月 8 日—14 日，党的十六大在北京召开。大会提出全面建设小康社会的战略目标，系统阐述了"三个代表"重要思想并将其写入党章，与马列主义、毛泽东思想、邓小平理论一起作为党必须长期坚持的指导思想。党的十六大报告把"建设社会主义政治文明"与"发展社会主义民主政治"一起作为全面建设小康社会的重要目标，提出"继续积极稳妥地推进政治体制改革，扩大社会主义民主，健全社会主义法制，建设社会主义法

〔1〕 全国人民代表大会常务委员会办公厅编：《全国人民代表大会及其常务委员会大事记（1954—2014）》，中国民主法制出版社 2014 年版，第 655 页。

治国家，巩固和发展民主团结、生动活泼、安定和谐的政治局面"[1]。这是我们党在全国代表大会的文件中，第一次明确地对建设社会主义政治文明作出部署，并将它与建设社会主义物质文明和建设社会主义精神文明一起，确定为社会主义现代化建设的三大基本目标。"政治文明"概念的提出，使依法治国、建设社会主义法治国家有了更加明确的目标。

党的十六大报告强调："发展社会主义民主政治，最根本的是要把坚持党的领导、人民当家作主和依法治国有机统一起来。党的领导是人民当家作主和依法治国的根本保证，人民当家作主是社会主义民主政治的本质要求，依法治国是党领导人民治理国家的基本方略。"[2] 这是第一次把"三个有机统一"正式概括为中国特色社会主义民主政治的根本特点和核心内容，不仅明确了三者有机统一的原则，还明确了三者的关系。这为发展社会主义民主政治，提高党的领导水平和执政能力，确定了原则，指出了方向，明确了路径。只有牢牢把握这三者的有机统一，才能不断提高发展社会主义民主政治的能力，顺利推进社会主义民主政治建设。

党的十六大报告指出："坚持和完善人民代表大会制度，保证人民代表大会及其常委会依法履行职能，保证立法和决策更好地体现人民的意志。"重申了党的十五大提出的"到2010年形成中国特色社会主义法律体系"。要加强对权力的制约和监督，"建

---

〔1〕 江泽民：《全面建设小康社会，开创中国特色社会主义事业新局面》，《江泽民文选》第二卷，人民出版社2006年版，第553页。党的十六大通过的新党章也作出建设社会主义政治文明的规定。

〔2〕 江泽民：《全面建设小康社会，开创中国特色社会主义事业新局面》，《江泽民文选》第三卷，人民出版社2006年版，第543、553页。此前，江泽民同志说："发展社会主义民主政治，坚持党的领导、人民当家作主和依法办事，三者缺一不可，关系要说清楚。"见江泽民：《关于十六大报告起草工作的批示》，《江泽民文选》第三卷，人民出版社2006年版，第440页。

立结构合理、配置科学、程序严密、制约有效的权力运行机制，从决策和执行等环节加强对权力的监督，保证把人民赋予的权力真正用来为人民谋利益"[1]。

第二节　四次全国人大会议行使职权的情况

1989 年 6 月党的十三届四中全会召开。在之后的 13 年中，全国人大共召开了 13 次会议。这里着重介绍其中 4 次会议的情况，分别是七届全国人大三次会议、八届全国人大一次会议、九届全国人大一次会议和九届全国人大二次会议。

一、七届全国人大三次会议行使职权的情况

（一）有关准备工作

1990 年 2 月 19 日—23 日召开的七届全国人大常委会第十二次会议、3 月 12 日—15 日召开的七届全国人大常委会第十三次会议，分别通过有关决定，确定了开会日期，议程草案，会议主席团和秘书长名单草案等，为七届全国人大三次会议的举行做了充分准备。

1990 年 3 月 19 日，七届全国人大三次会议举行预备会议。会议由万里委员长主持，选举产生由 149 人组成的大会主席团和秘书长。

---

[1]　江泽民：《全面建设小康社会，开创中国特色社会主义事业新局面》，《江泽民文选》第三卷，人民出版社 2006 年版，第 554、557 页。

（二）听取审议有关报告

1990年3月20日—4月4日，七届全国人大三次会议举行。会议听取国务院总理李鹏作题为"为我国政治经济和社会的进一步稳定发展而奋斗"的政府工作报告，国务委员兼国家计委主任邹家华作关于1989年国民经济和社会发展计划执行情况与1990年计划草案的报告，国务委员兼财政部部长王丙乾作关于1989年国家预算执行情况和1990年国家预算草案的报告，全国人大常委会副委员长兼秘书长彭冲作全国人大常委会工作报告，最高人民法院院长任建新作最高人民法院工作报告，最高人民检察院检察长刘复之作最高人民检察院工作报告。

会议经过审议，先后通过有关决议，批准这几个报告。

（三）审议通过有关议案

大会宣读中共中央致七届全国人大三次会议主席团关于接受邓小平同志辞去中华人民共和国中央军事委员会主席职务请求的建议和全国人大的决定草案。经过表决，大会决定接受邓小平同志辞去中央军委主席职务的请求。

会议听取香港特别行政区基本法起草委员会主任委员姬鹏飞作关于香港特别行政区基本法草案的说明，对外经济贸易部部长郑拓彬作关于中外合资经营企业法修正案草案的说明，经过审议，分别通过这两部法律。

（四）选举产生国家军委主席

会议经过投票选举，选举江泽民为中央军委主席；会议还宣读中央军委主席江泽民提名中央军委其他组成人员的信，提请各位代表审议。

根据中央军委主席江泽民的提名，会议经过表决，决定任命刘华清为中央军委副主席；免去洪学智的中央军委委员职务。

二、八届全国人大一次会议行使职权的情况

1993 年 3 月 15 日—31 日，八届全国人大一次会议举行。

（一）听取审议有关议案和报告

会议听取 6 个报告，分别是：国务院总理李鹏作政府工作报告，国务院副总理兼国家计划委员会主任邹家华作关于 1992 年国民经济和社会发展执行情况与 1993 年计划草案的报告，财政部部长刘仲藜作关于 1992 年国家预算执行情况和 1993 年国家预算草案的报告，七届全国人大常委会副委员长兼秘书长彭冲作全国人大常委会工作报告，最高人民法院院长任建新作最高人民法院工作报告，最高人民检察院检察长刘复之作最高人民检察院工作报告。

经过审议，会议通过有关决议，批准这几个报告。

（二）1993 年国务院机构改革

会议听取国务院秘书长罗干作关于国务院机构改革方案的说明。国务院机构改革方案提出，拟撤销的部 7 个，拟新组建的部、委 6 个，拟更名的部 1 个，拟保留的部、委 34 个，改革后国务院的部、委 41 个。

会议表决通过关于国务院机构改革方案的决定。根据这一方案，国务院组成部门设置 41 个（含国务院办公厅），加上直属机构和办事机构 18 个，共设置 59 个，比原有 86 个减少 27 个。国务院的非常设机构拟由原来的 85 个减少到 26 个。国务院机构定员共精简 20% 左右。其中，撤销 7 个部〔1〕，新组建 6

---

〔1〕 包括能源部、机械电子工业部、航空航天工业部、轻工业部、纺织工业部、商业部、物资部等。

个部委[1]，更名 1 个（对外经济贸易部），保留 34 个部、委、行、署。改革后的综合经济部门中保留国家计委、财政部、中国人民银行等部门。专业经济部门的改革分为三类：改为经济实体的有航空航天工业部，航空航天工业部撤销后，分别组建航空工业总公司、航天工业总公司。改为行业总会的有轻工业部、纺织工业部，这两部撤销后，分别组建中国轻工总会、中国纺织总会。保留或新设置的行政部门包括：对外经济贸易部更名为对外贸易经济合作部；撤销能源部，分别组建电力工业部、煤炭工业部；同时撤销中国统配煤矿总公司；撤销机械电子工业部，分别组建机械工业部、电子工业部，同时撤销中国电子工业总公司；撤销商业部、物资部，组建国内贸易部。

1993 年 4 月 19 日，国务院决定，将国务院的直属机构由 19 个调整为 13 个[2]。办事机构由 9 个调整为 5 个[3]。国务院不再设置部委归口管理的国家局，国务院直属事业单位调整为 8 个[4]。此外，国务院还设置了国务院台湾事务办公室与国务院新闻办公室。

1993 年国务院机构改革是在确立社会主义市场经济体制的背景下进行的，它的核心任务是在推进经济体制改革、建立市场经

---

[1] 包括国家经济贸易委员会、电力工业部、煤炭工业部、机械工业部、电子工业部、国内贸易部。

[2] 包括国家统计局、国家税务总局、国家工商行政管理局、国家环境保护局、国家土地管理局、新闻出版署（国家版权局）、海关总署、国家旅游局、民用航空总局、国务院法制局、国务院宗教事务局、国务院参事室、国务院机关事务管理局。

[3] 包括国务院外事办公室、国务院侨务办公室、国务院港澳事务办公室、国务院特区办公室、国务院研究室。

[4] 包括中国轻工总会、中国纺织总会、新华通讯社、中国科学院、中国社会科学院、国务院发展研究中心、中国气象局、中国专利局和国家行政学院。

济的同时，建立起有中国特色的、适应社会主义市场经济体制的行政管理体制。这次改革的指导思想是，适应建立社会主义市场经济体制的要求，按照政企职责分开和精简、统一、效能的原则，转变职能，理顺关系，精兵简政，提高效率。改革的重点是转变政府职能。

这次机构改革，历史性贡献在于：一是，首次提出政府机构改革的目的是适应建设社会主义市场经济体制的需要。建立社会主义市场经济体制的一个重要改革任务就是要减少、压缩甚至撤销工业专业经济部门，但从1993年机构设置来看，这类部门合并、撤销的少，保留、增加的多。如机械电子部合并本来是1988年改革的一个阶段性成果，1993年改革时又被拆成两个部——机械部和电子部；能源部本来是在1988年撤销了三个专业经济部门的基础上建立的，1993年改革又撤销能源部，设立了电力部和煤炭部。给人的印象是，目的与目标背道而驰。二是，改革的一个重大举措是实行了中纪委机关和监察部合署办公，进一步理顺了纪检检查与行政监察的关系。1993年实行中纪委机关和监察部合署办公的这种做法，是统筹党政机构设置的重要方式之一。

（三）选举和决定新一届国家机构领导人员

1. 会议选举产生八届全国人大常委会。乔石为委员长，田纪云、王汉斌、倪志福、陈慕华、费孝通、孙起孟、雷洁琼、秦基伟、李锡铭、王丙乾、帕巴拉·格列朗杰、王光英、程思远、卢嘉锡、布赫、铁木尔·达瓦买提、甘苦、李沛瑶、吴阶平为副委员长，曹志为秘书长，于洪恩等134人为委员。

会议决定八届全国人大设立民族、法律、财经、内务司法、教科文卫、外事、华侨、环境保护等8个委员会，比七届全国人大多设 1 个委员会，即增设环境保护委员会[1]。根据本次会议通过各专门委员会组成人员人选办法的规定[2]，会议分别通过八届全国人大各专门委员会名单。

2. 会议选举江泽民为国家主席，荣毅仁为国家副主席。

3. 根据国家主席江泽民的提名，会议决定李鹏为国务院总理。根据国务院总理李鹏的提名，会议决定朱镕基、邹家华、钱其琛、李岚清为国务院副总理；李铁映、迟浩田、宋健、李贵鲜、陈俊生、司马义·艾买提、彭珮云、罗干为国务委员；罗干兼国务院秘书长，还任命各部部长、委员会主任。

4. 会议选举江泽民为中央军委主席。根据中央军委主席江泽民的提名，会议决定刘华清、张震为中央军委副主席，迟浩田、张万年、于永波、傅全有为中央军委委员。

5. 会议选举任建新为最高人民法院院长，张思卿为最高人民检察院检察长。

（四）对现行宪法的第二次修正

这次宪法修改，是以党的十四大精神为指导，对涉及国家经济、政治、社会生活的重大问题的有关规定，必须进行修改的加以修改。同时，强调"这次修改宪法不是作全面修改，可改可不改的不改，有些问题今后可以采取宪法解释的方式予以解决。宪法修改方式，继续沿用 1988 年的修正案方式，同时在出版的文

---

〔1〕 1994 年 3 月，八届全国人大二次会议决定将其改为"全国人民代表大会环境与资源保护委员会"，并一直保留至今。

〔2〕 根据会议通过的八届全国人大一次会议通过八届全国人大各专门委员会组成人员人选办法，全国人大专门委员会分两次选举产生。适应大会期间审议法律案、审查国民经济和社会发展计划、审查国家预算的需要，第一次先通过八届全国人大法律委员会和财经委员会组成人员的人选，其他专门委员会组成人员人选在本次会议后期通过。

本中按修正案把原文改过来"〔1〕。

　　1993 年 2 月 14 日，根据我国改革开放和社会主义现代化建设事业的实践，中共中央向七届全国人大常委会提出关于修改宪法部分内容的建议。该建议的说明中指出："1982 年制定的宪法是一部好宪法，在国家的政治、经济和社会生活等方面发挥了重要作用。但是，随着我国改革开放和社会主义现代化建设事业的不断发展，宪法的有些规定已经同国家政治、经济和社会生活的现实情况不相适应，需要依照法定程序作必要修改和补充。"〔2〕2 月 16 日，七届全国人大常委会第三十次会议听取和讨论了该建议，依照宪法第六十四条的规定，提出宪法部分内容的修正案草案，并决定提请八届全国人大一次会议审议。

　　1993 年 3 月 14 日，中共中央向八届全国人大一次会议主席团提出关于修改宪法部分内容的补充建议〔3〕。3 月 23 日，北京市等 32 个代表团 2383 名全国人大代表"赞同中共中央关于修改宪法部分内容的补充建议，依照中华人民共和国宪法第六十四条的规定，提出对中华人民共和国宪法修正案草案的补充修正案草案"〔4〕。

　　1993 年 3 月 20 日，在八届全国人大一次会议第三次全体会

---

　　〔1〕　八届全国人大一次会议主席团举行第二次会议，全国人大常委会法制工作委员会宪法室编：《中华人民共和国制宪修宪重要文献资料选编》，中国民主法制出版社 2021 年版，第 149 页。

　　〔2〕　《关于修改宪法部分内容的建议的说明》，全国人大常委会法制工作委员会宪法室编：《中华人民共和国制宪修宪重要文献资料选编》，中国民主法制出版社 2021 年版，第 144 页。

　　〔3〕　《中国共产党中央委员会关于修改宪法部分内容的补充建议》，全国人大常委会法制工作委员会宪法室编：《中华人民共和国制宪修宪重要文献资料选编》，中国民主法制出版社 2021 年版，第 142 页。

　　〔4〕　《对中华人民共和国宪法修正案草案的补充修正案草案》，全国人大常委会法制工作委员会宪法室编：《中华人民共和国制宪修宪重要文献资料选编》，中国民主法制出版社 2021 年版，第 153 页。

议上，大会宣读全国人大常委会关于宪法修正案草案、中共中央关于修改宪法部分内容的建议和补充建议。1993 年 3 月 29 日，会议经过审议，以投票的方式表决通过宪法修正案。宪法修正案共有九条，主要内容有以下几项。

1. 明确把建设有中国特色社会主义的理论规定为国家的指导思想，突出强调了建设有中国特色社会主义的理论在社会主义建设新的历史时期的重要地位。

2. 关于经济制度方面，主要是将宪法第七条："国营经济是社会主义全民所有制经济，是国民经济中的主导力量。国家保障国营经济的巩固和发展。"修改为："国有经济，即社会主义全民所有制经济，是国民经济中的主导力量。国家保障国有经济的巩固和发展。"将宪法第十六条："国营企业在服从国家的统一领导和全面完成国家计划的前提下，在法律规定的范围内，有经营管理的自主权。""国营企业依照法律规定，通过职工代表大会和其他形式，实行民主管理。"修改为："国有企业在法律规定的范围内有权自主经营。""国有企业依照法律规定，通过职工代表大会和其他形式，实行民主管理。"

3. 关于人民代表大会制度方面，主要是将宪法第九十八条："省、直辖市、设区的市的人民代表大会每届任期五年。县、不设区的市、市辖区、乡、民族乡、镇的人民代表大会每届任期三年。"修改为："省、直辖市、县、市、市辖区的人民代表大会每届任期五年。乡、民族乡、镇的人民代表大会每届任期三年。"

这次宪法修改，不仅确立了建设有中国特色社会主义的理论作为国家指导思想的地位，还肯定了社会主义市场经济体制的法律地位。

（五）成立香港特别行政区筹备委员会预备工作委员会

本次大会期间，广东代表团向大会提出关于成立香港特别行政区筹备委员会预备工作委员会的议案。经主席团常务主席讨论，建议将这一议案列入大会议程。大会主席团会议经表决，同意将这一议案列入大会议程，将大会秘书处根据广东省代表这一议案草拟的关于授权全国人大常委会设立香港特别行政区筹备委员会的准备工作机构的决定草案提请大会审议。3 月 31 日，会议通过关于授权全国人大常委会设立香港特别行政区筹备委员会的准备工作机构的决定。

三、九届全国人大一次会议行使职权的情况

1998 年 3 月 5 日—3 月 19 日，九届全国人大一次会议举行。

（一）听取审议有关议案和报告

会议听取国务院总理李鹏作政府工作报告，国家计委主任陈锦华作关于 1997 年国民经济和社会发展计划执行情况与 1998 年国民经济和社会发展计划草案的报告，财政部部长刘仲藜作关于 1997 年中央和地方预算执行情况及 1998 年中央和地方预算草案的报告，八届全国人大常委会副委员长田纪云作全国人大常委会工作报告，最高人民法院院长任建新作最高人民法院工作报告，最高人民检察院检察长张思卿作最高人民检察院工作报告。

经过审议，会议通过有关决议，批准这几个报告。

（二）1998 年国务院机构改革

会议听取国务委员兼国务院秘书长罗干关于国务院机构改革方案的说明[1]。

---

〔1〕 国务院机构改革方案提出，拟不再保留的部、委 15 个，拟新组建的部、委 4 个，拟更名的部、委 3 个，拟保留的部、委、行、署 22 个，改革后国务院组成部、委、行、署 29 个。

1998 年 3 月 10 日，九届全国人大一次会议审议通过关于国务院机构改革方案的决定。改革的目标是：建立办事高效、运转协调、行为规范的政府行政管理体系，完善国家公务员制度，建设高素质的专业化行政管理队伍，逐步建立适应社会主义市场经济体制的有中国特色的政府行政管理体制。改革的原则是：按照社会主义市场经济的要求，转变政府职能，实现政企分开；按照精简、统一、效能的原则，调整政府组织结构，实行精兵简政；按照权责一致的原则，调整政府部门的职责权限，明确划分部门之间职责分工，完善行政运行机制；按照依法治国、依法行政的要求，加强行政体系的法制建设。

1998 年改革历史性的进步是政府职能转变有了重大进展，突出体现是撤销了 10 个[1] 工业专业经济部门，使政企不分的组织基础在很大程度上得以消除。众多的工业专业经济部门是计划经济时代的产物，在当时的历史条件下，这些工业专业经济部门可以说是资源配置的载体，是落实经济计划的依托。但是在建立社会主义市场经济体制的过程中，这类部门的存在不利于充分发挥市场在资源配置中的基础作用，不利于充分发挥企业的微观经济主体地位。在一定意义上说，撤销工业专业经济部门就是取消了国家与企业之间的"二道贩子"，消除了政企不分的组织堡垒。

根据改革方案，国务院撤销 15 个部委[2]，新组建 4 个部委，更名 3 个部委，保留 22 个部委行署。这样，改革后除国务院办公厅外，国务院组成部门由原有的 40 个减少到 29 个，其

---

〔1〕 包括电力工业部、煤炭工业部、冶金工业部、机械工业部、电子工业部、化学工业部、地质矿产部、林业部、中国轻工业总会、中国纺织总会。

〔2〕 其中，为了加强国务院对经济体制改革工作的领导，国家经济体制改革委员会改为国务院高层次的议事机构，总理兼主任，有关部长任成员，不再列入国务院组成部门序列。

中，包括国家政务部门 12 个，宏观调控部门 4 个，专业经济管理部门 8 个，教育科技文化、社会保障和资源管理部门 5 个。

这次国务院机构改革的主题，就是消除政企不分的组织基础。从 1998 年开始，国务院机构改革首先进行，随后中共中央各部门和其他国家机关及群众团体的机构改革陆续展开；1999 年以后，省级政府和党委的机构改革分别展开；2000 年，市县乡机构改革全面启动。截至 2002 年 6 月，经过四年半的机构改革，全国各级党政群机关共精简行政编制 115 万人。

（三）选举和决定新一届国家机构领导人员

1. 会议选举产生九届全国人大常委会。李鹏为委员长，田纪云、谢非、姜春云、邹家华、帕巴拉·格列朗杰、王光英、程思远、布赫、铁木尔·达瓦买提、吴阶平、彭珮云、何鲁丽、周光召、成克杰、曹志、丁石孙、成思危、许嘉璐、蒋正华等 19 人为副委员长，何椿霖为秘书长，于兴隆等 134 人为委员。

会议决定九届全国人大设立民族、法律、内务司法、财政经济、教育科学文化卫生、外事、华侨、环境与资源保护、农业与农村等 9 个委员会，比八届全国人大多设一个专门委员会，即增设农业与农村委员会。会议还通过九届全国人大各专门委员会组成人员人选选举办法，通过九届全国人大专门委员会主任委员、副主任委员、委员名单。

2. 会议选举江泽民为国家主席，胡锦涛为国家副主席。

3. 根据国家主席江泽民的提名，会议决定朱镕基为国务院总理。会议根据国务院总理朱镕基的提名，经过投票表决，决定李岚清、钱其琛、吴邦国、温家宝为国务院副总理；迟浩田、罗干、吴仪、司马义·艾买提、王忠禹为国务委员，王忠禹兼国务院秘书长，还决定任命各部部长、委员会主任。

4. 会议选举江泽民为中央军委主席。根据中央军委主席江泽民的提名，会议决定张万年、迟浩田为中央军委副主席，傅全有、于永波、王克、王瑞林为中央军委委员。

5. 会议选举肖扬为最高人民法院院长，韩杼滨为最高人民检察院检察长。

会议结束时，国家主席江泽民、九届全国人大常委会委员长李鹏先后发表讲话。

四、九届全国人大二次会议行使职权的情况

1999 年 3 月 4 日，九届全国人大二次会议举行预备会议。会议选举产生由 169 人组成的大会主席团和秘书长。会议还通过本次大会的会议议程。3 月 5 日—15 日，九届全国人大二次会议举行。这次会议除分别听取和审议国务院、全国人大常委会、最高人民法院和最高人民检察院等的 6 个例行报告之外，还听取全国人大常委会副委员长田纪云作关于宪法修正案草案的说明，全国人大常委会法制工作委员会主任顾昂然作关于合同法草案的说明，全国人大常委会秘书长何椿霖作关于澳门特别行政区九届全国人大代表的产生办法草案的说明。这里着重介绍修改现行宪法的情况。

（一）修改宪法的有关准备工作

这次修改宪法总的指导思想，是根据党的十五大精神和实践的发展，只对需要修改的并已成熟的问题作出修改，可改可不改的问题不作修改。

1999 年 1 月 29 日—30 日，九届全国人大常委会举行第七次会议。会议听取中共中央政治局委员、中央宪法修改小组成员田

纪云受中共中央的委托作的中共中央关于修改宪法部分内容的建议的说明。全国人大常委会会议经过讨论，依照中华人民共和国宪法第六十四条的规定，提出关于中华人民共和国宪法修正案草案，并决定提请九届全国人大二次会议审议。

1998 年 12 月 21 日，中共中央召开党外人士座谈会，征求各民主党派中央、全国工商联负责人和无党派代表人士对修改宪法部分内容的意见。江泽民同志主持座谈会并发表重要讲话。他说：“宪法是国家的根本大法，在国家生活中具有极其重要的作用。1982 年制定的我国现行宪法，规定了我们国家的根本制度和根本任务，确定了四项基本原则和改革开放的基本方针，是新时期治国安邦的总章程。宪法具有最大的权威性和最高的法律效力。”〔1〕

江泽民同志指出：“我们讲依法治国，建设社会主义法治国家，首先是依据宪法治理国家、建设国家。改革开放以来，我国经济建设和各项事业的发展，都离不开宪法的保证和推动。我国社会主义民主法制建设取得的重大进展和成就，也无不闪耀着宪法精神的光辉。”〔2〕 这就把我国经济社会各方面所取得的成就同宪法的贯彻实施密切联系起来了。

他强调，这些年来的实践表明，现行宪法对于加强我国社会主义民主法制建设，维护国家的安定团结，保障改革开放和现代

---

〔1〕 《中共中央召开党外人士座谈会》，《人民日报》1999 年 2 月 1 日；另见《中共中央召开党外人士座谈会　征求对修改宪法部分内容的意见》，全国人大常委会法制工作委员会宪法室编：《中华人民共和国制宪修宪重要文献资料选编》，中国民主法制出版社 2021 年版，第 163 页。

〔2〕 《中共中央召开党外人士座谈会》，《人民日报》1999 年 2 月 1 日；另见《中共中央召开党外人士座谈会　征求对修改宪法部分内容的意见》，全国人大常委会法制工作委员会宪法室编：《中华人民共和国制宪修宪重要文献资料选编》，中国民主法制出版社 2021 年版，第 164 页。

化建设的顺利进行，起了十分重要的作用，是一部符合我国国情的好宪法。随着客观实际的变化，宪法本身也需要向前发展。根据我国政治、经济和社会生活等各方面发展的需要，总结改革开放和社会主义现代化建设发展的实践经验，对宪法个别同现实脱节的内容进行修改，是必要的。这种修改，将使宪法更加完备，更加符合实际，有利于维护宪法的权威，更好地发挥宪法的作用。

江泽民同志强调："维护宪法的尊严、保证宪法的实施极为重要。这首先需要建立健全保障宪法实施的法律体系，把宪法的一系列原则性规定通过立法落到实处。"这里，"把宪法的一系列原则性规定通过立法落到实处"这一重大论断，完全符合我国宪法实施的特点。他明确要求，在全社会进一步树立宪法的权威，建立健全保障宪法实施的强有力的监督机制。一切国家机关及其工作人员，都必须按照宪法和法律的规定进行活动，都不能滥用权力。一切违反宪法和法律的行为，都必须予以追究。在这方面，我们要采取更加有力的措施，加强宪法实施的有效保障，包括健全宪法实施的具体制度，开展对宪法实施的经常性检查监督，及时纠正违反宪法的现象，切实把宪法的各项规定落到实处[1]。

2月1日，李鹏委员长主持召开修改宪法征求意见座谈会，听取法律界和经济界专家学者对修改宪法的意见。田纪云、姜春云副委员长，温家宝副总理及何椿霖秘书长等出席座谈会。

---

〔1〕《中共中央召开党外人士座谈会》，《人民日报》1999年2月1日；另见《中共中央召开党外人士座谈会 征求对修改宪法部分内容的意见》，全国人大常委会法制工作委员会宪法室编：《中华人民共和国制宪修宪重要文献资料选编》，中国民主法制出版社2021年版，第163—165页。

（二）对现行宪法进行第三次修正

会议通过宪法修正案。修改的主要内容包括以下几项。

1. 宪法序言第七自然段增加"邓小平理论""坚持改革开放""发展社会主义市场经济"等内容。

2. 宪法第五条增加一款，规定："中华人民共和国实行依法治国，建设社会主义法治国家。"

3. 宪法第六条增加规定："国家在社会主义初级阶段，坚持公有制为主体、多种所有制经济共同发展的基本经济制度，坚持按劳分配为主体、多种分配方式并存的分配制度。"宪法第八条第一款，增加规定："农村集体经济组织实行家庭承包经营为基础、统分结合的双层经营体制。"宪法第十一条增加规定："在法律规定范围内的个体经济、私营经济等非公有制经济，是社会主义市场经济的重要组成部分。"

4. 宪法第二十八条中"反革命的活动"修改为"危害国家安全的犯罪活动"。

这次修正将"依法治国"这一治国基本方略，正式载入宪法，完成了从党的主张向国家意志的转变[1]。依法治国基本方略宪法地位的确立，表明宪法在依法治国基本方略中的基础性、根本性，进一步成为一切组织和个人都必须遵循的根本准则。

---

[1] 田纪云同志在《关于中华人民共和国宪法修正案（草案）的说明》中指出："将'依法治国，建设社会主义法治国家'写进宪法，对于坚持依法治国的基本方略，不断健全社会主义法制，发展社会主义民主政治，促进经济体制改革和经济建设，具有重要的意义。"《对中华人民共和国宪法修正案草案的补充修正案草案》，全国人大常委会法制工作委员会宪法室编：《中华人民共和国制宪修宪重要文献资料选编》，中国民主法制出版社2021年版，第173页。

第三节　全国人大及其常委会
行使职权的其他情况

这一时期，除了上述履职情况外，全国人大及其常委会还依照宪法和法律赋予的职权，认真履行职责，积极开展工作，取得有效成果。

一、全国人大行使职权的情况

全国人大按照宪法和法律赋予的职权，积极开展工作，在立法、监督、重大事项决定、人事任免等方面都有新进展。除了上面已介绍的，还有以下几方面重要工作。

（一）在立法方面

全国人大会议先后审议通过香港特别行政区基本法及其三个附件[1]和区旗、区徽图案，关于修改中外合资经营企业法的决定，民事诉讼法，外商投资企业和外国企业所得税法，全国人大和地方各级人大代表法，工会法，妇女权益保障法，澳门特别行政区基本法，预算法，关于授权厦门市人大及其常委会和厦门市人民政府分别制定法规和规章在厦门经济特区实施的决定，教育法，银行法，行政处罚法，关于修改刑事诉讼法的决定，

---

〔1〕　这3个附件分别是：香港特别行政区行政长官的产生办法、香港特别行政区立法会的产生办法和表决程序、在香港特别行政区实施的全国性法律。

关于授权汕头市和珠海市人大及其常委会、人民政府分别制定法规和规章在各自的经济特区实施的决定，修订后的刑法，国防法，合同法〔1〕，立法法，关于修改中外合作经营企业法的决定等。

（二）在监督方面

全国人大会议先后听取和审议有关报告和议案。主要情况如下。

1. 听取和审议国务院的政府工作报告及其有关部门的报告。这主要包括：关于国民经济和社会发展十年规划和第八个五年计划纲要的报告、关于 1990 年国民经济和社会发展计划执行情况与 1991 年计划草案的报告、关于 1990 年国家预算执行情况和 1991 年国家预算草案的报告、关于 1991 年国民经济和社会发展计划执行情况与 1992 年计划草案的报告、关于 1991 年国家预算执行情况和 1992 年国家预算草案的报告、关于 1992 年国民经济和社会发展计划执行情况与 1993 年计划草案的报告、关于 1992 年国家预算执行情况和 1993 年国家预算草案的报告、关于 1993 年国民经济和社会发展计划执行情况与 1994 年国民经济和社会发展计划草案的报告、关于 1993 年国家预算执行情况和 1994 年国家预算草案的报告、关于 1994 年国民经济和社会发展计划执行情况与 1995 年国民经济和社会发展计划草案的报告、关于 1994 年国家预算执行情况和 1995 年中央及地方预算草案的报告、关于国民经济和社会发展“九五”计划和 2010 年远景目标纲要的报告、关于 1995 年国民经济和社会发展计划执行情况与 1996 年国民经济和社会发展计划草案的报告、关于 1995 年中央及地方预算执

---

〔1〕　这部法律是九届全国人大二次会议 1999 年 3 月 15 日审议通过的，经济合同法、涉外经济合同法、技术合同法同时废止。

行情况及 1996 年中央和地方预算草案的报告、关于 1996 年国民经济和社会发展计划执行情况与 1997 年国民经济和社会发展计划草案的报告、关于 1996 年中央和地方预算执行情况及 1997 年中央和地方预算草案的报告、关于 1997 年国民经济和社会发展计划执行情况与 1998 年国民经济和社会发展计划草案的报告、关于 1997 年中央和地方预算执行情况及 1998 年中央和地方预算草案的报告、关于 1998 年国民经济和社会发展计划执行情况与 1999 年国民经济和社会发展计划草案的报告、关于 1998 年中央和地方预算执行情况及 1999 年中央和地方预算草案的报告、关于 1999 年国民经济和社会发展计划执行情况与 2000 年国民经济和社会发展计划草案的报告、关于 1999 年中央和地方预算执行情况及 2000 年中央和地方预算草案的报告、关于国民经济和社会发展第十个五年计划纲要的报告、关于 2000 年国民经济和社会发展计划执行情况与 2001 年国民经济和社会发展计划草案的报告、关于 2000 年中央和地方预算执行情况及 2001 年中央和地方预算草案的报告、关于 2001 年国民经济和社会发展计划执行情况与 2002 年国民经济和社会发展计划草案的报告、关于 2001 年中央和地方预算执行情况及 2002 年中央和地方预算草案的报告等。

2. 听取和审议执法检查报告。1997 年 3 月 10 日，八届全国人大五次会议听取全国人大常委会副委员长布赫作关于农业法实施情况的报告。在全国人大会议上听取和审议关于法律实施情况的报告，这是第一次，截至目前也是唯一的一次。

这里，略作说明的是，2000 年 3 月 9 日，九届全国人大三次会议期间，辽宁代表团何大川等 30 位全国人大代表，就震惊中外的山东烟台"11·24"特大海滩事故，依法向大会提交了质询案，对交通部提出质询[1]。

（三）在重大事项决定方面

全国人大会议先后审议通过关于香港特别行政区第一届政府和立法会产生办法的决定，关于兴建长江三峡工程的决议，关于八届全国人大代表名额和选举问题的决定，八届全国人大一次会议通过八届全国人大各专门委员会组成人员人选办法，八届全国人大一次会议选举和决定任命办法，关于澳门特别行政区基本法草案的审议程序和表决办法，关于设立澳门特别行政区的决定，关于澳门特别行政区基本法的决定，关于澳门特别行政区第一届政府、立法会和司法机关产生办法的决定，关于批准澳门特别行政区基本法起草委员会关于设立全国人大常委会澳门特别行政区基本法委员会的建议的决定，关于授权全国人大常委会设立香港特别行政区筹备委员会的准备工作机构的决定，八届全国人大三次会议选举和决定任命办法，关于九届全国人大代表名额和选举问题的决定，香港特别行政区选举九届全国人大代表的办法，关于全国人大香港特别行政区筹备委员会工作报告的决议，澳门特别行政区九届全国人大代表的产生办法，关于十届全国人大代表名额和选举问题的决定，香港特别行政区选举十届全国人大代表的办法，澳门特别行政区选举十届全国人大代表的办法等。

（四）在机构设置和人事任免方面

1. 在机构设置方面。全国人大会议先后审议通过关于设立香

---

〔1〕　"11·24"特大海滩事故，是指1999年11月24日，山东烟大轮船轮渡有限公司"大舜"号滚装船，因风大浪高、动力丧失，在山东牟平姜格庄附近搁浅倾斜，后沉入海底。船上共有旅客、船员302人，最后生还者仅为22人。见中新社的报道：《人大代表向交通部质询"大舜号"海滩事故》，https：//news. sina. com. cn/china/2000-3-9/70113. html。而在此之前，2000年1月25日，28位广东省人大代表因对环保部门处理一宗污染项目不力，依法向广东省人民代表大会提出质询案，质询广东省环保局。

港特别行政区的决定、关于批准香港特别行政区基本法起草委员会关于设立全国人大常委会香港特别行政区基本法委员会的决议的决定、关于将全国人大环境保护委员会改为全国人大环境与资源保护委员会的决定、关于批准设立重庆直辖市的决定、关于设立九届全国人大专门委员会的决定、九届全国人大专门委员会组成人员人选选举办法、关于国务院机构改革方案的决定、九届全国人大一次会议选举和决定任命办法等。

2. 在人事任免方面。1995 年 3 月 17 日，八届全国人大三次会议决定任命吴邦国同志、姜春云同志为国务院副总理。

二、全国人大常委会行使职权的情况

从 1989 年 6 月七届全国人大常委会第八次会议开始，到 2003 年 2 月九届全国人大常委会第三十二次会议，全国人大常委会会议共召开 86 次。这里，概括介绍一下立法、监督、重大事项决定、人事任免等方面的情况。

（一）在立法方面

1. 制定的法律，主要包括：集会游行示威法、城市居民委员会组织法、环境保护法、城市规划法、军事设施保护法、国旗法、著作权法、铁路法、归侨侨眷权益保护法、领事特权与豁免条例、残疾人保障法、缔结条约程序法、烟草专卖法、水土保持法、未成年人保护法、进出境动植物检疫法、收养法、领海及毗连区法、人民警察警衔条例、税收征收管理法、海商法、矿山安全法、测绘法、国家安全法、产品质量法、科学技术进步法、农业技术推广法、农业法、全国人大常委会组成人员守则、反不正当竞争法、消费者权益保护法、注册会计师法、红十字会法、教师法、公司法、台湾同胞投资保护法、对外贸易法、国家赔偿法、劳动法、城市房地产管理法、仲裁法、审计法、母婴保健法、广告法、监狱法、法官法、检察官法、人民警察法、商业银行法、预备役军官法、票据法、担保法、保险法、体育法、民用航空法、固体废物污染环境防治法、食品卫生法、电力法、戒严法、律师法、促进科技成果转化法、职业教育法、拍卖法、枪支管理法、老年人权益保障法、煤炭法、乡镇企业法、环境噪声污染防治法、人民防空法、中国人民解放军选举全国人大和县级以上地方各级人大代表的办法、合伙企业法、行政监察法、公路法、动物防疫法、防洪法、节约能源法、建筑法、价格法、献血法、防震减灾法、消防法、香港特别行政区基本法委员会议事规则（原则批准）、执业医师法、专属经济区和大陆架法、高等教育法、村民委员会组织法、证券法、行政复议法、预防未成年人犯罪法、澳门特别行政区驻军法、公益事业捐赠法、个人独资企业法、招标投标法、气象法、会计法、海洋环境保护法、海事诉讼特别程序法、种子法、通用语言文字法、引渡法、信托法、国防教育法、防沙治沙法、职业病防治法、海域使用管理法、人口与计划生育法、政府采购法、中小企业促进法、清洁生产促进法、安全生产法、科学技术普及法、农村土地承包法、环境影响评价法、民办教育促进法、海关官衔条例等。

2. 修改的法律，主要包括：文物保护法、专利法、商标法、经济合同法、个人所得税法、会计法、治安管理处罚条例、中国人民解放军现役军官服役条例、中国人民解放军军官军衔条例、全国人大和地方各级人大选举法、地方各级人大和地方各级政府组织法、税收征收管理法、大气污染防治法、统计法、水污染防治法、档案法、矿产资源法、森林法、土地管理法、收养法、兵役法、公路法、刑法、公司法、产品质量法、海关法、渔业法、归侨侨眷权益保护法、中外合作经营企业法、外资企业法、药品管理法、民族区域自治法、婚姻法、法官法、检察官法、著作权法、工会法、刑法修正案（三）、律师法、进出口商品检验法、水法、测绘法、文物保护法、保险法、农业法、草原法等。

3. 有关决定或决议，主要包括：关于惩治侮辱中华人民共和国国旗国徽罪的决定，关于禁毒的决定，关于惩治走私、制作、贩卖、传播淫秽物品的犯罪分子的决定，关于加强社会治安综合治理的决定，关于惩治盗掘古文化遗址古墓葬犯罪的补充规定，关于严惩卖淫嫖娼的决定，关于严惩拐卖、绑架妇女、儿童的犯罪分子的决定，关于授权深圳市人大和深圳市政府分别制定法规和规章在深圳经济特区实施的决定，关于惩治偷税、抗税犯罪的补充规定，关于惩治劫持航空器犯罪分子的决定，关于惩治假冒注册商标犯罪的补充规定，关于惩治生产、销售伪劣商品犯罪的决定，关于加强对法律实施情况检查监督的若干规定，关于外商投资企业和外国企业适用增值税、消费税、营业税等税收暂行条例的决定，关于中国人民解放军保卫部门对军队内部发生的刑事案件行使公安机关的侦查、拘留、预审和执行逮捕的职权的决定，关于严惩组织、运送他人偷越国（边）境犯罪的补充规定，关于惩治侵犯著作权的犯罪的决定，关于惩治违反公司法的犯罪的决定，关于惩治破坏金融秩序犯罪的决定，关于香港特别行政区基本法附件三所列全国性法律增减的决定，关于惩治虚开、伪造和非法出售增值税专用发票犯罪的决定，关于增加香港特别行政区基本法附件三所列全国性法律的决定，关于惩治骗购外汇、逃汇和非法买卖外汇犯罪的决定，关于国籍法在澳门特别行政区实施的几个问题的解释，关于香港特别行政区基本法第二十二条第四款和第二十四条第二款第三项的解释，关于取缔邪教组织、防范和惩治邪教活动的决定，关于根据澳门特别行政区基本法第一百四十五条处理澳门原有法律的决定，关于加强中央预算审查监督的决定，关于增加澳门特别行政区基本法附件三所列全国性法律的决定，关于加强经济工作监督的决定，关于维护互联网安全的决定，关于刑法第二百九十四条第一款的解释，关于刑法第三百八十四条第一款的解释，关于刑法第三百一十三条的解释，关于刑法第九章渎职罪主体适用问题的解释等。

七届全国人大及其常委会加快立法步伐，立法工作有 3 个特点：一是更有计划性，全国人大常委会专门制定立法规划；二是广泛性，全国人大常委会办公厅、全国人大各个专门委员会、政府部门和社会有关力量都参与相关法律的起草工作；三是立法与国际惯例、国际公约和条约相衔接的趋势更加明显。在这 5 年任期内共制定法律和有关法律问题的决定、补充规定 80 多件，占党的十一届三中全会以来立法总数的 41% 左右。1997 年初，"在建立社会主义市场经济法律体系方面迈出重要步伐""社会主义市场经济法律体系框架已初具规模"[1]。到八届全国人大任期届满，已"初步构成社会主义市场经济法律体系框架，为社会主义市场经济的培育和发展提供了重要的法制条件"，也为"形成具有中国特色社会主义法律体系奠定了基础"[2]。2003 年 3 月，九届全国人大任期届满，李鹏同志在全国人大常委会工作报告中宣布："在前几届工作的基础上，经过不懈努力，构成中国特色社

---

〔1〕　田纪云：《全国人民代表大会常务委员会工作报告》，《中华人民共和国第八届全国人民代表大会第五次会议文件汇编》，人民出版社 1997 年版，第 272、274 页。

〔2〕　田纪云：《全国人民代表大会常务委员会工作报告》，《中华人民共和国第九届全国人民代表大会第一次会议文件汇编》，人民出版社 1998 年版，第 103、102 页。

会主义法律体系的各个法律部门已经齐全，每个法律部门中主要的法律已经基本制定出来，加上国务院制定的行政法规和地方人大制定的地方性法规，以宪法为核心的中国特色社会主义法律体系已经初步形成。"[1] 正式宣告了中国特色社会主义法律体系初步形成。

（二）在监督方面

全国人大常委会先后听取审议有关报告或汇报。主要情况如下。

1. 听取国务院及其有关部门的汇报或报告。主要包括：关于1988年国家决算的报告，关于1989年国民经济和社会发展计划执行情况的汇报，关于1989年国家预算执行情况的汇报，关于清理整顿公司情况的汇报，关于监察机关今年以来开展反腐败斗争的情况及下一步工作的汇报，关于我国教育工作若干问题的汇报，关于1989年国家决算的报告，关于当前公安工作和社会治安情况的报告，关于1990年国民经济和社会发展计划执行情况的汇报，关于科学技术工作的报告，关于第十一届亚运会准备工作情况的汇报，关于第一个五年普法规划实施情况和1991年普法工作意见的汇报，关于1990年国家决算的报告[2]，关于对外经济贸易工作的汇报，关于防汛抗洪情况的汇报，关于救灾情况的报告，关于1991年国民经济和社会发展计划执行情况的汇报，关于商业工作情况的汇报，关于国际形势和外交工作情况的报告，关于矿产资源法贯彻实施情况的汇报，关于1991年国家决

---

〔1〕 李鹏：《全国人民代表大会常务委员会工作报告》，中共中央文献研究室编：《十六大以来重要文献选编》（上），中央文献出版社2005年版，第195页。

〔2〕 1991年6月29日，七届全国人大常委会第二十次会议在听取该报告之后，根据七届全国人大四次会议的授权，通过关于批准1990年国家决算的决议。

算的报告以及今年前 5 个月国家预算的执行情况的报告，关于我
国参加联合国环境与发展大会的情况报告，关于 1992 年国民经
济和社会发展计划前 7 个月执行情况的汇报，关于我国第三产业
的发展情况的报告，关于经济体制改革情况的汇报，关于 1992 年
国家决算的报告，关于农业形势的汇报，关于今年以来国民经济
和社会发展计划执行情况的报告，关于 1993 年 1 月—7 月国家预
算执行情况的报告，关于当前金融形势和政策措施的报告，关于
第二个五年普法规划实施情况的报告，关于教育工作的报告，关
于对外经济贸易工作的报告，关于民航加强安全改进工作情况的
报告，关于三峡工程准备工作进展情况的汇报，关于 1993 年国
家决算的报告，关于林业工作情况的报告，关于今年以来国民经
济和社会发展计划执行情况的报告，关于卫生工作情况的报告，
关于检查"三法一决定"执行情况的报告，关于检查农业法执行
情况的报告，关于禁毒工作情况的报告，关于 1994 年国家决算
的报告，关于统计工作情况的报告，关于今年以来国民经济和社
会发展计划执行情况的报告，关于联合国第四次世界妇女大会中
国组委会筹备工作情况的报告，关于当前社会治安情况的报告，
关于检查关于禁毒的决定执行情况的报告，关于国有大中型企业
改革情况的报告，关于联合国第四次世界妇女大会情况的报告，
关于第二个五年法制宣传教育规划实施情况和"三五"普法工作
安排意见的报告，关于 1995 年中央预算的报告，关于 1995 年中
央预算执行情况的审计工作报告，关于今年以来国民经济和社
会发展计划执行情况的报告，关于减轻农民负担问题的报告，
关于扶贫工作情况的报告，关于 1996 年中央决算的报告，关于
1996 年中央预算执行和其他财政收支的审计工作报告，关于金融
工作情况的报告，关于 1997 年中央决算的报告，关于 1997 年中

央预算执行和其他财政收支情况的审计工作报告，关于当前全国抗洪抢险情况的报告，关于今年以来国民经济和社会发展计划执行情况的报告，关于气象工作情况的报告，关于今年以来国民经济和社会发展计划执行情况的报告，关于 1998 年中央决算的报告，关于 1998 年中央预算执行和其他财政收支的审计工作报告，关于防治北京大气污染的工作报告，关于今年以来国民经济和社会发展计划执行情况的报告，关于国有企业下岗职工基本生活保障和企业离退休人员养老金发放情况的报告，关于增加农民收入、减轻农民负担情况的报告，关于近年来公安队伍建设情况和下一步加强公安队伍建设意见的报告，关于文化市场管理情况的报告，关于我国加入世界贸易组织进展情况的报告，关于 1999 年中央决算的报告，关于 1999 年中央预算执行和其他财政收支的审计情况的报告，关于实施科教兴国战略工作情况的报告，关于今年以来国民经济和社会发展计划执行情况的报告，关于实施西部大开发战略的有关情况的报告，关于大江大河治理情况的报告，关于国有企业改革与脱困情况的报告，关于长期建设国债投资使用情况的报告，关于"三五"法制宣传教育基本情况的报告和对关于进一步开展法制宣传教育的决议草案的说明，关于 2000 年中央决算的报告，关于 2000 年中央预算执行和其他财政收支的审计工作报告，关于今年以来国民经济和社会发展计划执行情况的报告，关于加强农业基础地位和增加农民收入情况的报告，关于完善社会保障制度情况的报告，关于实施货币政策情况的报告，关于加强社会治安工作情况的报告，关于打击制售假冒伪劣商品情况的报告，关于 2001 年中央决算的报告，关于 2001 年度中央预算执行和其他财政收支的审计工作报告，关于妇女权益保障工作情况的报告，关于今年以来国民经济和社会发展计划执行情况的报告，关于就业和再就业工作情况的报告，关于安全生产工作情况的报告，关于医疗卫生体制改革情况的报告等。

2. 听取最高人民法院和最高人民检察院的汇报或报告。主要包括：关于人民法院贯彻执行"两院"通告的情况报告，关于检察机关开展反贪污、贿赂斗争情况的报告，关于检察机关在反腐败斗争中集中精力查办大案要案情况的报告，关于人民法院开展集中教育整顿的情况汇报，关于检察机关开展集中教育整顿工作情况的汇报等。

3. 常委会和有关专门委员会的报告、汇报。在七届全国人大任期内，不仅国务院有对法律实施情况的检查，而且全国人大常委会部分委员、专门委员会越来越多地开展了法律实施情况的检查监督。随着八届全国人大常委会第三次会议审议通过关于加强对法律实施情况检查监督的若干规定，人大常委会执法检查实现了规范化、制度化、法律化，在实践中也极大地促进了这项工作，使这项工作成为全国人大常委会的常规工作。主要情况包括：关于全国人大常委会委员视察组关于六省区森林法执行情况的汇报，全国人大常委会委员视察组关于视察山东等六省土地管理法实施情况的报告，全国人大常委会三峡工程考察组关于三峡工程考察情况的汇报，关于视察四川、河南、辽宁三省实施土地管理法情况的汇报，关于检查义务教育法实施情况的汇报，关于矿产资源法实施情况的报告，关于检查江苏省沿长江四港口对外轮开放情况的汇报，关于检查水法实施情况的汇报，关于检查加强社会治安综合治理的决定执行情况的汇报，关于检查残疾人保障法执行情况的汇报，关于归侨侨眷权益保护法执行情况的汇报，关于检查全民所有制工业企业法执行情况的汇报，关于检查行政诉讼法执行情况的汇报，关于检查民族区域自治法执行情况的汇报，关于检查未成年人保护法执行情况的汇报，关于检查民事诉讼法执行情况的汇报，关于检查著作权法执行情况的汇报，关于检查外国人入境出境管理法、中国公民出境入境管理法和海关法执行情况的书面汇报，关于八届全国人大常委会工作要点稿的说明，关于检查全民所有制工业企业法执行情况的报告、关于检查关于惩治生产、销售伪劣商品犯罪的决定等法律执行情况的报告，关于统计法执行情况的报告，关于教师法执行情况的报告，关于加强社会治安综合治理的决定执行情况的报告，关于妇女权益保障法执行情况的报告、关于检查环境保护法执行情况的报告，关于全国人大常委会香港特别行政区筹备委员会预备工作委员会工作情况的报告，关于检查农业法执行情况的报告，关于检查台湾同胞投资保护法执行情况的报告，关于检查深入开展法制宣传教育的决议执行情况的报告，关于各国议会联盟第九十六届大会中国组委会筹备工作情况的报告，关于检查劳动法执行情况的报告，关于检查教育法执行情况的报告，关于我国承办各国议会联盟第九十六届大会和中国全国人大代表团出席会议情况的书面报告，关于食品卫生法实施情况的报告，关于产品质量法实施情况的报告，关于森林法实施情况的报告，关于农业法实施情况的报告，关于水法实施情况的报告，关于检查科技进步法实施情况的书面报告，关于 1998 年第一季度经济形势的报告，关于检查海洋环境保护法实施情况的报告，关于检查税收征收管理法实施情况的报告，关于检查关于加强社会治安综合治理的决定实施情况的报告，关于检查农业法实施情况的报告，关于检查水土保持法实施情况的报告，关于检查促进科技成果转化法实施情况的报告，关于检查大气污染防治法实施情况的报告，关于检查森林法实施情况的报告，关于检查产品质量法实施情况的报告，澳门特别行政区筹备委员会工作情况的报告，关于检查乡镇企业法实施情况的报告，关于检查土地管理法实施情况的报告，关于检查城市居民委员会组织法实施情况的报告，关于检查刑事诉讼法实施情况的报告，关于检查证券法实施情况的报告，关于检查村民委员会组织法实施情况的报告，关于检查水污染防治法实施情况的报告，关于检查消防法实施情况的报告，关于检查食品卫生法实施情况的报告，关于检查矿产资源法实施情况的报告，关于检查种子法实施情况的报告等。

七届全国人大及其常委会认真履行宪法赋予的职权，对国务院和最高人民法院、最高人民检察院进行工作监督，已基本形成制度。除每年第一季度举行的全国人民代表大会会议听取和审议国务院政府工作报告和最高人民法院、最高人民检察院的工作报告外，每两个月一次的全国人大常委会会议也要听取和审议国务院及有关部委的工作汇报，根据人大代表的意见，每年一次的政府工作报告都要作几十处或百余处修改。此外，七届全国人大各专门委员会还经常听取国务院有关部门的工作汇报。特别是七届全国人大及其常委会在加快立法步伐的同时，高度重视法律实施监督，把对法律实施的监督放在同立法一样重要的位置，5年间对17部法律进行执法检查。强调立法以后法律的执行，提出要像重视立法那样重视法律制定以后的实施，并列入常委会议事日程，是七届全国人大期间工作的一个重要进展。针对法制建设中有法不依、执法不严、违法不究的突出问题，万里委员长多次强调，要把法律实施的检查放在和制定法律同等重要的位置。七届全国人大常委会委员长会议专门就此作出决定，全国人大常委会制定执法检查的具体计划。在此基础上，八届全国人大常委会第三次会议于 1993 年 9 月 2 日表决通过关于加强法律实施情况检查监督的若干规定。这不仅使这项工作制度化、法制化，也使这项工作逐渐实现了常态化。此后，对法律实施情况进行检查监督，成为全国人大常委会和地方人大常委会行使职权中的常规工作。

（三）在重大事项决定方面

在听取有关报告的基础上，经过审议，全国人大常委会会议先后通过关于制止动乱和平息反革命暴乱的决议，关于县、乡两级人大代表选举时间的决定，关于深入开展法制宣传教育的决议，关于批准武汉、九江、芜湖港对外国籍船舶开放的决定，关于县、乡两级人大代表选举时间的决定，台湾省出席八届全国人大代表协商选举方案，八届全国人大少数民族代表名额分配方案，关于美国政府向台湾出售 F-16 战斗机的严正声明，关于八届全国人大二次会议主席团交付审议的郑耀棠等 32 名全国人大代表提出的议案审议结果的报告，关于乡级人大代表选举时间的决定，关于普及法制教育的决议，关于省、自治区、直辖市人大代表名额的决定，九届全国人大少数民族代表名额分配方案，台湾省出席九届全国人大代表协商选举方案，关于批准全国人大香港特别行政区筹备委员会结束工作的建议的决定，关于县级人大代表选举时间的决定，关于批准国务院提出的由财政部发行特别国债补充国有独资商业银行资本金的决议，关于批准国务院增发今年国债和调整中央财政预算方案的决议，关于补选出缺的香港特别行政区九届全国人大代表的决定，关于香港特别行政区九届全国人大代表辞去代表职务的办法的决定，关于批准增发国债和 1999 年中央财政预算调整方案的决议，关于批准全国人大澳门特别行政区筹备委员会结束工作的建议的决定，关于我国加入世界贸易组织的决定[1]，关于批准增发长期建设国债和今年中央财政预算调整方案的决议，关于进一步开展法制宣传教育的决议，关于设立全民国防教育日的决定，关于重庆市人大换届选举时间的决定，十届全国人大少数民族代表名额分配方案，台湾省出席十届全国人大代表协商选举方案，关于第一任全国人大常委会香港特别行政区基本法委员会成员继续履行职责的决定，关于香港特别行政区十届全国人大代表选举会议组成的补充规定，关于澳门特别行政区十届全国人大代表选举会议组成的补充规定等。

（四）在机构设置和人事任免方面

在听取有关议案的基础上，经过审议，会议通过关于撤销赵紫阳的中华人民共和国中央军事委员会副主席职务的决定，关于澳门特别行政区基本法起草委员会委员任免的报告，关于设立全国人大常委会香港特别行政区筹备委员会预备工作委员会的决定及其组成人员名单，关于澳门特别行政区基本法葡萄牙文本的决定，八届全国人大常委会代表资格审查委员会主任委员、副主任委员、委员名单，全国人大香港特别行政区筹备委员会组成人员名单，关于成立重庆市第一届人民代表大会筹备组的决定，香港特别行政区基本法委员会名单，香港特别行政区九届全国人大代表选举会议成员名单，中国人民解放军选举委员会主任、副主任、委员名单，全国人大澳门特别行政区筹备委员会组成人员名单，九届全国人大常委会代表资格审查委员会主任委员、副主任委员、委员名单，关于新疆维吾尔自治区生产建设兵团设置人民法院和人民检察院的决定，关于设立全国人大常委会预算工作委员会的决定，澳门特别行政区九届全国人大代表选举会议成员名

---

[1]　该决定是九届全国人大常委会第十七次会议于 2000 年 8 月 25 日审议通过的，2001 年 11 月 9 日正式公布。

单，全国人大常委会澳门特别行政区基本法委员会组成人员名单，关于撤销成克杰九届全国人大常委会副委员长职务的公告，香港特别行政区十届全国人大代表选举会议成员名单，澳门特别行政区十届全国人大代表选举会议成员名单，中国人民解放军选举委员会主任、副主任、委员名单。

1995 年 12 月 28 日，八届全国人大常委会第十七次会议决定任命张万年、迟浩田为国家军委副主席。1999 年 10 月 31 日，九届全国人大常委会第十二次会议决定任命胡锦涛为国家军委副主席。

第四节　人民代表大会制度的新进展

一、完善人大代表选举制度

（一）对全国人大和地方各级人大选举法的第三次修改

1995 年 2 月 28 日，八届全国人大常委会第十二次会议对全国人大和地方各级人大选举法作了第三次修改。这次修改主要是总结近十年全国和地方选举工作的经验，进一步完善选举制度。主要内容有以下几个方面。

1. 缩小农村与城市每一代表所代表的人口比例，将省级人大代表和全国人大代表的选举，由原先的农村与城市每一代表所代表的人口数分别为五比一、八比一，一律改为四比一，以缩小城乡差别，进一步体现权利的平等原则。

2. 确定了选区划分标准。按照便于选民行使民主的选举权利、体现选举平等的原则，规定直接选举时选区的大小按每一选区应选代表一至三名划分，城镇选区之间、农村选区之间人口数应当大体相等。

3. 对直接选举和间接选举的时间分别作了补充和修改。关于直接选举，适当缩短选民名单和代表候选人名单公布的时间，要求在实际工作中认真做到使选民有充分时间对代表候选人进行酝酿、协商和提名。关于间接选举，增加规定提名、酝酿代表候选人的时间不得少于两天。

4. 完善间接选举确定正式代表候选人的方式，重新恢复预选制度规定，完善相应的程序。规定县级以上地方各级人大选举上一级人大代表时，如果所提候选人超过选举法规定的最高超额数，由全体代表酝酿、讨论、协商，进行预选，根据得票多少确定正式候选人名单。

5. 规范地方各级人大代表名额的确定，改变原来实行的由省级人大常委会自行决定地方人大代表具体名额的办法。通过法律具体规定省级人大、设区的市级人大、县级人大、乡级人大代表的名额基数和增长比例。

6. 增加规定各级人大代表中应当有相当数量的妇女代表，并逐步提高妇女代表的比例。

7. 规定乡级选举委员会受县级人大常委会领导。

8. 对代表辞职、罢免的具体程序进行完善。

（二）修改中国人民解放军选举全国人大和县级以上地方各级人大代表的办法

1996 年 10 月 29 日，八届全国人大常委会第二十二次会议对中国人民解放军选举全国人大和县级以上地方各级人大代表的办法作了第一次修改。主要内容有以下几项。

1. 改变立法体例，从原来的八条改为八章三十九条，分别为：总则，选举委员会，代表名额的决定和分配，选区和选举单位，代表候选人的提出，选举程序，对代表的监督、罢免和补选，附则。

2. 关于选举委员会，人民解放军及团级以上单位设立选举委员会。人民解放军选举委员会领导全军的选举工作，其他各级选举委员会主持本单位的选举工作。下级选举委员会受上级选举委员会的领导。团级以上单位的选举委员会组织、指导所属单位的选举。选举委员会办公室设在政治机关，工作人员由本级选举委员会确定。

3. 关于选区，驻军选举县级人大代表，由驻该行政区域的现役军人和参加军队选举的其他人员按选区直接选举产生。选区按该行政区域内驻军各单位的分布情况划分。选区的大小，按照每一选区选一至三名代表划分。

4. 关于选举单位，人民解放军师级以上单位的军人代表大会代表，由下级军人代表大会产生。下级单位不召开军人代表大会的，由军人大会选举产生。

5. 关于投票选举，直接选举时，各选区应当召开军人大会或者设立投票站、流动票箱进行选举。投票选举由军人委员会或者选举委员会主持。

（三）有关具体规定

1. 关于乡级人大代表选举时间的通知。2001 年 6 月 30 日，全国人大常委会办公厅发出的该通知指出，根据宪法第九十八条有关乡级人大每届任期三年的规定，1998 年下半年—1999 年底以前选举的乡级人大代表的任期将陆续届满，要求各省、自治区、直辖市人大常委会依法按照本行政区乡级人大代表换届的具体时间，按时完成乡级人大代表的选举工作。

2. 关于乡级人民代表大会换届选举工作有关问题的意见。2001 年 7 月 27 日，中共中央转发中共全国人大常委会党组的意见，明确了换届选举工作的意义和指导思想，对撤并乡镇涉及的乡镇人大换届选举、代表名额、乡长、镇长的选举等问题提出了具体指示意见。

3. 关于县级人大换届选举工作有关问题的意见。2002 年 7 月 9 日，中共中央转发中共全国人大常委会党组的意见，明确了换届选举工作的指导思想，对加强党对换届选举工作的领导，以及优化人大代表结构，注重人大代表素质，做好推荐和提出候选人的工作，贯彻差额选举的原则，维护流动人口和困难群众的民主权利，保证选举经费的需要，依法打击破坏选举的违法行为等问题，进行了具体布置。

二、健全人大组织制度

1995 年 2 月 28 日，八届全国人大常委会第十二次会议对地方各级人大和地方各级政府组织法作了第三次修改，有关健全人大组织制度的内容主要如下。

1. 乡级人大设主席及副主席一至二人，由本级人大从代表中选举产生，行使联系代表、组织代表开展活动、反映代表和群众建议批评意见、召集本级人大的会议等职能。主席、副主席为人大会议主席团的成员。乡级政府领导人员列席本级人大会议。

2. 根据 1993 年宪法修正案的规定，将县级人大每届任期由三年改为五年。同时，将人口在一百万以下的县级人大常委会组成人员的名额从十九人增加到二十三人。

三、完善人大立法制度

（一）缔结条约程序法

1990 年 12 月 28 日，七届全国人大常委会第十七次会议通过的缔结条约程序法，有关人大立法制度的主要内容有以下几项。

1. 条约批准或者废除的权限。全国人大常委会决定同外国缔结的条约和重要协定的批准和废除。

2. 条约和重要协定的范围。由全国人大常委会决定批准的条约和重要协定，包括友好合作条约、和平条约等政治性条约，有关领土和划定边界的条约、协定，有关司法协助、引渡的条约、协定，同我国法律有不同规定的条约、协定，缔约各方议定须经批准的条约、协定。

3. 条约批准的程序。条约和重要协定签署后，由国务院提请全国人大常委会决定批准。

4. 条约的公布。经全国人大常委会决定批准或者加入的条约和重要协定，由全国人大常委会公报公布。

（二）关于授权地方立法的决定

1. 授权深圳立法。根据七届全国人大二次会议关于国务院提请审议授权深圳市制定深圳经济特区法规和规章的议案的决定，1992 年 7 月 1 日，七届全国人大常委会第二十六次会议通过关于授权深圳市人大及其常委会制定法规和规章在深圳经济特区实施的决定。决定授权深圳市人大及其常委会根据具体情况和实际需要，遵循宪法的规定以及法律和行政法规的基本原则，制定法规，在深圳经济特区实施，并报全国人大常委会、国务院和广东省人大常委会备案；授权深圳市政府制定规章在深圳经济特区实施。

2. 授权厦门立法。1994 年 3 月 22 日，八届全国人大二次会议通过关于授权厦门市人大及其常委会和厦门市政府分别制定法规和规章在厦门经济特区实施的决定。决定授权厦门市人大及其常委会和厦门市政府根据经济特区的具体情况和实际需要，遵循宪法的规定以及法律和行政法规的基本原则，制定法规，在厦门经济特区实施，并报全国人大常委会、国务院和福建省人大常委会备案；授权厦门市政府制定规章在厦门经济特区实施。

3. 授权汕头立法。1996 年 3 月 17 日，八届全国人大四次会议通过关于授权汕头市和珠海市人大及其常委会、政府分别制定法规和规章在各自的经济特区实施的决定。决定授权汕头市和珠海市人大及其常委会根据其经济特区的具体情况和实际需要，遵循宪法的规定以及法律和行政法规的基本原则，制定法规，在汕头和珠海经济特区实施，并报全国人大常委会、国务院和广东省人大常委会备案；汕头市和珠海市制定规章并分别在汕头和珠海经济特区实施。

（三）立法法

2000 年 3 月 15 日，九届全国人大三次会议通过立法法。该法全面系统地规定了我国的立法体制和立法程序，进一步健全了我国立法制度，维护国家法制统一。主要内容包括以下几项。

1. 明确立法权限。在宪法规定的基础上，从国家主权、基本政治制度、基本经济制度、民事刑事制度、公民政治权利法律制度等 10 个方面，用列举的办法明确了全国人大及其常委会的专属立法权。对行政法规、地方性法规、自治条例和单行条例的权限范围作了规定。

2. 规范授权立法制度。（1）授权决定应当明确授权目的、范围；（2）被授权机关应当严格按照授权目的和范围行使该项权力；（3）根据授权制定的法规应当报授权决定规定的机关备案；（4）授权立法的事项经过实践检验，由全国人大及其常委会及时制定法律；（5）法律制定后，相应立法事项的授权中止。

3. 完善立法程序。在全国人大组织法、全国人大及其常委会议事规则关于立法程序规定的基础上，对法律案的提出、审议、表决和公布环节加以法律化、制度化。增加或强调了 5 个方面：（1）审议法律案一般实行三审制。这是对以往立法工作经验的总结和制度化。1998 年 3 月 21 日，九届全国人大常委会委员长会议第一次会议决定，今后常委会审议法律草案，一般实行三审制。（2）坚持法律委员会统一审议，充分发挥各专门委员会在法律案审议中的作用。（3）充分发扬民主，在立法过程中采取座谈会、论证会、听证会、向全民公布法律草案等方式，充分听取意见。（4）集思广益，在常委会分组会议审议的基础上，可以召开联组会议或全体会议对法律案进行深入审议。（5）搁置争议，法律案在审议中如果有重大问题需要进一步研究的可以暂不交付表决，暂不交付表决或者搁置审议满两年的，对该法律案终止审议。

4. 完善法律解释制度。法律的规定需要进一步明确具体含义的，或者法律制定后出现新的情况，需要明确适用法律依据的，由全国人大常委会进行法律解释。同时还对提出法律解释要求、拟订法律解释草案，以及对法律解释草案的审议、修改、表决、公布，也进行了具体规定。

（四）立法工作制度

1. 立法工作座谈会。1992 年 6 月 19 日，七届全国人大常委会举行立法工作座谈会。彭冲副委员长在座谈会上发表讲话时指出，要加快经济立法，保障改革开放。（1）要进一步解放思想，更新观念，增强加快经济立法的紧迫感。搞经济立法，不能片面地强调稳妥、强调立法条件还不成熟。（2）要进一步健全立法工作体制，组织全国人大专门委员会、国务院有关部门和社会力量，共同加快法律的起草工作。（3）要大胆吸收和借鉴国外的法律和立法经验。借鉴和吸收国外法律和立法经验，是各国在立法实践中都曾遵循的原则。（4）要在注重立法的数量的同时注重立法的质量。彭冲还强调，我们制定每一个法律，都应当有利于深化改革和扩大开放，有利于社会生产力的发展，有利于保护公民的合法权益。当前在立法和执法中出现的"地方保护主义""行业保护主义"，必须坚决予以克服和纠正。要督促清理各种法律、法规，凡是与宪法相抵触以及不适应改革开放要求的，都应依法予以撤销或修改〔1〕。

1993 年 12 月 9 日，全国人大常委会召开立法工作座谈会。全国人大常委会秘书长曹志在会上作八届全国人大常委会立法规划（草稿）〔2〕的说明，田纪云、王汉斌副委员长出席会议并讲话，田纪云就立法工作特别是完成立法规划问题发表讲话。根据这个规划草稿，社会主义市场经济法律体系的框架主要包括 5 个方面的法律：（1）规范市场主体的法律。（2）调整市场主体关系、维护市场秩序的法律。（3）改善和加强宏观调控的法律。（4）建立和健全社会保障制度方面的法律。（5）发展基础产业

---

〔1〕　彭冲同志指出，在加快立法的同时，还必须加强执法工作，改善执法活动，切实从立法、守法、执法、司法各个环节做好工作。

〔2〕　1994 年 1 月 24 日，中共中央转发中共全国人大常委会党组关于八届全国人大常委会立法规划的请示。

及其他方面的法律。目前有关部门正在抓紧制定或审议的法律有152件。属于社会主义市场经济方面的54件，属于国家机构组织制度方面的25件，属于教育、科学、文化、卫生和环境保护方面的13件，属于保障公民权利和其他方面的15件。

1995年12月19日，田纪云副委员长主持召开八届全国人大常委会第二次立法工作座谈会，曹志秘书长介绍八届全国人大的立法工作情况和本届全国人大今后的立法任务。乔石委员长出席会议并发表讲话。乔石同志说，加强立法是党和国家的一项紧迫任务。第一，制定法律必须以宪法为依据。第二，立法工作要与改革和发展的实际紧密结合。第三，立法要从全局出发，从人民的根本利益出发。第四，立法工作要走群众路线，按民主集中制原则办事。

2. 召开立法工作会议。2000年11月1日—2日，全国人大常委会召开立法工作会议。李鹏委员长出席会议并讲话。他说，加强立法工作，建立有中国特色社会主义法律体系，是实施依法治国方略的基础和前提，是关系国家兴旺发达、长治久安的一件大事。我们必须在认真总结20多年立法工作经验的基础上，进一步加强和改进立法工作，提高立法工作的质量和效率，努力构建有中国特色社会主义法律体系，从法律上、制度上保障和促进改革开放和现代化建设的顺利进行，全面实现党的十五大和十五届五中全会提出的宏伟目标。（1）立法工作要以"三个代表"重要思想为指导，要以解放和发展社会生产力为出发点。（2）立法工作必须服从和服务于改革、发展、稳定的大局。（3）立法工作要坚持走群众路线，提高立法的民主化、科学化程度。（4）立法工作要严格执行立法法的规定，保证国家法制的统一。（5）立法工作必须自觉接受党的领导。

四、健全人大监督制度

（一）关于加强对法律实施情况检查监督的若干规定

1993 年 9 月 2 日，八届全国人大常委会第三次会议通过关于加强对法律实施情况检查监督的若干规定。主要内容包括以下几项。

1. 执法检查的内容和重点。检查的主体是人大常委会和专门委员会，检查的对象是法律实施主管机关的执法工作。

2. 执法检查的步骤和方法。执法检查计划要在每年代表大会会议后一个月内拟定，报委员长会议批准或备案。执法检查组要本着精干、效能、便于活动的原则组织。有关部门和地方应支持执法检查组的工作，提供真实情况和必要帮助。检查结束后，执法检查组要提出有情况、有分析、有改进措施的报告。

3. 对执法检查报告的审议。执法检查报告列入常委会会议议程后，由执法检查组组长向常委会全体会议汇报，并在分组会议和全体会议上审议，必要时可以作出有关决议。

4. 对执法检查报告及其审议意见的落实。法律实施主管机关应切实改进执法工作，并在 6 个月内向常委会书面汇报，必要时常委会将再次进行审议。对执法检查中发现的重大典型违法案件可依法进行调查，处理结果可以公之于众。

（二）预算法

1994 年 3 月 22 日，八届全国人大二次会议通过预算法。主要内容有以下几项。

1. 强化预算的法律约束力。各级预算一经本级人大批准，即具有法律效力，必须认真组织实施。非经法定程序，不得擅自改变预算。

2. 明确各级人大在预算管理中的职权。包括预算的审批权，对预算、决算的监督权，以及改变或者撤销本级人大常委会关于预算、决算的不适当的决定。

3. 强化各级人大常委会在预算管理中的职权。包括预算执行的监督权，预算调整方案的审批权，对决算的审批权，以及全国人大常委会有权撤销国务院制定的同宪法和法律相抵触的关于预算、决算的行政法规、决定和命令，有权撤销省（区、市）人大及其常委会制定的同宪法、法律和行政性法规相抵触的关于预算、决算的地方性法规和决议。县级以上地方各级人大常委会有权撤销本级政府和下一级人大及其常委会关于预算、决算的不适当的决定、命令和决议。

4. 合理划分上级人大和下级人大对预算审批的权限。改变预算管理体制，把国家预算划分为中央预算和地方预算。全国人大审查中央和地方预算草案及中央和地方预算执行情况的报告，批准中央预算。县以上地方各级人大审查本级总预算草案及本级总预算执行情况的报告，批准本级预算。

（三）审计法

1994 年 8 月 31 日，八届全国人大常委会第九次会议通过审计法。有关规范人大监督制度的内容主要有以下几项。

1. 细化对国家财政收支的审计监督。审计机关对本级各部门、直属单位和下级政府预算的执行情况和决算，以及预算外资金的管理和使用情况，进行审计监督。审计机关对国有企业的资产、负债、损益等方面的财务收支，进行审计监督。

2. 明确国家实行审计监督制度。国务院和县级以上地方政府应当每年向本级人大常委会提出审计机关对预算执行和其他财政收支的审计工作报告。

（四）关于加强中央预算审查监督的决定

1999 年 12 月 25 日，九届全国人大常委会第十三次会议通过关于加强中央预算审查监督的决定。主要内容包括以下几项。

1. 加强和改善预算编制工作。各部门、各单位应当按照预算法的要求编好部门预算和单位预算，有关部门要按时批复预算、拨付资金。

2. 加强和改善预算审查工作。国务院财政部门应及时向财经委员会、预算工作委员会通报中央预算编制情况，在代表大会会议举行的 45 天前将预算初步方案提交财经委员会进行初步审查。在代表大会会议期间，财经委员会根据各代表团和有关专门委员会的意见，对中央及地方预算草案进行审查，并提出审查结果报告。

3. 加强对中央预算调整方案的审查工作。因特殊情况必须调整中央预算时，国务院应当编制预算调整方案，及时向财经委员会、预算工作委员会通报预算调整情况，在常委会会议审批一个月前将预算调整初步方案提交财经委员会进行初步审查。

4. 加强对中央预算执行情况的监督。严格控制不同预算科目之间的资金调剂，中央预算安排的农业、教育、科技、社会保障预算资金的调减须经全国人大常委会审查批准。国务院有关部门应及时向财经委员会、预算工作委员会提交落实代表大会关于预算决议的情况、预算批复情况、预算收支执行情况等。预计超收收入安排使用情况、预算外资金的收支情况要向全国人大常委会报告。

5. 加强对中央预算执行的审计。国务院应当向全国人大常委会提出对中央预算执行和其他财政收支的审计工作报告。审计部门要按照真实、合法和效益的要求，对中央预算执行情况和部门决算进行审计，限时依法纠正和处理审计出的问题。必要时全国人大常委会可以对审计工作报告作出决议。

（五）关于加强经济工作监督的决定

2000年3月1日，九届全国人大常委会第十四次会议通过关于加强经济工作监督的决定。主要内容包括以下几项。

1. 计划草案的报送。国务院编制国民经济和社会发展年度计划草案、五年计划草案以及长远规划草案，应当在代表大会会议举行的30日前，报送全国人大常委会。

2. 计划草案的审查。代表大会会议期间，财经委员会根据各代表团和有关专门委员会的审查意见，对计划草案和计划报告进行审查。审查的重点是编制的指导方针、主要目标、主要措施等。审查结果报告经主席团审议通过后，印发代表大会。

3. 重大建设项目的审议决定。对涉及面广、影响深远、投资巨大的国家重大建设项目，国务院可以提出议案，由全国人大或者常委会会议审议并作出决定。

4. 经济运行的监督。国务院每年8月应向全国人大常委会报告上半年计划执行情况。代表大会批准的年度计划、五年计划和长远规划必须作的部分调整，由国务院提请常委会审查批准。经济运行发生重大变化时，国务院应向全国人大常委会报告，作出说明。常委会可以根据需要，听取和审议国务院经济工作方面的专题汇报以及国家重点建设项目的工作汇报，进行监督。

5. 专门委员会听取专题汇报。受委员长会议的委托，专门委员会可以召开全体会议，听取国务院有关部门的专题汇报。财经委员会应当在4月、7月和10月中旬分别召开全体会议，听取国务院有关部门关于季度经济运行情况的汇报，并进行分析研究。

专门委员会提出的意见和建议应当报告委员长会议，由委员长会议审议决定是否批转国务院及其有关部门研究处理，并将结果报告全国人大常委会。

（六）行政法规、地方性法规、自治条例和单行条例、经济特区法规备案审查工作程序

2000 年 10 月，九届全国人大常委会委员长会议批准行政法规、地方性法规、自治条例和单行条例、经济特区法规备案审查工作程序。主要内容包括以下几项。

1. 行政法规、地方性法规、自治条例和单行条例、经济特区法规，应当自公布之日起 30 日内报送全国人大常委会备案。行政法规由国务院办公厅负责报送，地方性法规、自治条例和单行条例由省级人大常委会办公厅负责报送，经济特区法规由制定机关办公厅负责报送。

2. 法规备案内容，包括备案报告，国务院令或者公告，有关修改、废止或者批准的决定，法规文本、说明及审议结果报告等有关文件。由全国人大常委会办公厅秘书一局负责接收、登记、存档，并分送有关专门委员会、法制工作委员会。

3. 有关国家机关认为法规同宪法或者法律相抵触，向全国人大常委会书面提出审查要求的，由常委会办公厅秘书一局接收、登记后，报秘书长批转有关专门委员会会同法制工作委员会进行审查。其他机关和社会团体、企业事业组织以及公民认为法规同宪法或者法律相抵触，向全国人大常委会书面提出审查建议的，由法制工作委员会负责接收、登记，并进行研究；必要时，报秘书长批准后，送有关专门委员会进行审查。

4. 专门委员会认为备案的法规同宪法或者法律相抵触的，可以主动进行审查，会同法制工作委员会提出书面审查意见。法制

工作委员会认为备案的法规同宪法或者法律相抵触，需要主动进行审查的，可以提出书面建议，报秘书长同意后，送有关专门委员会进行审查。专门委员会应当自收到秘书长批转的审查要求、审查建议之日起3个月内，提出书面审查意见。

5. 专门委员会审查后，由秘书长批转法律委员会研究。应当将书面审查意见报秘书长，法律委员会的审查意见与有关专门委员会的审查意见一致，认为法规同宪法或者法律不抵触的，由法律委员会报秘书长同意，送常委会办公厅存档；认为法规同宪法或者法律相抵触的，由法律委员会报秘书长，经秘书长同意，由有关专门委员会向制定机关提出书面审查意见，建议制定机关自行修改或者废止该法规。

6. 有关专门委员会向制定机关提出对法规的书面审查意见后，制定机关应当在两个月内研究提出是否修改或者废止的意见，并向专门委员会反馈。

7. 有关专门委员会提出书面审查意见后，制定机关对同宪法或者法律相抵触的法规不予修改或者废止的，有关专门委员会可以向委员长会议提出撤销该法规的议案，由委员长会议决定是否提请常委会会议审议；经委员长会议决定提请常委会会议审议的，依照全国人大常委会议事规则的有关规定办理。

8. 法规审查工作结束后，常委会办公厅可以根据需要，将审查结果书面告知提出审查要求或者审查建议的国家机关和社会团体、企业事业组织以及公布审查结果。

（七）关于监督法草案的起草和初审

在监督法制定过程中，全国人大常委会选择了先"批发"再"零售"最后再"批发"的路径。1996年10月启动第二轮起草工作，1997年8月形成全国人大和地方各级人大监督法试拟稿，调整范围扩大到各级人大及其常委会的监督工作。九届全国人大常委会组成后，一方面将监督法列入五年立法规划，组织专门小组继续进行监督法的调研、论证和起草工作；另一方面采取先出台一些单项监督决定的办法，以解决监督法没有出台之前监督工作的规范问题，并为制定监督法积累经验，创造条件。同时，还两次审议了对审判、检察工作中重大违法案件监督的决定草案。2002 年 8 月，九届全国人大常委会第二十九次会议对监督法草案进行了初次审议。

五、健全人大代表制度

1992 年 4 月 3 日，七届全国人大五次会议通过全国人大和地方各级人大代表法。该法对人大代表制度进行了全面、系统、具体的规定，使人大代表工作走上制度化、规范化的轨道。该法吸收了各地开展代表工作和代表活动的成熟经验，增加的内容主要有以下几项。

1. 明确各级人大代表是各级国家权力机关的组成人员，依照法律规定产生，代表人民的利益和意志，依照宪法和法律赋予的职权，参加行使国家权力。

2. 增加规定全国人大会议期间一个代表团或者三十名以上的代表联名，有权书面提出对最高人民法院和最高人民检察院的质询案。

3. 对代表在闭会期间的活动，包括组成代表小组开展活动、对本级或下级国家机关和有关单位的工作进行视察、应邀列席本级人大常委会会议和有关会议、约见本级或者下级国家机关负责人、采取多种方式经常听取和反映人民群众的意见和要求、依法参加特定问题调查委员会，都作了较为系统的规定。

4. 加强各级人大常委会同本级人大代表的联系。常委会可以采取设立代表接待室、开展代表接待日活动、召开代表座谈会等方式，保持同代表的联系。常委会应当为本级人大代表和本行政区域内的上级人大代表执行代表职务提供必要的条件。常委会应当有工作机构或者配备工作人员，为代表执行职务提供服务。

5. 增加规定国家和社会为代表执行职务提供物质保障、时间保障，代表的活动经费应当列入本级财政预算。

6. 对代表执行职务的司法保障作了更加全面和具体的补充规定。

7. 增加规定一切组织和个人都必须尊重代表的权利，支持代表执行代表职务。有义务协助代表执行代表职务而拒绝履行义务的，有关单位应当予以批评教育，直至给予行政处分。阻碍代表依法执行代表职务或者进行打击报复的，根据情节由所在单位或者上级机关责令改正或者给予行政处分，构成犯罪的依法追究刑事责任。

8. 增加规定代表未经批准两次不出席本级人大会议的，其代表资格即行终止。

在实践中，全国人大常委会召开转办全国人大代表建议协调会议。1999 年 3 月 30 日—4 月 1 日，全国人大常委会办公厅召开转办全国人大代表建议协调会议，140 多个承办单位的有关人员参加会议，使这项工作逐步制度化、机制化。

六、健全人大会议制度

（一）委员长会议议事规则

1993 年 6 月，八届全国人大常委会委员长会议通过委员长会议议事规则。涉及完善人大会议制度的内容主要有以下几项。

1. 委员长会议由委员长召集并主持。委员长可以委托副委员长主持会议。

2. 委员长会议的议题，由秘书长提出，委员长确定。

3. 委员长会议举行会议，应当在会议举行前两天，由办公厅将开会日期、建议会议的主要事项，通知委员长会议成员。

4. 各专门委员会主任委员、常委会秘书长、常委会法工委主任列席委员长会议。经常务副委员长或秘书长批准，有关部门负责人可以列席委员长会议。

5. 委员长会议通过的文件，由委员长签发。委员长可以委托常务副委员长或者秘书长签发。

6. 委员长会议应作会议记录并编印会议纪要。会议纪要由秘书长签发。

7. 委员长会议决定的问题，经秘书长同意，可以发布新闻。

（二）秘书长办公会议议事规则

1993 年 6 月，八届全国人大常委会委员长会议批准秘书长办公会议议事规则。有关完善人大会议制度的内容主要包括以下几项。

1. 秘书长办公会议由全国人大常委会秘书长召集和主持，副秘书长参加。

2. 秘书长办公会议一般每周举行一次。会议的议题由秘书长确定。秘书长可以委托副秘书长主持会议。

3. 根据工作需要，经秘书长决定，办公厅有关局、室负责人和专门委员会办公室负责人、法工委有关负责人可以列席秘书长办公会议。

4. 秘书长办公会议通过的文件，由秘书长或者秘书长委托的副秘书长签发。

5. 秘书长办公会议决定的事项，需要通知机关有关单位的，由办公厅通知。

6. 秘书长办公会议应作会议记录，必要时可以编写会议纪要，印发有关单位。

七、全国人大机关两次较大规模的机构改革

1994 年，中央决定在国家行政机关有计划、有步骤地推行国家公务员制度的同时，各级人大常委会机关参照试行《国家公务员暂行条列》。同年 6 月 20 日，中共中央办公厅印发了中央组织部会同全国人大常委会机关党组制定的全国人民代表大会常务委员会机关参照试行《国家公务员暂行条列》实施方案。通知指出，中央同意中央组织部会同全国人大常委会机关党组制定的全国人大常委会机关参照试行《国家公务员暂行条例》实施方案，全国人大常委会机关参照试行国家公务员暂行条例工作，按照本方案执行。地方各级人大常委会机关参照试行国家公务员暂行条例工作，由各省（区、市）党委按照本方案规定的原则，结合本地区实际，确定具体实施办法并组织实施，实施办法报中央组织部备案。这是人大常委会机关干部人事制度改革的一项重要工作，对加强全国人大常委会机关建设，进一步提高机关工作人员素质和机关工作效能，起到了积极作用。

从 1995 年 8 月开始，全国人大机关的设置进入了改革和完善时期，进行了两次大的机构改革。具体情况如下。

（一）1995 年的机构改革

1. 全国人大机关机构改革方案。1995 年 8 月，全国人大机

关机构改革方案开始实施。这次机构改革的指导思想是，要适应建立社会主义市场经济体制、加强社会主义民主法制建设的要求，从有利于加强立法和监督工作出发，按照中央有关党政机构改革的精神，本着"精简、统一、效能"的原则，进一步明确职责，理顺关系，健全机构，精兵简政，改善干部队伍结构，提高干部素质，提高工作效率和质量。在机构设置和人员编制上，坚持从实际出发，实事求是，该精简的精简，该加强的加强，该理顺的理顺。

全国人大机关机构改革方案进一步明确要求：（1）全国人大机关是一个统一的有机整体。机构的设置要科学、合理，职责要明确、具体，运转要协调、高效；要划清各部门的职责，理顺专门委员会、办公厅、法制工作委员会之间的关系。（2）办事机构的设置和人员配备，要同全国人大及其常委会的工作任务相适应。要加强立法工作部门，加强研究和咨询机构，对有的职能相近或交叉的机构进行合并或裁减，加快机关工作节奏，提高工作效率。（3）要改善干部队伍的结构，注重充实熟悉法律、经济等方面工作的干部，提高干部素质。（4）按照后勤行政管理职能与服务职能分工的原则，改革机关后勤服务工作，确保机关工作正常运转。

附表：全国人大常委会办事机构一览表（1995 年 8 月）

办公厅	秘书组、秘书局、研究室、联络局、外事局、新闻局、信访局、人事局、行政管理局、离退休干部局、机关党委、人民大会堂管理局、全国人大常委会图书馆、中国民主法制出版社、全国人大干部培训中心、机关服务中心
法工委	办公室、刑法室、民法室、国家法行政法室、经济法室、研究室、机关党委
代表资格审查委员会	办公室

2. 常委会办公厅。1993 年 6 月，全国人大常委会办公厅设立老干部局。1994 年 5 月，全国人大常委会办公厅设立机关服务中心，为事业单位。1995 年 8 月 28 日，中央批准全国人大机构改革方案，办公厅研究室由局级升格为副部级，内设办公室、政治研究室、经济研究室、文化研究室和国际研究室等 5 个副局级机构。1997 年 6 月 28 日，撤销全国人大常委会办公厅图书馆，成立全国人大常委会图书馆。总之，改革之后，常委会下设：秘书组[1]、秘书局、研究室[2]、联络局、外事局、新闻局、信访局、人事局、行政管理局、离退休干部局、机关党委、人民大会堂管理局、全国人大常委会图书馆、中国民主法制出版社、全国人大干部培训中心、机关服务中心[3]。

3. 法制工作委员会。下设：办公室、刑法室、民法室、国家法行政法室、经济法室、研究室、机关党委。

4. 香港特别行政区基本法委员会。

5. 代表资格审查委员会。下设办公室，该办公室设在办公厅联络局。

（二）2001 年的机构改革

2001 年 12 月，全国人大进行了机关机构改革工作。根据全国人大机关机构改革方案，这次机构改革的主要内容如下。

1. 撤销办公厅研究室的政治研究室、经济研究室、文化研究室、国际研究室，改设综合室、理论室、国际室，保留办公室，共 4 个副局级机构。

---

〔1〕 秘书组，为全国人大常委会秘书处的办事机构。

〔2〕 办公厅研究室代管全国人大常委会图书馆、中国民主法制出版社和全国人大干部培训中心。

〔3〕 全国人大常委会图书馆、中国民主法制出版社、全国人大干部培训中心、机关服务中心为事业单位。

2. 办公厅研究室的资料管理工作划转全国人大常委会图书馆。

3. 将隶属于联络局的《中国人大》编辑部划转为办公厅直属事业单位，执行事业编制。

4. 法工委的司机班从机关中转移出去，划归机关服务中心管理，执行事业编制。

5. 预算工委法制室、研究室，分别更名为法案室、调研室。

6. 内务司法委员会妇女儿童青少年室，更名为工青妇室。

7. 财政经济委员会经济法室、计划预算室、研究室，分别更名为法案室、经济室、调研室，其办公室同时作为预算工作委员会办公室。

8. 华侨委员会研究室，更名为法案室。

9. 环境与资源保护委员会研究室，更名为调研室。

10. 农业与农村委员会信息与研究室，更名为调研室。

这次机构改革所确定的机关行政编制为 677 名。驻外人员 8 名按中编办规定仍列外交部驻外编制序列。全国人大部分领导同志的工作人员编制及供给关系在全国人大机关的全国人大常委会委员、中央委员的编制单列。

全国人大常委会设秘书长 1 名，副秘书长 8 名；法制工作委员会设主任 1 名，副主任 4 名；预算工作委员会设主任 1 名，副主任 3 名。办公厅行政编制 268 人（包括全国人大常委会秘书处秘书组行政编制 6 名）；法制工作委员会行政编制 157 人（包括主任 1 名、副主任 4 名）；预算工作委员会行政编制 20 人（包括主任 1 名、副主任 3 名）；各专门委员会办事机构 179 人，其中，法律委员会不单设办事机构，法制工作委员会的内设机构同时作为法律委员会的办事机构。

八、全国人大机关工作和工作制度创新

（一）召开全国人大机关干部大会

1. 八届全国人大常委会的情况。1993 年 7 月 7 日，全国人大机关干部大会召开，乔石委员长发表讲话，指出国家总的形势和任务对人大工作提出了新的更高的要求，抓好立法工作，做好监督工作，搞好外事工作和其他方面的工作，任务很艰巨，也很繁重。这就要求我们把机关建设好，把干部队伍抓好。总的来看，我们机关的这支干部队伍素质是好的。在工作环境和生活条件较差的情况下，大家勤勤恳恳，埋头苦干，做了大量的工作。今后，大家肩负的担子更重了，需要进一步提高干部的政治素质和业务水平，认真学习邓小平同志建设有中国特色社会主义的理论，熟悉宪法和法律，增强服务意识，提高服务质量。相信大家一定会以高度的责任感，把人大工作做得更好。1994 年 2 月 24 日、1995 年 2 月 8 日、1996 年 2 月 6 日，全国人大机关先后召开干部大会，田纪云副委员长参加会议并发表讲话。

2. 九届全国人大常委会的情况。1998 年 4 月 8 日，全国人大机关干部大会召开，李鹏委员长出席会议并发表讲话。李鹏说，要很好地完成本届人大及其常委会的各项任务，一定要把机关建设好，把机关干部队伍建设好。全国人大机关要当好常委会的参谋和助手，完成为"三会"服务、为代表和常委会组成人员服务、为民主法制建设服务的繁重任务，首先是要认真学习邓小平理论，用邓小平理论指导我们的各项工作。李鹏指出，人大工作是党和国家工作的重要组成部分。同志们在全国人大机关工作是光荣的，也是大有作为的，各级各类干部在这里都可以得到锻

炼和成长。我们各级领导同志要重视机关建设，重视干部的培养和锻炼，关心干部，爱护干部。李鹏强调，人大是监督其他国家机关的，人大机关自己要在廉政、勤政方面有更严格的要求，树立一个良好的精神风貌。要在全体机关干部中，特别是领导干部中，提出四点要求：一是提倡奉献精神，努力做到清正廉洁，忠于职守。二是要发扬实事求是的工作作风，勤勉务实，不尚空谈。三是要遵守纪律，保守国家机密，不说长论短，不传播小道消息。四是要增强服务意识，提高工作效率和质量。

（二）加强学习培训工作

1. 1995 年 6 月 14 日，全国人大常委会办公厅制定关于全国人大常委会组成人员和机关干部学习宪法和法律的安排意见。该意见就学习内容、学习时间、学习方式、学习组织等作出明确安排。

2. 1995 年 8 月 30 日，全国人大常委会举行宪法和法律知识讲座。田纪云副委员长主持讲座，全国人大法律委员会副主任委员项淳一讲授宪法知识。乔石委员长在讲座上讲话。乔石委员长说，为了使宪法和法律得到切实实施，组织广大干部和人民群众学习宪法和法律，提高全民族的法律意识和法制观念，已经成为一项紧迫的任务。法律只有为广大干部和群众所掌握，才能变成强大的物质力量，社会主义法制建设才有坚实的基础。

（三）开展办公自动化工作

1992 年 11 月 9 日—13 日，由全国人大常委会办公厅组织的全国人大办公自动化工作研讨会召开，各省、自治区、直辖市人大常委会机关的 100 多位同志参加会议。全国人大常委会领导同志历来重视、关心和支持办公自动化工作，彭真、万里、彭冲等领导同志都先后对如何搞好人大机关办公自动化的工作做过重要批示。我国各级人大的办公自动化工作从无到有，正逐渐走向系统化。全国人大常委会机关已经建立人大常委会会议报到、表决、信访信息管理系统；完成人民大会堂大礼堂 3000 人报到表决系统，在七届全国人大三次会议期间投入使用；完成"国家法规数据库"的建库工作，启用"代表大会信息查询系统"，在七届全国人大四次会议期间投入使用，为全体代表和大会秘书处提供服务；初步完成"全国人大代表信息管理系统"，并在七届全国人大五次会议期间投入使用。全国人大和地方各级人大的办公自动化工作，为完善人民代表大会制度，加强民主和法制建设，加强人大机关建设，提供越来越多的高效率服务。1996 年 12 月 4 日—10 日，在海南省召开了全国人大办公自动化工作会议。

2002 年 7 月 3 日—5 日，全国人大信息化建设工作会议举行。李鹏委员长，姜春云、邹家华副委员长，何椿霖秘书长出席会议。李鹏委员长会见出席会议的全体代表并发表讲话。李鹏同志说，我们要提高立法质量，使制定的法律符合国家和人民的根本利益，就必须了解和掌握大量的立法信息。通过信息化建设，各级人大可以与广大人民群众保持密切联系，听取他们的意见，促进立法的民主化、科学化。

（四）省级人大常委会负责人座谈会

1999 年 11 月 1 日—2 日，全国人大常委会召开省（区、市）人大常委会负责人座谈会，田纪云、姜春云、许嘉璐副委员长分别主持。王光英、程思远、布赫、铁木尔·达瓦买提、彭珮云、何鲁丽、周光召、曹志、成思危、蒋正华副委员长，何椿霖秘书长出席会议。21 位省（区、市）人大常委会负责人在会上发言。李鹏委员长出席座谈会并发表讲话。李鹏同志说，要做好人大工作，很重要的一条，就是要自觉接受同级党委的领导。各级人大要在推进依法治国的进程中，自觉地把坚持党的领导、发扬人民民主和严格依法办事统一起来，真正从制度上和法律上保证党的基本路线和基本方针的贯彻实施，保证党始终发挥总揽全局、协调各方的领导核心作用。

2000 年 9 月 25 日—28 日，全国人大常委会举办省级人大常委会主任研讨班。来自各省（区、市）的人大常委会负责同志，与全国人大及其常委会有关部门负责同志一起，围绕进一步做好新形势下人大工作进行认真的探讨。研讨班期间，与会人员听取吉林大学教授王惠岩作《邓小平民主与法制理论》、中国社会科学院法学研究所研究员信春鹰作《我国宪法及其实施》、全国人大常委会委员王维澄作《有中国特色社会主义法律体系及立法法的实施》的法制讲座。田纪云、姜春云、邹家华、王光英、布赫、铁木尔·达瓦买提、何鲁丽、周光召、曹志、丁石孙、许嘉璐、蒋正华副委员长，何椿霖秘书长出席研讨班的有关活动。李鹏委员长出席会议并发表讲话。

（五）有关人大宣传工作

1994 年 1 月 1 日，全国人大常委会办公厅主办的刊物《人大工作通讯》首次在全国公开发行。1999 年 7 月 1 日，《人大工作通讯》更名为《中国人大》。

1998 年 12 月 10 日—12 日，全国人大常委会办公厅召开《人大工作通讯》和《人民日报》"民主与法制"专版通讯员工作座谈会。各省（区、市）、省会市和计划单列市人大的通讯员，全国人大机关各部门的联络员，中央新闻单位的有关负责同志，共 110 人参加会议。何椿霖秘书长主持会议，李鹏委员长出席会议并发表讲话。

第八章

新时期的人民代表大会制度

2002 年 11 月党的十六大以后，以胡锦涛同志为总书记的党中央抓住重要战略机遇期，在全面建设小康社会进程中推进实践创新、理论创新、制度创新，强调坚持以人为本，树立全面、协调、可持续的发展观，提出构建社会主义和谐社会、加快生态文明建设，形成中国特色社会主义事业总体布局，在新的历史起点上坚持和发展了中国特色社会主义。在发展社会主义民主政治方面，坚持用邓小平理论和"三个代表"重要思想指导我国社会主义民主法制建设的实践，进一步提出坚持和完善人民代表大会制度的重大理论观点、重要战略思想，中国特色社会主义理论体系日趋成型，人民代表大会制度和人大工作与时俱进，取得了新进展新成效。

第一节　科学发展观与人民代表大会制度理论

党的十六大以后，党中央对民主法制、人民代表大会制度理论作了创造性的发展。这一时期，我们党和国家关于民主法制建设的指导思想，集中体现在科学发展观之中。

一、"依法治国首先要依宪治国，依法执政首先要依宪执政"

（一）"实行依法治国的基本方略，首先要全面贯彻实施宪法"

2002 年 12 月 4 日，中共中央和全国人大常委会举行隆重集会，纪念现行宪法颁布实施 20 周年，中共中央总书记胡锦涛在大会上发表重要讲话。这在我们党和国家的历史上还是第一次。

胡锦涛同志指出，发展社会主义民主政治，最根本的是要把坚持党的领导、人民当家作主和依法治国有机统一起来。"实行依法治国的基本方略，首先要全面贯彻实施宪法。这是建设社会主义政治文明的一项根本任务，也是建设社会主义法治国家的一项基础性工作，要长期抓下去，坚持不懈地抓好。"怎么全面贯彻实施宪法呢？要做到三个"必须"，即必须加强宪法宣传教育；必须健全宪法保障制度，确保宪法的实施；必须坚持党的领导。

胡锦涛同志强调，全国人大及其常委会要从国家和人民的根本利益出发，"在立法过程中充分保障宪法规定的公民的自由和权利；要切实担负起监督宪法实施的职责，坚决纠正违宪行为；要切实履行解释宪法的职能，对宪法实施中的问题作出必要的解释和说明，使宪法的规定更好地得到落实"。地方各级人大及其常委会要切实保证宪法在本行政区域内得到遵守和执行[1]。

（二）全面推进经济法制建设

2003 年 10 月 14 日，党的十六届三中全会通过的《中共中央关于完善社会主义市场经济体制若干问题的决定》提出"全面推进经济法制建设"。按照依法治国的基本方略，着眼于确立制度、规范权责、保障权益，加强经济立法，着重完善 6 个方面的法律制度。

1. 完善市场主体和中介组织法律制度，使各类市场主体真正具有完全的行为能力和责任能力。

---

〔1〕 胡锦涛：《在首都各界纪念中华人民共和国宪法公布施行二十周年大会上的讲话》，中共中央文献研究室编：《十六大以来重要文献选编》（上），中央文献出版社 2005 年版，第 73—74 页。

2. 完善产权法律制度，规范和理顺产权关系，保护各类产权权益。

3. 完善市场交易法律制度，保障合同自由和交易安全，维护公平竞争。

4. 完善预算、税收、金融和投资等法律法规，规范经济调节和市场监管。

5. 完善劳动、就业和社会保障等方面的法律法规，切实保护劳动者和公民的合法权益。

6. 完善社会领域和可持续发展等方面的法律法规，促进经济发展和社会全面进步。同时，提出"加强执法和监督"，确保法律法规的有效实施，维护法制的统一和尊严[1]。

（三）人民代表大会制度是党在国家政权中充分发扬民主、贯彻群众路线的最好实现形式

2004 年 9 月 15 日，首都各界代表 3500 多人隆重集会，纪念全国人民代表大会成立 50 周年。全国人大常委会委员长吴邦国主持会议，中共中央总书记、国家主席胡锦涛发表讲话。胡锦涛同志在讲话中对人民代表大会制度作了全面系统的阐述。"人民代表大会制度是符合中国国情、体现中国社会主义国家性质、能够保证中国人民当家作主的根本政治制度，也是党在国家政权中充分发扬民主、贯彻群众路线的最好实现形式，同国家和人民的命运息息相关。……长期以来，全国各族人民通过人民代表大会制度牢牢地把国家和民族的前途命运掌握在自己手中，这是我们国家和人民能够经得起各种风浪、克服各种困难、沿着社会主义

---

〔1〕《中共中央关于完善社会主义市场经济体制若干问题的决定》，中共中央文献研究室编：《十六大以来重要文献选编》（上），中央文献出版社 2005 年版，第 480—481 页。

道路前进的可靠制度保证，也是我们全面建设小康社会、实现中华民族伟大复兴的可靠制度保证"〔1〕。

　　胡锦涛同志指出，人民代表大会制度是中国社会主义民主政治最鲜明的特点。坚持和完善人民代表大会制度，是发展社会主义民主政治、建设社会主义政治文明的重要内容。"我们要坚持以马克思列宁主义、毛泽东思想、邓小平理论和'三个代表'重要思想为指导，更好地把坚持党的领导、人民当家作主和依法治国统一于社会主义民主政治建设的实践，统一于社会主义现代化建设的全过程，推动人民代表大会制度的与时俱进，使社会主义民主更加完善，社会主义法制更加完备，依法治国的基本方略得到全面实施，人民的政治、经济、文化权益得到切实保障。"〔2〕这里提出两个"统一于"，既统一于实践又统一于过程。坚持和完善人民代表大会制度，是全党全社会的共同责任。一是必须充分发扬人民民主，保证人民当家作主。二是必须坚持依法治国的基本方略，不断推进建设社会主义法治国家的进程。三是必须加强党的执政能力建设，改善党对国家事务的领导，提高党的领导水平和执政水平。

　　胡锦涛同志指出，人民代表大会制度是党在国家政权中充分发扬民主、贯彻群众路线的最好实现形式，"是中国人民当家作

　　〔1〕　胡锦涛：《在首都各界纪念全国人民代表大会成立五十周年大会上的讲话》，《胡锦涛文选》第二卷，人民出版社2016年版，第230页。
　　〔2〕　胡锦涛：《在首都各界纪念全国人民代表大会成立五十周年大会上的讲话》，《胡锦涛文选》第二卷，人民出版社2016年版，第231页。2003年12月26日，胡锦涛提出："要把坚持党的领导、人民当家作主和依法治国统一于政治体制改革和社会主义民主政治建设的实践，统一于社会主义现代化建设的实践，以发展党内民主带动人民民主的发展，实现社会主义民主政治的制度化、规范化和程序化。"胡锦涛：《在纪念毛泽东同志诞辰一百一十周年座谈会上的讲话》，中共中央文献研究室编：《十六大以来重要文献选编》（中），中央文献出版社2005年版，第650页。

主的重要途径和最高实现形式，是中国特色社会主义政治文明的重要制度载体"[1]。要抓住坚持和完善人民代表大会制度这个重要环节，进一步健全民主制度，丰富民主形式，扩大公民有序政治参与，保证人民依照法律规定，通过各种途径和形式，管理国家事务，管理经济和文化事业，管理社会事务。

胡锦涛同志强调，坚定不移地实施依法治国的基本方略，是国家长治久安的重要保障。"依法治国首先要依宪治国，依法执政首先要依宪执政。宪法和法律是党的主张和人民意志相统一的体现，是中国革命、建设、改革伟大实践的科学总结。宪法是国家的根本法，是治国安邦的总章程，是保证国家统一、民族团结、经济发展、社会进步和长治久安的法律基础，是党执政兴国、带领全国各族人民建设中国特色社会主义的法制保证。"[2]这是新中国成立以后我们党首次明确提出依法治国首先要依宪治国和依宪执政。

胡锦涛同志指出，为了保证实现全面建设小康社会的宏伟目标，"必须认真落实宪法赋予人民代表大会及其常务委员会各项职权，充分发挥人民代表大会及其常务委员会作为国家权力机关作用，使人民代表大会及其常务委员会成为全面担负起宪法赋予的各项职责的工作机关，成为同人民群众保持密切联系的代表机关"。这是第一次提出要把各级人大及其常委会建设成为"三个机关"（即国家权力机关、工作机关和代表机关）。人大及其常委会作为国家权力机关的监督，"是代表国家和人民进行的具有

---

〔1〕 胡锦涛：《在首都各界纪念全国人民代表大会成立五十周年大会上的讲话》，《胡锦涛文选》第二卷，人民出版社 2016 年版，第 230—231 页。

〔2〕 胡锦涛：《在首都各界纪念全国人民代表大会成立五十周年大会上的讲话》，《胡锦涛文选》第二卷，人民出版社 2016 年版，第 232 页。

法律效力的监督。人民代表大会及其常务委员会监督的目的，在于确保宪法法律得到正确实施，确保行政权和司法权得到正确行使，确保公民、法人和其他组织的合法权益得到尊重和维护"。这是首次提出"三个确保"的人大监督目的。胡锦涛强调"衡量一个政治制度是不是民主的，关键要看最广大人民意愿是否得到了充分反映，最广大人民当家作主权利是否得到了充分实现，最广大人民合法权益是否得到了充分保障"[1]。

胡锦涛同志提出，要加强和改善党对人大工作的领导。"要按照党总揽全局、协调各方的原则，科学规范党委和人民代表大会的关系，支持人民代表大会依法履行自己的职能。""坚持党的领导，必须改善党的领导，切实提高党的领导水平和执政能力。要适应新形势新任务的要求，不断改革和完善党的领导方式和执政方式，坚持依法治国的基本方略，把依法执政作为党治国理政的一个基本方式，坚持在宪法法律范围内活动，严格依法办事，善于运用国家政权处理国家事务。""党关于国家事务的重要主张，属于全国人民代表大会职权范围内的、需要全体人民一体遵行的，要作为建议向全国人民代表大会提出，使之经过法定程序成为国家意志。各级党组织和全体党员都要模范地遵守宪法法律。国家政权机关领导人员要经过人民代表大会的法定程序选举和任命，并接受人民代表大会及其常务委员会监督。""要充分发挥国家政权机关中党组织和党员的作用，贯彻党的理论和路线方针政策，实现党对国家事务的领导。"[2]

─────────────

〔1〕 胡锦涛：《在首都各界纪念全国人民代表大会成立五十周年大会上的讲话》，《胡锦涛文选》第二卷，人民出版社 2016 年版，第 234—235、236 页。

〔2〕 胡锦涛：《在首都各界纪念全国人民代表大会成立五十周年大会上的讲话》，《胡锦涛文选》第二卷，人民出版社 2016 年版，第 233 页。

人民当家作主的途径和形式多种多样，最根本、最重要的是掌握国家政权、行使国家权力。吴邦国同志指出，人民代表大会制度是实现和保证我国人民当家作主的根本政治制度，"是实现人民当家作主的根本途径和最好形式"，是全国各族人民管理国家的基本组织形式，是我们党在政权建设中走群众路线的最好的、最有效的形式[1]。

（四）首次提出必须坚持科学执政、民主执政、依法执政

2004年9月19日，党的十六届四中全会通过的《中共中央关于加强党的执政能力建设的决定》，首次正式提出三个"执政"，即"必须坚持科学执政、民主执政、依法执政，不断完善党的领导方式和执政方式"[2]。坚持党的领导、人民当家作主和依法治国的有机统一，不断提高发展社会主义民主政治的能力。要坚定不移地走中国共产党和中国人民自己选择的政治发展道路，坚持四项基本原则，积极稳妥地推进政治体制改革，发挥社会主义政治制度的特点和优势，巩固和发展民主团结、生动活泼、安定和谐的政治局面。坚持和发展人民民主，是我们党执政为民的本质要求和根本途径。该决定提出以下要求。

1. 推进社会主义民主的制度化、规范化和程序化，保证人民当家作主。强调坚持和完善人民代表大会制度，保证各级人民代表大会都由民主选举产生、对人民负责、受人民监督，支持人民

---

〔1〕　吴邦国：《加强社会主义民主法制建设》，中共中央文献研究室编：《十六大以来重要文献选编》（中），中央文献出版社2005年版，第262—263页。

〔2〕　《中共中央关于加强党的执政能力建设的决定》，中共中央文献研究室编：《十六大以来重要文献选编》（中），中央文献出版社2005年版，第274页。2004年4月20日，国务院发布的《全面推进依法行政实施纲要》提出，要经过十年左右坚持不懈的努力，全面推进依法行政，基本实现建设法治政府的目标。7月1日，行政许可法的正式实施，标志着中国政府正在由单纯的"权力政府"向"责任政府"转变。

通过人民代表大会行使国家权力，支持人民代表大会及其常委会依法履行职能，密切人大代表同人民群众的联系，使国家的立法、决策、执行、监督等工作更好地体现人民的意志，维护人民的利益。尊重和保障人权，保证人民依法享有广泛的权利和自由。

2. 贯彻依法治国基本方略，提高依法执政水平。

3. 改革和完善决策机制，推进决策的科学化、民主化。

4. 加强对权力运行的制约和监督，保证把人民赋予的权力用来为人民谋利益。

5. 按照党总揽全局、协调各方的原则，改革和完善党的领导方式。明确提出"依法执政是新的历史条件下党执政的一个基本方式"[1]，即在完成建设社会主义政治文明的历史性任务中，必须紧紧抓住坚持和完善人民代表大会制度这个重要环节，进一步健全民主制度，丰富民主形式，扩大公民有序的政治参与。

（五）2005 年中共中央转发《若干意见》

2005 年 5 月 26 日，中共中央转发《中共全国人大常委会党组关于进一步发挥全国人大代表作用，加强全国人大常委会制度建设的若干意见》（以下简称《若干意见》）。《若干意见》指出，坚持和完善人民代表大会制度，要做的工作很多，涉及方方面面，重点是要做好两方面工作：一是进一步发挥全国人大代表的作用，支持、规范和保证其依法履行职责和行使权力；二是加强全国人大常委会的制度建设，使全国人大及其常委会更好地发挥最高国家权力机关、工作机关和代表机关的作用[2]。

---

〔1〕《中共中央关于加强党的执政能力建设的决定》，中共中央文献研究室编：《十六大以来重要文献选编》（中），中央文献出版社 2005 年版，第 280、282 页。

〔2〕《中共中央转发〈中共全国人大常委会党组关于进一步发挥全国人大代表作用，加强全国人大常委会制度建设的若干意见〉的通知》，中共中央文献研究室编：《十六大以来重要文献选编》（中），中央文献出版社 2005 年版，第 886—897 页。

中共中央转发的这一《若干意见》，是我国人民代表大会制度建设进程中的一件大事，对全国人大成立 50 多年特别是党的十六大以后的实践经验作了深刻总结，明确了新时期坚持和完善人民代表大会制度的指导思想、工作重点和主要措施，是坚持和完善人民代表大会制度的一个重要举措。《若干意见》印发后，全国人大常委会认真贯彻落实，积极改进工作，并出台了一系列配套文件，健全和完善了相关工作制度。

（六）提出"构建社会主义和谐社会"的战略目标

2005 年 2 月 19 日，胡锦涛在中央党校省部级主要领导干部提高构建社会主义和谐社会能力专题研讨班上明确提出"构建社会主义和谐社会"的战略目标。"我们所要建设的社会主义和谐社会，应该是民主法治、公平正义、诚信友爱、充满活力、安定有序、人与自然和谐相处的社会。"[1] 社会主义和谐社会的这六大基本特征中，不仅强调了民主法治，即社会主义民主得到充分发扬，依法治国基本方略得到切实落实，各方面积极因素得到广泛调动；也强调了公平正义，即社会各方面利益关系得到妥善协调，人民内部矛盾和其他社会矛盾得到正确处理，社会公平正义得到切实维护和实现。

2006 年 10 月，党中央提出要完善法律制度，夯实社会和谐的法治基础，"坚持科学立法、民主立法，完善发展民主政治、保障公民权利、推进社会事业、健全社会保障、规范社会组织、加强社会管理等方面的法律法规。"[2] 这是强调要在科学发展观

---

〔1〕 胡锦涛：《构建社会主义和谐社会》，《胡锦涛文选》第二卷，人民出版社 2016 年版，第 285 页。

〔2〕《中共中央关于构建社会主义和谐社会若干重大问题的决定》，中央文献研究室编：《十六大以来重要文献选编》（下），中央文献出版社 2008 年版，第 658 页。

指导下全面加强立法工作。

二、党的十七大提出人民民主是社会主义的生命

2007 年 10 月 15 日—21 日，党的十七大在北京召开。党的十七大以邓小平理论和"三个代表"重要思想为指导，深入贯彻落实科学发展观，站在时代和历史的高度，科学总结了改革开放以来建设中国特色社会主义伟大历史进程和宝贵经验，对全面推进我国改革开放和社会主义现代化建设、全面推进党的建设新的伟大工程作出了战略部署，明确了中国特色社会主义事业的总体布局是经济建设、政治建设、文化建设、社会建设"四位一体"。

党的十七大报告强调要"坚定不移发展社会主义民主政治"，鲜明地提出"人民民主是社会主义的生命"，是科学社会主义的一个新的重要命题。"要坚持中国特色社会主义政治发展道路，坚持党的领导、人民当家作主、依法治国有机统一，坚持和完善人民代表大会制度、中国共产党领导的多党合作和政治协商制度、民族区域自治制度以及基层群众自治制度，不断推进社会主义政治制度自我完善和发展。"[1] 这就明确了中国特色社会主义政治发展道路的内涵。

党的十七大指出："人民当家作主是社会主义民主政治的本质和核心。要健全民主制度，丰富民主形式，拓宽民主渠道，依法实行民主选举、民主决策、民主管理、民主监督，保障人民的知情权、参与权、表达权、监督权。支持人民代表大会依法履行职能，善于使党的主张通过法定程序成为国家意志；保障人大代

---

〔1〕 胡锦涛：《高举中国特色社会主义伟大旗帜，为夺取全面建设小康社会新胜利而奋斗》，《胡锦涛文选》第二卷，人民出版社 2016 年版，第 635 页。

表依法行使职权，密切人大代表同人民的联系，建议逐步实行城乡按相同人口比例选举人大代表；加强人大常委会制度建设，优化组成人员知识结构和年龄结构。"[1] 这是在党的政治报告中正式提出"逐步实行城乡按相同人口比例选举人大代表"。

党的十七大提出："要坚持党总揽全局、协调各方的领导核心作用，提高党科学执政、民主执政、依法执政水平，保证党领导人民有效治理国家。"[2] 这对加强和改善党对人大工作的领导也具有指导意义，为各级党委进一步加强和改善对人大工作的领导、各级人大进一步履行宪法和法律赋予的职能，提供了强大的动力，指明了前进的方向。坚持和完善人民代表大会制度是提高党的执政能力、保证人民当家作主、实施依法治国基本方略、做好新形势下人大工作的必然要求，是发展社会主义民主、健全社会主义法制、建设社会主义政治文明、构建社会主义和谐社会的重要内容，是全党全社会的共同责任。

党的十七大对加强和改进立法工作作了战略部署，指出"要坚持科学立法、民主立法，完善中国特色社会主义法律体系"，推进决策科学化、民主化，"制定与群众利益密切相关的法律法规和公共政策原则上要公开听取意见"。还提出"加强宪法和法律实施，坚持公民在法律面前一律平等，维护社会公平正义，维护社会主义法制的统一、尊严、权威"[3]。这对加强和改进人大监督工作提出了新的要求。

---

〔1〕　胡锦涛：《高举中国特色社会主义伟大旗帜，为夺取全面建设小康社会新胜利而奋斗》，《胡锦涛文选》第二卷，人民出版社 2016 年版，第 635 页。

〔2〕　胡锦涛：《高举中国特色社会主义伟大旗帜，为夺取全面建设小康社会新胜利而奋斗》，《胡锦涛文选》第二卷，人民出版社 2016 年版，第 635 页。

〔3〕　胡锦涛：《高举中国特色社会主义伟大旗帜，为夺取全面建设小康社会新胜利而奋斗》，《胡锦涛文选》第二卷，人民出版社 2016 年版，第 636—637 页。

三、党的十八大明确提出"三大根本成就"和"三个自信"

2012 年 11 月 8 日—14 日，党的十八大在北京召开。党的十八大对中国特色社会主义事业作出总体部署，"建设中国特色社会主义，总依据是社会主义初级阶段，总布局是五位一体，总任务是实现社会主义现代化和中华民族伟大复兴"[1]。还首次明确提出"三大根本成就"和"三个自信"，即中国特色社会主义道路，中国特色社会主义理论体系，中国特色社会主义制度，是党和人民九十多年奋斗、创造、积累的根本成就；全党要坚定道路自信、理论自信、制度自信[2]。

胡锦涛同志指出，发展中国特色社会主义是一项长期的艰巨的历史任务，必须准备进行具有许多新的历史特点的伟大斗争。"必须坚持人民主体地位"，坚持依法治国这个党领导人民治理国家的基本方略；"必须坚持推进改革开放"，不断推进我国社会主义制度自我完善和发展；"必须坚持维护社会公平正义"，加紧建设对保障社会公平正义具有重大作用的制度等。总之，就是要在党的十六大、十七大确立的全面建设小康社会目标的基础上实现新的要求。

胡锦涛同志强调，"发展更加广泛、更加充分、更加健全的人民民主"，提出了"三个更加注重"，即"要更加注重改进党的领导方式和执政方式，保证党领导人民有效治理国家；更加注

---

〔1〕 胡锦涛：《坚定不移沿着中国特色社会主义道路前进，为全面建成小康社会而奋斗》，《胡锦涛文选》第三卷，人民出版社 2016 年版，第 622 页。

〔2〕 胡锦涛：《坚定不移沿着中国特色社会主义道路前进，为全面建成小康社会而奋斗》，《胡锦涛文选》第三卷，人民出版社 2016 年版，第 621、625 页。

重健全民主制度、丰富民主形式，保证人民依法实行民主选举、民主决策、民主管理、民主监督；更加注重发挥法治在国家治理和社会管理中的重要作用，维护国家法治统一、尊严、权威，保证人民依法享有广泛权利和自由"[1]。在党的政治报告中提出"国家治理"的概念，这还是第一次。

胡锦涛同志提出，支持和保证人民通过人民代表大会行使国家权力，加强立法工作组织协调，加强对政府全口径预算决算的审查和监督，在人大设立代表联络机构，完善代表联系群众制度。还首次提出作为我国人民民主重要形式的"社会主义协商民主"的概念，"要完善协商民主制度和工作机制，推进协商民主广泛、多层、制度化发展。通过国家政权机关、政协组织、党派团体等渠道，就经济社会发展重大问题和涉及群众切身利益的实际问题广泛协商，广纳群言、广集民智，增进共识、增强合力"[2]。

胡锦涛同志明确提出"全面推进依法治国"的重大任务。"法治是治国理政的基本方式。要推进科学立法、严格执法、公正司法、全民守法，坚持法律面前人人平等，保证有法必依、执法必严、违法必究。完善中国特色社会主义法律体系，加强重点领域立法，拓展人民有序参与立法途径。"[3]

〔1〕 胡锦涛：《坚定不移沿着中国特色社会主义道路前进，为全面建成小康社会而奋斗》，《胡锦涛文选》第三卷，人民出版社 2016 年版，第 623、633 页。

〔2〕 胡锦涛：《坚定不移沿着中国特色社会主义道路前进，为全面建成小康社会而奋斗》，《胡锦涛文选》第三卷，人民出版社 2016 年版，第 633—634 页。

〔3〕 胡锦涛：《坚定不移沿着中国特色社会主义道路前进，为全面建成小康社会而奋斗》，《胡锦涛文选》第三卷，人民出版社 2016 年版，第 634 页。

第二节　选举产生新一届国家机构和修改现行宪法

在这里，着重介绍十届全国人大一次会议、二次会议和十一届全国人大一次会议的情况。

一、十届全国人大一次会议行使职权的情况

2003年3月4日，十届全国人大一次会议举行预备会议。会议选举产生由181人组成的大会主席团和秘书长。3月5日—18日，十届全国人大一次会议举行。会议听取和审议国务院、全国人大常委会、最高人民法院、最高人民检察院的报告，通过相关决议并批准这几个报告。此外，还有两项重要议程，现分述如下。

（一）国务院机构改革

这是我国改革开放之后的第五次机构改革，大背景就是中国加入世贸组织，改革的目的是：进一步转变政府职能，改进管理方式，推进电子政务，提高行政效率，降低行政成本。改革目标是：逐步形成行为规范、运转协调、公正透明、廉洁高效的行政管理体制。

2003年3月6日，十届全国人大一次会议听取国务委员兼秘书长王忠禹关于国务院机构改革方案的说明。3月10日，会议通过关于国务院机构改革方案的决定。这次国务院机构改革的重点是：深化国有资产管理体制改革，完善宏观调控体系，健全金融

监管体制，继续推进流通管理体制改革，加强食品安全和安全生产监管体制建设。方案特别提出了"决策、执行、监督"三权相协调的要求。

根据方案，（1）把国家发展计划委员会改组为国家发展和改革委员会，其任务是研究拟订经济和社会发展政策，进行总量平衡，指导总体经济体制改革；（2）设立国务院国有资产监督管理委员会，以指导推进国有企业改革和重组；（3）设立中国银行业监督管理委员会，以加强金融监管，确保金融机构安全、稳健、高效运行；（4）组建商务部，推进流通体制改革，不再保留国家经济贸易委员会、对外贸易经济合作部；（5）国家药品监督管理局重组为国家食品药品监督管理局，原属于国家经贸委管理的国家安全生产监督管理局改为国务院直属机构，调整国家安全生产监督管理局的体制；（6）将国家计划生育委员会更名为国家人口和计划生育委员会。经过改革，除国务院办公厅外，国务院组成部门设置 28 个。

新一届政府继续进行政府改革，政府组织继续调整，政府职能进一步转变，上次改革没有解决的遗留问题局部得到了解决。如外贸部，1998 年因东亚经济危机而保留，此次撤销，和经贸委的一部分组成商务部，而计划经济委员会也被撤销，与经贸委的一部分组成国家发展和改革委员会。这次改革，主要为调整内部机制，特别是为应对加入世贸组织的过渡期即将结束，加快了法治政府的建设步伐。

这次改革的重大进步，体现在针对当时社会经济发展阶段的突出问题，进一步转变政府职能。比如，建立国资委，深化国有资产管理体制改革；建立银监会，建立监管体制；组建商务部，推进流通体制改革；组建国家食品药品监督管理局，调整国家安全生产监督管理局为国务院直属机构，加强食品药品安全与安全生产监管。

在市场经济不完善的情况下，广泛的行政监督无法淡出，公共服务部门的改革刚刚开始，立法和司法部门发展不充分，无法替代国务院对行政部门比较独立的直属局进行有效的立法和司法监督。与此同时，全社会对公共服务日益增加的需求使得政府体制仍然依赖于行政机关的复杂运作。

（二）选举和决定新一届国家机构领导人

1. 会议选举产生十届全国人大常委会。吴邦国为委员长，王兆国、李铁映、司马义·艾买提、何鲁丽、丁石孙、成思危、许嘉璐、蒋正华、顾秀莲、热地、盛华仁、路甬祥、乌云其木格、韩启德、傅铁山为副委员长，盛华仁兼秘书长，刀美兰等159人为委员。需要说明两点：（1）这159名十届全国人大常委会委员是从167名候选人中差额选出的；（2）从十届全国人大常委会开始，组成人员由九届的155人增加到175人，增加了一批年轻的专职委员及法律、经济等方面的专家学者。这样，常委会组成人员年龄结构、知识结构都有较大改善，素质有所提高，有利于适应繁重工作任务的需要。

会议决定十届全国人大设立民族、法律、内务司法、财政经济、教育科学文化卫生、外事、华侨、环境与资源保护、农业与农村等9个专门委员会，并分别通过这9个专门委员会的主任委员、副主任委员、委员名单。

2. 会议选举胡锦涛为国家主席，曾庆红为国家副主席。

3. 根据国家主席胡锦涛的提名，会议决定任命温家宝为国务院总理。根据国务院总理温家宝的提名，会议决定黄菊、吴仪、曾培炎、回良玉为国务院副总理，周永康、曹刚川、唐家璇、华建敏、陈至立为国务委员，华建敏兼国务院秘书长，还任命各部部长、委员会主任。

4. 会议选举江泽民为中央军委主席。根据中央军委主席江泽民的提名，会议决定胡锦涛等人为中央军委副主席，梁光烈等人为中央军委委员。

5. 会议选举肖扬为最高人民法院院长，贾春旺为最高人民检察院检察长。

二、十届全国人大二次会议行使职权的情况

2004 年 3 月 5 日—14 日，十届全国人大二次会议举行。这次会议除了听取和审议国务院、全国人大常委会、最高人民法院、最高人民检察院的报告，通过有关决议并批准这几个报告之外，还有一项十分重要的议程就是对现行宪法进行第四次修改。

（一）有关准备工作

2003 年 3 月 27 日，中央政治局会议讨论并同意中共全国人大常委会党组关于修改宪法问题的请示，同意成立中共中央宪法修改小组，组长为吴邦国，成员有王兆国、王刚、盛华仁、华建敏、陈奎元、王沪宁、杨景宇。宪法修改小组在中央政治局常委会的领导下，进行修改宪法工作。4 月 7 日，吴邦国主持中央修宪小组召开第一次会议，会议传达经中共中央批准的中共全国人大常委会党组关于修改宪法问题的请示并决定成立中共中央宪法修改小组办公室。4 月 8 日，中共中央发电给各省（区、市）党委，征求对修改宪法部分内容的意见。

2003 年 5 月 26 日—6 月 23 日，吴邦国分别在上海、四川成

都和北京主持召开修宪小组 4 个座谈会，听取各省（区、市）人大常委会负责同志、专家学者、部分中央国家机关、部分国有企业和私营企业负责人对修改宪法的意见。

2003 年 8 月 18 日，中共中央办公厅向各省（区、市）党委，中央各部委、国家机关各部委党组（党委），军委总政治部，各人民团体党组发文，征求对中共中央关于修改宪法部分内容的建议草案稿的意见。8 月 28 日，中共中央召开修改宪法座谈会，胡锦涛主持，征求各民主党派中央、全国工商联负责人和无党派人士对中共中央关于修改宪法部分内容的建议（草案征求意见稿）的意见。9 月 12 日，中共中央召开专家学者座谈会，吴邦国主持，听取对修改宪法的意见。

2003 年 9 月 29 日，中共中央政治局会议讨论并原则同意中共中央关于修改宪法部分内容的建议（草案）和中共中央关于修改宪法部分内容的建议（草案）的说明，决定将该建议草案提请党的十六届三中全会审议。10 月 11 日—14 日，中共十六届三中全会举行，吴邦国就建议讨论稿向全会作说明，会议审议通过中共中央关于修改宪法部分内容的建议，并决定提交十届全国人大常委会审议。

12 月 12 日，中共中央向全国人大常委会提出关于修改宪法部分内容的建议。12 月 22 日，十届全国人大常委会第六次会议听取全国人大常委会副委员长王兆国关于中共中央关于修改宪法部分内容的建议的说明。12 月 27 日，经过审议，会议以全体出席会议的常委会组成人员全票通过，依照法定程序提出宪法修正案草案，并决定将关于提请审议宪法修正案草案的议案提请十届全国人大二次会议审议。

（二）听取关于宪法修正案草案的说明

2004 年 3 月 8 日，十届全国人大二次会议举行全体会议。会议听取全国人大常委会副委员长王兆国作的关于宪法修正案草案的说明。王兆国指出，党的十五大以来，经过全党全国各族人民团结奋斗，我国改革开放和社会主义现代化建设取得历史性进展，积累了十分宝贵的经验。从二十一世纪开始，我国进入全面建设小康社会、加快推进社会主义现代化的新的发展阶段。党的十六大全面分析了新世纪新阶段我们党和国家面临的新形势新任务，科学总结了改革开放以来特别是党的十三届四中全会以来党团结带领全国各族人民建设中国特色社会主义的基本经验，把"三个代表"重要思想同马克思列宁主义、毛泽东思想、邓小平理论一道确立为党必须长期坚持的指导思想，明确提出了二十一世纪头二十年的奋斗目标和重大方针政策。党的十六届三中全会根据新形势新经验，提出中共中央关于修改宪法部分内容的建议，主张把实践中取得的并被实践证明是成熟的重要认识和基本经验写入宪法，反映了全党全国各族人民的共同意愿，将使宪法更加完善，更加适应全面建设小康社会、开创建设中国特色社会主义事业新局面的要求，更加能够发挥宪法作为国家的根本法的作用。

这次修改宪法总的原则是，坚持以马克思列宁主义、毛泽东思想、邓小平理论和"三个代表"重要思想为指导，贯彻党的十六大精神，体现党的十三届四中全会以来的基本经验，把党的十六大确定的重大理论观点和重大方针政策写入宪法。根据这个原则，这次修改宪法不是大改，而是部分修改，对实践证明是成熟的、需要用宪法规范的、非改不可的进行修改，可改可不改的、可以通过宪法解释予以明确的不改[1]。

---

[1]　王兆国：《关于宪法修正案（草案）的说明》，本书编写组：《宪法和宪法修正案辅导读本》，中国法制出版社 2004 年版，第 96—105 页。

（三）表决通过宪法修正案

2004 年 3 月 14 日，十届全国人大二次会议采用无记名投票方式，赞成 2863 票，反对 10 票，弃权 17 票，高票通过宪法修正案。同日，十届全国人大二次会议主席团公布施行该修正案。宪法修正案共十四条，这里着重介绍以下几条。

1. 确立"三个代表"重要思想在国家政治和社会生活中的指导地位。这反映了全党全国各族人民的共同意愿，体现了党的主张和人民意志的统一，为全党全国各族人民在新世纪新阶段继续团结奋斗提供了共同的思想基础，具有重大的现实意义和深远的历史意义。

2. 增加尊重和保障人权的规定。这是"人权"概念首次进入新中国的宪法之中。在宪法中作出尊重和保障人权的宣示，体现了社会主义制度的本质要求，有利于推进我国社会主义人权事业的发展，有利于我们在国际人权事业中进行交流和合作。

3. 完善全国人民代表大会组成的规定。在宪法第五十九条第一款关于全国人民代表大会组成的规定中增加"特别行政区"，将这一款修改为："全国人民代表大会由省、自治区、直辖市、特别行政区和军队选出的代表组成。各少数民族都应当有适当名额的代表。"在香港、澳门回归祖国后，作这样的修改，符合全国人民代表大会组成的实际情况。

4. 规定国家主席进行国事活动的职权。将宪法第八十一条中"中华人民共和国主席代表中华人民共和国，接受外国使节"修改为"中华人民共和国主席代表中华人民共和国，进行国事活动，接受外国使节"。作这样的规定，主要的考虑是：当今世界，元首外交是国际交往中的一种重要形式，需要在宪法中对此留有空间。

5. 修改乡镇政权任期的规定。把乡、镇人大的任期由三年改为五年，将宪法第九十八条"省、直辖市、县、市、市辖区的人民代表大会每届任期五年。乡、民族乡、镇的人民代表大会每届任期三年。"修改为："地方各级人民代表大会每届任期五年。"这样修改，各级人大任期一致，有利于协调各级经济社会发展规划、计划和人事安排。

3 月 17 日，中共中央政治局常务委员会召开会议，对进一步学习和贯彻实施宪法进行研究部署。会议强调，十届全国人大二次会议通过宪法修正案，要以这次宪法修改为契机，在全党全国集中开展学习和贯彻实施宪法的活动，进一步动员广大党员、干部和人民群众投身全面建设小康社会的伟大事业。会议要求，各级党委、国家机关和领导干部要把学习和贯彻实施宪法作为当前的一项重要工作，放在突出位置，切实加强领导，精心组织，抓好落实[1]。

三、十一届全国人大一次会议履职的情况

2008 年 3 月 4 日，十一届全国人大一次会议举行预备会议。5 日—18 日，十一届全国人大一次会议举行。会议除了听取审议国务院、全国人大常委会、最高人民法院和最高人民检察院的有关议案和报告，通过相关决议并批准这几个报告之外，还有两项重要议程。现分述如下。

（一）2008 年国务院机构改革

国务院机构改革是深化行政管理体制改革的重要组成部分。按照精简统一效能的原则和决策权、执行权、监督权既相互制约

---

[1]　《人民日报》2004 年 3 月 17 日的报道。

又相互协调的要求，着力优化组织结构，规范机构设置，完善运行机制，为全面建设小康社会提供组织保障。深化行政管理体制改革的总体目标是，到 2020 年建立起比较完善的中国特色社会主义行政管理体制。

2008 年 3 月 11 日，十一届全国人大一次会议听取国务委员兼国务院秘书长华建敏关于国务院机构改革方案的说明。根据该方案，（1）合理配置宏观调控部门职能。国家发展和改革委员会要进一步转变职能，减少微观管理事务和具体审批事项，集中精力抓好宏观调控。财政部要改革完善预算和税政管理，健全中央和地方财力与事权相匹配的体制，完善公共财政体系。中国人民银行要进一步健全货币政策体系，加强与金融监管部门的统筹协调，维护国家金融安全。国家发展和改革委员会、财政部、中国人民银行等部门要建立健全协调机制，形成更加完善的宏观调控体系。（2）加强能源管理机构。设立高层次议事协调机构国家能源委员会。组建国家能源局，由国家发展和改革委员会管理。将国家发展和改革委员会的能源行业管理有关职责及机构，与国家能源领导小组办公室的职责、国防科学技术工业委员会的核电管理职责进行整合，划入该局。国家能源委员会办公室的工作由国家能源局承担。不再保留国家能源领导小组及其办事机构。（3）组建工业和信息化部。将国家发展和改革委员会的工业行业管理有关职责，国防科学技术工业委员会核电管理以外的职责，信息产业部和国务院信息化工作办公室的职责，整合划入工业和信息化部。组建国家国防科技工业局，由工业和信息化部管理。国家烟草专卖局改由工业和信息化部管理。不再保留国防科学技术工业委员会、信息产业部、国务院信息化工作办公室。（4）组建交通运输部。将交通部、中国民用航空总局的职责，建设部的指导城市客运职责，整合划入交通运输部。组建国家民用航空局，由交通运输部管理。国家邮政局改由交通运输部管理。保留铁道部，继续推进改革。不再保留交通部、中国民用航空总局。（5）组建人力资源和社会保障部。将人事部、劳动和社会保障部的职责整合划入人力资源和社会保障部。组建国家公务员局，由人力资源和社会保障部管理。不再保留人事部、劳动和社会保障部。（6）组建环境保护部。不再保留国家环境保护总局。（7）组建住房和城乡建设部。不再保留建设部。（8）国家食品药品监督管理局改由卫生部管理。明确卫生部承担食品安全综合协调、组织查处食品安全重大事故的责任。

经过审议，2008 年 3 月 15 日，十一届全国人大一次会议通过关于国务院机构改革方案的决定，批准这个方案。根据这个方案，这次改革涉及调整变动的机构 15 个，正部级机构减少 4 个。改革后，除国务院办公厅外，国务院组成部门设置 27 个。

这次国务院机构改革的主要任务是，围绕转变政府职能和理顺部门职责关系，探索实行职能有机统一的大部门体制，合理配置宏观调控部门职能，加强能源环境管理机构，整合完善工业和信息化、交通运输行业管理体制，以改善民生为重点加强与整合社会管理和公共服务部门。这次改革突出了 3 个重点：一是加强和改善宏观调控，促进科学发展；二是着眼于保障和改善民生，加强社会管理和公共服务；三是按照探索职能有机统一的大部门体制要求，对一些职能相近的部门进行整合，实行综合设置，理顺部门职责关系。

（二）选举和决定新一届国家机构领导人

1. 会议选举产生十一届全国人大常委会。吴邦国为委员长，王兆国、路甬祥、乌云其木格、韩启德、华建敏、陈至立、周铁农、李建国、司马义·铁力瓦尔地、蒋树声、陈昌智、严隽琪、桑国卫等 13 人为副委员长，李建国兼秘书长，161 人为委员。十一届全国人大常委会组成人员仍为 175 人，增加一批年轻的专职委员，增加法律、经济等方面的专家学者，继续改善常委会组成人员年龄结构、知识结构，以适应繁重工作任务的需要。

会议决定十一届全国人大设立民族、法律、内务司法、财政经济、教育科学文化卫生、外事、华侨、环境与资源保护、农业与农村等 9 个专门委员会，并分别通过这 9 个专门委员会主任委员、副主任委员、委员名单。

2. 会议选举胡锦涛为国家主席，习近平为国家副主席。

3. 根据国家主席胡锦涛的提名，会议决定任命温家宝为国务院总理。根据国务院总理温家宝的提名，会议决定李克强、回良玉、张德江、王岐山为国务院副总理，刘延东、梁光烈、马凯、孟建柱、戴秉国为国务委员，马凯兼国务院秘书长，还任命各部部长、委员会主任。

4. 会议选举胡锦涛为中央军委主席。根据中央军委主席胡锦涛的提名，会议决定了中央军委副主席及中央军委委员人选。

5. 会议选举王胜俊为最高人民法院院长，曹建明为最高人民检察院检察长。

第三节　中国特色社会主义法律体系宣告形成

党的十五大提出、党的十六大重申：到 2010 年形成中国特色社会主义法律体系。在党的领导下，经过各方面的努力，中国特色社会主义法律体系如期形成。

一、中国特色社会主义法律体系形成过程简述

回顾新中国民主法制建设的光辉历程，我们已经看到，党和国家先后从"有中国特色的独立的法律体系"到"社会主义法律体系初步形成"，再到"形成社会主义市场经济法律体系框架"等不同提法，表明我们党和国家对法律体系的认识在不断深化。同时，随着我国立法工作的不断推进，中国特色社会主义法律体系经历了"初步形成""基本形成"再到"形成"和"完善"这样一个过程。

2003 年 3 月，九届全国人大任期届满，"以宪法为核心的中国特色社会主义法律体系已经初步形成"[1]，正式宣告了中国特色社会主义法律体系初步形成。2004 年 9 月 15 日，胡锦涛在首都各界纪念全国人民代表大会成立 50 周年大会上讲话时指出，改革开放以来，"以宪法为核心的中国特色社会主义法律体系初步形成，有力推动和保障了改革开放和社会主义现代化建设顺利进行"[2]。

2007 年 10 月，党的十七大报告指出："中国特色社会主义法律体系基本形成。"[3] 2008 年 2 月 28 日，吴邦国指出，"中国特

---

〔1〕　李鹏：《全国人民代表大会常务委员会工作报告》，中共中央文献研究室编：《十六大以来重要文献选编》（上），中央文献出版社 2005 年版，第 195 页。

〔2〕　胡锦涛：《在首都各界纪念全国人民代表大会成立五十周年大会上的讲话》，《胡锦涛文选》第二卷，人民出版社 2016 年版，第 229 页。

〔3〕　胡锦涛：《高举中国特色社会主义伟大旗帜，为夺取全面建设小康社会新胜利而奋斗》，《胡锦涛文选》第二卷，人民出版社 2016 年版，第 614 页。

色社会主义法律体系已经基本形成",在此之后,全国人大常委会在部署 2008 年工作时提出"确保到 2010 年形成中国特色社会主义法律体系",为此,一方面,抓紧制定在法律体系中起支架作用的法律,及时修改与经济社会发展不相适应的法律规定,督促有关方面尽快制定和修改与法律相配套的法规,强调要以改善民生为重点加强社会领域立法,继续完善经济、政治、文化领域立法,积极推进科学立法、民主立法,不断提高立法质量[1];另一方面,全国人大常委会还专门组织开展了第二次大规模的法律清理工作,着手清理现行法律。"这就是要组织开展对现行法律的清理工作,分轻重缓急,进行分类处理,使法律体系在形成的基础上尽快完善,以适应我国社会主义经济建设、政治建设、文化建设、社会建设的客观需要。"[2] 2008 年 8 月 31 日,全国人大法律委员会、全国人大常委会法制工作委员会召开会议,对开展法律清理工作进行部署。

2011 年 1 月 24 日,全国人大常委会召开中国特色社会主义法律体系形成座谈会,吴邦国委员长发表讲话时宣布:"中国特色社会主义法律体系已经形成,国家经济建设、政治建设、文化建设、社会建设以及生态文明建设的各个方面实现有法可依。这

---

〔1〕 吴邦国:《全国人民代表大会常务委员会工作报告》,中共中央文献研究室编:《十七大以来重要文献选编》(上),中央文献出版社 2009 年版,第 350—351 页。

〔2〕 吴邦国进一步指出:"我国现行有效的法律共 229 件,在中国特色社会主义法律体系中起主干作用,但有的法律也存在一些需要完善的地方。这当中大体分三种情况:一是有的法律是八十年代或九十年代初制定的,当时还是计划经济,现在看来,有些规定已经明显不适应发展社会主义市场经济的需要;二是由于法律制定的时间有先有后,有的后法与前法的一些规定有不尽一致或不够衔接的地方;三是有的法律操作性不强,难以用国家强制力来保证实施。"吴邦国:《全国人民代表大会常务委员会工作报告》,《全国人民代表大会常务委员会公报》2008 年第 4 号。

是我国社会主义民主法制建设史上的重要里程碑。"〔1〕紧接着，在 3 月，吴邦国在全国人大常委会工作报告中提出：中国特色社会主义法律体系的形成，是"我国社会主义民主法制建设史上的重要里程碑，是中国特色社会主义制度逐步走向成熟的重要标志，具有重大的现实意义和深远的历史意义"〔2〕。

二、全国人大及其常委会的立法工作

依照宪法赋予的立法职权和法律、法规所确立的立法制度，全国人大及其常委会、国务院及其部门、享有制定地方性法规职权的地方人大及其常委会坚持正确的立法指导思想，不断推进科学立法和民主立法，大力提高立法工作水平和立法质量，相继制定了一大批在法律体系中起支架作用的基本法律和法规，以及改革发展稳定急需的、条件比较成熟的重要法律和法规，实现了中国特色社会主义法律体系如期形成的目标任务。这里着重介绍近两届全国人大及其常委会的立法工作。

（一）十届全国人大及其常委会的立法

1. 十届全国人大的立法

制定的法律，包括：宪法修正案、反分裂国家法、物权法、企业所得税法。

2. 十届全国人大常委会的立法

（1）制定的法律：居民身份证法、港口法、放射性污染防治

---

〔1〕　吴邦国：《形成中国特色社会主义法律体系的重大意义和基本经验》，中共中央文献研究室编：《十七大以来重要文献选编》（下），中央文献出版社 2013 年版，第 119 页。

〔2〕　吴邦国：《全国人民代表大会常务委员会工作报告》，中共中央文献研究室编：《十七大以来重要文献选编》（下），中央文献出版社 2013 年版，第 262 页。

法、行政许可法、道路交通安全法、证券投资基金法、银行业监督管理法、农业机械化促进法、电子签名法、可再生能源法、公务员法、治安管理处罚法、公证法、外国中央银行财产司法强制措施豁免法、畜牧法、农产品质量安全法、护照法、各级人大常委会监督法、企业破产法[1]、反洗钱法、农民专业合作社法、劳动合同法、反垄断法、突发事件应对法、就业促进法、城乡规划法[2]、禁毒法、劳动争议调解仲裁法等。

（2）修改的法律：中国人民银行法、商业银行法、对外贸易法、传染病防治法、公路法、公司法、证券法、票据法、拍卖法、野生动物保护法、渔业法、种子法、学位条例[3]、土地管理法、全国人大和地方各级人大选举法、地方各级人大和地方各级政府组织法、固体废物污染环境防治法、刑法修正案（五）、妇女权益保障法、个人所得税法、审计法、刑法修正案（六）、义务教育法、合伙企业法、银行业监督管理法、人民法院组织法[4]、未成年人保护法、动物防疫法、城市房地产管理法、民事诉讼法、律师法、节约能源法、科学技术进步法、道路交通安全法、国境卫生检疫法、文物保护法、水污染防治法等。

（3）有关决定决议：关于香港特别行政区基本法附件一第七条和附件二第三条的解释，关于完善人民陪审员制度的决定，关于刑法有关信用卡规定的解释，关于司法鉴定管理问题的决定，

---

〔1〕 企业破产法（试行）同时废止。

〔2〕 城市规划法同时废止。

〔3〕 关于修改公路法的决定等9个决定，均是十届全国人大常委会第十一次会议于 2004 年 8 月 28 日审议通过的，是为了与行政许可法的规定保持一致。

〔4〕 该决定是十届全国人大常委会第二十四次会议于 2006 年 10 月 31 日通过的，明确从 2007 年 1 月 1 日起，所有死刑案件核准权都收归最高人民法院统一行使。此后，最高人民法院收回死刑核准权。

关于香港特别行政区基本法第五十三条第二款的解释，关于增加
香港特别行政区基本法附件三所列全国性法律的决定，关于增加
澳门特别行政区基本法附件三所列全国性法律的决定，关于废止
农业税条例的决定，关于刑法有关文物的规定适用于具有科学价
值的古脊椎动物化石、古人类化石的解释，关于刑法有关出口退
税、抵扣税款的其他发票规定的解释等。

（二）十一届全国人大及其常委会的立法

1. 十一届全国人大的立法

这主要包括：关于修改全国人大和地方各级人大选举法的决
定、关于修改刑事诉讼法的决定。

2. 十一届全国人大常委会的立法

（1）制定的法律，主要包括：企业国有资产法、食品安全
法、农村土地承包经营纠纷调解仲裁法、人民武装警察法、驻外
外交人员法、侵权责任法、海岛保护法、国防动员法、人民调解
法、社会保险法、涉外民事关系法律适用法、非物质文化遗产
法、车船税法、行政强制法、军人保险法、出境入境管理法、精
神卫生法等。

（2）修改的法律，主要包括：残疾人保障法、循环经济促进
法、消防法、防震减灾法、专利法、刑法修正案（七）、保险法、
邮政法、全国人大常委会议事规则、统计法、可再生能源法、著
作权法、保守国家秘密法、赔偿法、预备役军官法、村民委员会
组织法、代表法、水土保持法、刑法修正案（八）、煤炭法、建
筑法、道路交通安全法、个人所得税法、兵役法、居民身份证
法、职业病防治法、清洁生产促进法、中国人民解放军选举全国
人大代表和县级以上地方各级人大代表的办法、民事诉讼法、农
业技术推广法、监狱法、律师法、未成年人保护法、预防未成年

人犯罪法、治安管理处罚法、国家赔偿法、人民警察法、邮政法、证券投资基金法、老年人权益保障法、劳动合同法、农业法等。

（3）有关决定和决议，主要包括：关于废止部分法律的决定、关于修改部分法律的决定、关于积极应对气候变化的决议、关于批准香港特别行政区基本法附件一香港特别行政区行政长官的产生办法修正案的决定、全国人大法律委员会关于香港特别行政区基本法附件二香港特别行政区立法会的产生办法和表决程序修正案草案审查意见的报告[1]、关于香港特别行政区基本法第十三条第一款和第十九条的解释、关于加强反恐怖工作有关问题的决定、关于澳门特别行政区基本法附件一第七条和附件二第三条的解释、关于澳门特别行政区2013年立法会产生办法和2014年行政长官产生办法有关问题的决定、关于批准澳门特别行政区基本法附件一澳门特别行政区行政长官的产生办法修正案的决定、全国人大法律委员会关于澳门特别行政区基本法附件二澳门特别行政区立法会的产生办法修正案草案审查意见的报告[2]、香港特别行政区十二届全国人大代表选举会议成员名单、澳门特别行政区十二届全国人大代表选举会议成员名单、关于加强网络信息保护的决定、关于授权国务院在广东省暂时调整部分法律规定的行政审批的决定等。

（三）召开立法工作会议

为贯彻落实中共中央批准的全国人大常委会五年立法规划，

---

〔1〕 全国人大常委会同意对这一修正案予以备案，自公布之日起生效，并以公告方式公布该修正案。

〔2〕 全国人大常委会同意对这一修正案予以备案，自公布之日起生效，并以公告方式公布该修正案。

全国人大常委会先后召开立法工作会议。

1. 2003 年立法工作会议。2003 年 12 月 27 日，全国人大常委会立法工作会议举行，王兆国副委员长主持会议。吴邦国委员长参加会议并发表讲话。吴邦国说，做好新时期立法工作，要做到"六个坚持"：一要坚持党的领导，二要坚持以"三个代表"重要思想为指导，三要坚持从我国社会主义初级阶段的国情出发，四要坚持法制的统一，五要坚持充分发扬民主，严格依法立法，六要坚持正确处理好数量与质量的关系、权力与权利的关系、法律的稳定性与改革过程中变动性的关系。全国人大常委会副委员长兼秘书长盛华仁对会议作总结讲话，并就如何贯彻落实立法规划，提高立法质量和效率，提出具体意见和要求。

2005 年 11 月 2 日，十届全国人大常委会再次召开立法工作会议，总结 3 年来全国人大及其常委会的立法工作，研究部署下一阶段的立法工作任务。

2. 2008 年立法工作会议。2008 年 10 月 29 日，为了贯彻落实十一届全国人大常委会立法规划，全国人大常委会召开立法工作会议。十一届全国人大常委会立法规划确定的立法项目共 64 件，其中本届任期内提请审议的法律草案 49 件，研究起草、条件成熟时安排审议的法律草案 15 件。李建国副委员长兼秘书长主持会议并就做好立法规划的实施工作提出具体要求，王兆国副委员长出席会议并讲话。全国人大常委会法制工作委员会、国务院法制办公室、中央军委法制局的负责同志就贯彻实施好立法规划作了发言。全国人大常委会副秘书长，全国人大专门委员会、全国人大常委会工作委员会负责人，国务院有关部门、最高人民法院、最高人民检察院和各省、自治区、直辖市人大常委会等有关方面负责人出席会议。

（四）落实《若干意见》有关立法工作的要求

2005 年 6 月，全国人大常委会办公厅根据中央《若干意见》要求制定的相关工作文件，从工作层面上进一步充实了人大立法制度。

1. 关于充分发挥专门委员会作用的若干意见。这是全国人大常委会办公厅 2005 年 6 月制定的。涉及充实人大立法制度的内容主要有：（1）提前介入。专门委员会对国务院、中央军委、最高人民法院、最高人民检察院提出的法律案，要提前介入，了解起草的进展和动态。（2）先行审议。在法律案列入常委会会议议程前，委员长会议可以根据情况，先交有关专门委员会审议。（3）提出审议报告。专门委员会要对立法的必要性、有关方面在主要问题上的不同意见、有无需要研究的重大问题进行审议，提出本委员会对该法律案是否列入会议议程的意见。

2. 全国人大机关向社会公布法律草案工作程序。这是全国人大常委会办公厅 2008 年 5 月制定的。该程序重点落实委员长会议关于法律草案原则上都予以公开、广泛征求意见的决定精神[1]，涉及充实人大立法制度的内容主要有：（1）法律草案向社会公布的具体工作，由常委会法工委立法规划室和有关业务室、办公厅新闻局和信息中心分工负责。（2）法律草案初次审议后，由法工委立法规划室商有关业务室后提出法律草案及其说明公布稿，经法工委领导同志报经常委会秘书长批准，送办公厅信息中心在中国人大网予以公布，向社会征求意见。（3）对关系改革发展稳定

---

[1] 2008 年 4 月 15 日，十一届全国人大常委会第二次委员长会议决定，今后全国人大常委会审议的法律案，原则上都在中国人大网上公布，重要法律草案还要在全国主要新闻媒体上公布，广泛征求意见。从此，全国人大常委会公布法律案征求意见，实现了常态化和机制化。

大局，关系群众切身利益、社会普遍关注的重要法律草案，经全国人大常委会初次审议后，由法工委有关业务室提出公布草案的意见，由法工委按规定程序提请委员长会议决定。（4）办公厅信息中心负责中国人大网公布法律草案相关栏目的技术保障。法工委有关业务室负责征求意见内容和总体情况的汇总整理。（5）法律草案公布后，办公厅新闻局要做好宣传和舆论引导的有关工作，组织协调好新闻报道。

应该说，实现公开征求意见常态化和机制化，既是实现公众知情权的一项重要举措，也是不断扩大公众参与立法的一项重要举措。

（五）立法工作机制体制创新

1. 举行立法听证会。2005 年 9 月 27 日，全国人大法律委员会、财政经济委员会和全国人大常委会法制工作委员会共同组织举行个人所得税工薪所得减除费用标准的听证会。这是全国人大及其常委会工作历史上第一次举行立法听证会，是全国人大常委会在立法工作中采取的又一重要举措，是增强立法工作透明度，推进立法科学化、民主化的又一积极探索。

2008 年 6 月 25 日，全国人大法律委员会、全国人大常委会法制工作委员会举行食品安全法草案立法论证会。在会上，与会者围绕食品安全法是否应当规定对食品、食品添加剂和食品相关产品实行电子监管码制度这个问题，各自阐明了观点和论据。参加立法论证会的代表包括全国人大代表、地方人大常委会有关同志、专家学者、企业联合会、食品行业协会、食品以及电子信息技术企业有关人员。全国人大教科文卫委员会、国务院法制办、卫生部、国家质检总局、国家工商总局的有关同志也参加了论证会。食品安全法草案于 2007 年 12 月提请十届全国人大常委会第三十一次会议初审。2008 年 4 月 20 日，经委员长会议决定，将草案向社会公布征求意见。一个月时间内，全国人大常委会法制工作委员会共收到社会各方面意见 11327 件。

2. 开展法律集中清理工作。2008 年 7 月 31 日，全国人大法律委员会、全国人大常委会法制工作委员会召开会议，计划用一年左右的时间开展法律集中清理工作。这是保证中国特色社会主义法律体系科学、统一、和谐，确保到 2010 年形成中国特色社会主义法律体系的一项重要举措，也是十一届全国人大常委会立法工作的一个重点。这次法律清理工作于 2009 年完成，作为这次集中清理的结果，相应地废止部分法律和修改部分法律。2009 年 6 月，十一届全国人大常委会第九次会议听取全国人大常委会法工委主任李适时关于废止部分法律的决定草案的说明、关于修改部分法律的决定草案的说明，经过审议，会议通过关于废止部分法律的决定。2009 年 8 月 27 日，十一届全国人大常委会第十次会议审议通过关于修改部分法律的决定。该决定共作出 95 条修改，包括对法律中明显不适应社会主义市场经济和社会发展要求的规定，法律和法律解释中关于"征用"的规定，法律中关于刑事责任的规定，法律和有关法律问题的决定中关于加强治安管理处罚的规定，法律中引用其他法律名称或者条文不对应的规定等。

3. 规范法律配套法规制定的工作程序。2009 年 2 月 17 日，十一届全国人大常委会第十八次委员长会议讨论通过关于法律配套法规制定的工作程序。

4. 开展立法后评估工作。2011 年 6 月，十一届全国人大常委会第二十一次会议审议全国人大常委会法工委关于立法后评估试点工作情况的报告。2012 年 8 月，十一届全国人大常委会第二十八次会议审议全国人大内司委关于残疾人保障法立法后评估的报告。2012 年 12 月，十一届全国人大常委会第三十次会议审议全国人大常委会法工委关于中小企业促进法有关制度立法后评估工作情况的报告。

三、中国特色社会主义法律体系宣布形成

2011 年 1 月 24 日，全国人大常委会召开形成中国特色社会主义法律体系座谈会。这次会议的目的是回顾中国特色社会主义法律体系形成历程，畅谈重大意义，总结基本经验，分析形势任务。会议要求，进一步加强和改进立法工作，在新的起点上完善中国特色社会主义法律体系，推进社会主义民主法制建设，实施依法治国基本方略，建设社会主义法治国家。中共中央政治局常委、全国人大常委会委员长吴邦国出席座谈会，并发表重要讲话。他指出，新中国成立以来特别是改革开放 30 多年来，在中国共产党的正确领导下，经过各方面坚持不懈的共同努力，我国立法工作取得了举世瞩目的巨大成就。一个立足中国国情和实际、适应改革开放和社会主义现代化建设需要、集中体现党和人民意志的，以宪法为统帅，以宪法相关法、民法商法等多个法律部门的法律为主干，由法律、行政法规、地方性法规等多个层次的法律规范构成的中国特色社会主义法律体系已经形成，国家经济建设、政治建设、文化建设、社会建设以及生态文明建设的各个方面实现有法可依。这是我国社会主义民主法制建设史上的重要里程碑，具有重大的现实意义和深远的历史意义。

2011 年 3 月 10 日，十一届全国人大四次会议举行第二次全体会议，听取全国人大常委会委员长吴邦国作全国人大常委会工作

报告。他在报告中进一步宣布，中国特色社会主义法律体系形成。

（一）中国特色社会主义法律体系的基本标志

为落实好党的十五大提出的"到 2010 年形成中国特色社会主义法律体系"的立法目标和任务，九届全国人大常委会开展了专题研究。这次集中研究的成果，直接体现在 2001 年 3 月李鹏同志作的全国人大常委会工作报告之中。他指出，构成中国特色社会主义法律体系的基本标志有三个：一是涵盖各个方面的法律部门（或法律门类）应当齐全；二是各个法律部门中基本的、主要的法律应当制定出来；三是以法律为主干，相应的行政法规、地方性法规、自治条例和单行条例，应当制定出来与之配套[1]。这在一定程度上将中国特色社会主义法律体系具体化、具象化。

2003 年 4 月，吴邦国同志指出，中国特色社会主义法律体系的标准主要有三个：一是涵盖各方面的法律部门，即宪法和宪法相关法、民法商法、行政法、经济法、社会法、刑法、诉讼与非诉讼程序法这七个法律部门要齐全；二是各个法律部门中基本的、主要的法律应当比较齐备，做到有法可依；三是以法律为主干，相应的行政法规、地方性法规、自治条例和单行条例，应当制定出来并相互配套[2]。

（二）中国特色社会主义法律体系的主要内容

截至 2010 年 12 月，除宪法及其 4 个修正案外，已制定现行有效的法律 236 件（其中包括起支架作用的法律 50 多件）、行政法规 690 多件、地方性法规 8800 多件、自治条例和单行条例 700 多件。以宪法为核心，以法律为主干，包括行政法规、地方性法

---

[1] 李鹏：全国人大常委会工作报告，中共中央文献研究室编：《十五大以来重要文献选编》（中），人民出版社 2001 年版，第 457 页。

[2] 《全国人民代表大会常务委员会公报》2003 年第 3 号。

规等规范性文件在内的，由七个法律部门、三个层次法律规范构成的中国特色社会主义法律体系已经形成。国家的经济、政治、文化、社会和生态文明建设的各个方面已经实现有法可依，为坚持和实行依法治国方略，构建社会主义和谐社会，推动和保障改革开放和社会主义现代化建设，实现国家长治久安，奠定了坚实的法律基础，提供了有力的法制保障。

1. 现行宪法。宪法是我国的根本法，具有最大的权威性和最高的法律效力，是治国安邦的总章程，是保持国家统一、民族团结、经济发展、社会进步和长治久安的法律基础，为建设中国特色社会主义提供了根本制度保障。宪法以法律的形式确认了中国各族人民奋斗的成果，规定了国家的根本制度和根本任务，规定了我国的国体和政体，规定了公民的基本权利和义务，规定了人民代表大会制度、中国共产党领导下的多党合作与政治协商制度、民族区域自治制度、基层群众自治制度，规定了基本经济制度和分配制度，明确坚持改革开放，发展社会主义市场经济，实行依法治国，建设社会主义法治国家。

2. 发展社会主义民主政治的法律不断健全。人民代表大会制度、中国共产党领导的多党合作和政治协商制度、民族区域自治制度、基层群众自治制度等不断完善和发展，公民的基本权利得到尊重和保障。选举法、全国人大组织法、国务院组织法、地方各级人大和地方各级政府组织法、民族区域自治法、人民法院组织法、人民检察院组织法、立法法、监督法等，规定了立法、行政、司法机关的产生、职能、活动以及监督等，保证了人民依照法律规定，通过各种途径和形式，管理国家事务，管理经济和文化事业，管理社会事务，保证了国家机构有序、高效地运转。行政许可法、行政处罚法、行政监察法、行政复议法等法律的颁布实施，适应了加强社会管理，提供公共服务，建设法治政府的需要，加强了对行政权力的规范、制约和监督，推进了行政管理体制改革的深化，推动了单纯的"权力政府"向"责任政府"转变。村民委员会组织法、城市居民委员会组织法等，进一步扩大了农村、城市的基层民主，保证人民群众依法直接行使民主权利，依法管理自己的事情，有力推进了基层民主的发展。香港、澳门特别行政区基本法的颁布实施，为香港、澳门施政、立法和司法提供法律依据，体现了"一国两制"的构想，维护了国家的主权和领土完整，维护促进了香港、澳门的繁荣稳定。反分裂国家法将党和国家关于对台工作的一系列重大原则和方针政策措施以法律形式确定下来，对反对和遏制"台独"分裂势力及其活动、维护国家主权和领土完整，发挥着重大作用。

3. 规范和保障社会主义市场经济的法律不断完善。改革开放以来，我国陆续制定了民法通则等民事法律。民法通则规定了民法的调整对象、基本原则、民事主体、民事行为、民事权利、民事责任，为社会主义市场经济提供基础法律规则。特别是随着社会主义市场经济的建立与完善，规范市场主体及其行为、维护市场秩序、保护知识产权、加强宏观调控、促进对外开放等方面法律相继出台，为经济健康协调可持续发展，提供了重要的法律保障。物权法体现了社会主义基本经济制度，遵循平等保护物权的市场法则，强化国有资产保护，贯彻现阶段党在农村的基本政策，规范了现实生活中群众最为关心的问题。合同法提供了市场平等主体在交易中需共同遵守的规则。公司法、合伙企业法、个人独资企业法、商业银行法等，对各类市场主体及其行为进行规范，保障其公平参与市场竞争。企业破产法确立了优胜劣汰机制和陷入困境企业的挽救制度。担保法、保险法、票据法、拍卖法、信托法、招标投标法、证券法等，规范了特定领域内的市场行为。专利法、商标法、著作权法等，为知识产权提供法律保护。反不正当竞争法、反垄断法、产品质量法等，在保护和促进公平竞争，维护市场秩序方面发挥了重要作用。在充分发挥市场机制优化资源配置的同时，运用法律手段对经济发展进行适度宏观调控。预算法、个人所得税法、企业所得税法、税收征收管理法等，为相关领域进行宏观调控提供法律保障。中国人民银行法等，加强对金融业的监督管理，保证了国家货币政策的正确制定和执行，促进了中央银行调控体系的建立和完善。中外合资经营企业法、中外合作经营企业法、外资企业法、对外贸易法等，有力地推动了对外开放事业的发展。2001 年以来，为适应加入世贸组织的要求和建立统一市场的需要，又修订了对外贸易法，确立了统一、透明的对外贸易法律制度。

4. 促进社会主义社会建设和文化事业的法律不断完善。制定劳动法、劳动合同法、就业促进法、安全生产法、职业病防治法等，规范、调整用人单位和劳动者权利义务关系，依法促进就业，保护劳动者人身安全和身体健康。制定社会保险法，建立和完善社会保障制度，保障公民的生存权和发展权。制定老年人权益保障法、妇女权益保障法、未成年人保护法、残疾人保障法等，对弱势群体的合法权益予以保护。制定了科技、文化、卫生等方面的法律，促进社会事业健康发展。制定治安管理处罚法、道路交通安全法、国防法、海关法、教育法、科学技术进步法、房地产管理法、体育法、食品卫生法、药品管理法、居民身份证法、护照法等社会管理法律，促进了我国经济、文化、教育、卫生、科技等各个领域健康发展。刑法以及民事诉讼法、行政诉讼法、刑事诉讼法等，维护了社会稳定，加强了人权司法保护。

5. 促进社会主义生态文明建设的法律不断完善。适应建设资源节约型和环境友好型社会，实现可持续发展的要求，环境法制建设不断加强。环境保护法、环境影响评价法、大气污染防治法、水污染防治法、海洋环境保护法、环境噪声污染防治法、固体废物污染环境防治法、放射性污染防治法、清洁生产促进法、节约能源法、可再生能源法、水土保持法、矿产资源法等，明确了环境保护的基本制度，防治环境污染和其他公害，保护和改善环境，促进资源的合理开发和利用，促进了我国生态文明建设。

总之，中国特色社会主义法律体系是社会主义制度和社会主义价值观的重要载体，从制度上、法律上保障国家始终坚持改革开放的正确方向，着力构建充满活力、富有效率、更加开放、有利于科学发展的体制机制，体现了党的主张和人民意志的有机统一，反映了我国现代化建设的历史进程，总结和确认了改革开放以来的最新成果。它推动了我国改革开放伟大事业，推动了我国社会主义制度不断自我完善和发展，对于维护社会主义法制统一、保证国家长治久安、坚持和发展中国特色社会主义，发挥了重要作用。当然，中国特色社会主义法律体系需要与时俱进，不断完善。

第四节　全国人大及其常委会行使职权和人民代表大会制度的新进展

一、全国人大行使职权的一些情况

这一时期，全国人大按照宪法和法律赋予的职权，还在监督、重大事项决定、人事任免等方面做了大量工作。

（一）在监督方面

1. 听取和审议国务院的政府工作报告，以及计划报告和预算报告等。（1）十届全国人大的情况，主要包括：关于2002年国民经济和社会发展计划执行情况与2003年国民经济和社会发展计划草案的报告、关于2002年中央和地方预算执行情况及2003年中央和地方预算草案的报告、关于2003年国民经济和社会发展计划执行情况与2004年国民经济和社会发展计划草案的报告、关于2003年中央和地方预算执行情况及2004年中央和地方预算草案的报告、关于2004年国民经济和社会发展计划执行情况与2005年国民经济和社会发展计划草案的报告、关于2004年中央和地方预算执行情况及2005年中央和地方预算草案的报告、国民经济和社会发展第十一个五年规划纲要草案、关于2005年国民经济和社会发展计划执行情况与2006年国民经济和社会发展计划草案的报告、关于2005年中央和地方预算执行情况与2006年中央和地方预算草案的报告、关于2006年国民经济和社会发展计划执行情况与2007年国民经济和社会发展计划草案的报告、关于2006年中央和地方预算执行情况与2007年中央和地方预算草案的报告等。（2）十一届全国人大的情况，主要包括：关于2007年国民经济和社会发展计划执行情况与2008年国民经济和社会发展计划草案的报告、关于2007年中央和地方预算执行情况与2008年中央和地方预算草案的报告、关于2008年国民经济和社会发展计划执行情况与2009年国民经济和社会发展计划草案的报告、关于2008年中央和地方预算执行情况与2009年中央和地方预算草案的报告、关于2009年国民经济和社会发展计划执行情况与2010年国民经济和社会发展计划草案的报告、关于

2009 年中央和地方预算执行情况与 2010 年中央和地方预算草案的报告、国民经济和社会发展第十二个五年规划纲要草案、关于 2010 年国民经济和社会发展计划执行情况与 2011 年国民经济和社会发展计划草案的报告、关于 2010 年中央和地方预算执行情况与 2011 年中央和地方预算草案的报告、关于 2011 年国民经济和社会发展计划执行情况与 2012 年国民经济和社会发展计划草案的报告、关于 2011 年中央和地方预算执行情况与 2012 年中央和地方预算草案的报告等。

从 2005 年 3 月十届全国人大三次会议开始，大会印发关于计划和预算的书面报告，提请代表审查。

2. 听取最高人民法院、最高人民检察院的工作报告或专项报告。主要包括：关于完善审判工作监督机制促进公正司法情况的报告、关于完善检察机关监督机制促进公正执法情况的报告等。

3. 听取全国人大常委会工作报告和专门委员会的有关报告。

（二）在重大事项决定方面

主要包括：十届全国人大一次会议选举和决定任命的办法，十届全国人大三次会议选举和决定任命的办法，关于十一届全国人大代表名额和选举问题的决定，香港特别行政区选举十一届全国人大代表的办法，澳门特别行政区选举十一届全国人大代表的办法，十一届全国人大一次会议表决十一届全国人大各专门委员会主任委员、副主任委员、委员人选的办法，十一届全国人大一次会议选举和决定任命的办法，关于十二届全国人大代表名额和选举问题的决定，香港特别行政区选举十二届全国人大代表的办法，澳门特别行政区选举十二届全国人大代表的办法等。

（三）在机构设置和人事任免方面

全国人大会议先后听取和审议国务院 2003 年机构改革和

2008 年的机构改革方案。

2005 年 3 月 8 日，十届全国人大三次会议通过关于接受江泽民辞去中央军事委员会主席职务的请求的决定，选举胡锦涛为中央军委主席；根据中央军委主席胡锦涛的提名，会议通过关于决定补充任命中央军事委员会组成人员名单。

二、全国人大常委会行使职权的情况

这一时期，全国人大常委会按照宪法和法律赋予的职权，还在监督、重大事项决定、人事任免等方面做了大量工作。

（一）在监督方面

1. 听取和审议国务院及其有关部门的报告。（1）十届全国人大常委会的情况，主要包括：关于非典型肺炎防治工作的报告，关于 2002 年中央决算的报告，关于 2002 年度中央预算执行和其他财政收支的审计工作报告，关于今年以来国民经济和社会发展计划执行情况的报告，关于当前重大传染性疾病防治工作情况的报告，关于老年人权益保障工作情况的报告，关于小城镇发展和农村富余劳动力转移情况的报告，关于就业和再就业工作情况的报告，关于南水北调工程建设情况及下一步安排的报告，关于我国加入世贸组织以来有关情况的报告，关于全国高致病性禽流感防治工作的报告，关于贯彻全国人大常委会决议开展第四个五年普法工作三年来情况的报告，关于建立健全突发公共卫生事件应急机制工作情况的报告，关于 2003 年中央决算的报告，关于 2003 年度中央预算执行情况和其他财政收支的审计工作报告，关于当前农业和农村工作情况的报告，关于整顿和规范市场经济秩序情况的报告，关于水资源节约、保护和合理利用情况的报告，关于突发公共事件应急预案编制工作和安全生产情况的报告，关于国有资产监管和国有企业改革情况的报告，关于2004年中央决算的报告，关于2004年度中央预算执行和其他财政收支的审计工作报告，关于食品药品安全形势与监管工作的报告，关于今年以来国民经济和社会发展计划执行情况的报告，关于当前能源形势与能源安全问题的报告，关于振兴东北老工业基地情况的报告，关于当前农业和农村工作情况的报告，关于"四五"法制宣传教育基本情况的报告和对关于加强法制宣传教育的决议草案的说明，关于普及义务教育和实施素质教育的工作报告，关于增强自主创新能力及加强知识产权工作有关情况的报告，关于2005年中央决算报告，关于2005年度中央预算执行的审计工作报告，关于今年以来国民经济和社会发展计划执行情况的报告，关于矿产资源合理利用、保护和管理工作的报告，关于当前水环境形势和水污染防治工作的报告，关于推进国有商业银行股份制改革、深化金融体制改革工作的报告，水利部关于十届全国人大四次会议代表建议、批评和意见办理工作情况的报告，关于2006年中央财政收入安排使用情况的报告（书面），关于保护台湾同胞投资合法权益情况的报告，关于2006年中央决算的报告，关于规范财政转移支付情况的报告，关于2006年度中央预算执行和其他财政收支的审计工作报告，关于侨务工作的报告，关于节约能源保护环境工作情况的报告，关于跟踪检查淮河、辽河流域水污染防治情况的报告，关于城乡医疗卫生体制改革和加强食品药品安全监管情况的报告，关于维护职工合法权益工作情况的报告，关于推进社会主义新农村建设情况的报告等。（2）十一届全国人大常委会的情况，主要包括：关于抗击低温雨雪冰冻灾害及灾后重建工作情况的报告，关于四川汶川特大地震抗震救

灾及灾后恢复重建工作情况的报告，关于提请审议 2008 年中央
预算调整方案草案的议案的说明，关于 2007 年中央决算的报告，
关于 2007 年度中央预算执行和其他财政收支的审计工作报告，
关于今年以来国民经济和社会发展计划执行情况的报告，关于促
进农民稳定增收情况的报告，关于加强金融宏观调控情况的报
告，关于"十一五"规划纲要实施中期情况的报告，关于积极采
取措施应对国际金融危机确保国民经济平稳较快发展情况的报
告，关于稳定物价工作的报告，关于水污染防治工作进展情况的
报告，关于农村社会保障体系建设情况的报告，关于职业教育改
革与发展情况的报告，关于大气污染防治工作情况的报告，关于
2008 年中央决算的报告，关于 2008 年度中央预算执行和其他财
政收支的审计工作报告，关于四川汶川特大地震灾后恢复重建工
作情况的报告，关于应对气候变化工作情况的报告，关于今年以
来国民经济和社会发展计划执行情况的报告，关于转变发展方式
调整经济结构的报告，关于今年中央政府投资安排及实施情况的
报告，关于促进中小企业发展情况的报告，关于促进就业和再就
业工作情况的报告，关于转移农村劳动力保障农民工权益工作情
况的报告，关于文化产业发展工作情况的报告，关于加强道路交
通安全管理工作情况的报告，关于 2009 年中央决算的报告，关
于 2009 年度中央预算执行和其他财政收支的审计工作报告，关
于今年以来国民经济和社会发展计划执行情况的报告，关于今年
以来预算执行情况的报告，关于国家粮食安全工作情况的报告，
关于加快少数民族和民族地区经济社会发展工作情况的报告，关
于深化医药卫生体制改革工作情况的报告，关于加快发展服务业
工作情况的报告，关于集体林权制度改革工作情况的报告，关于
"五五"普法工作情况的报告，关于 2010 年中央决算的报告，关

于 2010 年度中央预算执行和其他财政收支的审计工作报告，关于消防工作情况的报告，关于今年以来预算执行情况的报告，关于今年以来国民经济和社会发展计划执行情况的报告，关于城镇保障性住房建设和管理工作情况的报告，关于环境保护工作情况的报告，关于加快转变经济发展方式工作进展情况的报告，关于实施国家中长期教育改革和发展规划纲要（2010—2020 年）工作情况的报告，关于旅游业发展工作情况的报告，关于农田水利建设工作情况的报告，关于监狱法实施和监狱工作情况的报告，关于外国人入境出境及居留、就业管理工作情况的报告，关于 2011 年中央决算的报告，关于禁毒法实施和禁毒工作情况的报告，关于 2011 年度中央预算执行和其他财政收支的审计工作报告，关于保障饮用水安全工作情况的报告，关于今年以来国民经济和社会发展计划执行情况的报告，关于今年以来预算执行情况的报告，关于县级基本财力保障机制运行情况的报告，关于深化文化体制改革、推动社会主义文化大发展大繁荣工作情况的报告，关于国有企业改革与发展工作情况的报告，关于社会救助工作情况的报告，关于土地管理和矿产资源开发利用及保护情况的报告等。

2. 听取最高人民法院、最高人民检察院的工作报告或专项报告。（1）十届全国人大常委会的情况，主要包括：关于加强基层法院建设情况的报告、关于加强基层检察院建设情况的报告、关于加强审判工作监督情况的报告、关于检察机关开展法律监督工作情况的报告、关于开展规范司法行为专项整改情况的报告、关于开展规范执法行为专项整改情况的报告、关于跟踪检查全国人大常委会执法检查组关于检查归侨侨眷权益保护法实施情况的报告和落实情况的报告等。（2）十一届全国人大常委会的情况，主要包括：关于加强刑事审判工作维护司法公正情况的报告，关于加强刑事审判法律监督工作维护司法公正情况的报告，关于加强民事执行工作、维护法制权威和司法公正情况的报告，关于加强渎职侵权检察工作、促进依法行政和公正司法情况的报告，关于民事审判工作的报告、关于改进渎职侵权检察工作情况的报告，关于加强人民法院基层建设促进司法公正工作情况的报告，关于加强人民检察院基层建设促进公正执法工作情况的报告，关于知识产权审判工作情况的报告，关于民事行政检察工作情况的报告等。

3. 听取全国人大常委会和专门委员会的报告。（1）十届全国人大常委会的情况，主要包括：关于检查固体废物污染环境防治法实施情况的报告，关于检查未成年人保护法实施情况的报告，关于国务院关于规范处理 1995 年以前中央财政向人民银行借款问题的报告的审查意见，关于检查建筑法实施情况的报告，关于检查农村土地承包法实施情况的报告，关于检查科学技术进步法实施情况的报告，关于检查土地管理法实施情况的报告，关于落实各项农业政策情况的调研报告，关于金融支农问题的调研报告，关于检查动物防疫法实施情况的报告，关于检查义务教育法实施情况的报告，关于检查工会法实施情况的报告，关于检查统计法实施情况的报告，关于检查水污染防治法实施情况的报告，关于检查律师法实施情况的报告，关于检查安全生产法实施情况的报告，关于检查农业法实施情况的报告，关于检查劳动法实施情况的报告，关于十届全国人大三次会议代表建议、批评和意见处理情况的报告，关于检查专利法实施情况的报告，关于检查归侨侨眷权益保护法实施情况的报告，关于检查节约能源法实施情况的报告，关于跟踪检查有关环境保护法律实施情况的报告，关于检查法官法和检察官法实施情况的报告，关于检查民族区域自治法实施情况的报告，关于跟踪检查有关农业法律实施情况的报告，关于十届全国人大四次会议代表建议、批评和意见处理情况的报告，关于检查义务教育法实施情况的报告，关于跟踪检查法官法、检察官法实施情况的报告，关于十届全国人大五次会议代表建议、批评和意见处理情况的报告，国家发改委关于十届全国人大五次会议代表建议、批评和意见办理情况的报告等。

（2）十一届全国人大常委会的情况，主要包括：关于检查未成年人保护法实施情况的报告，关于检查农民专业合作社法实施情况的报告，关于检查环境影响评价法实施情况的报告，关于检查义务教育法实施情况的报告，关于检查劳动合同法实施情况的报告，关于十一届全国人大一次会议代表建议、批评和意见处理情况的报告，财政部关于十一届全国人大一次会议代表建议、批评和意见办理情况的报告，关于检查畜牧法实施情况的报告，关于部分重大公共投资项目实施情况的调研报告，关于检查工会法实施情况的报告，关于农村社会保障体系建设情况跟踪检查的报告，关于十一届全国人大二次会议代表建议、批评和意见处理情况的报告，卫生部关于十一届全国人大二次会议代表建议、批评和意见办理情况的报告，关于检查食品安全法实施情况的报告，关于检查台湾同胞投资保护法实施情况的报告，关于检查妇女权益保障法实施情况的报告，关于检查科学技术进步法实施情况的报告，关于检查清洁生产促进法实施情况的报告，关于全国人大常委会办公厅关于围绕编制"十二五"规划纲要开展专题调研工作情况的报告，关于检查农业技术推广法实施情况的报告，关于部分重大公共投资项目实施情况的跟踪调研报告，关于检查节约能源法实施情况的报告，关于十一届全国人大三次会议代表建议、批评和意见处理情况的报告，民政部关于十一届全国人大三次会议代表建议、批评和意见办理情况的报告，关于检查食品安全法实施情况的报告，关于检查老年人权益保障法实施情况的报告，关于检查劳动合同法实施情况的报告，关于检查农村土地承包法实施情况的报告，关于十一届全国人大四次会议代表建议、批评和意见处理情况的报告，公安部关于十一届全国人大四次会议代表建议、批评和意见办理情况的报告，关于检查文物保护法实施情况的报告，关于检查残疾人保障法实施情况的报告，关于检查农业法实施情况的报告，关于十一届全国人大五次会议代表建议、批评和意见处理情况的报告，工业和信息化部关于十一届全国人大五次会议代表建议、批评和意见办理情况的报告等。

这里需要着重说明的是，2010 年 6 月 24 日，十一届全国人大常委会第十五次会议分组会议审议国务院关于 2009 年中央预算报告并结合审议决算报告进行专题询问。受国务院委托，财政部多位负责人到会回答询问。这是全国人大常委会开展的第一次专题询问。

（二）在重大事项决定方面

1. 十届全国人大常委会的情况。十届全国人大常委会先后审议通过关于香港特别行政区 2007 年行政长官和 2008 年立法会产生办法有关问题的决定，关于县、乡两级人大代表选举时间的决定，关于批准国务院关于 1998 年特别国债付息问题的报告的决议，关于授权香港特别行政区对深圳湾口岸港方口岸区实施管辖的决定，十一届全国人大代表名额分配方案，十一届全国人大少数民族代表名额分配方案，台湾省出席十一届全国人大代表协商选举方案，关于批准财政部发行特别国债购买外汇及调整 2007 年末国债余额限额的决议，香港特别行政区十一届全国人大代表选举会议成员名单，澳门特别行政区十一届全国人大代表选举会议成员名单，关于香港特别行政区 2012 年行政长官和立法会产生办法及有关普选问题的决定等。

2. 十一届全国人大常委会的情况。十一届全国人大常委会先后通过关于授权澳门特别行政区对设在横琴岛的澳门大学新校区实施管理的决定，关于进一步加强法制宣传教育的决议，十二届全国人大代表名额分配方案，十二届全国人大少数民族代表名额分配方案，台湾省出席十二届全国人大代表协商选举方案，中国人民解放军选举委员会主任、副主任、委员名单等。

2008 年 5 月 22 日，十一届全国人大常委会委员长会议召开第四次会议，吴邦国委员长主持会议并发表讲话。国务院副总理、国务院抗震救灾总指挥部副总指挥李克强列席会议并代表国务院作了关于四川汶川特大地震抗震抢险及救灾工作情况的汇报。这次委员长会议作出相应决定[1]。

（三）在机构设置和人事任免方面

1. 十届全国人大常委会的情况。十届全国人大常委会先后审议通过关于中国银行业监督管理委员会履行原中国人民银行履行的监督管理职责的决定，十届全国人大常委会代表资格审查委员会主任委员、副主任委员、委员名单，全国人大常委会澳门特别行政区基本法委员会组成人员名单，中国人民解放军选举委员会主任、副主任、委员名单等。

2. 十一届全国人大常委会的情况。十一届全国人大常委会先

---

[1] 主要内容包括：（1）将听取国务院关于抗震救灾工作情况的报告，列入 6 月下旬召开的十一届全国人大常委会第三次会议议程；（2）坚决落实党中央的决定，支持国务院集中财力投入抗震救灾的安排，对今年预算支出结构作出相应调整，以抗震救灾、保障灾区人民生活为根本，一切从抗震救灾工作实际情况出发，需要多少给多少；（3）及时总结经验，研究修改突发事件应对法、防震减灾法等法律，为抗震救灾和应对突发事件提供更有力的法律保障。

后审议通过十一届全国人大常委会代表资格审查委员会主任委员、副主任委员、委员名单，全国人大常委会香港特别行政区基本法委员会组成人员名单，全国人大常委会澳门特别行政区基本法委员会组成人员名单等。

2010 年 10 月 28 日，十一届全国人大常委会第十七次会议决定习近平为国家军委副主席。

三、完善人大选举制度

（一）对全国人大和地方各级人大选举法作第四次修改

2004 年 10 月 27 日，十届全国人大常委会第十二次会议对全国人大和地方各级人大选举法作第四次修改。主要内容如下。

1. 完善直接选举确定正式代表候选人的方式，恢复了直接选举中的预选，并完善了预选程序。规定如果所提候选人名额过多，经选民小组反复讨论、协商，仍不能对正式候选人形成一致意见的，可以进行预选。

2. 改进介绍代表候选人的方式。增加规定选举委员会可以组织代表候选人与选民见面，回答选民的问题。

3. 适当提高罢免县、乡两级人大代表的联名人数。把原选区选民三十人以上联名，改为十分之一以上联名，人口特少的选区的联名人数不得少于三十人。

4. 完善对破坏选举的制裁。将"为获得选票以金钱或者其他财物贿赂选民或者代表的行为"增列为第一款。除了行政处分和依法追究刑事责任之外，还增加了行政处罚。

2004 年 10 月 27 日，十届全国人大常委会第十二次会议还审议通过关于县、乡两级人大代表选举时间的决定，规定各地按照县、乡两级人大代表选举同步进行的原则安排换届选举，使地方各级人大的任期一致起来。

（二）对全国人大和地方各级人大选举法作第五次修改

2010 年 3 月 14 日，十一届全国人大三次会议审议通过并公布关于修改全国人大和地方各级人大选举法的决定，对该法作第五次修改。这次修改，最重要的就是贯彻落实党的十七大精神，明确城乡按相同人口比例选举人大代表，朝着选举中的人人平等又迈出了一大步。修改的主要内容有以下几个方面。

1. 全国人大代表名额，由全国人大常委会根据各省（区、市）的人口数，按照每一代表所代表的城乡人口数相同的原则，以及保证各地区、各民族、各方面都有适当数量代表的要求进行分配。

2. 各省（区、市）应选全国人大代表名额，由根据人口数计算确定的名额数、相同的地区基本名额数和其他应选名额数构成。

3. 全国人大代表名额的具体分配，由全国人大常委会决定。

4. 地方各级人大代表名额，由本级人大常委会或者本级选举委员会根据本行政区域所辖的下一级各行政区域或者各选区的人口数，按照每一代表所代表的城乡人口数相同的原则，以及保证各地区、各民族、各方面都有适当数量代表的要求进行分配。

5. 在县、自治县的人大中，人口特少的乡、民族乡、镇，至少应有代表一人。

2008 年 1 月 22 日，广东省十一届人大一次会议举行第三次会议，经过无记名投票，佛山市三水区的胡小燕当选为新中国成立以来首位农民工全国人大代表。

（三）对全国人大和地方各级人大选举法作第六次修改

2020 年 10 月 17 日，十三届全国人大常委会第二十二次会议通过关于修改选举法的决定。这次修改，主要是为了解决增加县乡两级人大代表数量问题。

1. 增加规定：代表的选举工作，坚持中国共产党的领导，坚持充分发扬民主，坚持严格依法办事。

2. 适当增加县乡人大代表数量。一是，增加县乡人大代表名额基数。修改为："不设区的市、市辖区、县、自治县的代表名额基数为一百四十名，每五千人可以增加一名代表；人口超过一百五十五万的，代表总名额不得超过四百五十名；人口不足五万的，代表总名额可以少于一百四十名。""乡、民族乡、镇的代表名额基数为四十五名，每一千五百人可以增加一名代表；但是，代表总名额不得超过一百六十名；人口不足二千的，代表总名额可以少于四十五名。"

（四）举办县乡换届选举工作学习班

1. 2006 年 6 月 20 日—21 日，全国人大常委会办公厅、中共中央组织部、中共中央宣传部联合举办县乡换届选举工作学习班。全国人大常委会副委员长王兆国、中共中央组织部部长贺国强分别在学习班上发表讲话，盛华仁副委员长兼秘书长作具体部署。中共中央还决定成立县乡两级人大换届选举工作联席会议，盛华仁副委员长兼秘书长任联席会议组长。

2. 2011 年 5 月 6 日—7 日，全国人大常委会办公厅会同中共中央组织部、中共中央宣传部举办县乡换届选举工作学习班。全国人大常委会副委员长王兆国、中共中央组织部部长李源潮分别在学习班上发表讲话，李建国副委员长兼秘书长主持开班式并作具体部署。5 月 5 日，李建国副委员长兼秘书长主持召开全国县乡两级人大换届选举工作联席会议第一次会议。

四、完善人大任免制度

（一）有关配套文件的规定

2005 年 8 月，全国人大常委会办公厅制定全国人大会议工作程序、全国人大常委会会议工作程序以及关于加强为全国人大常委会会议听取和审议报告、议案服务的若干规定。涉及拓展人大任免制度的主要内容如下。

1. 大会选举和决定任命的办法草案，由大会秘书处代拟，大会主席团会议通过，交各代表团审议后，提请大会表决。大会选举和决定任命，采取无记名投票方式，以全体代表的过半数赞成始得当选或者通过。表决全国人大各专门委员会组成人员，采用按表决器方式，分别对每个专门委员会整个名单合并表决，以全体代表的过半数赞成通过。

2. 中央负责组织工作的领导同志向大会主席团作关于推荐国家机构组成人员人选名单的说明，提出选举或者决定任命的人选。

3. 大会选举前，由各代表团推选监票人，主席团在监票人中指定一名至二名为总监票人。大会进行选举和表决时，先表决通过总监票人和监票人名单。总监票人、监票人在主席团领导下，对选举和表决过程进行监督。投票时，由总监票人、监票人先投票，随后其他代表再投票。投票结束后，由总监票人报告投票结果，由会议主持人宣布选举和表决是否有效；计票结束后，总监票人报告计票结果（包括另选他人的名单及其得票数），由会议主持人当场宣布选举和表决结果。

4. 选举或者决定任命的投票和表决，一般分三次全体会议进行。第一次全体会议，选举委员长、副委员长、秘书长、委员；选举国家主席、副主席；选举中央军委主席。第二次全体会议，根据国家主席的提名，决定国务院总理人选；根据中央军委主席的提名，决定中央军委其他组成人员人选；选举最高人民法院院长和最高人民检察院检察长。第三次全体会议，根据国务院总理的提名，决定国务院副总理、国务委员、各部部长、各委员会主任、中国人民银行行长、审计长、秘书长人选；表决全国人大各专门委员会组成人员。

5. 提请常委会审议的人事任免案，提请任免的机关应当提交拟提请任免的函、任免理由、被任免人的基本情况和照片。

6. 提请常委会审议的人事任免案，由提请任免的机关按照规定要求向常委会提供书面材料及说明。说明的重点包括提请任免的原因，被任命人的基本情况。必要时，提请任免机关的负责人应当到会说明情况，回答询问。

（二）监督法的有关规定

1. 撤职权限。在本级人大会议闭会期间，县级以上地方各级人大常委会可以决定撤销本级政府个别副省长、自治区副主席、副市长、副州长、副县长、副区长的职务；可以撤销由它任命的本级政府其他组成人员和法院副院长、庭长、副庭长、审判委员会委员、审判员，人民检察院副检察长、检察委员会委员、检察员，中级人民法院院长，人民检察院分院检察长的职务。

2. 撤职案的提出。县级以上地方各级政府、人民法院和人民检察院，可以向本级人大常委会提出撤职案。县级以上地方各级人大常委会主任会议，可以向常务委员会提出撤职案。县级以上地方各级人大常委会五分之一以上的组成人员书面联名，可以向常委会提出撤职案，由主任会议决定是否提请常委会会议审议；或者由主任会议提议，经全体会议决定，组织调查委员会，由以后的常委会会议根据调查委员会的报告审议决定。撤职案应当写明撤职的对象和理由，并提供有关的材料。

3. 撤职案的审议和表决。撤职案在提请表决前，被提出撤职的人员有权在常委会会议上提出申辩意见，或者书面提出申辩意见，由主任会议决定印发常委会会议。撤职案的表决采用无记名投票的方式，由常委会全体组成人员的过半数通过。

（三）对全国人大常委会人事任免办法的修改

2008 年 6 月，十一届全国人大常委会委员长会议修改了全国人大常委会人事任免办法。主要内容如下。

1. 将原来的任免案包括任命人选简历和任免理由，修改为任免案附有拟任命人选的简历和任免理由。

2. 增加规定，常委会预算工作委员会主任、副主任的任免，逐人表决。常委会香港特别行政区基本法委员会和澳门特别行政区基本法委员会主任、副主任、委员的任免，合并表决。

这里，介绍一下有关人事任免。（1）2003 年 8 月，全国人大常委会办公厅任命 10 名年轻委员为相关专门委员会主任委员助理。（2）2008 年 6 月 11 日，吴邦国委员长为全国人大常委会办公厅特邀专家颁发聘书，王兆国、李建国副委员长和全国人大常委会有关部门负责同志及特邀专家出席。

五、完善人大监督制度

这一时期，相继出台了有关法律和规定，尽管有的规定只是由全国人大常委会委员长会议甚至常委会办公厅通过的，属于工作层面的规定，但为之后制定的监督法等相关法律所吸收。不可讳言，人大及其常委会监督制度得到了较大的完善。

（一）有关工作文件及其确立的工作制度

1. 修改行政法规、地方性法规、自治条例和单行条例、经济特区法规备案审查工作程序。2003 年 8 月 15 日，十届全国人大常委会委员长会议第六次会议对该程序进行修改。这次修改，增加了对备案法规有选择地进行主动审查的程序，实行法规审查工作的被动审查与主动审查相结合。修改后的法规备案审查工作程序把主动审查的程序明确下来，在"有告才理"的基础上新增一条："专门委员会对备案的法规认为需要审查的，可以提出书面的报告，经常委会办公厅、法制工作委员会研究，报秘书长同意后，进行审查。"并规定在专门委员会审查后，由法律委员会进一步确认法规同宪法或者法律是否相抵触，以确保备案审查的严肃性和准确性。

2. 关于充分发挥专门委员会作用的若干意见。2005 年 6 月，全国人大常委会办公厅制定的该若干意见涉及规范人大监督制度的内容主要有：（1）协助常委会开展监督的前期工作。每年年底前，专门委员会要向常委会提出下一年度开展执法检查和听取专题工作报告的项目建议。在常委会听取专题工作报告前的一个月，有关专门委员会要与报告单位沟通情况、交换意见，由报告单位对报告草稿进行修改完善。（2）协助常委会开展监督的后期工作。在常委会审议执法检查报告和专题工作报告后，有关专门委员会要进行跟踪督查，在 3 个月内，就执法主管部门或者报告机关的整改情况听取汇报，并督促这些部门和机关在 6 个月内将整改情况书面报告委员长会议和常委会会议。（3）协助常委会开展法规和司法解释备案审查工作。属于各方面提出审查要求和审查建议的，按法律规定的审查程序办理。各方面没有提出审查要求和审查建议的，根据有重点地开展主动审查的要求，凡认为需要审查的，由秘书长批请有关专门委员会依法进行审查。

3. 关于加强为全国人大常委会会议听取和审议报告、议案服务的若干规定。2005 年 8 月，全国人大常委会办公厅制定的该若干规定涉及规范人大监督制度的内容主要有：（1）拟订监督工作计划。常委会办事机构根据常委会工作报告的要求，于每年第一季度拟定常委会年度工作要点、听取和审议专题工作报告计划、执法检查计划等草案，经批准后，认真组织落实。（2）明确国务院向常委会全体会议作决算、审计、计划执行等报告的重点。包括计划和预算执行的主要情况，宏观调控措施和重要经济政策的实施情况、存在的主要问题和下一步工作的安排，中央财政保证重点支出的情况，中央财政向地方财政转移支付的情况，国债资金的使用情况，预算超收收入的使用情况，其他需要向常委会全体会议报告的事项。（3）对有关机关提出要求，要派熟悉与议题有关的情况、能够代表本部门准确回答与会人员询问的人，到常委会会议各分组会议听取意见，回答询问。

4. 全国人大常委会执法检查工作程序。2005 年 12 月，全国人大常委会办公厅制定的该程序重点规范执法检查的组织，涉及规范人大监督制度的内容主要有：（1）执法检查项目的提出。每年 11 月底以前，全国人大专门委员会应当向常委会提出下一年度执法检查项目的建议，其他机关、组织也可以提出书面建议。（2）执法检查计划的拟定。常委会办公厅秘书一局负责收集、汇总专门委员会及其他有关方面关于执法检查的建议，并于 12 月底以前拟出执法检查计划稿，提请秘书长办公会议审定。（3）执法检查计划的批准和通知。执法检查计划稿经秘书长办公会议审议通过后，由秘书长提请委员长会议审议批准。批准后，由办公厅印发常委会会议。同时，办公厅以书面形式将执法检查计划通知有关机关。（4）执法检查方案的制定和审批。相关专门委员会应当根据执法检查计划，就其负责的执法检查项目，制定出执法检查的具体方案。经联系该专门委员会的副委员长审批后，由常委会办公厅书面通知法律实施主管机关及有关地方人大常委会。（5）执法检查组的组成。执法检查组组长一般由负责联系相关专门委员会的副委员长担任。副组长由相关专门委员会的主任委员或者其委托的副主任委员担任。执法检查组的其他成员由负责该项执法检查工作的相关专门委员会从常委会和本专门委员会组成人员中选定。（6）执法检查小组的组织。执法检查组赴地方进行执法检查时，根据工作需要可以分成若干执法检查小组。执法检查小组组长一般由相关专门委员会负责同志或者其他组成人员担任，组员由常委会和专门委员会组成人员担任。执法检查小组可以吸收全国人大代表和相关地方人大常委会的负责同志参加。（7）执法检查组全体会议。执法检查组在正式赴地方开展执法检查前，由组长召集一次全体会议，听取法律实施主管机关关于法律实施情况的汇报，研究部署执法检查工作。赴地方进行执法检查工作结束后，再次召开全体会议，听取各执法检查小组的汇报，研究向常委会汇报的执法检查报告稿，并就执法检查中发现的问题与法律实施主管机关交换意见。（8）执法检查的主要工作方式。执法检查组可以采用听取汇报、召开座谈会、个别走访、抽样调查、实地考察等多种形式，了解和掌握法律实施的真实情况，研究法律实施中存在的问题。根据需要，全国人大常委会可以委托部分省级人大常委会在本行政区域内对有关法律实施情况进行检查，并将检查情况书面报送全国人大常委会。（9）执法检查报告的形成。执法检查组在执法检查结束后，应当指定专人负责提出执法检查报告稿。由执法检查组组长或者其委托的执法检查组副组长，负责主持研究、修改和审定。（10）执法检查报告的听取和审议。常委会全体会议听取执法检查报告时，由执法检查组组长或者由组长委托副组长向全体会议报告。常委会分组审议执法检查报告时，有关法律实施主管机关和相关专门委员会应当派人到会听取意见、回答询问。（11）执法检查报告及其审议意见的落实。常委会办公厅应当将会议对执法检查报告的审议意见汇总整理成常委会会议审议意见，由秘书长签发，以办公厅名义将执法检查报告和审议意见，函送国务院办公厅或者最高人民法院、最高人民检察院，同时抄送相关专门委员会。相关专门委员会应当在 3 个月内听取相关部门汇报，进行跟踪督查，并督促法律实施主管机关于 6 个月内向委员长会议和常委会会议提出整改情况的书面报告。常委会办公厅应将该书面报告送相关专门委员会研究、提出意见，并将该意见连同书面报告一并印发委员长会议和常委会会议。（12）执法检查中具体案件的处理。执法检查中发现的具体案件和收到的群众来信，执法检查组应转交常委会办公厅，由办公厅统一转交有关部门依法处理。执法检查组不直接处理执法检查中发现的具体案件和收到的群众来信。

5. 全国人大常委会听取和审议专题工作报告工作程序。2005 年 12 月，全国人大常委会办公厅制定的该程序重点规范全国人大常委会听取专题工作报告的组织工作，涉及规范人大监督制度的内容主要有：（1）选题。每年 11 月底以前，全国人大专门委员会应当向常委会提出下一年度常委会听取和审议专题工作报告的选题建议。建议应当包括报告的题目、理由、重点、时间安排以及报告机关等内容。全国人大代表、其他机关和组织也可以书面提出选题建议。（2）年度计划的拟定。常委会办公厅负责收集、汇总专门委员会及其他有关方面关于专题工作报告选题的建议，并于每年 12 月底以前拟出全国人大常委会听取和审议专题工作报告计划稿，提请秘书长办公会议审定。（3）年度计划的批准和通知。专题工作报告计划稿经秘书长办公会议审议通过后，由秘书长提请委员长会议审议批准。批准后，由办公厅印发常委会会议。同时，办公厅以书面形式将专题工作报告计划通知国务院办公厅、最高人民法院、最高人民检察院，并印发各专门委员会、常委会工作委员会和办公厅有关局室。（4）先期调研的安排。相关专门委员会根据常委会听取专题工作报告的年度计划，应当先期组织专题调研，了解和掌握有关情况，写出有分析的调研报告，为常委会听取和审议专题工作报告做好准备工作。专门委员会的先期调研报告报经秘书长批准后，由常委会办公厅以参阅文件的形式，印发常委会会议。（5）交换意见。专门委员会应当在常委会会议听取和审议专题工作报告的一个月前，采取预先听取该报告等形式，与报告机关进行沟通，了解报告内容，并就报告是否回答了常委会组成人员和人民群众普遍关心的问题交换意见，为向委员长会议汇报和为常委会会议听取和审议该专题工作报告做准备。（6）专题工作报告的提交。国务院及其部门、最高人民法院和最高人民检察院应当按照常委会听取和审议专题工作报告年度计划的要求，于委员长会议召开的五日前，将专题工作报告送常委会办公厅。（7）报告的听取和审议。常委会全体会议听取专题工作报告时，由国务院负责人或者国务院部门、最高人民法院、最高人民检察院主要负责人作报告。常委会分组会议审议专题报告时，报告机关和相关专门委员会应当派人到会听取意见、回答询问。（8）审议意见的转办落实。常委会办公厅应当将会议对专题工作报告的审议意见，汇总整理成常委会会议审议意见，由秘书长签发，函送国务院办公厅或者最高人民法院、最高人民检察院整改工作时参考。相关专门委员会应进行跟踪督查。必要时，可在 3 个月内就报告机关的整改情况听取汇报，与有关部门沟通情况，并督促有关部门于 6 个月内将整改情况书面报告委员长会议和常委会会议。办公厅应将该书面报告送相关专门委员会研究、提出意见，并将该意见连同书面报告一并印发委员长会议和常委会会议。

6. 司法解释备案审查工作程序。2005 年 12 月，全国人大常委会办公厅制定的该程序涉及规范人大监督制度的内容主要有：（1）最高人民法院、最高人民检察院制定的司法解释，应当自公布之日起 30 日内报送全国人大常委会备案。（2）司法解释分别由最高人民法院办公厅、最高人民检察院办公厅负责报送。备案内容包括备案报告、公告、司法解释文本等有关文件。（3）报送备案的司法解释由全国人大常委会办公厅秘书一局负责接收、登记、存档，并分送内务司法委员会、法制工作委员会。（4）有关国家机关认为司法解释同宪法或者法律相抵触，向全国人大常委会书面提出审查要求的，常委会办公厅秘书一局接收、登记后，报秘书长批转内务司法委员会会同法制工作委员会进行审查。社会团体、企业事业组织以及公民认为司法解释同宪法或者法律相抵触，向全国人大常委会书面提出审查建议的，由法制工作委员会负责接收、登记，并进行研究；必要时，报秘书长批准后，送内务司法委员会进行审查。（5）内务司法委员会认为备案的司法解释同宪法或者法律相抵触的，可以主动进行审查，会同法制工作委员会提出书面审查意见。法制工作委员会认为备案的司法解释同宪法或者法律相抵触，需要主动进行审查的，可以提出书面建议，报秘书长同意后，送内务司法委员会进行审查。（6）内务司法委员会应当自收到秘书长批转的审查要求、审查建议之日起3个月内，提出书面审查意见；有特殊情况的，报秘书长同意，可以适当延长。（7）内务司法委员会审查后，应当将书面审查意见报秘书长，由秘书长批转法律委员会研究。法律委员会的审查意见与内务司法委员会的审查意见一致，认为司法解释同宪法或者法律不抵触的，由法律委员会报秘书长同意，送常委会办公厅存档；认为司法解释同宪法或者法律相抵触的，由法律委员会报秘书长，经秘书长同意，由内务司法委员会向制定机关提出书面审查意见，建议制定机关自行修改或者废止该司法解释。（8）内务司法委员会向制定机关提出对司法解释的书面审查意见后，制定机关应当在两个月内研究提出是否修改或者废止的意见。（9）内务司法委员会提出书面审查意见后，制定机关对同宪法或者法律相抵触的司法解释不予修改或者废止的，内务司法委员会可以向委员长会议提出要求制定机关修改或者废止该司法解释的议案，由委员长会议决定是否提请常委会会议审议；经委员长会议决定提请常委会会议审议的，依照全国人大常委会议事规则的有关规定办理。（10）司法解释审查工作结束后，常委会办公厅可以根据需要，将审查结果书面告知提出审查要求或者审查建议的国家机关和社会团体、企业事业组织以及公民。

7. 关于办理最高人民检察院提请全国人大常委会要求最高人民法院对抗诉案件重新审判的工作意见。2006年7月，全国人大常委会办公厅制定的工作意见有关规范人大监督制度的主要内容包括：（1）最高人民检察院拟提请全国人大常委会要求最高人民法院对抗诉再审案件重新审判的，应当由最高人民检察院办公厅事先致函全国人大内务司法委员会，通报案件基本情况和要求重新审判的理由。（2）内务司法委员会应当根据情况与最高人民检察院、最高人民法院进行沟通协商。经沟通协商，最高人民检察院同意不再提出重新审判要求，或者最高人民法院决定重新审判的，视为经沟通协商取得一致意见，内务司法委员会协调工作即可终止。（3）内务司法委员会在与最高人民检察院、最高人民法院沟通协商仍不能取得一致意见的情况下，经商法律委员会、法制工作委员会，并报秘书长同意，以全国人大常委会办公厅名义将最高人民检察院的函件转请最高人民法院依法处理。（4）最高人民法院对抗诉再审案件重新审判的，由最高人民法院办公厅将重新审判的结果向全国人大常委会办公厅反馈；不重新审判的，应当说明理由，由最高人民法院办公厅向全国人大常委会办公厅反馈。上述两种情况，均由全国人大常委会办公厅报秘书长后，向最高人民检察院反馈。

（二）各级人大常委会监督法

2004 年 8 月十届全国人大常委会第十一次会议继续审议各级人大常委会监督法草案，2006 年 6 月十届全国人大常委会第二十二次会议对草案进行第三次审议，同年 8 月 27 日，十届全国人大常委会第二十三次会议表决通过各级人大常委会监督法。这是人大常委会监督制度规范的重要标志，主要内容包括以下几项。

1. 调整范围和重点。在总结实践经验的基础上，把调整范围确定为规范各级人大常委会的监督工作，重点放在完善对"一府两院"工作实施监督的形式和程序。力求对监督的形式和程序作出切合实际、比较全面的规定，对宪法和有关法律已有的规定只作衔接性的规定，不都照抄照搬。

2. 听取和审议专项工作报告。在有关法律规定的基础上，监督法要求常委会每年选择若干关系改革发展稳定大局和群众切身利益、社会普遍关注的重大问题，有计划地安排听取和审议本级政府、人民法院、人民检察院的专项工作报告。确定报告议题的6条途径[1]。常委会组成人员对专项工作报告的审议意见交由本级政府、人民法院、人民检察院研究处理，并将研究处理情况向常委会提出书面报告；常委会认为必要时，可以作出决议，要求在规定期限内，将执行决议的情况向常委会书面报告。

3. 对计划、预算执行情况的监督。在预算法、审计法和有关预算、经济监督决定的基础上，监督法对决算草案和预算执行情况报告重点审查的内容[2]。常委会每年审查和批准决算的同时，听取和审议本级政府提出的审计机关关于前一年度预算执行和其他财政收支的审计工作报告。常委会组成人员对审计工作报告的审议意见交由本级政府研究处理，并将研究处理情况向常委会提出书面报告。常委会认为必要时，可以对审计工作报告作出决议，本级政府应当在决议规定的期限内，将执行决议的情况向常委会书面报告。另外，还增加规定，要求将有关国民经济和社会发展五年规划实施情况的中期评估报告提请本级人大常委会审议。规划经中期评估需要调整的，政府应当将调整方案提请本级人大常委会审查和批准。

4. 对法律法规实施情况进行检查。在有关执法检查规定的基础上，监督法要求常委会每年选择若干关系改革发展稳定大局和

---

[1] 包括：（1）在执法检查中发现的突出问题；（2）人大代表提出的比较集中的问题；（3）常委会组成人员提出的比较集中的问题；（4）专门委员会、常委会工作机构在调查研究中发现的突出问题；（5）人民来信来访集中反映的问题；（6）社会普遍关注的其他问题。

[2] 包括：（1）预算收支平衡情况；（2）重点支出安排和资金到位情况；（3）预算超收收入的安排和使用情况；（4）部门预算制度建立和执行情况；（5）向下级财政转移支付情况；（6）关于批准预算的决议的执行情况。

群众切身利益、社会普遍关注的重大问题，有计划地安排执法检查。执法检查结束后，执法检查组应当及时提出执法检查报告，由委员长会议或者主任会议决定提请常委会审议。常委会组成人员对执法检查报告的审议意见连同执法检查报告，一并交由本级政府、人民法院或者人民检察院研究处理。政府、人民法院或者人民检察院应当将研究处理情况向本级人大常委会提出书面报告；必要时，由委员长会议或者主任会议决定提请常委会审议，或者由常委会组织跟踪检查。

5. 对规范性文件进行备案审查。在宪法、立法法有关规定的基础上，监督法对行政法规、地方性法规、自治条例和单行条例、规章的备案、审查和撤销等作了衔接性的规定。县级以上地方各级人大常委会对下一级人大及其常委会作出的决议、决定和本级政府发布的决定、命令，经审查，认为有下列不适当的情形之一的有权予以撤销：一是超越法定权限，限制或者剥夺公民、法人和其他组织的合法权利，或者增加公民、法人和其他组织的义务的；二是同法律、法规规定相抵触的；三是有其他不适当的情形，应当予以撤销的。同时，对最高人民法院、最高人民检察院有关审判、检察工作中具体应用法律的解释的备案、审查也作了具体规定。

6. 对询问和质询、特定问题调查等监督形式的程序进行了补充规定。这部法律的颁布实施，对于健全监督机制，加强和改进各级人大常委会的监督工作，增强监督实效，促进依法行政和公正司法，更好地发挥人民代表大会制度的特点和优势，推进社会主义民主法治建设都具有重大的现实意义和深远的历史意义。

（三）全国人大机关贯彻实施监督法若干意见

2006 年 9 月，全国人大常委会办公厅提出全国人大机关贯彻实施监督法若干意见。涉及规范人大监督制度的内容主要如下。

1. 精心选择议题。机关有关部门和单位要明确分工，各负其责，广泛听取和综合分析来自各个途径的反映，在每年 11 月上旬提出听取和审议专项工作报告、组织执法检查的议题建议，经过综合平衡，报秘书长办公会讨论，提请 12 月中旬召开的委员长会议审议通过。

2. 增强监督实效。区别不同情况，选择恰当的结合方式，把工作监督与法律监督结合起来，把专项监督与综合监督结合起来，把初次监督与跟踪监督结合起来，把听取专项工作报告与执法检查结合起来，把推动自行整改与依法纠正结合起来。

3. 认真整理审议意见。由办公厅研究室为主，按照综合整理、突出重点的要求，对常委会组成人员、列席人员审议专项工作报告、决算报告、计划执行情况报告、预算执行情况报告、审计工作报告、执法检查报告提出的意见、建议，分别归纳整理，努力做到真实、全面、准确、鲜明，供"一府两院"研究整改时参考。

4. 做好推动整改的各项工作。审议意见及有关报告分送"一府两院"及其有关部门后，有关专门委员会、工作委员会要按照制度规定，督促有关方面进行整改，落实整改建议，改进相关工作，并及时向常委会汇报整改的进展情况。

5. 监督工作情况的通报和公布。根据监督法的规定，按照分工，明确责任。及时将监督工作情况印发常委会组成人员，向全国人大代表通报，向社会公布。

这里需要提及的是，2003 年 6 月 5 日—6 日，全国人大法律委员会和全国人大常委会法工委负责人研究有关公民向全国人大常委会提出对城市流浪乞讨人员收容遣送办法进行审查的建议书的处理意见。

六、完善人大代表制度

（一）《若干意见》及配套文件

2005 年 5 月，《中共全国人大常委会党组关于进一步发挥全国人大代表作用，加强全国人大常委会制度建设的若干意见》（以下简称《若干意见》）把进一步发挥代表作用，支持、规范和保障代表依法履行职责，作为坚持和完善人民代表大会制度的重点，对保障代表知情权，改进代表议案和建议工作，规范代表在闭会期间的活动，为代表活动提供必要的条件和保障等提出了具体要求。2005 年 6 月，全国人大常委会办公厅提出关于加强和规范全国人大代表活动的若干意见，全国人大代表议案处理办法，全国人大代表建议、批评和意见处理办法等 3 个工作性文件。

1. 保障代表的知情权，为代表提供多种信息，扩大代表对常委会活动的参与，为代表深入审议议案和报告创造条件，提高代表审议议案和报告的水平。

2. 明确代表议案的基本要求和范围，规范代表提出议案的程序，改进议案办理工作，提高议案提出和处理的质量。

3. 明确代表提出建议、批评和意见的范围和程序，督促有关部门认真负责地办理，完善有关工作制度，提高代表建议、批评和意见提出和处理的质量。

4. 专门委员会应通过与全国人大代表的联系，为代表依法提出高质量的议案和建议，提供咨询，给予引导和帮助。对每年确定的重点建议，有关专门委员会要跟踪督办。

5. 加强和规范代表在代表大会闭会期间的活动，明确代表大会闭会期间活动的内容和原则，改进和加强代表视察和专题调研工作，增强代表活动的实效，密切代表与人民群众的联系。

6. 为代表活动提供经费、时间保障和服务保障。适当增加代表在闭会期间活动的经费，在省（区、市）人大常委会设立全国人大代表联络处，为代表视察、调研及参与常委会活动提供各项保障。参照全国人大常委会的做法，许多地方人大常委会也制定了有关的规定或条例，建立健全了各项具体制度，使代表工作步入了制度化、规范化的发展阶段。

（二）关于修改代表法的决定

2010 年 10 月 28 日，十一届全国人大常委会第十七次会议审议通过关于修改代表法的决定。该决定共 28 条，对代表法作出部分修改。

1. 明确代表享有的权利和应当履行的义务。

2. 明确代表不脱离各自的生产和工作。代表出席本级人民代表大会会议，参加闭会期间统一组织的履职活动，应当安排好本人的生产和工作，优先执行代表职务。

3. 代表在闭会期间的活动以集体活动为主，以代表小组活动为基本形式。

4. 代表可以通过多种方式听取、反映原选区选民或者原选举单位的意见和要求。

5. 县级以上的各级人大常委会应当采取多种方式同本级人大代表保持密切联系，扩大代表对本级人大常委会活动的参与。

6. 县级以上的各级人大常委会、各级人民政府和人民法院、人民检察院，应当及时向本级人大代表通报工作情况，提供信息资料，保障代表的知情权。

7. 代表应当正确处理从事个人职业活动与执行代表职务的关系，不得利用执行代表职务干涉具体司法案件或者招标投标等经济活动谋取个人利益。

（三）有关代表工作

1. 全国人大代表联络处工作会议。根据《若干意见》的精神，全国人大代表联络处在各省（区、市）成立，并于 2005 年 12 月 5 日召开全国人大代表联络处首次工作会议。这标志着全国人大代表联络处工作全面启动。

2. 加强代表议案处理和建议办理。除了对审议和研究处理代表议案和代表建议作出规范外，还在实践中实行了代表建议的统一交办制度和做法。2005 年 4 月 12 日，全国人大常委会办公厅召开会议，向在京的 133 个承办单位统一交办十届全国人大三次会议期间代表提出的建议、批评和意见。这是首次以专门召开会议的形式对代表建议进行统一交办，并从此形成制度。该制度的建立和实施，就是要明确代表建议办理要求，提高建议办理质量和水平，推动有关单位改进工作。2006 年 4 月 3 日，在全国人大常委会办公厅召开的代表建议交办会上，进一步确定了 12 项重点办理的建议。这些重点建议是事关群众反映强烈的重大问题，办理后将发挥典型示范作用，有助于形成长效机制。

七、完善人大会议制度

（一）《若干意见》的有关配套文件规定

为落实《若干意见》精神，全国人大常委会办公厅制定的一系列配套工作性文件，进一步补充了全国人大及其常委会的会议制度。

1. 全国人大会议工作程序。2005 年 8 月，全国人大常委会办公厅制定的该程序的内容主要有：（1）完善会议筹备工作。包括：发出会议通知、组建大会秘书处、组织代表视察、举行常委会会议、召开代表团召集人会议和代表团全体会议、举行大会预备会议等。（2）完善会议形式。包括：会议按几个单元进行大体划分，对大会全体会议、代表团全体会议和代表小组会议、主席团常务主席会议、主席团会议，以及会议期间专门委员会的工作等。（3）完善会议各项组织与协调工作。包括文稿的起草和文件的印发、敏感问题和热点问题材料的准备、会场的安排、会议期间代表议案和建议的提出和处理、会议的简报和快报、会议的新闻报道、新闻发布会和记者招待会、信访工作和突发事件的处置、会议的后勤保障。（4）完善会议闭幕后的工作。包括公布法律、决议，公布人事任免的名单，组织好代表离京，代表建议、批评和意见的交办，大会文件的编印，会议文件的归档。

2004 年 3 月，十届全国人大二次会议期间，欧洲议会议员旁听了会议。这是欧洲议会与中国全国人大建立关系 26 年来，其代表团首次应邀旁听中国全国人大会议。

2. 全国人大常委会会议工作程序。2005 年 8 月，全国人大常委会办公厅制定的该程序涉及完善人大会议制度的内容主要有：（1）会议筹备。包括拟定议程草案和决定会议日程，会议通知，会议文件，确定分组名单，确定全体会议主持人，确定全体会议席次。（2）会议举行。包括全体会议听取议案的说明和报告，报告和议案的审议，法律案和其他议案的表决，决定人事任免。（3）会议的其他组织工作。包括落实会议出席、列席人员和其他相关人员，制作证件，会场布置，会议的新闻报道，举办专题讲座，接待和服务工作。（4）会议闭幕后的工作。包括公布法律和决议、决定，公布人事任免的决定，议案通过后的复文，编辑公报，整理发送常委会审议意见，向全国人大代表通报常委会会议情况，文件、材料、简报的整理归档。

3. 关于加强为全国人大常委会会议听取和审议报告、议案服务的若干规定。2005 年 8 月，全国人大常委会办公厅制定的该若干规定涉及完善人大会议制度的内容主要有：（1）会前的服务和保障。常委会办事机构根据常委会工作报告的要求，于每年第一季度拟定常委会年度工作要点、立法计划，听取和审议专题工作报告计划、执法检查计划，外事工作要点等草案，经批准后，认真组织落实。会议举行前，常委会办事机构要提前发出会议通知，提前寄送法律草案和有关报告，经常性地提供相关的参阅资料，保证常委会组成人员和会议列席人员能够在会前为深入审议报告和议案做好准备。（2）会中的服务和保障。既对常委会全体会议报告提出要求，包括由谁报告、报告什么，又对有关机关提出要求，包括要派熟悉与议题有关的情况、能够代表本部门准确回答与会人员询问的人，到常委会会议各分组会议听取意见，回答询问。（3）会后的服务和保障，对常委会会议审议意见的整理和签发，督促有关机关反馈整改情况等作了具体规定。

4. 关于规范向委员长会议汇报议案的若干规定。2005 年 8 月，全国人大常委会办公厅制定的该若干规定的内容主要有：（1）明确汇报单位。汇报单位应当由主要负责人担任汇报人。汇报人应当在会前做好充分准备，熟悉汇报内容，能够回答委员长会议成员对议案提出的询问。（2）界定汇报内容。汇报应当简明扼要，重点突出，条理清晰，通俗易懂。内容复杂、篇幅较长的汇报文件，应另拟简要汇报提纲作口头汇报。（3）确定汇报重点。对初审法律案，主要汇报制定立法必要性和法律草案主要内容，有关方面在主要问题上的不同意见，有无需要研究的重大问题。对再审的法律案，主要汇报常委会组成人员和会议列席人员在前次常委会会议审议时的主要意见，以及有关专门委员会和其他有关方面提出的主要意见，需要继续研究的主要问题。法律案提请表决前，主要汇报法律案最新修改的主要内容，是否具备了交付表决的条件。

5. 修改全国人大常委会委员长会议议事规则。2008 年 6 月，十一届全国人大常委会委员长会议对该议事规则进行修改。修改的主要内容有：（1）充实委员长会议的基本职责。增加 3 项内容：根据常委会会议审议情况，决定是否将议案和报告交付常委会全体会议表决；对不交付表决的，提出下一步处理意见；制定全国人大常委会年度工作要点和立法工作计划、监督工作计划等；决定将重要法律草案在中央主要新闻媒体上公布，向社会征求意见。（2）对委员长会议的基本职责进行完善。增加 3 项内容：向常委会提名全国人大各专门委员会个别副主任委员和部分委员人选；提名常委会代表资格审查委员会主任委员、副主任委员和委员人选；决定将重要法律草案在中央主要新闻媒体上公布，向社会征求意见。（3）明确请假制度。委员长会议组成人员不能出席委员长会议的，应向委员长请假。（4）增加听取专门委员会汇报的内容。适应专门委员会提前介入法律草案和专项工作报告起草工作，搞好协调，提高议案和报告的质量，规定在法律案和专项报告提交常委会审议时，委员长会议听取有关专门委员会根据常委会立法工作计划、监督工作计划对提交常委会审议的议案和报告的审议情况汇报。

6. 修改全国人大常委会秘书长办公会议议事规则。2008 年 6 月，十一届全国人大常委会委员长会议批准对该议事规则进行修改。修改的主要内容有：（1）充实秘书长办公会议的任务。删除有关研究办理常委会秘书处交办的事项、决定干部任免的内容。增加有关为召开全国人民代表大会进行前期筹备工作、组织实施全国人大常委会机关建设的内容。（2）将秘书长办公会议一般每周举行一次修改为一般每月举行一次。（3）增加规定，副秘书长不能出席秘书长办公会议的，应向秘书长请假。（4）增加规定，秘书长办公会议讨论的议题，由分管副秘书长或者办公厅有关局室负责人作说明，并提交相关文件。（5）增加规定，秘书长办公会议决定的事项，由秘书局通知机关有关单位执行，并将落实情况向秘书长办公会议作出汇报。

（二）对全国人大常委会议事规则的修改

2009年4月24日，十一届全国人大常委会第八次会议通过关于修改全国人大常委会议事规则的决定，主要内容如下。

1. 增加规定，常委会举行会议期间，需要调整议程的，由委员长会议提出，经常委会全体会议同意。

2. 常委会举行会议，应当在会议举行七日以前，将开会日期、建议会议讨论的主要事项，通知常委会组成人员和列席会议的人员；临时召集的会议，可以临时通知。

3. 不是常委会组成人员的全国人大专门委员会主任委员、副主任委员、委员，常委会副秘书长、工作委员会主任、副主任，有关部门负责人，列席会议。

4. 常委会举行会议的时候，各省（区、市）的人大常委会主任或者副主任一人列席会议，并可以邀请有关的全国人大代表列席会议。

5. 增加规定，常委会分组会议由委员长会议确定若干名召集人，轮流主持会议。分组名单由常委会办事机构拟订，报秘书长审定，并定期调整。常委会举行联组会议，由委员长主持；委员长可以委托副委员长主持会议。

6. 委员长会议根据工作需要，可以委托常委会的工作委员会、办公厅起草议案草案，并向常委会会议作说明。

7. 任免案应当附有拟任免人员的基本情况和任免理由；必要的时候，有关负责人应当到会回答询问。

8. 增加规定，提请批准决算和预算调整方案的议案，交财政经济委员会审议，也可以同时交其他有关专门委员会审议，由财政经济委员会向常委会会议提出审查结果的报告。提请批准条约和协定的议案，交外事委员会审议，也可以同时交其他有关专门委员会审议，由外事委员会向常委会会议提出审核结果的报告。

9. 拟提请常委会全体会议表决的议案，在审议中有重大问题需要进一步研究的，经委员长或者委员长会议提出，联组会议或者全体会议同意，可以暂不付表决，交有关专门委员会进一步审议，提出审议报告。

10. 常委会全体会议听取国务院、最高人民法院、最高人民检察院的专项工作报告，听取国民经济和社会发展计划、预算执行情况报告，听取决算报告和审计工作报告，听取常委会执法检查组提出的执法检查报告，听取其他报告。

11. 在常委会会议期间，常委会组成人员十人以上联名，可以向常委会书面提出对国务院及国务院各部门和最高人民法院、最高人民检察院的质询案。

12. 增加规定，常委会组成人员在全体会议、联组会议和分组会议上发言，应当围绕会议确定的议题进行。常委会全体会议或者联组会议安排对有关议题进行审议的时候，常委会组成人员要求发言的，应当在会前由本人向常委会办事机构提出，由会议主持人安排，按顺序发言。在全体会议和联组会议上临时要求发言的，经会议主持人同意，始得发言。在分组会议上要求发言的，经会议主持人同意，即可发言。

13. 在全体会议上的发言，不超过十分钟；在联组会议和分组会议上，第一次发言不超过十五分钟，第二次对同一问题的发言不超过十分钟。事先提出要求，经会议主持人同意的，可以延长发言时间。同时，增加规定，在常委会会议上的发言，由常委会办事机构工作人员记录，经发言人核对签字后，编印会议简报和存档。

八、一些工作创新和探索

这一时期，全国人大常委会及全国人大机关有一些工作创新。

（一）全国人大常委会的情况

1. 常委会继续举办法制讲座。2003 年 4 月 25 日，十届全国人大常委会举行第一次法制讲座。这是延续九届全国人大常委会的做法。通常是在常委会闭会后的当天举行，讲座内容主要是围绕人大常委会的工作重点，选择关系到改革发展稳定大局及与广大人民群众密切相关的问题，为全国人大常委会组成人员更好地依法履行职责，提高立法质量，增强监督实效，发挥积极的作用。

2. 全国人大常委会举行汇报会。2004 年 1 月 13 日，全国人大常委会在广东珠海举行汇报会，全国人大常委会以及国家发改委、财政部、教育部和科技部有关负责人向港澳地区全国人大代表汇报有关工作情况。2 月 2 日，在京全国人大代表听取国家发改委、最高人民法院、财政部、农业部负责人汇报有关情况。这是在十届全国人大二次会议召开前举行的，目的既是满足代表知情知政的需要，也是为人大代表出席即将召开的代表大会做准备。从此，这形成一种制度。

（二）全国人大机关的有关工作情况

1. 召开机关干部大会。2003 年 3 月 31 日，全国人大常委会机关干部大会召开，吴邦国委员长出席并讲话，盛华仁副委员长兼秘书长主持会议，王兆国等 10 位副委员长出席。

2. 举办学习班。（1）举办宪法学习班。2004 年 5 月 11 日—14 日，全国人大常委会在上海举办宪法学习班，王兆国副委员长在开班式上讲话，全国省级人大常委会的百余名领导同志参加学习班。（2）举办地方人大立法干部研讨班。2003 年 10 月 22 日，全国人大常委会法工委举办地方人大立法干部研讨班，全国 30 个省（区、市）的 100 多位地方人大干部围绕地方立法工作展开学习和讨论。

3. 加强代表培训工作。（1）2003 年 7 月 1 日，全国人大常委会办公厅向各省（区、市）人大常委会、解放军总政治部发出通知，就十届全国人大代表的培训工作提出意见，对培训内容、形式、经费等作出明确规定。（2）2005 年 4 月 23 日—28 日，全国人大常委会在浙江举办全国人大代表培训班，各省（区、市）的近百名全国人大代表首次全面系统地学习有关履职的基本知识。

4. 信息化工作取得进展。2004 年 2 月 25 日，全国人大常委会办公厅主办的中国人大网试开通。1 年之后，即 2005 年 2 月 25 日，中国人大网正式开通。这是全国人大信息化工作的一项重要进展，为人大和人民群众的沟通联系提供了新的平台。2006 年

4 月 29 日，全国人大视频系统启用，十届全国人大常委会第二十一次会议的闭幕会就通过视频向各省（区、市）人大直播。

（三）全国人大机关的机构设置变动情况

2004 年 4 月 7 日，全国人大常委会法制工作委员会撤销国家法行政法室，分别成立国家法室和行政法室，增设法规备案审查室。

第九章

新时代人民代表大会制度创新发展

党的十八大以来，中国特色社会主义进入新时代。以习近平同志为核心的党中央统筹中华民族伟大复兴战略全局和世界百年未有之大变局，深刻把握我国发展新的历史方位。以习近平同志为主要代表的中国共产党人，"坚持把马克思主义基本原理同中国具体实际相结合、同中华优秀传统文化相结合，坚持毛泽东思想、邓小平理论、'三个代表'重要思想、科学发展观，深刻总结并充分运用党成立以来的历史经验，从新的实际出发，创立了习近平新时代中国特色社会主义思想"，这是当代中国马克思主义、二十一世纪马克思主义，是中华文化和中国精神的时代精华，实现了马克思主义中国化新的飞跃。[1] 习近平同志对关系新时代党和国家事业发展的一系列重大理论和实践问题进行了深邃思考和科学判断，"就新时代坚持和发展什么样的中国特色社会主义、怎样坚持和发展中国特色社会主义，建设什么样的社会主义现代化强国、怎样建设社会主义现代化强国，建设什么样的长期执政的马克思主义政党、怎样建设长期执政的马克思主义政党等重大时代课题，提出一系列原创性的治国理政新理念新思想新战略，是习近平新时代中国特色社会主义思想的主要创立

---

　　〔1〕《中共中央关于党的百年奋斗重大成就和历史经验的决议》，本书编写组编著：《〈中共中央关于党的百年奋斗重大成就和历史经验的决议〉辅导读本》，人民出版社 2021 年版，第 36、38 页。

者"[1]。党的十九届六中全会通过的决议明确指出，党确立习近平同志党中央的核心、全党的核心地位，确立习近平新时代中国特色社会主义思想的指导地位，反映了全党全军全国各族人民共同心愿，对新时代党和国家事业发展、对推进中华民族伟大复兴历史进程具有决定性意义。

第一节　习近平新时代中国特色社会主义思想与人民代表大会制度理论的发展完善

党的十八大以来，习近平总书记从坚持和完善党的领导、巩固中国特色社会主义制度的战略全局出发，发表一系列重要讲话，提出一系列新理念新思想新要求，形成习近平总书记关于坚持和完善人民代表大会制度的重要思想、习近平法治思想，成为习近平新时代中国特色社会主义思想的重要组成部分，是我们党在人民代表大会制度理论创新最珍贵的成果，标志着我们党对人民代表大会制度和人大工作的认识达到了一个崭新的高度。这为在新时代坚定不移走中国特色社会主义政治发展道路和法治道路，提供了理论指导和行动指南，推动人大工作取得历史性成就，推动人民代表大会制度和人民民主不断发展进步。

---

〔1〕《中共中央关于党的百年奋斗重大成就和历史经验的决议》，本书编写组编著：《〈中共中央关于党的百年奋斗重大成就和历史经验的决议〉辅导读本》，人民出版社 2021 年版，第 38 页。

一、为人民服务是治国理政的基本理念

"人民是历史的创造者，群众是真正的英雄。人民群众是我们力量的源泉。"[1] 为人民服务是马克思主义政党的本质属性。我们党和国家一切工作的出发点和归宿，都是为了人民。习近平主席在索契冬奥会接受专访时说："中国共产党坚持执政为民，人民对美好生活的向往就是我们的奋斗目标。我的执政理念，概括起来说就是：为人民服务，担当起该担当的责任。"[2] 这"两大基石"既是习近平总书记执政理念的高度概括，也是我们党治国理政理念的集中体现。

（一）人民对美好生活的向往就是我们的奋斗目标

2012 年 11 月 15 日，习近平总书记在十八届中央政治局常委同中外记者见面时首次提出："人民对美好生活的向往，就是我们的奋斗目标。"他强调："我们的人民热爱生活，期盼有更好的教育、更稳定的工作、更满意的收入、更可靠的社会保障、更高水平的医疗卫生服务、更舒适的居住条件、更优美的环境，期盼孩子们能成长得更好、工作得更好、生活得更好。人民对美好生活的向往，就是我们的奋斗目标。"[3] 这也是我们党永远的奋斗目标。

---

〔1〕 习近平：《人民对美好生活的向往，就是我们的奋斗目标》，《习近平谈治国理政》第一卷，外文出版社 2018 年版，第 5 页。

〔2〕 习近平：《改革再难也要向前推进》，《习近平谈治国理政》第一卷，外文出版社 2018 年版，第 101 页。

〔3〕 习近平：《人民对美好生活的向往，就是我们的奋斗目标》，《习近平谈治国理政》第一卷，外文出版社 2018 年版，第 4 页。

（二）必须坚持以人民为中心的发展思想

2015 年 10 月，党的十八届五中全会首次提出以人民为中心的发展思想。"坚持人民主体地位。……必须坚持以人民为中心的发展思想，把增进人民福祉、促进人的全面发展作为发展的出发点和落脚点，发展人民民主，维护社会公平正义，保障人民平等参与、平等发展权利，充分调动人民积极性、主动性、创造性"[1]。习近平总书记强调，这"体现了我们党全心全意为人民服务的根本宗旨，体现了人民是推动发展的根本力量的唯物史观"[2]。这一发展思想"要体现在经济社会发展各个环节"，做到发展为了人民、发展依靠人民、发展成果由人民共享。"共享理念实质就是坚持以人民为中心的发展思想，体现的是逐步实现共同富裕的要求。"进一步说，就是全民共享、全面共享、共建共享、渐进共享[3]。

（三）必须坚持以人为本、执政为民

一是坚持人民主体地位，尊重人民首创精神。这是我们党和国家事业不断取得成就的最主要原因之一。这既是新一届中央领导集体对全国各族人民的郑重承诺，也是对党和国家事业发展的政治宣言，充分体现了立党为公、执政为民的宗旨和情怀，形成了亲民爱民为民的执政风格和执政导向。

二是必须担当起该担当的责任。习近平总书记反复强调，要

---

〔1〕《中共中央关于制定国民经济和社会发展第十三个五年规划的建议》，中共中央文献研究室编：《十八大以来重要文献选编》（中），中央文献出版社 2016 年版，第 789 页。

〔2〕 习近平：《深入理解新发展理念》，《习近平谈治国理政》第二卷，外文出版社 2017 年版，第 213 页。

〔3〕 习近平：《深入理解新发展理念》，《习近平谈治国理政》第二卷，外文出版社 2017 年版，第 214—216 页。

有担当意识，必须勇于担当善于担当。好的理念、好的蓝图，都不会自动实现，还必须要实干，所谓实干兴邦。在新的历史条件下，"担当起该担当的责任"，"担当大小，体现着干部的胸怀、勇气、格调，有多大担当才能干多大事业"[1]。类似这样的论述还有很多，都体现了对党对国家对人民高度负责的政治品格和使命意识，其出发点和目的都是要践行全心全意为人民服务的根本宗旨，切实解决好人民最关心最直接最现实的利益问题，保护好实现好发展好人民的正当权益。

三是转变作风、真抓实干。习近平总书记强调："各级领导干部要坚持为民务实清廉，切实转变工作作风，做到讲实话、干实事，敢作为、勇担当，言必行、行必果。……要切实改进工作作风，牢固树立艰苦奋斗、勤俭节约的思想，深入实际、深入基层、深入群众，力戒奢靡之风，坚决反对大手大脚、铺张浪费，以实际行动践行全心全意为人民服务的根本宗旨。"[2]

（四）必须坚持群众路线

"群众路线是我们党的生命线和根本工作路线。""得民心者得天下，失民心者失天下，人们拥护和支持是党执政的最牢固根基。人心向背关系党的生死存亡。"[3] 党的十八大以来，党中央从自身建设抓起，明确提出旨在改进工作作风、密切联系群众的"中央八项规定"，并决定在全党深入开展党的群众路线教育实践

〔1〕 习近平：《着力培养选拔党和人民需要的好干部》，《习近平谈治国理政》第一卷，外文出版社 2018 年版，第 415 页。

〔2〕 习近平：《加强党对经济工作的领导》，习近平：《论坚持党对一切工作的领导》，中央文献出版社 2019 年版，第 14—15 页。

〔3〕 习近平：《在党的群众路线教育实践活动工作会议上的讲话》，中共中央文献研究室编：《十八大以来重要文献选编》（上），中央文献出版社 2014 年版，第 307、310 页。

活动和"三严三实"专题教育，推进"两学一做"学习教育常态化制度化，开展"不忘初心、牢记使命"专题教育等。这些举措既是党要管党、从严治党的客观需要，也是巩固党的执政基础和执政地位的必然要求，目的就是要进一步密切党群关系、干群关系，始终植根人民、服务人民、造福人民，始终保持党同人民群众的血肉联系，始终与人民心连心、同呼吸、共命运。这"始终是我们党立于不败之地的根基"[1]。

2013年3月17日，在十二届全国人大一次会议闭幕会上，刚刚当选国家主席的习近平在讲话中系统阐述了"中国梦"。实现中华民族伟大复兴的中国梦，就是要实现国家富强、民族振兴、人民幸福。"中国梦归根到底是人民的梦，必须紧紧依靠人民来实现，必须不断为人民造福。"[2] 他强调，实现中国梦必须走中国道路，实现中国梦必须弘扬中国精神，实现中国梦必须凝聚中国力量。

二、依法治国，首先是依宪治国；依法执政，关键是依宪执政

2012年12月4日，习近平总书记在首都各界纪念现行宪法公布施行30周年大会上发表重要讲话时指出，宪法与国家前途、人民命运息息相关。维护宪法权威，就是维护党和人民共同意志的权威。捍卫宪法尊严，就是捍卫党和人民共同意志的尊严。保

---

〔1〕 习近平：《紧紧围绕坚持和发展中国特色社会主义学习宣传贯彻党的十八大精神》，中共中央文献研究室编：《十八大以来重要文献选编》（上），中央文献出版社2014年版，第81页。

〔2〕 习近平：《在第十二届全国人民代表大会第一次会议上的讲话》，《习近平谈治国理政》第一卷，外文出版社2018年版，第40页。

证宪法实施，就是保证人民根本利益的实现。只要我们切实尊重和有效实施宪法，人民当家作主就有保证，党和国家事业就能顺利发展。我们要更加自觉地恪守宪法原则、弘扬宪法精神、履行宪法使命。

习近平总书记指出，全面贯彻实施宪法，是建设社会主义法治国家的首要任务和基础性工作。宪法是国家的根本法，是治国安邦的总章程，具有最高的法律地位、法律权威、法律效力，具有根本性、全局性、稳定性、长期性。任何组织或者个人，都不得有超越宪法和法律的特权。一切违反宪法和法律的行为，都必须予以追究。

习近平总书记强调，宪法的生命在于实施，宪法的权威也在于实施。我们要坚持不懈抓好宪法实施工作，把全面贯彻实施宪法提高到一个新水平。一要坚持正确政治方向，坚定不移走中国特色社会主义政治发展道路，坚持国家一切权力属于人民的宪法理念，发展更加广泛、更加充分、更加健全的人民民主，最广泛地动员和组织人民依照宪法和法律规定行使国家权力，共同建设，共同享有，共同发展，成为国家、社会和自己命运的主人。二要落实依法治国基本方略，加快建设社会主义法治国家，维护社会主义法制的统一和尊严，以宪法为最高法律规范，全面推进科学立法、严格执法、公正司法、全民守法进程，维护社会公平正义。三要坚持人民主体地位，切实保障公民享有权利和履行义务，宪法的根基在于人民发自内心的拥护，宪法的伟力在于人民出自真诚的信仰，只有保证公民在法律面前一律平等，尊重和保障人权，保证人民依法享有广泛的权利和自由，宪法才能深入人心，走入人民群众，宪法实施才能真正成为全体人民的自觉行动。要在全社会牢固树立宪法和法律的权威，让广大人民群众充分相信法律、自觉运用法律，使广大人民群众认识到宪法不仅是全体公民必须遵循的行为规范，而且是保障公民权利的法律武器。四要坚持党的领导，更加注重改进党的领导方式和执政方式，依法治国首先是依宪治国，依法执政关键是依宪执政。党领导人民制定宪法和法律，党自身必须在宪法和法律范围内活动，真正做到党领导立法、保证执法、带头守法。要健全权力运行制约和监督体系，有权必有责，用权受监督，失职要问责，违法要追究，保证人民赋予的权力始终用来为人民谋利益。

他强调，要坚持依法治国、依法执政、依法行政共同推进，坚持法治国家、法治政府、法治社会一体建设，扎扎实实把党的十八大精神落实到各项工作中去，为全面建成小康社会、开创中国特色社会主义事业新局面而努力奋斗[1]。

三、完善和发展中国特色社会主义制度，推进国家治理体系和治理能力现代化

2013 年 11 月 12 日，党的十八届三中全会通过《中共中央关于全面深化改革若干重大问题的决定》。该决定明确了全面深化改革的指导思想、目标任务、重大原则，描绘了全面深化改革的新蓝图、新愿景、新目标，提出"全面深化改革的总目标是完善和发展中国特色社会主义制度，推进国家治理体系和治理能力现代化"。这"形成了改革理论和政策的一系列新的重大突破，是

---

〔1〕 习近平：《在首都各界纪念现行宪法颁布施行 30 周年大会上的讲话》，《习近平谈治国理政》第一卷，外文出版社 2018 年版，第 135—142 页。

全面深化改革的又一次总部署、总动员"〔1〕。

决定明确提出："紧紧围绕坚持党的领导、人民当家作主、依法治国有机统一深化政治体制改革，加快推进社会主义民主政治制度化、规范化、程序化，建设社会主义法治国家，发展更加广泛、更加充分、更加健全的人民民主。"〔2〕

决定指出，发展社会主义民主政治，必须以保证人民当家作主为根本，坚持和完善人民代表大会制度、中国共产党领导的多党合作和政治协商制度、民族区域自治制度以及基层群众自治制度，更加注重健全民主制度、丰富民主形式，从各层次各领域扩大公民有序政治参与，充分发挥我国社会主义政治制度优越性。

决定要求：推动人民代表大会制度与时俱进。坚持人民主体地位，推进人民代表大会制度理论和实践创新，发挥人民代表大会制度的根本政治制度作用。完善中国特色社会主义法律体系，健全立法起草、论证、协调、审议机制，提高立法质量，防止地方保护和部门利益法制化。健全"一府两院"由人大产生、对人大负责、受人大监督制度。健全人大讨论、决定重大事项制度，各级政府重大决策出台前向本级人大报告。加强人大预算决算审查监督、国有资产监督职能。落实税收法定原则。加强人大常委会同人大代表的联系，充分发挥代表作用。通过建立健全代表联络机构、网络平台等形式密切代表同人民群众联系。完善人大工作机制，通过座谈、听证、评估、公布法律草案等扩大公民有序参与立法途径，通过询问、质询、特定问题调查、备案审查等积

---

〔1〕　习近平：《关于〈中共中央关于全面深化改革若干重大问题的决定〉的说明》，《习近平谈治国理政》第一卷，外文出版社2018年版，第73页。

〔2〕　《中共中央关于全面深化改革若干重大问题的决定》，中共中央文献研究室编：《十八大以来重要文献选编》（上），中央文献出版社2014年版，第512页。

极回应社会关切。

决定明确提出，建设法治中国，必须坚持依法治国、依法执政、依法行政共同推进，坚持法治国家、法治政府、法治社会一体建设。深化司法体制改革，加快建设公正高效权威的社会主义司法制度，维护人民权益，让人民群众在每一个司法案件中都感受到公平正义。决定要求：维护宪法法律权威。宪法是保证党和国家兴旺发达、长治久安的根本法，具有最高权威。要进一步健全宪法实施监督机制和程序，把全面贯彻实施宪法提高到一个新水平。建立健全全社会忠于、遵守、维护、运用宪法法律的制度。坚持法律面前人人平等，任何组织或者个人都不得有超越宪法法律的特权，一切违反宪法法律的行为都必须予以追究。普遍建立法律顾问制度。完善规范性文件、重大决策合法性审查机制。建立科学的法治建设指标体系和考核标准。健全法规、规章、规范性文件备案审查制度。健全社会普法教育机制，增强全民法治观念。逐步增加有地方立法权的较大的市数量[1]。

值得特别注意的是，习近平总书记在中共十八届三中全会第二次全体会议上的讲话中指出："凡属重大改革都要于法有据。"[2] 他还强调，在整个改革过程中，都要高度重视运用法治思维和法治方式，发挥法治的引领和推动作用，加强对相关立法工作的协调，确保在法治轨道上推进改革，在改革中完善法治。

---

〔1〕《中共中央关于全面深化改革若干重大问题的决定》，中共中央文献研究室编：《十八大以来重要文献选编》（上），中央文献出版社 2014 年版，第 527—529 页。

〔2〕习近平：《在中共十八届三中全会第二次全体会议上的讲话》，习近平：《论坚持全面依法治国》，中央文献出版社 2020 年版，第 35 页。

四、人民代表大会制度是坚持党的领导、人民当家作主、依法治国有机统一的根本制度安排

2014 年 9 月 5 日，习近平总书记在庆祝全国人民代表大会成立 60 周年大会上发表重要讲话时指出："在中国实行人民代表大会制度，是中国人民在人类政治制度史上的伟大创造，是深刻总结近代以后中国政治生活惨痛教训得出的基本结论，是中国社会 100 多年激越变革、激荡发展的历史结果，是中国人民翻身作主、掌握自己命运的必然选择。"[1] 把人民代表大会制度放在人类历史长河中来考察，并确认它是"伟大创造"，显然有利于增强国人的自信心。

习近平总书记指出："人民当家作主是社会主义民主政治的本质和核心。人民民主是社会主义的生命。没有民主就没有社会主义，就没有社会主义的现代化，就没有中华民族伟大复兴。""在中国，发展社会主义民主政治，保证人民当家作主，保证国家政治生活既充满活力又安定有序，关键是要坚持党的领导、人民当家作主、依法治国有机统一。人民代表大会制度是坚持党的领导、人民当家作主、依法治国有机统一的根本制度安排。"[2] 这是党中央第一次对人民代表大会制度明确为"坚持党的领导、人民当家作主、依法治国有机统一的根本制度安排"。这一全新的重大论断不仅具有重大的理论意义，进一步凸显了人民代表大会制度这一根本政治制度的性质和地位，而且具有很强的实践意

---

〔1〕 习近平：《在庆祝全国人民代表大会成立六十周年大会上的讲话》，习近平：《论坚持人民当家作主》，中央文献出版社 2021 年版，第 72—73 页。

〔2〕 习近平：《在庆祝全国人民代表大会成立六十周年大会上的讲话》，习近平：《论坚持人民当家作主》，中央文献出版社 2021 年版，第 73—74 页。

义，为毫不动摇地坚持和完善人民代表大会制度指明了方向。

习近平总书记强调："人民代表大会制度是中国特色社会主义制度的重要组成部分，也是支撑中国国家治理体系和治理能力的根本政治制度。新形势下，我们要毫不动摇坚持人民代表大会制度，也要与时俱进完善人民代表大会制度。"[1] 这里，进一步把人民代表大会制度与"支撑中国国家治理体系和治理能力的根本政治制度"联系起来，提出了又一个崭新的重大判断。

习近平总书记强调指出："宪法是国家的根本法，坚持依法治国首先要坚持依宪治国，坚持依法执政首先要坚持依宪执政。"[2] 这是新一届党中央领导集体再一次庄严宣告和郑重承诺。

五、全面推进依法治国和"四个全面"战略

（一）党的十八届四中全会提出"全面推进依法治国"

2014 年 10 月，党的十八届四中全会专门研究推进"依法治国"，第一次提出"坚持走中国特色社会主义法治道路，建设中国特色社会主义法治体系"这一重大论断，明确全面推进依法治国的重大意义、指导思想和战略部署，强调"依法治国，是坚持和发展中国特色社会主义的本质要求和重要保障，是实现国家治理体系和治理能力现代化的必然要求，事关我们党执政兴国，事

---

〔1〕 习近平：《在庆祝全国人民代表大会成立六十周年大会上的讲话》，习近平：《论坚持人民当家作主》，中央文献出版社 2021 年版，第 76 页。

〔2〕 习近平：《在庆祝全国人民代表大会成立六十周年大会上的讲话》，习近平：《论坚持人民当家作主》，中央文献出版社 2021 年版，第 75 页。

关人民幸福安康，事关党和国家长治久安"[1]。

《中共中央关于全面推进依法治国若干重大问题的决定》提出"全面推进依法治国，总目标是建设中国特色社会主义法治体系，建设社会主义法治国家"，实现这个总目标，必须坚持五条原则，即坚持中国共产党的领导、坚持人民主体地位、坚持法律面前人人平等、坚持依法治国和以德治国相结合、坚持从中国实际出发[2]。决定还明确提出了依法治国四个方面的基本格局，即科学立法、严格执法、公正司法、全民守法[3]。

这是对党的十八届三中全会决定中关于"推进法治中国建设"目标任务的深化和细化，是适应推进国家治理体系和治理能力现代化需要的重大举措，是我国民主法治史上又一座里程碑。可以说，"推进法治中国建设"新目标是"法治国家"的"升级版"，是又一次新的飞跃，标志着中国法治理论和实践进入一个新的发展阶段，进一步彰显了党中央对法治的高度重视，进一步提升了法治在党和国家事业的战略地位。

（二）首次提出"四个全面"战略思想

2014 年 12 月，习近平总书记在江苏调研时提出："主动把握和积极适应经济发展新常态，协调推进全面建成小康社会、全面深化改革、全面依法治国、全面从严治党，推进改革开放和社会

---

〔1〕《中共中央关于全面推进依法治国若干重大问题的决定》，中共中央文献研究室编：《十八大以来重要文献选编》（中），中央文献出版社 2016 年版，第 155 页。
〔2〕《中共中央关于全面推进依法治国若干重大问题的决定》，中共中央文献研究室编：《十八大以来重要文献选编》（中），中央文献出版社 2016 年版，第 157—159 页。
〔3〕《中共中央关于全面推进依法治国若干重大问题的决定》，中共中央文献研究室编：《十八大以来重要文献选编》（中），中央文献出版社 2016 年版，第 160—174 页。参见习近平：《关于〈中共中央关于全面推进依法治国若干重大问题的决定〉的说明》，《中共中央关于全面推进依法治国若干重大问题的决定》，人民出版社 2014 年版，第 145 页。

主义现代化建设迈上新台阶。"[1] 这就是在"三个全面"基础上增加了"全面从严治党"，是党中央第一次提出"四个全面"。

2015 年 2 月 2 日，习近平总书记在省部级主要领导干部专题研讨班开班式上明确指出：党的十八大以来，党中央从坚持和发展中国特色社会主义全局出发，提出并形成了"四个全面"的"战略布局"。"这个战略布局，既有战略目标，也有战略举措，每一个'全面'都具有重大战略意义。"[2] 这就明确了"四个全面"是"战略布局"，并以此来概括党的十八大以来党中央治国理政的总体框架，是中国在新的历史条件下的治国理政方略。

六、首次提出并深刻阐述习近平新时代中国特色社会主义思想

2017 年 10 月 18 日，党的十九大胜利召开。习近平总书记在党的十九大报告中用"八个明确"和"十四条基本方略"首次对习近平新时代中国特色社会主义思想作了集中阐述。这里，着重从本书的主题出发就有关内容略加叙述。

（一）坚持和加强党的全面领导

一是中国共产党领导是中国特色社会主义最本质的特征。"明确中国特色社会主义最本质的特征是中国共产党领导，中国特色社会主义制度的最大优势是中国共产党领导，党是最高政治领导力量，提出新时代党的建设总要求，突出政治建设在党的建

---

〔1〕习近平：《协调推进"四个全面"战略布局》，《习近平谈治国理政》第二卷，外文出版社 2017 年版，第 22 页。

〔2〕习近平：《协调推进"四个全面"战略布局》，《习近平谈治国理政》第二卷，外文出版社 2017 年版，第 23 页。

设中的重要地位。"〔1〕 此前，习近平总书记在庆祝中国共产党成立九十五周年大会上的讲话中提出："中国特色社会主义最本质的特征是中国共产党领导，中国特色社会主义制度的最大优势是中国共产党领导。"〔2〕 党的十九大报告不仅把这一重大论断列为新时代中国特色社会主义的"八个明确"之一，而且把"坚持党对一切工作的领导""坚持全面从严治党"列为新时代中国特色社会主义十四条基本方略的第一条和第十四条〔3〕。

　　坚持党的领导，关键是坚持党中央集中统一领导。党的十九届四中全会《中共中央关于坚持和完善中国特色社会主义制度 推进国家治理体系和治理能力现代化若干重大问题的决定》进一步把完善坚定维护党中央权威和集中统一领导的各项制度作为"坚持和完善党的领导制度体系"的重要内容，强调"必须坚持党政军民学、东西南北中，党是领导一切的，坚决维护党中央权威，健全总揽全局、协调各方的党的领导制度体系，把党的领导落实到国家治理各领域各方面各环节"〔4〕。为此，还提出一系列明确要求。这对于推动全党增强"四个意识"、坚定"四个自信"、做到"两个维护"，具有重要意义。

　　二是党的领导是人民当家作主和依法治国的根本保证。习近平总书记指出："坚持党的领导、人民当家作主、依法治国有机统一是社会主义政治发展的必然要求。"必须坚持中国特色社会

---

　　〔1〕 习近平：《决胜全面建成小康社会，夺取新时代中国特色社会主义伟大胜利》，《习近平谈治国理政》第三卷，外文出版社 2020 年版，第 16 页。

　　〔2〕 习近平：《不忘初心，继续前进》，《习近平谈治国理政》第二卷，外文出版社 2017 年版，第 43 页。

　　〔3〕 习近平：《决胜全面建成小康社会，夺取新时代中国特色社会主义伟大胜利》，《习近平谈治国理政》第三卷，外文出版社 2020 年版，第 16、20 页。

　　〔4〕 《中共中央关于坚持和完善中国特色社会主义制度 推进国家治理体系和治理能力现代化若干重大问题的决定》，人民出版社 2019 年版，第 6 页。

主义政治发展道路，保证人民当家作主落实到国家政治生活和社会生活之中。"党的领导是人民当家作主和依法治国的根本保证，人民当家作主是社会主义民主政治的本质特征，依法治国是党领导人民治理国家的基本方式，三者统一于我国社会主义民主政治伟大实践。"[1] 人民代表大会制度为实现党的领导和执政，保障和发展人民当家作主，坚持全面依法治国基本方略提供了有效可靠的制度载体、实施平台和运行轨道，为实现"三者有机统一"创造了根本制度环境和重要运行条件。

必须坚持党总揽全局、协调各方的领导核心作用，维护党中央权威和集中统一领导，通过人民代表大会制度，保证党的路线方针政策和决策部署在国家工作中得到全面贯彻和有效执行，使党的主张通过法定程序成为国家意志，使党组织推荐的人选通过法定程序成为国家政权机关的领导人员，保证党领导人民有效治理国家。

三是加强党对人大工作和建设的全面领导。自 2015 年 1 月开始，习近平总书记连续 8 年主持召开中央政治局常委会会议，听取中共全国人大常委会党组工作汇报。这已成为制度性安排，并载入党的十八届六中全会通过的《关于新形势下党内政治生活的若干准则》。党中央多次研究人大立法、监督、代表等工作中的重大问题和重要事项，作出部署安排，提出明确要求，出台 30 余件有关人大工作和建设的重要指导性文件。

坚持党中央集中统一领导，牢牢把握人大工作正确政治方向，是做好新时代人大工作的根本政治原则。全国人大常委会党组在党中央领导下进行工作，在全国人大及其常委会发挥领导作

---

〔1〕 习近平：《决胜全面建成小康社会，夺取新时代中国特色社会主义伟大胜利》，《习近平谈治国理政》第三卷，外文出版社 2020 年版，第 17、28—29 页。

用。党的十八大以来，认真履行政治领导责任，确保党中央重大决策部署落到实处，确保了全面从严治党责任落到实处。坚持向党中央请示报告制度，常委会党组每年都向党中央报告工作；全国人大及其常委会会议召开及会议情况，与人大工作有关的国家重要政治活动和常委会党组工作、学习情况等，都及时向党中央请示报告。这保证了全国人大及其常委会的工作始终在党中央领导下进行，圆满完成了党中央交给全国人大及其常委会的各项任务。

（二）坚持以人民为中心

这是习近平新时代中国特色社会主义思想的主要内容，也是新时代坚持和发展中国特色社会主义的根本立场。"为什么人的问题，是检验一个政党、一个政权性质的试金石"[1]。

一是"永远把人民对美好生活的向往作为奋斗目标"。习近平总书记在党的十九大报告中，重申"永远把人民对美好生活的向往作为奋斗目标"，"带领人民创造美好生活，是我们党始终不渝的奋斗目标"[2]。在新时代，人民美好生活需要日益广泛，不仅对物质文化生活提出了更高要求，而且在民主、法治、公平、正义、安全、环境等方面的要求日益增长。这就对党和国家工作提出了许多新要求。必须始终把人民利益摆在至高无上的地位，"我们要在继续推动发展的基础上，着力解决好发展不平衡不充分问题，大力提升发展质量和效益，更好满足人民在经济、政治、文化、社会、生态等方面日益增长的需要，更好推动人的全

---

〔1〕习近平：《决胜全面建成小康社会，夺取新时代中国特色社会主义伟大胜利》，《习近平谈治国理政》第三卷，外文出版社2020年版，第35页。

〔2〕习近平：《决胜全面建成小康社会，夺取新时代中国特色社会主义伟大胜利》，《习近平谈治国理政》第三卷，外文出版社2020年版，第1—2、35页。

面发展、社会全面进步。"[1]

二是"走符合国情的人权发展道路"[2]。习近平总书记指出，人民幸福生活是最大的人权。中国共产党从诞生那一天起，就把为人民谋幸福、为人类谋发展作为奋斗目标。中国发展成就归结到一点，就是亿万中国人民生活日益改善。中国坚持把人权的普遍性原则和当代实际结合起来，走符合国情的人权发展道路，奉行以人民为中心的人权理念，把生存权、发展权作为首要的基本人权，协调增进全体人民的经济、政治、社会、文化、环境权利，努力维护社会公平正义，促进人的全面发展。

三是朝着实现全体人民共同富裕不断迈进。实现共同富裕，反映了社会主义的本质要求，体现了以人民为中心的根本立场。习近平总书记指出，共同富裕是中国特色社会主义的根本原则，实现共同富裕是我们党的重要使命；强调"我们追求的发展是造福人民的发展，我们追求的富裕是全体人民的共同富裕"，要"让发展成果更多更公平惠及全体人民，不断促进人的全面发展，朝着实现全体人民共同富裕不断迈进"[3]。

要切实提高保障和改善民生水平，抓住人民最关心最直接最现实的利益问题，一件事情接着一件事情办，一年接着一年干。不断促进社会公平正义，使人民获得感、幸福感、安全感更加充实、更有保障、更可持续。特别是，明确提出"坚决打赢脱贫攻坚战。让贫困人口和贫困地区同全国一道进入全面建成小康社会

---

〔1〕 习近平：《决胜全面建成小康社会，夺取新时代中国特色社会主义伟大胜利》，《习近平谈治国理政》第三卷，外文出版社 2020 年版，第 9 页。

〔2〕 习近平：《走符合国情的人权发展道路》，《习近平谈治国理政》第三卷，外文出版社 2020 年版，第 288 页。

〔3〕 习近平：《决胜全面建成小康社会，夺取新时代中国特色社会主义伟大胜利》，《习近平谈治国理政》第三卷，外文出版社 2020 年版，第 35 页。

是我们党的庄严承诺"。动员全党全国全社会力量，坚持精准扶贫、精准脱贫，确保到 2020 年我国现行标准下农村贫困人口实现脱贫，贫困县全部摘帽，解决区域性整体贫困，做到脱真贫、真脱贫[1]。

（三）坚持人民当家作主

一是"健全人民当家作主制度体系"。这是党的政治报告中首次明确提出"健全人民当家作主制度体系"[2]，重申"国家一切权力属于人民"，强调我国社会主义民主是维护人民根本利益的最广泛、最真实、最管用的民主；发展社会主义民主政治就是要体现人民意志、保障人民权益、激发人民创造活力，用制度体系保证人民当家作主。这比党的十八大政治报告关于中国特色社会主义制度的内容更加丰富。这表明，制度体系比起法律规范体系，要更加宽泛一些，不仅有法律规范体系，还有党内法规制度体系；不仅有人民代表大会制度这一根本政治制度安排，还有人民政协这一具有中国特色的制度安排等。习近平总书记指出，坚持人民当家作主的基本方略，强调坚持党的领导、人民当家作主、依法治国有机统一是社会主义政治发展的必然要求。必须坚持中国特色社会主义政治发展道路，保证人民当家作主落实到国家政治生活和社会生活之中。要扩大人民有序政治参与，保证人民依法实行民主选举、民主协商、民主决策、民主管理、民主监督；维护国家法制统一、尊严、权威，加强人权法治保障，保证人民依法享有广泛权利和自由。"保护人民人身权、财产权、人

---

〔1〕习近平：《决胜全面建成小康社会，夺取新时代中国特色社会主义伟大胜利》，《习近平谈治国理政》第三卷，外文出版社 2020 年版，第 37 页。

〔2〕习近平：《决胜全面建成小康社会，夺取新时代中国特色社会主义伟大胜利》，《习近平谈治国理政》第三卷，外文出版社 2020 年版，第 28 页。

格权"。巩固基层政权，完善基层民主制度，保障人民知情权、参与权、表达权、监督权[1]。

二是人民代表大会制度的新定位。习近平总书记提出："人民代表大会制度是坚持党的领导、人民当家作主、依法治国有机统一的根本政治制度安排，必须长期坚持、不断完善。"[2] 这是再次对人民代表大会制度的性质和定位的阐述，为进一步加强人民当家作主制度保障指明了方向、提供了根本遵循。

（四）坚持全面依法治国

这是我们党新时代的基本方略。习近平总书记在党的十九大报告中进一步阐述了依法治国问题。"明确全面推进依法治国总目标是建设中国特色社会主义法治体系、建设社会主义法治国家""坚持全面依法治国"是基本方略，而之前常说的依法治国基本方略的表述则成为"依法治国是党领导人民治理国家的基本方式"[3]。实际上，这进一步凸显了法治的重要性。

七、首次提出并全面阐述习近平法治思想

党的十八大以来，以习近平同志为核心的党中央高度重视法治，习近平总书记也多次强调要坚持全面依法治国。

（一）阐述全面依法治国新理念新思想新战略

2018 年 8 月 24 日，习近平总书记在中央全面依法治国委员

[1] 习近平：《决胜全面建成小康社会，夺取新时代中国特色社会主义伟大胜利》，《习近平谈治国理政》第三卷，外文出版社 2020 年版，第 29、38 页。

[2] 习近平：《决胜全面建成小康社会，夺取新时代中国特色社会主义伟大胜利》，《习近平谈治国理政》第三卷，外文出版社 2020 年版，第 29 页。

[3] 习近平：《决胜全面建成小康社会，夺取新时代中国特色社会主义伟大胜利》，《习近平谈治国理政》第三卷，外文出版社 2020 年版，第 18、28—29 页。

会第一次会议上发表重要讲话时强调，"坚持以全面依法治国新理念新思想新战略为指导，坚定不移走中国特色社会主义法治道路"。概括起来，全面依法治国新理念新思想新战略，主要有 10 个方面。（1）坚持加强党对依法治国的领导；（2）坚持人民主体地位；（3）坚持中国特色社会主义法治道路；（4）坚持建设中国特色社会主义法治体系；（5）坚持依法治国、依法执政、依法行政共同推进，法治国家、法治政府、法治社会一体建设；（6）坚持依宪治国、依宪执政；（7）坚持全面推进科学立法、严格执法、公正司法、全民守法；（8）坚持正确处理好全面依法治国的辩证关系；（9）坚持建设德才兼备的高素质法治工作队伍；（10）坚持抓住领导干部这个"关键少数"。这就"明确了全面依法治国的指导思想、发展道路、工作布局、重点任务""是马克思主义法治思想中国化的最新成果，是全面依法治国的根本遵循，必须长期坚持、不断丰富发展"[1]。

（二）明确提出习近平法治思想

2020 年 11 月，中央全面依法治国工作会议召开，会议最重要的成果是正式确立习近平法治思想在全面依法治国工作中的指导地位。习近平法治思想的主要内容和核心要义，集中体现为"十一个坚持"，即坚持党对全面依法治国的领导；坚持以人民为中心；坚持中国特色社会主义法治道路；坚持依宪治国、依宪执政；坚持在法治轨道上推进国家治理体系和治理能力现代化；坚持建设中国特色社会主义法治体系；坚持依法治国、依法执政、依法行政共同推进，法治国家、法治政府、法治社会一体建设；

---

〔1〕　习近平：《坚持以全面依法治国新理念新思想新战略为指导，坚定不移走中国特色社会主义法治道路》，习近平：《论坚持全面依法治国》，中央文献出版社 2020 年版，第 227—232 页。

坚持全面推进科学立法、严格执法、公正司法、全民守法；坚持统筹推进国内法治和涉外法治；坚持建设德才兼备的高素质法治工作队伍；坚持抓住领导干部这个"关键少数"。[1]

习近平法治思想是对马克思主义法治理论、中国特色社会主义法治理论的创新发展，是对中国法治实践的理论总结，更是为新时代全面依法治国提供了根本遵循和行动指南。

八、党的十九届四中全会提出"坚持和完善中国特色社会主义制度、推进国家治理体系和治理能力现代化"

2019 年 10 月 31 日，党的十九届四中全会通过《中共中央关于坚持和完善中国特色社会主义制度　推进国家治理体系和治理能力现代化若干重大问题的决定》。在庆祝中华人民共和国成立70 周年之际，中央全会重点研究坚持和完善中国特色社会主义制度、推进国家治理体系和治理能力现代化问题并作出决定。这"体现了党中央高瞻远瞩的战略眼光和强烈的历史担当，对决胜全面建成小康社会、全面建设社会主义现代化国家，对巩固党的执政地位、确保党和国家长治久安，具有重大而深远的意义"[2]。

决定在党的十八届三中、五中全会和党的十九大、十九届二中、三中全会关于制度建设和治理能力建设的决策部署基础上，

---

〔1〕 习近平：《以科学理论指导全面依法治国各项工作》，习近平：《论坚持全面依法治国》，中央文献出版社 2020 年版，第 2—6 页。

〔2〕 习近平：《关于〈中共中央关于坚持和完善中国特色社会主义制度　推进国家治理体系和治理能力现代化若干重大问题的决定〉的说明》，《中共中央关于坚持和完善中国特色社会主义制度　推进国家治理体系和治理能力现代化若干重大问题的决定》，人民出版社 2019 年版，第 51 页。

对坚持和完善中国特色社会主义制度、推进国家治理体系和治理能力现代化进行系统总结，提出与时俱进完善和发展的前进方向和工作要求。

党的十九届四中全会突出坚持和完善中国特色社会主义制度的根本制度、基本制度、重要制度，明确提出坚持和完善人民代表大会制度这一根本政治制度。人民代表大会制度是坚持党的领导、人民当家作主、依法治国有机统一的根本政治制度安排，是支撑中国国家治理体系和治理能力的根本政治制度。在新时代，坚持和完善人民代表大会制度，对于保证人民当家作主、发展社会主义民主政治，充分发挥中国特色社会主义制度和国家治理体系优越性，具有十分重要的意义。

决定提出，"坚持和完善人民当家作主制度体系，发展社会主义民主政治。"必须坚持人民主体地位，坚定不移走中国特色社会主义政治发展道路，健全民主制度，丰富民主形式，拓宽民主渠道，依法实行民主选举、民主协商、民主决策、民主管理、民主监督，使各方面制度和国家治理更好体现人民意志、保障人民权益、激发人民创造，确保人民依法通过各种途径和形式管理国家事务，管理经济文化事业，管理社会事务。决定指出，坚持和完善人民代表大会制度这一根本政治制度。人民行使国家权力的机关是全国人民代表大会和地方各级人民代表大会。支持和保证人民通过人民代表大会行使国家权力，保证各级人大都由民主选举产生、对人民负责、受人民监督，保证各级国家机关都由人大产生、对人大负责、受人大监督。支持和保证人大及其常委会依法行使职权，健全人大对"一府一委两院"监督制度。密切人大代表同人民群众的联系，健全代表联络机制，更好发挥人大代表作用。健全人大组织制度、选举制度和议事规则，完善论证、评估、评议、听证制度。适当增加基层人大代表数量。加强地方人大及其常委会建设。

决定提出，坚持和完善中国共产党领导的多党合作和政治协商制度。坚持社会主义协商民主的独特优势，统筹推进政党协商、人大协商、政府协商、政协协商、人民团体协商、基层协商以及社会组织协商，构建程序合理、环节完整的协商民主体系，完善协商于决策之前和决策实施之中的落实机制，丰富有事好商量、众人的事情由众人商量的制度化实践。

决定提出，坚持和完善中国特色社会主义法治体系，提高党依法治国、依法执政能力。必须坚定不移走中国特色社会主义法治道路，全面推进依法治国，坚持依法治国、依法执政、依法行政共同推进，坚持法治国家、法治政府、法治社会一体建设，加快形成完备的法律规范体系、高效的法治实施体系、严密的法治监督体系、有力的法治保障体系，加快形成完善的党内法规体系，全面推进科学立法、严格执法、公正司法、全民守法，推进法治中国建设。

决定提出，健全保证宪法全面实施的体制机制。依法治国首先要坚持依宪治国，依法执政首先要坚持依宪执政。加强宪法实施和监督，落实宪法解释程序机制，推进合宪性审查工作，加强备案审查制度和能力建设，依法撤销和纠正违宪违法的规范性文件。坚持宪法法律至上，健全法律面前人人平等保障机制，维护国家法制统一、尊严、权威，一切违反宪法法律的行为都必须予以追究。决定要求，完善立法体制机制。坚持科学立法、民主立法、依法立法，完善党委领导、人大主导、政府依托、各方参与的立法工作格局，"立改废释"并举，不断提高立法质量和效率。完善以宪法为核心的中国特色社会主义法律体系，加强重要领域立法，加快我国法域外适用的法律体系建设，以良法保障善治。决定强调，健全社会公平正义法治保障制度。坚持法治建设为了人民、依靠人民，加强人权法治保障，保证人民依法享有广泛的权利和自由，承担应尽的义务，引导全体人民做社会主义法治的忠实崇尚者、自觉遵守者、坚定捍卫者。坚持有法必依、执法必严、违法必究，严格规范公正文明执法，规范执法自由裁量权，加大关系群众切身利益的重点领域执法力度。深化司法体制综合配套改革，完善审判制度、检察制度，全面落实司法责任制，完善律师制度，加强对司法活动的监督，确保司法公正、高效、权威，努力让人民群众在每一个司法案件中感受到公平正义。决定提出，加强对法律实施的监督。保证行政权、监察权、审判权、检察权得到依法正确行使，保证公民、法人和其他组织合法权益得到切实保障，坚决排除对执法司法活动的干预。拓展公益诉讼案件范围。加大对严重违法行为处罚力度，实行惩罚性赔偿制度，严格刑事责任追究。加大全民普法工作力度，增强全民法治观念，完善公共法律服务体系，夯实依法治国群众基础。各级党和国家机关以及领导干部要带头尊法学法守法用法，提高运用法治思维和法治方式深化改革、推动发展、化解矛盾、维护稳定、应对风险的能力[1]。

九、坚持人民至上、生命至上

（一）始终把人民放在心中最高的位置

习近平总书记多次强调这一重要理念。"一切国家机关工作

---

〔1〕《中共中央关于坚持和完善中国特色社会主义制度　推进国家治理体系和治理能力现代化若干重大问题的决定》，人民出版社 2019 年版，第 10—15 页。

人员，无论身居多高的职位，都必须牢记我们的共和国是中华人民共和国，始终要把人民放在心中最高的位置，始终全心全意为人民服务，始终为人民利益和幸福而努力工作。"〔1〕 这提出了"一个牢记""三个始终"的明确要求，而且，这一重要理念在 2020 年 1 月之后抗击新冠肺炎疫情斗争中得到了充分体现和深化。

这场突如其来的疫情，是新中国成立以来在我国发生的传播速度最快、感染范围最广、防控难度最大的一次重大突发公共卫生事件。抗击新冠肺炎疫情是对我国国家治理体系和治理能力的一次大考。党中央和习近平总书记高度重视，全面加强对疫情防控的集中统一领导。习近平总书记亲自指挥、亲自部署，统筹全局、沉着应对、果敢果断，始终坚持以人民为中心的根本立场，把党的群众路线贯彻到治国理政全部活动中，统筹推进常态化疫情防控和加快恢复生产生活正常秩序，采取一系列防控和救治举措，经过艰苦卓绝的努力，疫情防控阻击战取得重大战略成果。

在常态化疫情防控中，统筹推进疫情防控和经济社会发展工作。2020 年全国"两会"期间，习近平总书记在参加内蒙古代表团审议时强调：坚持以人民为中心的发展思想，体现了党的理想信念、性质宗旨、初心使命，也是对党的奋斗历程和实践经验的深刻总结。他深刻指出，中国共产党根基在人民、血脉在人民。党团结带领人民进行革命、建设、改革，根本目的就是让人民过上好日子，无论面临多大挑战和压力，无论付出多大牺牲和代价，这一点都始终不渝、毫不动摇，必须坚持人民至上、紧紧

---

〔1〕 习近平：《在第十三届全国人民代表大会第一次会议上的讲话》，中共中央文献研究室编：《十九大以来重要文献选编》（上），中央文献出版社 2019 年版，第 386 页。

依靠人民、不断造福人民、牢牢植根人民，并落实到各项决策部署和实际工作之中，落实到做好统筹疫情防控和经济社会发展工作中。

（二）把人民群众生命安全和身体健康摆在第一位

习近平总书记最大的关切就是人民群众生命安全和身体健康，强调"确保人民群众生命安全和身体健康，是我们党治国理政的一项重大任务"[1]。

一是坚持生命至上。在抗击新冠肺炎疫情斗争中，习近平总书记一开始就明确要求把人民生命安全和身体健康放在第一位，指出"做好疫情防控工作，直接关系人民生命安全和身体健康，直接关系经济社会大局稳定，也事关我国对外开放"[2]。2020年5月22日下午，习近平总书记在参加内蒙古代表团审议时再次强调："在重大疫情面前，我们一开始就鲜明提出把人民生命安全和身体健康放在第一位。人民至上、生命至上，保护人民生命安全和身体健康可以不惜一切代价。"[3] 还明确要求全力以赴救治患者，强调务必高度重视对医务人员的保护、关心、爱护，确保医务人员持续健康投入战胜疫情斗争等。这集中展现了习近平总书记"我将无我、不负人民"的赤子情怀，展现了人民利益高于一切、人民生命重于泰山的执政理念，展现了共产党人不忘初心、牢记使命的历史担当。实践中，我们党坚持人民至上、生命至上，调集全国最优秀的医生、最先进的设备、最急需的资源，

---

〔1〕 习近平：《全面提高依法防控依法治理能力　健全国家公共卫生应急管理体系》，《求是》2020年第5期，第6页。

〔2〕 习近平：《在中央政治局常委会会议研究应对新型冠状病毒肺炎疫情防控工作时的讲话》，《求是》2020年第4期，第5页。

〔3〕 张晓松、朱基钗：《习近平：保护人民生命安全和身体健康可以不惜一切代价》，来源：新华社"新华视点"微博。

全力以赴投入疫病救治，救治费用全部由国家承担，最大限度提高检测率、治愈率，最大限度降低感染率、病亡率。救治新冠肺炎患者不计成本、不惜代价，坚持应收尽收、应治尽治，做到不漏一户、不漏一人。为尽可能挽救湖北和武汉重症患者，实行"一人一策""专人专护"。正是这种尊重生命、珍惜生命、爱护生命的追求和执着，让疫情防控创造出一个又一个"生命奇迹"。

二是兜住民生底线，办好民生实事。2020 年 4 月 17 日，习近平总书记主持召开中央政治局会议，强调稳是大局，必须确保疫情不反弹，稳住经济基本盘，兜住民生底线。民生稳，人心就稳，社会就稳。必须把保障和改善民生紧紧抓在手上，切实托住这个底，扎实办好民生实事。兜住民生底线须有底线思维，增强忧患意识，对可能出现的困难与挑战估计得更充分一些。

三是切实保障和改善民生。以习近平同志为核心的党中央统筹推进疫情防控和经济社会发展，按下恢复发展经济"加速键"。采取各种有效措施，帮助企业解决复工复产达产面临的实际困难。

（三）决战脱贫攻坚，让人民共享全面小康

习近平总书记指出，农村贫困人口如期脱贫、贫困县全部摘帽、解决区域性整体贫困，是全面建成小康社会的底线任务。打好精准脱贫攻坚战，是党的十九大报告提出的三大攻坚战之一，对如期全面建成小康社会、实现第一个百年奋斗目标具有十分重要的意义。[1] 面对疫情带来的困难与挑战，确保如期完成脱贫攻坚目标任务，确保全面建成小康社会，决不能有缓一缓、等一

---

〔1〕 习近平：《在打好精准脱贫攻坚战座谈会上的讲话》，《求是》2020 年第 9 期，第 4 页。

等的思想和心态。2020 年 3 月 6 日，习近平总书记在决战决胜脱贫攻坚座谈会上发表重要讲话，就确保高质量完成脱贫攻坚目标任务作出重大部署，提出"要严把退出关，坚决杜绝数字脱贫、虚假脱贫"，确保经得起历史和人民检验[1]。

如期完成脱贫攻坚任务、全面建成小康社会是实现中华民族伟大复兴的关键一步。2020 年 6 月 8 日—10 日，习近平总书记在宁夏考察时强调，全面建成小康社会，一个少数民族也不能少。各民族团结携手，共同迈向全面小康，体现了中华民族优良传统，体现了中国特色社会主义制度的显著优势。要坚决打赢脱贫攻坚战[2]。这是全国"两会"之后，习近平总书记首次国内考察，再次表明了打赢三大攻坚战、全面建成小康社会的坚定信心和决心，发出了共奔小康动员令。

（四）凝聚人民伟力，创造历史伟业

习近平总书记强调："战胜这次疫情，给我们力量和信心的是中国人民""打赢疫情防控这场人民战争，必须紧紧依靠人民群众""人民才是真正的英雄。只要紧紧依靠人民，我们就一定能够战胜一切艰难险阻，实现中华民族伟大复兴。"这场严重的疫情，不仅检验了我们党，检验了党同人民群众的血肉联系，检验了人民群众的伟大力量。不管什么时候，只要真正坚持人民至上、人民的利益高于一切，人民就会紧紧团结在党中央周围，以压倒一切的决心和勇气，战胜一切艰难险阻。

---

〔1〕 习近平：《在决战决胜脱贫攻坚座谈会上的讲话》，人民出版社 2020 年版。

〔2〕 《习近平在宁夏考察时强调　决胜全面建成小康社会决战脱贫攻坚　继续建设经济繁荣民族团结环境优美人民富裕的美丽新宁夏》，《人民日报》2020 年 6 月 11 日，第 1 版。

十、习近平总书记关于坚持和完善人民代表大会制度的重要思想

2021 年 10 月 13 日，习近平总书记在首次中央人大工作会议上发表重要讲话，深刻阐述人民代表大会制度的性质地位、显著优势和独特功效，明确提出了新时代加强和改进人大工作的指导思想、重大原则和主要工作，系统回答了新时代发展社会主义民主、坚持和完善人民代表大会制度的一系列重大理论和实践问题。这是我们党关于坚持和完善人民代表大会制度、发展社会主义民主政治的集大成和纲领性文献。

（一）全面阐述全过程人民民主重大理念

习近平总书记把马克思主义民主政治理论与中国当代实际相结合，不断深化对民主政治发展规律的认识，集中阐述了我们党关于民主的根本立场、重大理念、重要观点和成功做法，全面系统论述了全过程人民民主。党的十九届六中全会通过的《中共中央关于党的百年奋斗重大成就和历史经验的决议》，把"发展全过程人民民主"增列为习近平新时代中国特色社会主义思想的重要内容，从党的十八大以来党和国家事业取得的历史性成就的高度进行总结的同时，又从未来发展的战略高度作出部署。

1. "民主是全人类的共同价值，是中国共产党和中国人民始终不渝坚持的重要理念。"[1] 实现民主是全人类共同的价值追求，享有人权是人类社会的伟大梦想。这需要将价值和理念转化为科学有效的制度安排，转化为具体现实的实践。习近平总书记

---

〔1〕 习近平：《坚持和完善人民代表大会制度，不断发展全过程人民民主》，习近平：《论坚持人民当家作主》，中央文献出版社 2021 年版，第 335 页。

高度概括了我们党坚持和发展人民民主的"五个基本观点"〔1〕。这是全过程人民民主的实体（或实质）内容，是我们理解和把握全过程人民民主的金钥匙。

2. 明确提出一个国家政治制度是不是民主的、有效的评价标准。习近平总书记在庆祝全国人大成立 60 周年大会上的重要讲话中，提出了一个国家政治制度是不是民主的、有效的"八个能否"的评价标准，这"八个能否"是对民主政治制度发展规律的深刻总结，是对马克思主义国家学说的重要发展。习近平总书记在中央人大工作会议上的重要讲话中，重申了"八个能否"评价标准，并创造性地提出一个国家民主不民主"四个要看、四个更要看"的标准，即要看人民有没有投票权，更要看人民有没有广泛参与权；要看人民在选举过程中得到了什么口头许诺，更要看选举后这些承诺实现了多少；要看制度和法律规定了什么样的政治程序和政治规则，更要看这些制度和法律是不是真正得到了执行；要看权力运行规则和程序是否民主，更要看权力是否真正受到人民监督和制约〔2〕。总之，政治制度不能脱离特定社会政治条件和历史文化传统来抽象评判。

3. 首次集中阐述全过程人民民主这一重大理念。2019 年11 月，习近平总书记在上海市长宁区虹桥街道古北市民中心考察社区治理和服务情况时提出："我们走的是一条中国特色社会主义政治发展道路，人民民主是一种全过程的民主。"〔3〕 这就明

〔1〕 习近平：《在中央人大工作会议上的讲话》，《求是》2022 年第 5 期，第12—13 页。

〔2〕 习近平：《坚持和完善人民代表大会制度，不断发展全过程人民民主》，习近平：《论坚持人民当家作主》，中央文献出版社 2021 年版，第 334—335 页。

〔3〕 习近平：《人民民主是一种全过程的民主》，习近平：《论坚持人民当家作主》，中央文献出版社 2021 年版，第 303 页。

确提出了全过程民主的概念。2021 年 7 月 1 日，在庆祝中国共产党成立 100 周年大会上，习近平总书记强调："站稳人民立场，贯彻党的群众路线，尊重人民首创精神，践行以人民为中心的发展思想，发展全过程人民民主，维护社会公平正义。"[1] 在中央人大工作会议上的重要讲话中，习近平总书记首次全面阐明全过程人民民主这一重大理念，在深刻阐明中国共产党的民主观的基础上，着重指出："我国全过程人民民主不仅有完整的制度程序，而且有完整的参与实践。我国全过程人民民主实现了过程民主和成果民主、程序民主和实质民主、直接民主和间接民主、人民民主和国家意志相统一，是全链条、全方位、全覆盖的民主，是最广泛、最真实、最管用的社会主义民主。"[2]"全过程人民民主"重大理念是对中国式民主的一个重大论断和全新概括，明确要求从三个方面"具体地、现实地"践行全过程人民民主。

4. "人民代表大会制度是实现我国全过程人民民主的重要制度载体。"[3] 这是一个全新的重大论断，进一步阐明了人民代表大会制度在发展全过程人民民主中的重要地位和作用。人民代表大会制度是我国的根本政治制度，是人民当家作主的根本途径和最高实现形式。人民代表大会是主要民主渠道。坚持和完善人民代表大会制度，发挥这一根本政治制度的职能作用，有利于实现和发展全过程人民民主。

---

〔1〕 习近平：《人民民主是一种全过程的民主》，习近平：《论坚持人民当家作主》，中央文献出版社 2021 年版，第 304 页。

〔2〕 习近平：《坚持和完善人民代表大会制度，不断发展全过程人民民主》，习近平：《论坚持人民当家作主》，中央文献出版社 2021 年版，第 336 页。

〔3〕 习近平：《坚持和完善人民代表大会制度，不断发展全过程人民民主》，习近平：《论坚持人民当家作主》，中央文献出版社 2021 年版，第 337 页。

（二）用"六个必须坚持"和"六个方面重点任务"的重大论断概括人民代表大会制度理论和实践创新的重大成果

1. 关于"六个必须坚持"习近平总书记在庆祝全国人大成立60周年大会上的重要讲话中，提出"四个必须"的重大论断[1]。时隔7年，他在中央人大工作会议上的重要讲话中，用"六个必须坚持"高度凝练、系统概括了党的十八大以来党中央推进人民代表大会制度理论和实践创新的新理念新思想新要求。这是实现了理论上的创新发展、与时俱进。这包括：必须坚持中国共产党领导；必须坚持用制度体系保障人民当家作主；必须坚持全面依法治国；必须坚持民主集中制；必须坚持中国特色社会主义政治发展道路；必须坚持推进国家治理体系和治理能力现代化[2]。

2. 明确提出新时代人大工作"六个方面重点任务"。习近平总书记强调，在新征程上要毫不动摇坚持、与时俱进完善人民代表大会制度，加强和改进新时代人大工作，并从六个方面作出部署、提出要求。这就是：全面贯彻实施宪法，维护宪法权威和尊严；加快完善中国特色社会主义法律体系，以良法促进发展、保障善治；用好宪法赋予人大的监督权，实行正确监督、有效监督、依法监督；充分发挥人大代表作用，做到民有所呼、我有所应；强化政治机关意识，加强人大自身建设；加强党对人大工作的全面领导[3]。这也是习近平总书记关于坚持和完善人民代表大会制度的重要思想的内容。

---

〔1〕 习近平：《在庆祝全国人民代表大会成立六十周年大会上的讲话》，习近平：《论坚持人民当家作主》，中央文献出版社2021年版，第74—75页。

〔2〕 习近平：《在中央人大工作会议上的讲话》，《求是》2022年第5期，第5—6页。

〔3〕 习近平：《在中央人大工作会议上的讲话》，《求是》2022年第5期，第8—12页。

3. 提出"四机关"这一重大论断。党的十九大报告指出，支持和保证人民通过人民代表大会行使国家权力，在此基础上，使各级人大及其常委会成为"工作机关"和"代表机关"[1]。习近平总书记在中央人大工作会议上的重要讲话中强调，要加强人大自身建设，首次提出人大要成为"四机关"，这就是"成为自觉坚持中国共产党领导的政治机关、保证人民当家作主的国家权力机关、全面担负起宪法法律赋予的各项职责的工作机关、始终同人民群众保持密切联系的代表机关"[2]。这进一步明确了人大及其常委会的性质定位和职责使命，为各级人大加强自身建设指明了方向，提供了遵循。

第二节　四次全国人大会议行使职权的情况

党的十八大以来，十二届全国人大会议共召开五次，十三届全国人大会议共召开五次。这里，只着重介绍十二届全国人大一次、三次会议和十三届全国人大一次、三次会议的有关情况。

一、十二届全国人大一次会议行使职权的情况

2013 年 3 月 4 日，十二届全国人大一次会议举行预备会议。

---

〔1〕 习近平：《决胜全面建成小康社会，夺取新时代中国特色社会主义伟大胜利》，《习近平谈治国理政》第三卷，外文出版社 2020 年版，第 29 页。
〔2〕 习近平：《在中央人大工作会议上的讲话》，《求是》2022 年第 5 期，第 10—11 页。

会议选举产生由 178 人组成的大会主席团和秘书长。3 月 5 日—
17 日，十二届全国人大一次会议举行。

（一）听取和审议有关报告、议案

会议听取和审议国务院总理温家宝作政府工作报告、十一届
全国人大常委会委员长吴邦国作全国人大常委会工作报告、最高
人民法院院长王胜俊作最高人民法院工作报告、最高人民检察院
检察长曹建明作最高人民检察院工作报告。大会还印发国务院关
于 2012 年国民经济和社会发展计划执行情况与 2013 年国民经济
和社会发展计划草案的报告、国务院关于 2012 年中央和地方预
算执行情况与 2013 年中央和地方预算草案的报告，提请审查
批准。

会议经过讨论和审查，通过相关决议并批准这几个报告。

（二）2013 年国务院机构改革

2013 年 3 月 10 日，十二届全国人大一次会议听取国务委员
兼秘书长马凯作关于国务院机构改革和职能转变方案的说明。

3 月 14 日，会议通过关于国务院机构改革和职能转变方案的
决定，批准这个方案。这是我国改革开放之后的第六次机构改
革，具体内容是：实行铁路政企分开，完善综合交通运输体系，
组建国家铁路局和中国铁路总公司；组建国家卫生和计划生育委
员会，提高出生人口素质和人民健康水平；组建国家食品药品监
督管理总局，提高食品药品安全质量水平；组建国家新闻出版广
播电影电视总局，促进新闻出版广播影视业繁荣发展；重新组建
国家海洋局，推进海上统一执法；重新组建国家能源局，完善能
源监督管理体制。改革后，除国务院办公厅外，国务院设置组成
部门 25 个。

国务院机构职能转变包括 6 个方面的措施：一是充分发挥市

场在资源配置中的基础性作用；二是更好发挥社会力量在管理社会事务中的作用；三是充分发挥中央和地方的积极性；四是优化职能配置；五是改善和加强宏观管理；六是加强制度建设和依法行政。

（三）选举和决定新一届国家机构领导人

1. 会议选举产生十二届全国人大常委会。张德江为委员长，李建国、王胜俊、陈昌智、严隽琪、王晨、沈跃跃、吉炳轩、张平、向巴平措、艾力更·依明巴海、万鄂湘、张宝文、陈竺为副委员长，王晨兼秘书长，丁仲礼等161人为委员。需要说明的是，这161名委员是从174名候选人中差额选出的，差额13名，差额比例为8%。

会议通过关于十二届全国人大专门委员会的设立及其主任委员、副主任委员、委员人选的表决办法。决定十二届全国人大设立民族、法律、内务司法、财政经济、教育科学文化卫生、外事、华侨、环境与资源保护、农业与农村等9个专门委员会，并分别通过这9个专门委员会的主任委员、副主任委员、委员名单。

2. 会议选举习近平为国家主席，李源潮为国家副主席。

3. 根据国家主席习近平的提名，会议决定任命李克强为国务院总理。根据国务院总理李克强的提名，会议决定张高丽、刘延东、汪洋、马凯为国务院副总理，杨晶、常万全、杨洁篪、郭声琨、王勇为国务委员，杨晶兼国务院秘书长，还任命各部部长、委员会主任。

4. 会议选举习近平为中央军委主席。根据中央军委主席习近平的提名，会议决定范长龙、许其亮为中央军委副主席，常万全、房峰辉、张阳、赵克石、张又侠、吴胜利、马晓天、魏凤和为中央军委委员。

5. 会议选举周强为最高人民法院院长，曹建明为最高人民检察院检察长。

二、十二届全国人大三次会议行使职权的情况

2015 年 3 月 5 日—14 日，十二届全国人大三次会议举行。会议听取和审议国务院、全国人大常委会、最高人民法院、最高人民检察院的工作报告和议案等。会议经过审议，通过有关决议并批准这几个报告。此外，还有一项十分重要的议程，就是对立法法进行第一次修改。

2015 年 3 月 15 日，十二届全国人大三次会议审议通过关于修改立法法的决定。这是该法实施 15 年来的首次修改，对于完善立法体制，提高立法质量和立法效率，维护国家法制统一，形成完备的法律规范体系，推进国家治理体系和治理能力现代化，建设社会主义法治国家，必将发挥积极作用。

这次修改立法法，是一次听民意、集民智的重要实践，不仅听取代表和各方面的意见，而且将修正案草案提请代表大会审议通过，这本身就是重视发挥代表在立法工作中的作用。代表们普遍认为，这次立法法的修改，是科学立法和民主立法的一个最新典范。

（一）进一步完善立法体制

1. 实现立法和改革决策相衔接。（1）立法应当"适应经济社会发展和全面深化改革的要求"。（2）全国人大及其常委会"可以根据改革发展的需要，决定就行政管理等领域的特定事项授权在一定期限内在部分地方暂时调整或者暂时停止适用法律的

部分规定"。（3）授权决定不仅应当明确授权的目的、范围，还要明确授权的事项、期限和被授权机关实施授权决定应当遵循的原则等；被授权机关应当在授权期限届满的六个月以前，向授权机关报告授权决定实施的情况。

2. 依法赋予设区的市地方立法权。（1）依法赋予所有设区的市地方立法权[1]。同时，明确设区的市可以对"城乡建设与管理、环境保护、历史文化保护等方面的事项"制定地方性法规，法律对较大的市制定地方性法规的事项另有规定的，从其规定。原有49个较大的市已经制定的地方性法规，涉及上述事项范围以外的，继续有效。同时，规定由省、自治区的人大常委会综合考虑本省、自治区所辖的设区的市的人口数量、地域面积、经济社会发展情况以及立法需求、立法能力等因素，确定其他设区的市开始制定地方性法规的具体步骤和时间，并报全国人大常委会和国务院备案。此外，设区的市人民政府可以相应制定地方政府规章。（2）在自治州人大可以依法制定自治条例、单行条例的基础上，相应赋予自治州人大及其常委会行使设区的市的地方立法权。（3）还明确赋予广东省东莞市和中山市、甘肃省嘉峪关市、海南省三沙市等4个地级市以设区的市地方立法权[2]。

（二）落实税收法定原则

立法法把税收基本制度作为全国人大及其常委会的专属立法权，在立法权限一章中作出规定，但第八条规定了只能制定法律

---

〔1〕 此时，全国设区的市284个，立法法修改前，共有49个享有地方立法权的较大的市（包括27个省会市、18个经国务院批准享有地方性法规制定权的较大的市和4个经济特区所在地的市），尚没有地方立法权的235个。立法法修改后，其他235个设区的市也获得地方立法权。

〔2〕 这4个市属于地级市，但不设区。按照赋予设区的市地方立法权的精神，修改后的立法法明确这4个地级市比照适用有关赋予设区的市地方立法权的规定。

的事项，"税收"是在该条第八项中规定的。修改后的立法法是按照党的十八届三中全会关于落实"税收法定"[1]原则的要求，进一步完善了税收制度[2]，将"税收"专设一项作为第六项，明确规定"税种的设立、税率的确定和税收征收管理等税收基本制度"只能由法律规定。同时，全国人大常委会还提出贯彻落实税收法定原则的实施意见，明确改革路径和到 2020 年相关立法工作安排。

（三）规范部门规章和地方政府规章权限

1. 制定部门规章，没有法律或者国务院的行政法规、决定、命令的依据，不得设定减损公民、法人和其他组织权利或者增加其义务的规范，不得增加本部门的权力、减少本部门的法定职责。

2. 制定地方政府规章，没有法律、行政法规、地方性法规的依据，不得设定减损公民、法人和其他组织权利或者增加其义务的规范。应当制定地方性法规但条件尚不成熟的，因行政管理迫切需要，可以先制定地方政府规章，规章实施满两年需要继续实施规章所规定的行政措施的，应当提请本级人大或者其常委会制定地方性法规。

---

〔1〕　"税收法定"是世界各国都通行的原则，或者说"政府征税必须得到人民的认可"。我国现行宪法也将税收法定确定为一项基本原则，1992 年制定的税收征收管理法进一步规定，税收的开征、停征以及减税、免税、退税、补税，依照法律的规定执行；法律授权国务院规定的，依照国务院制定的行政法规的规定执行。

〔2〕　需要说明的是，立法法修正案二审稿明确税率调整由法律规定，但三审稿（即提请十二届全国人大三次会议审议的稿子）删除了这个规定。公众认为这意味着全国人大默许国务院自行决定提高税率、增加公民或企业的税负，是一个"大倒退"。实际上，这成为立法法修改过程中的一大焦点，也是十二届全国人大三次会议的一大焦点。李建国副委员长在说明立法法修正案（草案）中"落实税收法定原则"时，会场上响起了掌声。这在代表大会上进行法律草案说明时是很少见的，反映了人大代表的关切，也反映了人民的心声。

（四）完善立法的机制

1. 发挥人大在立法工作中的主导作用。（1）明确规定全国人大及其常委会加强对立法工作的组织协调，发挥在立法工作中的主导作用。（2）全国人大及其常委会通过立法规划、年度立法计划等形式，加强对立法工作的统筹安排。（3）加强和改进法律起草机制。（4）更多发挥人大代表在立法工作中的作用。

2. 深入推进科学立法、民主立法。（1）将提高立法质量明确为立法的一项基本要求。（2）增加"坚持立法公开"的规定，以保障和实现公众的知情权、参与权。（3）拓宽公民有序参与立法的途径，开展立法协商，完善立法论证、听证、法律草案公开征求意见等制度。

3. 健全审议和表决机制。调整事项较为单一，各方面的意见比较一致的法律案，可以经一次人大常委会会议审议即交付表决；对审议中个别意见分歧较大的重要条款设立单独表决制度；对多部法律中涉及同类事项的个别条款进行修改，一并提出法律案的，可以合并表决，也可以分别表决。

4. 增加规定法律通过前评估、法律清理、制定配套规定、立法后评估等一系列推进科学立法的措施。

5. 完善制定行政法规的程序。明确对国务院编制年度立法计划以及行政法规起草的要求。

（五）加强对立法的监督

1. 完善规范性文件备案审查机制。（1）全国人大有关的专门委员会和常委会工作机构可以对报送备案的规范性文件进行主动审查。（2）全国人大有关的专门委员会和常委会工作机构可以将审查、研究情况向提出审查建议的国家机关、社会团体、企业事业组织以及公民反馈，并可以向社会公开。（3）民族自治地方制定的自治条例、单行条例和经济特区法规报送备案时，应当说明对法律、行政法规、地方性法规作出变通的情况。

2. 加强对司法解释的规范和监督。（1）最高人民法院、最高人民检察院对审判工作、检察工作中具体应用法律的解释，应当主要针对具体的法律条文，并符合立法的目的、原则和原意。（2）最高人民法院、最高人民检察院在行使职权中遇有立法法规定情况的，应当向全国人大常委会提出法律解释的要求或者提出制定、修改有关法律的议案。（3）最高人民法院、最高人民检察院作出具体应用法律的解释，应当自公布之日起 30 日内报全国人大常委会备案。（4）最高人民法院、最高人民检察院以外的审判机关和检察机关，不得作出具体应用法律的解释。

此外，还对国务院和中央军委联合发布行政法规、武警部队制定军事规章等进行了修改补充和完善。

三、十三届全国人大一次会议行使职权的情况

2018 年 3 月 4 日，十三届全国人大一次会议举行预备会议。会议选举产生由 190 人组成的大会主席团和秘书长。3 月 5 日—20 日，十三届全国人大一次会议举行。

（一）听取和审议有关报告、议案

会议听取和审议国务院总理李克强作政府工作报告、十二届全国人大常委会委员长张德江作全国人大常委会工作报告、最高人民法院院长周强作最高人民法院工作报告、最高人民检察院检察长曹建明作最高人民检察院工作报告、国务委员王勇作关于国务院机构改革方案的说明。大会还印发了国务院提出的关于 2017 年国民经济和社会发展计划执行情况与 2018 年国民经济

和社会发展计划草案的报告、关于 2017 年中央和地方预算执行情况与 2018 年中央和地方预算草案的报告,提请审查批准。

会议经过审议,通过有关决议并批准这几个报告。

(二)对现行宪法的第五次修改

会议听取十二届全国人大常委会副委员长兼秘书长王晨作关于宪法修正案草案的说明。王晨指出,党的十八大以来,习近平总书记多次强调,坚持依法治国首先要坚持依宪治国,坚持依法执政首先要坚持依宪执政。宪法修改,是党和国家政治生活中的一件大事,是以习近平同志为核心的党中央从新时代坚持和发展中国特色社会主义全局和战略高度作出的重大决策,是推进全面依法治国、推进国家治理体系和治理能力现代化的重大举措。王晨详细介绍了中央修宪建议和宪法修正案草案的形成过程,并从 11 个方面介绍了宪法修正案草案的具体内容。

会议审议通过《中华人民共和国宪法修正案》,有二十一条,全面体现了党和人民在实践中取得的重大理论创新成果、实践创新成果、制度创新成果。这个宪法修正案以国家根本法的形式确认一系列重大创新成果,与人民代表大会制度发展完善密切相关的内容主要有以下 7 个方面。

1. 确立习近平新时代中国特色社会主义思想在国家政治和社会生活中的指导地位。宪法修正案将习近平新时代中国特色社会主义思想载入宪法,以国家根本法的形式确立其在国家政治和社会生活中的指导地位,赋予其最高法律权威和法律效力,明确了全党全国人民为实现中华民族伟大复兴而奋斗的共同思想基础,实现了我们党和国家指导思想的与时俱进,实现了全党全国各族人民在思想上、政治上、行动上高度统一,具有重大现实意义和深远历史意义。

2. 充实坚持和加强中国共产党全面领导的内容。中国共产党领导是中国特色社会主义最本质的特征，是中国特色社会主义制度的最大优势。宪法修正案增加规定"中国共产党领导是中国特色社会主义最本质的特征"。这就从社会主义制度的本质属性角度对坚持和加强党的全面领导作出明确规定，进一步确认了中国共产党总揽全局、协调各方的核心地位。这有利于在全体人民中强化党的领导意识，维护习近平总书记权威和核心地位，维护以习近平同志为核心的党中央权威和集中统一领导，有效把党的领导贯彻落实到国家政治和社会生活的各个领域，确保党的领导核心作用在国家运行机制和各项制度中得到充分体现，确保党和国家事业始终沿着正确方向前进。

3. 完善依法治国和宪法实施举措。包括：（1）将"健全社会主义法制"修改为"健全社会主义法治"。党的十一届三中全会开启了改革开放历史新时期，"发展社会主义民主、健全社会主义法制"成为党和国家坚定不移的基本方针。党的十八大以来，党中央高度重视依法治国，强调"法律是治国之重器，法治是国家治理体系和治理能力的重要依托"[1]，要落实全面依法治国基本方略，加快建设社会主义法治国家。从"健全社会主义法制"到"健全社会主义法治"，是我们党依法治国理念和方式的新飞跃。宪法修正案对此予以确认。（2）建立宪法宣誓制度。2015 年 7 月，十二届全国人大常委会第十五次会议通过关于实行宪法宣誓制度的决定，2018 年 2 月常委会对此又作了修订，规定国家工作人员就职时公开进行宪法宣誓。宪法修正案增加规定：

---

〔1〕　习近平：《关于〈中共中央关于全面推进依法治国若干重大问题的决定〉的说明》，中共中央文献研究室编：《十八大以来重要文献选编》（中），中央文献出版社 2016 年版，第 141 页。

"国家工作人员就职时应当依照法律规定公开进行宪法宣誓。"将宪法宣誓制度在宪法中确认下来，有利于使国家工作人员树立宪法意识、恪守宪法原则、弘扬宪法精神、履行宪法使命，有利于彰显宪法权威、加强宪法实施。在十三届全国人大一次会议上，习近平主席面对近 3000 名全国人大代表、13 亿多全国人民，庄严进行宪法宣誓，充分体现了尊崇宪法、维护宪法、恪守宪法的高度政治自觉，充分体现了坚持依宪治国、依宪执政的坚定意志和决心，为各级国家工作人员作出了示范和表率。

4. 修改国家主席任职方面的有关规定。将宪法第七十九条第三款修改为："中华人民共和国主席、副主席每届任期同全国人民代表大会每届任期相同。"

5. 增加设区的市制定地方性法规的规定。党的十八届四中全会提出，明确地方立法权限和范围，依法赋予设区的市地方立法权。2015 年 3 月，十二届全国人大三次会议对立法法作出修改，明确设区的市、自治州的人大及其常委会可以制定地方性法规。宪法修正案增加规定："设区的市的人民代表大会和它们的常务委员会，在不同宪法、法律、行政法规和本省、自治区的地方性法规相抵触的前提下，可以依照法律规定制定地方性法规，报本省、自治区人民代表大会常务委员会批准后施行。"这就从宪法上确认了立法体制的发展完善，有利于设区的市在宪法法律的范围内制定体现本行政区域实际的地方性法规，更为有效地加强社会管理、促进经济社会发展。

6. 增加有关监察委员会的规定。党中央对深化国家监察体制改革作出重大决策部署。十二届全国人大常委会先后作出两个决定，为国家监察体制改革试点工作提供法治保障，同时推进监察法的立法工作。宪法修正案增加一节"监察委员会"共 5 条，就国家监察委员会和地方各级监察委员会的性质、地位、名称、人员组成、任期任届、领导体制、工作机制等作出规定。十三届全国人大一次会议还审议通过了监察法。这是坚持走中国特色监察道路的创制之举，有利于构建集中统一、权威高效的国家监察体系。从现行宪法5次修正案的内容来看，这是第一次在"国家机构"一章中增加一节，是对我国政体的一次重大变动。从国家机构的设置来看，就从以往常说的"一府两院"变成了"一府一委两院"。深化国家监察体制改革是事关全局的一项重大政治体制改革，涉及国家权力结构和国家机构组织结构的调整，是人民代表大会制度非常巨大的一次完善和发展。

7. 完善全国人大组织制度。修改全国人大专门委员会的有关规定，将法律委员会更名为"宪法和法律委员会"。十三届全国人大一次会议通过关于设立专门委员会的决定，设立10个专门委员会，在以往9个专门委员会的基础上，增设了社会建设委员会。2018年6月，十三届全国人大常委会第三次会议通过关于全国人大宪法和法律委员会职责问题的决定，进一步明确该委员会的职责，即增加推动宪法实施、开展宪法解释、推进合宪性审查、加强宪法监督、配合宪法宣传等工作职责。完善专门委员会设置和工作职责，有利于全国人大及其常委会履行职权、开展工作。

（三）制定监察法

会议听取十二届全国人大常委会副委员长李建国作关于监察法草案的说明。李建国指出，制定监察法是贯彻落实党中央关于深化国家监察体制改革决策部署的重大举措；是坚持和加强党对反腐败工作的领导，构建集中统一、权威高效的国家监察体系的必然要求；是总结党的十八大以来反腐败实践经验，为新形势下反腐败斗争提供坚强法治保障的现实需要；是坚持党内监督与国家监察有机统一，坚持走中国特色监察道路的创制之举；是加强宪法实施，丰富和发展人民代表大会制度，推进国家治理体系和治理能力现代化的战略举措。

监察法共九章六十九条，包括：总则、监察机关及其职责、监察范围和管辖、监察权限、监察程序、反腐败国际合作、对监察机关和监察人员的监督、法律责任、附则。本法自公布之日起施行，行政监察法同时废止。

（四）关于国务院机构改革

会议听取国务委员王勇关于国务院机构改革方案的说明。会议审议通过决议，批准国务院机构改革方案。这次国务院机构改革的具体内容如下。

1. 关于国务院组成部门调整，组建自然资源部、生态环境部、农业农村部、文化和旅游部、国家卫生健康委员会、退役军人事务部、应急管理部；重新组建科学技术部、司法部；优化水利部、审计署职责，监察部、国家预防腐败局并入国家监察委员会。

2. 关于国务院其他机构调整，组建国家市场监督管理总局、国家广播电视总局、中国银行保险监督管理委员会、国家国际发展合作署、国家医疗保障局、国家粮食和物资储备局、国家移民管理局、国家林业和草原局；重新组建国家知识产权局，调整全国社会保障基金理事会隶属关系，改革国税地税征管体制。

总的来看，这次国务院机构改革贯彻落实党的十九大和十九届三中全会精神，落实坚持和加强党的全面领导的要求，适应新时代我国社会主要矛盾变化，聚焦发展所需、基层所盼、民心所向，按照优化协同高效的原则，既立足当前也着眼长远，优化了国务院机构设置和职能配置，理顺了职责关系。改革后，国务院正部级机构减少 8 个，副部级机构减少 7 个。通过改革，国务院机构设置更加符合实际、科学合理、更有效率，必将为全面贯彻落实党的十九大部署的各项任务提供有力组织保障。

（五）选举和决定新一届国家机构领导人

1. 会议选举产生十三届全国人大常委会。栗战书为委员长，王晨、曹建明、张春贤、沈跃跃、吉炳轩、艾力更·依明巴海、万鄂湘、陈竺、王东明、白玛赤林、丁仲礼、郝明金、蔡达峰、武维华为副委员长，杨振武为秘书长。乃依木·亚森等 159 人为委员。

会议通过关于设立十三届全国人大专门委员会的决定，通过了关于十三届全国人大专门委员会主任委员、副主任委员、委员人选的表决办法。决定设立民族、宪法和法律、监察和司法、财政经济、教育科学文化卫生、外事、华侨、环境与资源、农业与农村、社会建设等 10 个专门委员会，并分别通过这 10 个专门委员会的主任委员、副主任委员、委员名单。

2. 会议选举习近平为国家主席，王岐山为国家副主席。

3. 根据国家主席习近平的提名，会议决定任命李克强为国务院总理。根据国务院总理李克强的提名，会议决定韩正、孙春兰、胡春华、刘鹤为国务院副总理，魏凤和、王勇、王毅、肖捷、赵克志为国务委员，肖捷兼国务院秘书长，还任命各部部长、委员会主任。

4. 会议选举习近平为中央军委主席。根据中央军委主席习近平的提名，会议决定许其亮、张又侠为中央军委副主席，魏凤和、李作成、苗华、张升民为中央军委委员。

5. 会议选举杨晓渡为国家监察委员会主任，周强为最高人民法院院长，张军为最高人民检察院检察长。

四、十三届全国人大三次会议行使职权的情况

（一）新冠肺炎疫情暴发致会议延期召开

2019 年 12 月 28 日，十三届全国人大常委会第十五次会议通过关于召开十三届全国人大三次会议的决定。根据决定，十三届全国人大三次会议将于 2020 年 3 月 5 日召开。但是，由于 2020 年 1 月，新冠肺炎疫情暴发，2 月 24 日，十三届全国人大常委会第十六次会议通过关于推迟召开十三届全国人大三次会议的决定。根据决定，适当推迟召开十三届全国人大三次会议，具体开会时间由全国人大常委会另行决定。4 月 29 日，十三届全国人大常委会第十七次会议决定，十三届全国人大三次会议将于 5 月 22 日召开。5 月 21 日，十三届全国人大三次会议召开预备会议，通过由 174 人组成的大会主席团和秘书长名单，通过会议的议程。

这是改革开放以来，首次推迟召开全国人大会议，可谓非常时期的非常举措。

值得指出的是，根据疫情防控需要，对大会会期、全体会议次数和时长、代表团全体会议次数等作了适当压缩，但是，大会议程并没有减少，会议日程完整，工作任务不减、标准不降，各环节更紧凑，节奏更快捷。因此，除了常规或者例行的议案报告之外，会议还审议通过民法典和关于建立健全香港特别行政区维护国家安全的法律制度和执行机制的决定。可以说，这是把全国人大会议"精简版"开成了"精华版"。

（二）听取和审议报告、有关议案

2020 年 5 月 22 日，十三届全国人大三次会议在京举行。会

议听取和审议国务院总理李克强作政府工作报告、栗战书委员长作全国人大常委会工作报告、最高人民法院院长周强作最高人民法院工作报告、最高人民检察院检察长张军作最高人民检察院工作报告。大会还印发了国务院提出的关于 2019 年国民经济和社会发展计划执行情况与 2020 年国民经济和社会发展计划草案的报告、2020 年国民经济和社会发展计划草案、关于 2019 年中央和地方预算执行情况与 2020 年中央和地方预算草案的报告、2020 年中央和地方预算草案，提请审查批准。

会议经过讨论和审查，通过相关决议并批准这几个报告。

（三）通过民法典和关于建立健全香港特别行政区维护国家安全的法律制度和执行机制的决定

1. 制定民法典

会议听取全国人大常委会副委员长王晨作《关于〈中华人民共和国民法典（草案）〉的说明》。经过审议，会议分别通过了民法典。民法典包括总则、物权、合同、人格权、婚姻家庭、继承、侵权责任七编和附则，共有八十四章一千二百六十条[1]。这是新中国成立之后第一部以法典命名的法律。这里，简要介绍一下它的主要内容。

第一，总则编。总则规定了民事活动必须遵循的基本原则和一般性规则，统领民法典各分编。总则"基本保持现行民法总则的结构和内容不变，根据法典编纂体系化要求对个别条款作了文字修改"[2]，并将附则部分移到民法典的最后。总则编共十章二百零四条。

---

[1]《中华人民共和国民法典》，《人民日报》2020 年 6 月 2 日。

[2] 王晨：《关于〈中华人民共和国民法典（草案）〉的说明》，《全国人民代表大会常务委员会公报》2020 年特刊。

第二，物权编。物权是民事主体依法享有的重要财产权。物权法律制度调整因物的归属和利用而产生的民事关系，是最重要的民事基本制度之一。物权编在现行物权法的基础上，按照中共中央提出的完善产权保护制度，健全归属清晰、权责明确、保护严格、流转顺畅的现代产权制度的要求[1]，结合现实需要，进一步完善了物权法律制度。物权编共五个分编、二十章二百五十八条。

第三，合同编。合同制度是市场经济的基本法律制度。合同编在现行合同法的基础上，贯彻全面深化改革的精神，坚持维护契约、平等交换、公平竞争，促进商品和要素自由流动，完善合同制度。合同编共三个分编、二十九章五百二十六条。

第四，人格权编。人格权是民事主体对其特定的人格利益享有的权利，关系到每个人的人格尊严，是民事主体最基本的权利。人格权编在现行有关法律法规和司法解释的基础上，规定了自然人和其他民事主体人格权的内容、边界和保护方式，不涉及公民政治、社会等方面权利。人格权编共六章五十一条。

第五，婚姻家庭编。婚姻家庭制度是规范夫妻关系和家庭关系的基本准则。婚姻家庭编在现行婚姻法和收养法的基础上，坚持婚姻自由、一夫一妻等基本原则，结合社会发展需要，修改完善了部分规定，并增加了新的规定。婚姻家庭编共五章七十九条。

第六，继承编。继承制度是关于自然人死亡后财富传承的基本制度。继承编在现行继承法的基础上，适应人民群众生活水平不断提高、个人和家庭拥有的财产日益增多及处理遗产的现实需

---

〔1〕《中共中央关于全面推进依法治国若干重大问题的决定》，中共中央文献研究室编：《十八大以来重要文献选编》（中），中央文献出版社 2016 年版，第 162 页。

要，修改完善了继承制度。继承编共四章四十五条。

第七，侵权责任编。侵权责任是民事主体侵害他人权益应当承担的法律后果。侵权责任编在现行侵权责任法的基础上，总结实践经验，针对侵权领域出现的新情况，吸收借鉴司法解释有关规定，作了必要的补充和完善。侵权责任编共十章九十五条。

第八，附则。附则明确了民法典与婚姻法、继承法、民法通则、收养法、担保法、合同法、物权法、侵权责任法、民法总则的关系，规定民法典 2021 年 1 月 1 日施行后，上述民事单行法律将同步废止。同时，2014 年十二届全国人大常委会第十一次会议通过的关于民法通则第九十九条第一款、婚姻法第二十二条的解释，作为与民法通则、婚姻法相关的法律解释，也同步废止。

民法典的颁布实施是我国历史上的一个重大事件，是新中国制定的首部以法典命名的法律，以法典化的方式确认、巩固和发展了新中国成立特别是改革开放以来所取得的法治建设成果，适应了新时代中国特色社会主义发展要求，符合我国国情和实际，反映了人民意愿，是全面依法治国的标志性立法，为坚持和完善中国特色社会主义制度、推进国家治理体系和治理能力现代化提供了有力的法治保障。

2. 通过全国人大关于建立健全香港特别行政区维护国家安全的法律制度和执行机制的决定

会议听取全国人大常委会副委员长王晨作全国人大关于建立健全香港特别行政区维护国家安全的法律制度和执行机制的决定（草案）的说明。会议经过审议，表决通过全国人大关于建立健全香港特别行政区维护国家安全的法律制度和执行机制的决定，自公布之日起施行。该决定分为导语和征文两部分，导语部分扼要说明作出这一决定的起因、目的和依据，正文部分共有 7 条。

这是新形势下坚持和完善"一国两制"制度体系、坚持依法治港、维护宪法和基本法确定的特别行政区宪制秩序的重大举措，符合包括香港同胞在内的全体中国人民的根本利益。

第三节　全国人大及其常委会行使职权的其他情况

除了上述履职情况外，十二届、十三届全国人大及其常委会还有大量的依法履职情况。现简述如下。

一、全国人大立法的主要情况

十二届全国人大制定或修改的法律有：关于修改立法法的决定、慈善法、民法总则等。

十三届全国人大制定或修改的法律有：宪法修正案、监察法、外商投资法、民法典、关于建立健全香港特别行政区维护国家安全的法律制度和执行机制的决定、关于修改全国人大组织法的决定、关于修改全国人大议事规则的决定、关于完善香港特别行政区选举制度的决定、关于修改地方组织法的决定等。

二、健全宪法实施和监督制度，全面贯彻实施宪法提高到一个新水平

习近平总书记深刻指出："全面贯彻实施宪法，是建设社会

主义法治国家的首要任务和基础性工作。"[1] 党的十八大以来，党和国家把宪法摆在十分突出的位置，以前所未有的力度推进全面依法治国进程，继续完善以宪法为统帅的中国特色社会主义法律体系，"通过完备的法律推动宪法实施"[2]，并采取一系列有力的措施加强宪法宣传教育和全面贯彻实施工作，维护宪法法律权威。

（一）设立国家宪法日

2014 年 11 月，十二届全国人大常委会第十一次会议通过关于设立国家宪法日的决定，以立法的形式将 12 月 4 日设立为国家宪法日。2014 年、2016 年和 2018 年，习近平总书记先后 3 次在国家宪法日到来之际作出重要指示，要求普及宪法知识，增强宪法意识，弘扬宪法精神。全国人大常委会办公厅会同有关方面连续 8 年开展了国家宪法日活动，加强宪法宣传教育，在全社会弘扬宪法精神。

（二）实施宪法规定的特赦制度

一是在中国人民抗日战争暨世界反法西斯战争胜利 70 周年之际，2015 年 8 月，十二届全国人大常委会第十六次会议通过关于特赦部分服刑罪犯的决定，国家主席习近平签署发布特赦令。这是我国改革开放以来第一次实行特赦，体现依法治国理念和人道主义精神，具有重大政治意义和法治意义。

二是在中华人民共和国成立 70 周年之际，2019 年 6 月，十三届全国人大常委会第十一次会议通过对部分服刑罪犯予以特赦

---

〔1〕 习近平：《在首都各界纪念现行宪法公布施行 30 周年大会上的讲话》，《习近平谈治国理政》第一卷，外文出版社 2018 年版，第 138 页。

〔2〕 习近平：《在首都各界纪念现行宪法公布施行 30 周年大会上的讲话》，《习近平谈治国理政》第一卷，外文出版社 2018 年版，第 140 页。

的决定，国家主席习近平签署发布特赦令。经过严格的法定程序，特赦了九类服刑罪犯共 23593 人，这是宪法规定特赦制度的又一次重大实践。

（三）实施宪法规定的勋章和荣誉称号制度

一是制定国家勋章和国家荣誉称号法。2015 年 12 月 27 日，十二届全国人大常委会第十八次会议审议通过国家勋章和国家荣誉称号法，自 2016 年 1 月 1 日起施行。该法规定，国家勋章和国家荣誉称号为国家最高荣誉。该法的颁布实施，有利于褒奖在中国特色社会主义建设中作出贡献的杰出人士，弘扬民族精神和时代精神，激发全国各族人民建设富强、民主、文明、和谐的社会主义现代化国家的积极性，实现中华民族伟大复兴。

二是授予国家勋章和荣誉称号。2019 年 9 月，十三届全国人大常委会第十三次会议审议通过关于授予国家勋章和荣誉称号的决定，习近平主席签署主席令，首次授予为新中国建设和发展作出杰出贡献的功勋模范人物国家勋章和荣誉称号。这是全面实施宪法、落实国家勋章荣誉制度的重要举措，有利于强化国家意识，弘扬民族精神和时代精神。

（四）妥善处理辽宁拉票贿选案有关问题

2016 年 9 月，十二届全国人大常委会第二十三次会议通过全国人大常委会代表资格审查委员会关于辽宁省人民代表大会选举产生的部分第十二届全国人大代表当选无效的报告、关于成立辽宁省第十二届人民代表大会第七次会议筹备组的决定。这是根据宪法精神和有关法律原则，采取创制性办法，妥善处理辽宁拉票贿选案有关问题，维护了人民代表大会制度和社会主义法治的权威、尊严。

（五）维护宪法和香港基本法确立的特别行政区宪制秩序

依据宪法和香港基本法赋予的权力，2014 年 8 月，十二届全国人大常委会第十次会议通过关于香港特别行政区行政长官普选问题的决定，明确香港特别行政区循序渐进发展民主的方向和基本制度安排。2016 年 11 月，十二届全国人大常委会第二十四次会议通过关于香港基本法第一百零四条的解释，明确该条规定的"拥护中华人民共和国香港特别行政区基本法，效忠中华人民共和国香港特别行政区"，既是该条规定的宣誓必须包含的法定内容，也是参选或者出任该条所列公职的法定要求和条件；明确宣誓就职必须遵循的法定程序和内容；明确违反宣誓规定丧失就职资格的法律后果以及作出虚假宣誓或者违反誓言的法律责任。这次主动释法，一锤定音，充分表明中央贯彻"一国两制"方针的坚定决心和反对"港独"的坚定立场。2017 年 12 月，十二届全国人大常委会第三十一次会议通过关于批准内地和香港特别行政区关于在广深港高铁西九龙站设立口岸实施"一地两检"的合作安排，确认合作安排符合"一国两制"方针，符合宪法和香港基本法，为推动香港与全国高铁网络实现互联互通，支持香港融入国家发展大局提供了法律保障。

（六）制定国歌法

2017 年 9 月，十二届全国人大常委会第二十九次会议通过国歌法。国歌法以国家立法形式，与国旗法、国徽法一道，落实和构成了宪法规定的关于国家象征和标志的重要制度。同时，常委会决定将国歌法列入香港特别行政区基本法附件三、澳门特别行政区基本法附件三，确保该法在香港、澳门得到一体遵循。

（七）制定英雄烈士保护法

2018 年 4 月十三届全国人大常委会第二次会议通过英雄烈士

保护法。该法贯彻社会主义核心价值观,体现宪法原则和精神,以国家立法的形式维护英雄烈士尊严和合法权益,惩治歪曲丑化、侮辱诽谤英雄烈士的行为,有利于在全社会传承和弘扬英雄烈士精神、爱国主义精神,为实现"两个一百年"奋斗目标、实现中华民族伟大复兴的中国梦凝聚强大精神力量。

(八)健全备案审查制度,推进合宪性审查工作

对规范性文件开展备案审查,是维护宪法尊严、保证国家法制统一的重要制度,也是全国人大常委会履行宪法法律监督职责的一项重要工作。贯彻落实党的十八届四中全会精神和修改后的立法法有关加强备案审查、规范和监督司法解释等的规定,落实备案审查衔接联动机制,制定规范性文件备案审查工作规程,建立全国统一的备案审查信息平台,将所有规范性文件纳入备案审查范围,实行有件必备、有备必审、有错必纠。2017年12月,常委会首次听取审议备案审查工作情况报告,社会广泛关注、反响热烈。自2017年—2018年10月底,共接受报送备案的规范性文件1880多件,对29件行政法规、42件司法解释逐条进行主动审查,对地方性法规有重点地开展专项审查,认真研究公民、组织及社会各方面提出的涉及宪法有关问题的审查要求和建议,确保宪法法律有效实施,切实维护国家法制统一。

(九)授权制定监察法规

2019年10月26日,十三届全国人大常委会第十四次会议审议通过关于国家监察委员会制定监察法规的决定,规定国家监察委员会根据宪法和法律,制定监察法规;明确监察法规权限范围。这是我国立法体制的一次变动,有利于保障国家监察委员会依法履行最高监察机关职责。

三、着力发挥立法引领和推动作用，确保重大改革于法有据、顺利实施

习近平总书记指出："改革和法治如鸟之两翼、车之两轮。"[1]"我们要着力处理好改革和法治的关系。……在法治下推进改革，在改革中完善法治，这就是我们说的改革和法治是两个轮子的含义"[2]。党的十八大以来，全国人大及其常委会通过制定和修改相关法律、作出授权决定和改革决定等方式，做到立法决策和改革决策相统一、相衔接，保证重大改革于法有据，立法主动适应改革需要，在法治轨道上推动相关领域改革。

（一）推动国家机构改革

全国人大先后就国务院机构改革和职能转变方案、国务院机构改革方案作出 2 个决定，特别是根据党中央关于深化党和国家机构改革的决策部署，2018 年 3 月，十三届全国人大一次会议通过国务院机构改革方案。这有利于构建起职责明确、依法行政的政府治理体系，提高政府执行力，建设人民满意的服务型政府。2018 年 4 月，十三届全国人大常委会第二次会议通过关于国务院机构改革涉及法律规定的行政机关职责调整问题的决定，明确在有关法律修改前，调整适用现行有关法律规定和行政机关职责工作衔接等问题。常委会还作出中国海警局行使海上维权执法职权的决定，通过消防救援衔条例。还先后两次对国境卫生检疫法等

---

〔1〕 习近平：《在庆祝中国共产党成立九十五周年大会上的讲话》，中共中央文献研究室编：《十八大以来重要文献选编》（下），中央文献出版社 2018 年版，第 351 页。

〔2〕 习近平：《在省部级主要领导干部学习贯彻党的十八届四中全会精神全面推进依法治国专题研讨班上的讲话》，习近平：《论坚持全面依法治国》，中央文献出版社 2020 年版，第 37—38 页。

6 部法律、野生动物保护法等 15 部法律作出统筹修改，重点是对改革急需、职责调整比较明确、各方面意见一致的相关法律条款进行完善修改。

（二）完善授权决定和改革决定工作机制

针对与现行法律规定不一致、修改法律尚不成熟、需要先行先试的改革举措，全国人大常委会依法作出授权决定或改革决定。适时听取审议试点工作情况报告，加强监督和成效评估。对需要继续探索的改革举措，决定延长试点期限或纳入新的试点范围加以完善。对实践证明行之有效的改革举措，通过修改完善相关法律予以复制推广。

全国人大常委会先后作出 26 件授权决定和改革决定，涉及自由贸易试验区、农村集体土地制度、监察体制、司法体制、国防和军队等方面，确保有关改革试点工作依法有序实施、顺利进行。

（三）加强涉及改革的法律立改废释工作

对相关法律不适应改革需要的个别条款，全国人大常委会采取打包修法方式，统筹修改法律。全国人大常委会已审议通过 17 个统筹修改法律的决定，涉及修改法律 116 件次，持续推进行政审批、职业资格认定等方面改革，激发市场和社会活力；为知识产权法院设立、刑事速裁和认罪认罚从宽制度、人民陪审员制度、检察机关提起公益诉讼制度等的改革提供法治保障。落实党中央改革调整生育政策的重大部署，及时作出决议，修改人口与计划生育法。决定废止有关劳动教养的法律规定。对刑法、刑事诉讼法的有关条款作出解释。

（四）强化公共卫生法治保障体系

习近平总书记指出："疫情防控越是到最吃劲的时候，越要坚持依法防控""坚持依法防控，要始终把人民群众生命安全和身体健康摆在第一位，从立法、执法、司法、守法各环节发力，切实推进依法防控、科学防控、联防联控。"[1] 要完善疫情防控相关立法，构建系统完备、科学规范、运行有效的疫情防控法律体系，健全国家公共卫生应急管理体系。可以说，这既是进一步完善重大疫情防控体制机制、健全国家公共卫生应急管理体系的"指南针"，也彰显了习近平总书记治国理政的战略思考和谋划。全国人大常委会坚决贯彻落实党中央和习近平总书记的重要指示精神，加强公共卫生法治保障体系。

一是通过"一决定"修订"一法律"。2020年2月24日，十三届全国人大常委会第十六次会议审议通过关于全面禁止非法野生动物交易、革除滥食野生动物陋习、切实保障人民群众生命健康安全的决定。2020年4月29日，十三届全国人大常委会第十七次会议审议通过修订后的固体废物污染环境防治法。

二是召开强化公共卫生法治保障立法修法工作座谈会。2020年3月26日，十三届全国人大常委会召开强化公共卫生法治保障立法修法工作座谈会，栗战书委员长出席会议并讲话。他指出，全国人大及其常委会要切实履行法定职责，从保障人民群众生命安全和身体健康、防范化解重大风险、推进国家治理体系和治理能力现代化的高度来理解和推进立法修法工作。他强调，要建立立法修法协调机制，成立工作专班，明确具体任务、责任和时间，有序推进立法工作，做到立一件成一件、改一条成一条，确保立的法、修的法科学管用。

三是听取审议专项报告。十三届全国人大常委会第十七次会

〔1〕 习近平：《全面提高依法防控、依法治理能力》，习近平：《论坚持全面依法治国》，中央文献出版社2020年版，第269页。

议于 2020 年 4 月 26 日听取和审议常委会法工委主任沈春耀作的关于强化公共卫生法治保障立法修法工作有关情况和工作计划的报告。2020 年 4 月 17 日，十三届全国人大常委会第五十次委员长会议通过十三届全国人大常委会强化公共卫生法治保障立法修法工作计划。其中，拟在 2020—2021 年制定修改的法律 17 件，拟综合统筹、适时制定修改的相关法律 13 件，以及其他需制定修改的相关法律。这是全国人大常委会历史上首个专项立法工作计划。

四、全国人大常委会立法的其他主要情况

习近平总书记明确指出，"全国人大及其常委会要加强重点领域立法，拓展人民有序参与立法途径，通过完备的法律推动宪法实施，保证宪法确立的制度和原则得到落实"[1]，反复强调要提高立法质量，"坚持立法先行，立改废释并举"，加快形成完备的法律规范体系[2]。党的十八大以来，全国人大及其常委会坚决贯彻落实党中央的重大决策部署，加强重点领域立法，紧紧抓住提高立法质量这个关键，深入推进科学立法、民主立法、依法立法，立法工作呈现出数量多、分量重、节奏快、效果好的特点，经济、政治、文化、社会、生态领域一批重大立法相继出台，以宪法为核心的中国特色社会主义法律体系不断发展完善，为推进中国特色社会主义事业提供了法治保证。

---

〔1〕 习近平：《在首都各界纪念现行宪法公布施行三十周年大会上的讲话》，《习近平谈治国理政》第一卷，外文出版社 2018 年版，第 140 页。

〔2〕 习近平：《加快形成社会主义法治国家》，《习近平谈治国理政》第二卷，外文出版社 2017 年版，第 119 页。

2013 年 3 月—2018 年 2 月，十二届全国人大常委会共制定法律 25 件，修改法律 127 件次，作出法律解释 9 件。截至 2022 年 9 月，十三届全国人大常委会共制定法律 40 件，修改法律 103 件次，作出有关法律问题和重大问题的决定 47 件。我国现行有效法律 293 件。主要立法情况如下。

（一）制定或修改法律

1. 制定的法律，主要包括：旅游法、特种设备安全法、反间谍法、航道法、国家安全法、反恐怖主义法、反家庭暴力法、国家勋章和荣誉称号法、深海海底区域资源勘探开发法、境外非政府组织境内活动管理法、资产评估法、国防交通法、网络安全法、电影产业促进法、中医药法、公共文化服务保障法、环境保护税法、国家情报法、核安全法、国歌法、公共图书馆法、烟叶税法、船舶吨税法、人民陪审员法、电子商务法、土壤污染防治法、国际刑事司法协助法、消防救援衔条例、耕地占用税法、车辆购置税法、疫苗管理法、资源税法、密码法、基本医疗卫生与健康促进法、社区矫正法、政务处分法、香港特别行政区维护国家安全法、城市维护建设税法、契税法、生物安全法、出口管制法、退役军人保障法、长江保护法、海警法、乡村振兴促进法、反食品浪费法、数据安全法、海南自由贸易港法、军人地位和权益保障法、印花税法、反外国制裁法、个人信息保护法、监察官法、法律援助法、医师法〔1〕、家庭教育促进法、陆地国界法、反有组织犯罪法、湿地保护法、噪声污染防治法〔2〕、关于中国

---

〔1〕 该法是修订执业医师法，2021 年 8 月十三届全国人大常委会第三十次会议表决通过，于 2022 年 3 月 1 日起施行，执业医师法同时废止。

〔2〕 该法是修订环境噪声污染防治法，2021 年 12 月十三届全国人大常委会第三十二次会议表决通过，于 2022 年 6 月 5 日起施行，环境噪声污染防治法同时废止。

人民解放军现役士兵衔级制度的决定、期货和衍生品法、黑土地保护法、反电信网络诈骗法等。

2. 修改的法律，主要包括：文物保护法、商标法、消费者权益保护法、海洋环境保护法、环境保护法、军事设施保护法、预算法、安全生产法、保险法、行政诉讼法、食品安全法、广告法、港口法、电力法、义务教育法、计量法、药品管理法、文物保护法、大气污染防治法、促进科技成果转化法、地方组织法、选举法、代表法、商业银行法、种子法、教育法、高等教育法、人口与计划生育法、野生动物保护法、节约能源法、外资企业法、民办教育促进法、海洋环境保护法、对外贸易法、红十字会法、企业所得税法、测绘法、水污染防治法、行政诉讼法、中小企业促进法、法官法、反不正当竞争法、标准化法、刑法修正案（十）、会计法、农民专业合作社法、招标投标法、国境卫生检疫法、个人所得税法、刑事诉讼法、人民法院组织法、人民检察院组织法、公司法、野生动物保护法、农村土地承包经营法、公务员法、村民委员会组织法、城市居民委员会组织法、产品质量法、电力法、劳动法、社会保险法、检察官法、建筑法、药品管理法、土地管理法、城市房地产管理法、证券法、森林法、台湾同胞投资保护法、固体废物污染环境防治法、档案法、人民武装警察法、增加香港特别行政区基本法附件三所列全国性法律、专利法、未成年人保护法、国旗法、国徽法、全国人大和地方各级人大选举法、著作权法、预防未成年人犯罪法、刑法修正案（十一）、国防法、动物防疫法、行政处罚法、香港特别行政区基本法附件一香港特别行政区行政长官的产生办法、香港特别行政区基本法附件二香港特别行政区立法会的产生办法和表决程序、海上交通安全法、道路交通安全法、解放军选举全国人大和县级以上地方各级人大代表的办法、兵役法、审计法、科学技术进步法、工会法、职业教育法、体育法、反垄断法、全国人大常委会议事规则、农产品质量安全法等。

3. 有关决定和法律解释，主要包括：关于授权国务院在中国（上海）自由贸易试验区暂时调整有关法律规定的行政审批的决定，关于废止有关劳动教养法律规定的决定，关于调整完善生育政策的决议，关于刑法第三十条的解释，关于刑法第一百五十八条、第一百五十九条的解释，关于刑法第二百六十六条的解释，关于刑法第三百四十一条、第三百一十二条的解释，关于刑事诉讼法第七十九条第三款的解释，关于刑事诉讼法第二百七十一条第二款的解释，关于刑事诉讼法第二百五十四条第五款、第二百五十七条第二款的解释，关于授权最高人民法院、最高人民检察院在部分地区开展刑事案件速裁程序试点工作的决定，关于香港特别行政区行政长官普选问题和 2016 年立法会产生办法的决定，关于设立国家宪法日的决定，关于民法通则第九十九条第一款、婚姻法第二十二条的解释，关于授权国务院在中国（广东）自由贸易试验区、中国（天津）自由贸易试验区、中国（福建）自由贸易试验区以及中国（上海）自由贸易试验区扩展区域暂时调整有关法律规定的行政审批的决定，关于授权国务院在北京大兴区等 33 个试点县（市、区）行政区域暂时调整实施有关法律规定的决定，关于国务院机构改革涉及法律规定的行政机关职责调整问题的决定，关于设立上海金融法院的决定，关于全国人大宪法和法律委员会职责问题的决定，关于中国海警局行使海上维权执法职权的决定，关于全面加强生态环境保护依法推动打好污染防治攻坚战的决议，关于延长授权国务院在部分地方开展药品上市许可持有人制度试点期限的决定，关于专利等知识产权案件行政诉讼程序若干问题的决定，关于延长授权国务院在北京大兴区等 33 个试点县（市、区）行政区域暂时调整实施有关法律规定的决定，关于授权国务院提前下达部分新增地方政府债务限额的决定，关于授权国务院在自由贸易试验区暂时调整适用有关法律规定的决定，关于授权澳门特别行政区对横琴口岸澳方口岸区及相关延伸区实施管辖的决定，关于废止有关收容教育法律规定和制度的决定，关于授权最高人民法院在部分地区开展民事诉讼程序繁简分流改革试点工作的决定，关于授权国务院在中国（海南）自由贸易试验区暂时调整适用有关法律规定的决定等。

（二）加强重点领域立法

这方面的内容是比较多的，制定监察法、民法典等已在前文述及，这里着重简述以下 3 个方面。

一是加强国家安全领域立法，国家安全法律制度体系基本确立。贯彻落实总体国家安全观，保持政治定力，把握立法时机，相继制定国家安全法、反间谍法、反恐怖主义法、境外非政府组织境内活动管理法、网络安全法、核安全法等重要法律，修改国家情报法、国防交通法、军事设施保护法，为维护国家安全、核心利益和重大利益提供了有力法治保障。

二是落实税收法定原则，加强社会主义市场经济立法。提出贯彻落实税收法定原则的实施意见，明确改革路径和到 2020 年相关立法工作安排。制定环境保护税法、烟叶税法、船舶吨税法，修改企业所得税法、个人所得税法，审议了耕地占用税草案和车辆购置税草案。开展产权保护法律清理工作。制定旅游法、资产评估法，修改反不正当竞争法、中小企业促进法、农民专业合作社法、促进科技成果转化法、标准化法、商标法、广告法等。

三是加强文化领域立法，推动社会主义核心价值观建设。常委会通过有关决定，设立烈士纪念日、中国人民抗日战争胜利纪念日、南京大屠杀死难者国家公祭日，大力弘扬以爱国主义为核心的伟大民族精神。制定公共文化服务保障法、公共图书馆法、电影产业促进法，改变了我国文化领域立法相对滞后的状况。

（三）全国人大常委会立法规划与立法工作会议

1. 十二届全国人大常委会立法规划与立法工作会议

（1）关于立法规划。该规划于 2013 年 10 月 30 日正式公布。该规划将立法项目分为 3 类。第一类是指条件比较成熟、本届任期内拟提请审议的立法项目共 47 件；第二类是指需要抓紧工作、条件成熟时提请审议的立法项目 21 件；第三类是具有一定的立法必要性和可行性，但涉及问题较为复杂，立法条件尚不完全具备、需要有关方面继续研究论证的立法项目。此外，第一、二类立法项目中还安排了加快推进国防和军队现代化建设以及维护海洋权益方面的立法项目。需要说明的是，根据党的十八届三中、四中全会精神，2015 年 6 月经党中央批准，调整了十二届全国人大常委会立法规划。这是首次调整立法规划。

（2）为贯彻落实中共中央批准的全国人大常委会立法规划，十二届全国人大常委会 2013 年 10 月 30 日召开立法工作会议。会议由全国人大常委会副委员长李建国主持，王晨副委员长兼秘书长传达立法规划有关情况，张德江委员长发表讲话。张德江强调，要深入贯彻党的十八大精神和习近平总书记一系列重要讲话精神，分析我国立法工作面临的新形势，加强和改进立法工作，提高立法质量，落实立法规划，不断完善中国特色社会主义法律体系，为全面建成小康社会、坚持和发展中国特色社会主义、实现中华民族伟大复兴的中国梦提供更加有力的法制保障。张德江指出，要牢牢把握新形势下加强和改进立法工作的总体要求，坚持以中国特色社会主义理论体系为指导，坚持从中国国情和实际出发，坚持以人为本、立法为民，坚持通过完备的法律推动宪法实施，努力使我国立法工作再上一个新台阶。张德江强调，提高立法质量是加强和改进立法工作的重中之重，根本途径在于推进科学立法、民主立法。科学立法的核心在于尊重和体现规律。要坚持科学的立法体制，实行科学的立法工作机制，运用科学的立法方式，以科学严谨的态度做好立法工作，增强立法工作的协调性、及时性、系统性，增强法律的可执行性和可操作性。民主立法的核心在于立法要为了人民、依靠人民。要进一步健全民主开放包容的立法工作机制，拓展人民有序参与立法途径，充分发挥人大代表作用，完善法律起草、审议的协调协商机制，最大限度地凝聚共识、凝聚智慧。在加强和改进立法工作的同时，要坚持严格执法、公正司法，大力加强法制宣传教育，加强对法律法规实施情况的监督检查，切实保障宪法和法律的有效实施。全国人大环境与资源保护委员会、国务院法制办公室、广东省人大常委会、全国人大常委会法制工作委员会负责人作了发言。中央和国家机关、人民团体、解放军和武警部队以及各省（区、市）人大常委会负责人等参加会议。

2. 十三届全国人大常委会立法规划与立法工作会议

（1）关于立法规划。2018 年 8 月，党中央批准了十三届全国人大常委会立法规划。列入立法规划的项目共 116 件，分为三类。其中，第一类项目为条件比较成熟、任期内拟提请审议的法律草案 69 件；第二类项目为需要抓紧工作、条件成熟时提请审议的法律草案 47 件；第三类项目为立法条件尚不具备、需要继续研究论证的立法项目，经研究论证，条件成熟时，可以安排审议。

（2）立法工作会议。2018 年 9 月 7 日，全国人大常委会立法工作会议举行。栗战书委员长出席会议并讲话。他强调，要以习近平新时代中国特色社会主义思想为指导，深入贯彻落实习近平总书记关于全面依法治国的新理念新思想新战略，准确把握做好新时代立法工作的基本要求，全面落实十三届全国人大常委会立法规划，齐心协力、担当作为，书写新时代立法工作新篇章。栗战书指出，党的十八大以来，以习近平同志为核心的党中央从关系党和国家长治久安的战略高度来定位法治、布局法治、厉行法治，推动法治中国建设发生了历史性、转折性、全局性变化，取得了重大理论创新、实践创新、制度创新成果。习近平总书记关于全面依法治国的一系列新理念新思想新战略，关于立法工作的一系列重要论述和指示，为新时代全面依法治国提供了科学理论指导、开辟了广阔发展空间，为加强改进新时代立法工作指明了前进方向、确立了基本遵循。栗战书强调，法治兴则国兴，法治强则国强。未来五年是实现"两个一百年"奋斗目标的历史交汇期，全国人大常委会必须充分体现党和国家事业发展的新要求，积极回应人民群众对美好生活的新期待，在新的历史起点上不断完善以宪法为核心的、与推进国家治理体系和治理能力现代化相适应的中国特色社会主义法律体系。必须深刻认识新时代带来的新形势新变化，深刻认识新时代提出的新任务新要求，自觉把立法工作放在党和国家事业大局上来谋划、来推进，切实担负起时代赋予我们的崇高使命。栗战书指出，党中央已批准了十三届全国人大常委会立法规划。要准确把握做好新时代立法工作、完成立法规划的基本要求，加强和改进立法工作。一要坚持党中央对立法工作的集中统一领导，确保立法工作正确政治方向。二要发挥人大及其常委会在立法工作中的主导作用，形成工作合力，共同做好立法工作。三要增强工作紧迫感，在保证立法质量的前提下加大工作力度、加快立法工作步伐。四要健全责任机制，加强调查研究，加强协同配套，讲好立法故事，切实做好立法规划组织实施工作。会议传达了立法规划有关情况。王晨副委员长主持会议。副委员长曹建明、张春贤、沈跃跃、艾力更·依明巴海、万鄂湘、陈竺、白玛赤林、丁仲礼、郝明金、蔡达峰出席会议。全国人大财经委、司法部、生态环境部、中央军委法制局、全国人大常委会法工委负责人作了发言。中央和国家机关、人民团体、有关行业组织以及各省（区、市）人大常委会负责人等参加会议。

（3）全国地方立法工作座谈会。这是每年都召开的。现简述其中两次。一是，2018 年 9 月 15 日，第二十四次全国地方立法工作座谈会在浙江省杭州市召开。栗战书委员长出席会议并讲话。栗战书强调，要以习近平新时代中国特色社会主义思想和党的十九大精神为指导，总结改革开放 40 年来我国立法工作特别是地方立法工作的成就和经验，推动地方立法工作与时代同步伐、与改革同频率、与实践同发展，为完善中国特色社会主义法律体系、推动地方经济社会发展作出新贡献。栗战书指出，坚持党对立法工作的领导特别是党中央的集中统一领导，是立法工作的重大政治原则，也是做好立法工作的根本保证。改革开放 40 年来，有立法权的地方人大及其常委会在党中央和地方党委领导下，围绕党和国家中心工作，以宪法和法律为依据，紧密结合地方实际，积极探索和推进地方立法工作，制定一大批地方性法规，促进了地方治理方式转变和治理能力提升，为各地经济社会发展提供了重要的法制保障。地方立法体制不断完善，立法经验不断丰富，立法水平不断提高，也为坚持和完善人民代表大会制度、加强地方政权建设和地方人大工作夯实了基础。栗战书指出，地方立法是具有中国特色、特征鲜明的制度规范，在改革开放和现代化建设中发挥着重要的、独特的作用。中国特色社会主义进入新时代，地方立法工作必须顺应新时代新要求、呼应人民群众新关切、紧跟党中央新部署。要自觉把地方立法工作放在党和国家事业发展大局中来谋划、来推动，充分发挥地方性法规实施性、补充性、探索性功能，继续探索创新、开拓进取，推动新时代地方立法工作与时俱进、完善发展。栗战书强调，做好新时代地方立法工作，要深入学习贯彻习近平新时代中国特色社会主义思想，特别是习近平总书记关于全面依法治国、加强立法工作的重要论述精神，坚持党对立法工作的领导，坚持立法为民，坚持法制统一，坚持立法与改革发展相适应，突出地方特色，不断提高立法质量。要发挥人大及其常委会在立法工作中的主导作用，形成工作合力，凝聚各方智慧。要加强生态环境、社会主义核心价值观、社会民生等重点领域地方立法，努力从法治上增强人民群众的获得感、幸福感、安全感。要做好规范性文件备案审查工作和专项清理工作，维护国家法制的统一和权威。要以党的政治建设为统领加强地方立法队伍建设，全面提高做好新时代地方立法工作的本领。全国人大常委会秘书长、副秘书长，全国人大宪法和法律委员会、全国人大常委会法工委、各省区市人大常委会有关负责同志等参加会议。二是，2020 年 11 月 19 日，第二十六次全国地方立法工作座谈会在山西太原召开，主题是深入学习贯彻习近平法治思想，为全面建设社会主义现代化国家提供法律保障。栗战书委员长出席座谈会并发表讲话，强调学习贯彻和宣传阐释习近平法治思想，是全国人大和地方人大当前和今后一个时期的重要政治任务。他指出，第一，在立法工作中，首要的是吃透习近平法治思想精髓要义，坚持党的领导，准确把握党中央精神；第二，坚持立法为了人民、依靠人民，回应人民群众对立法工作的新要求新期待；第三，紧密结合地方实际，突出地方立法特色，推动解决实际问题；第四，维护国家法治统一，处理好上位法和下位法关系；第五，坚持急用先行，区分轻重缓急，努力提高立法质量和效率；第六，建设德才兼备的高素质立法工作队伍。

（4）省级人大立法工作交流会。2019 年 9 月 4 日—5 日，省级人大立法工作交流会在天津举行。栗战书委员长出席会议并讲话，强调要以习近平新时代中国特色社会主义思想为指导，坚持党对立法工作的领导，加强和改进新时代地方立法工作，切实提高立法质量，确保立一件成一件，更好助力经济社会发展和改革攻坚任务。栗战书强调，地方立法要围绕贯彻落实党的十九大精神，贯彻落实新发展理念，抓住重点，突出地方特色。适应经济发展新阶段，提高立法推动供给侧结构性改革，推动经济高质量发展。围绕民生和社会治理，抓好惠民立法，及时回应人民群众的期待，维护人民群众利益。加强生态环保领域立法，建立健全有效约束开发行为和促进绿色发展的法律制度。抓好弘德立法，把社会主义核心价值观融入法律法规的立改废释全过程。抓好协同立法，依法保障和推动区域协调发展战略落实落地。

（四）创新立法工作机制体制

十二届、十三届全国人大常委会还陆续研究出台了 10 余个有关改革完善立法机制和程序的文件。

1. 发挥人大在立法工作中的主导作用

（1）全国人大及其常委会通过立法规划、年度立法工作计划等形式，加强对立法工作的统筹安排。（2）加强和改进法律草案起草机制。一是建立健全全国人大专门委员会、常委会工作机构组织起草重要法律草案制度，即涉及综合性、全局性、基础性等事项的法律草案，由全国人大有关专门委员会、常委会工作机构组织起草。二是全国人大有关专门委员会、常委会工作机构可以提前参与有关方面的法律草案起草工作，加强组织协调，为审议工作做准备。（3）更多发挥人大代表在立法工作中的作用。一是编制立法规划和年度立法工作计划，应当认真研究代表议案和建议。二是全国人大常委会审议法律案，通过多种形式征求代表的意见，并将有关情况予以反馈。三是全国人大专门委员会和常委会工作机构进行立法调研可以邀请有关代表参加。四是全国人大常委会会议审议法律案，应当邀请有关的全国人大代表列席。（4）加强审议把关。一是完善审议制度。常委会审议法律草案，一般实行三审制，认真做好草案审议和修改完善工作。修改后的立法法，在可以实行一审即交付表决的情形中增加"调整事项较为单一"的情形。二是坚持和完善统一审议制度。法律案由法律委员会（宪法和法律委员会）统一审议，并充分发挥其他专门委员会在法律案审议中的作用。

2. 完善科学立法、民主立法、依法立法的工作机制和程序

全国人大及其常委会抓住提高立法质量这个关键，深入推进科学立法、民主立法、依法立法，法律草案起草、调研、论证、评估、审议和协商机制进一步健全。

（1）拓宽公民有序参与立法的途径。一是开展立法协商。二是完善立法听证、论证制度。健全立法项目征集和论证工作规范；争议较大的重要立法事项引入第三方评估的工作规范；立法中涉及的重大利益调整论证咨询的工作规范。三是制定向社会

公布法律草案的工作规范。完善公布法律草案征求意见机制。2013 年 7 月，环境保护法修正案草案二审稿在中国人大网公布，再次公开征求意见。从此，明确法律草案二次审议稿也要向社会全文公布，继续广泛征求各方面意见和建议。同时，健全公众意见采纳情况反馈机制，积极回应社会关切。四是建立基层立法联系点。（2）健全表决机制。一是对审议中个别意见分歧较大的重要条款设立单独表决制度。二是对多部法律中涉及同类事项的个别条款进行修改，一并提出法律案的，可以合并表决，也可以逐个表决。（3）增加科学立法的制度机制。一是建立法律通过前评估制度。2013 年 4 月 17 日，根据委员长会议关于进一步提高立法质量、增强法律的可执行性、推动法律有效实施的要求，全国人大常委会法工委召开专题会议，邀请全国人大代表、专家学者、旅游者和旅行社负责人就旅游法草案的规范内容、出台时机、实施效果及实施中可能出现的问题进行了讨论，形成了意见并向常委会报告。从此，在法律出台前开展评估工作成为一项制度。二是依法建立健全专门委员会、工作委员会立法专家顾问制度。三是建立立法后评估制度。继续完善行之有效的法律草案征求代表意见制度等工作制度。（4）科学立法、民主立法、依法立法取得新进展。常委会会议审议的法律案中，由有关专门委员会和常委会工作机构牵头起草的数量不断增加，全国人大及其常委会在立法工作中的主导作用在加强。环境保护法、立法法、行政诉讼法、民法总则等重要法律的修改或制定，都是由全国人大有关专门委员会牵头起草的；对"一府两院"负责起草的法律草案，有关专门委员会提前介入，共同研究起草中的重大问题，推动如期提请审议。严格执行立法前评估制度，常委会会议审议的法律案，出台前都要召开由各方面代表参加的座谈会，就草案中主要制度规范的可行性、法律出台时机、法律实施的社会效果和可能出现的问题等进行评估。基层立法联系点的价值也在逐步体现，常委会先后就多部法律草案组织听取基层干部群众意见，使立法工作更加接地气、察民情。

五、监督工作方面

十二届、十三届全国人大常委会按照宪法和法律赋予的职权，在监督方面做了大量工作。

（一）听取和审议国务院及其有关部门的报告

1. 十二届全国人大常委会听取和审议的有关报告，主要包括：关于生态补偿机制建设工作情况的报告，关于 2012 年中央决算的报告，关于公安机关执法规范化建设工作情况的报告，关于城镇化建设工作情况的报告，关于 2012 年度中央预算执行和其他财政收支的审计工作报告，关于农村金融改革发展工作情况的报告，关于今年以来国民经济和社会发展计划执行情况的报告，关于今年以来预算执行情况的报告，关于传染性疾病防治工作和传染病防治法实施情况的报告，关于深入实施西部大开发战略情况的报告，关于国家财政科技资金分配与使用情况的报告，关于国务院关于国民经济和社会发展第十二个五年规划纲要实施中期评估报告的说明和报告，关于农村扶贫开发工作情况的报告，教育部关于十二届全国人大一次会议代表建议、批评和意见办理情况的报告，关于节能减排工作情况的报告，关于 2013 年中央决算的报告，关于 2013 年度中央预算执行情况和其他财政收支的审计工作报告，关于加强金融监管防范金融风险工作情况的报告，关于今年以来国民经济和社会发展计划执行情况的报告，关于今年以来预算执行情况的报告，关于深化行政审批制度改革加快政府职能转变工作情况的报告等。

2. 十三届全国人大常委会听取和审议的有关报告，主要包括：关于 2017 年度环境状况和环境保护目标完成情况的报告，关于构建现代农业体系深化农业供给侧结构性改革工作情况的报告，关于华侨权益保护工作情况的报告，关于 2017 年中央决算的报告，关于 2017 年度中央预算执行和其他财政收支的审计工作报告，关于坚持创新驱动发展深入推进国家科技重大专项工作情况的报告，国务院关于研究处理固体废物污染环境防治法执法检查报告及审议意见情况的报告，关于今年以来国民经济和社会发展计划执行情况的报告，关于今年以来预算执行情况的报告，关于推动城乡义务教育一体化发展提高农村义务教育水平工作情况的报告，关于在部分地区和部分在京中央机关暂时调整适用公务员法有关规定情况的中期报告，关于 2017 年度国有资产管理情况的综合报告，关于 2017 年度金融企业国有资产的专项报告，国务院关于国民经济和社会发展计划第十三个五年规划纲要实施中期评估报告，关于 2017 年度中央预算执行和其他财政收支审计查出突出问题整改情况的报告，关于财政医疗卫生资金分配和使用情况的报告[1]，关于发展海洋经济加快建设海洋强国工作情况的报告，关于生育保险和职工基本医疗保险合并实施试点情况的总结报告，关于全国农村承包土地的经营权和农民住房财产权抵押贷款试点情况的总结报告，关于农村土地征收、集体经营性建设用地入市、宅基地制度改革试点情况的总结报告，国务院关于研究处理大气污染防治法执法检查报告和审议意见以及有关

---

〔1〕 2018 年 12 月，十三届全国人大常委会第七次会议在听取和审议该报告的基础上，就财政医疗卫生资金分配和使用情况开展专题询问。

决议落实情况的报告，关于 2018 年度环境状况和环境保护目标完成情况的报告，关于医师队伍管理情况和执业医师法实施情况的报告，关于乡村产业发展情况的报告，关于 2018 年中央决算的报告，全国人大财经委关于 2018 年中央决算草案审查结果的报告，关于 2018 年度中央预算执行和其他财政收支的审计工作报告，关于文化产业发展工作情况的报告，关于今年以来国民经济和社会发展计划执行情况的报告，关于今年以来预算执行情况的报告、关于学前教育事业改革和发展情况的报告，关于加快外贸转型升级推进贸易高质量发展工作情况的报告，关于 2018 年度国有资产管理情况的综合报告（审议），关于 2018 年度全国行政事业性国有资产管理情况的专项报告，关于 2018 年度中央预算执行和其他财政收支审计查出突出问题整改情况的报告，关于加强社会保障体系建设助力打好精准脱贫攻坚战推进社会救助工作情况的报告，关于减税降费工作情况的报告，关于财政生态环保资金分配和使用情况的报告，关于 2019 年度环境状况和环境保护目标完成情况与研究处理水污染防治法执法检查报告及审议意见情况的报告，关于农村集体产权制度改革情况的报告，国务院关于香港特别行政区维护国家安全情况的报告，关于 2019 年中央决算的报告、关于 2019 年度中央预算执行和其他财政收支的审计工作报告，关于今年以来国民经济和社会发展计划执行情况的报告，关于今年以来预算执行情况的报告，关于贯彻实施创新驱动发展战略推进科学技术进步法实施情况的报告，关于公安机关执法规范化建设工作情况的报告，关于 2019 年度国有资产管理情况的综合报告（审议），关于 2019 年度财政部履行出资人职责和资产监管职责企业国有资产管理情况的专项报告，关于股票发行注册制改革有关工作情况的报告，关于 2019 年度中央预算执行和其他财政收支审计查出问题整改情况的报告，关于脱贫攻坚工作情况的报告，关于财政农业农村资金分配和使用情况的报告，关于研究处理全国人大常委会关于全面禁止非法野生动物交易、革除滥食野生动物陋习、切实保障人民群众生命健康安全的决定和野生动物保护法执法检查报告及审议意见情况的报告，国家卫健委关于十三届全国人大三次会议代表建议、批评和意见办理情况的报告，关于修改完善香港特别行政区选举制度和有关建议的报告，关于2020年度环境状况和环境保护目标完成情况、研究处理土壤污染防治法执法检查报告及审议意见情况、依法打好污染防治攻坚战工作情况的报告，关于2020年中央决算的报告，关于2020年度中央预算执行和其他财政收支的审计报告，关于建设现代综合交通运输体系有关工作情况的报告〔1〕，关于长江流域生态环境保护工作情况的报告，关于"七五"普法决议贯彻落实情况的报告，关于今年以来国民经济和社会发展计划执行情况的报告，关于今年以来预算执行情况的报告，关于文物工作和文物保护法实施情况的报告，关于雄安新区和白洋淀生态保护工作情况的报告，关于2020年度国有资产管理情况的综合报告（审议），关于2020年度国有自然资源资产管理情况的专项报告，关于教师队伍建设和教师法实施情况的报告，关于2020年度中央预算执行和其他财政收支审计查出问题整改情况的报告，关于加快构建新型农业经营体系推动小农户和现代农业发展有机衔接的报告，关于财政交通运输资金分配和使用情况的报告等。

这里，说明一点。2018年10月24日，十三届全国人大常委会第六次会议审议国务院关于2017年度国有资产管理情况的综

---

〔1〕 2021年6月，十三届全国人大常委会第二十九次会议在听取和审议该报告的基础上，就建设现代综合交通运输体系有关工作情况开展专题询问。

合报告，听取审议关于 2017 年度金融企业国有资产的专项报告。这是落实党中央关于建立国务院向全国人大常委会报告国有资产管理情况制度的决策部署首次开展此项工作。

（二）听取国家监察委员会、最高人民法院、最高人民检察院的工作报告或专项报告

主要包括：最高人民法院关于人民陪审员制度改革试点情况的报告、最高人民法院关于人民法院解决"执行难"工作情况的报告、最高人民检察院关于人民检察院加强对民事诉讼和执行活动法律监督工作情况的报告[1]、最高人民法院关于研究处理对解决执行难工作情况报告审议意见的报告、最高人民法院关于加强刑事审判工作情况的报告、最高人民检察院关于开展公益诉讼检察工作情况的报告[2]、国家监察委员会关于开展反腐败国际追逃追赃工作情况的报告、最高人民法院关于民事诉讼程序繁简分流改革试点情况的中期报告、最高人民法院关于人民法院知识产权审批工作情况的报告、最高人民检察院关于人民检察院办理控告申诉案件工作情况的报告、最高人民法院关于全国人大常委会关于专利等知识产权案件诉讼程序若干问题的决定实施情况的报告等。

这里，说明一点。2020 年 8 月，十三届全国人大常委会第二十一次会议听取和审议国家监察委员会关于开展反腐败国际追逃追赃工作情况的报告。这是常委会首次听取和审议国家监察委员会的专项工作报告。

---

〔1〕 2018 年 10 月，十三届全国人大常委会第六次会议在听取和审议"两高"这两个报告的基础上，就人民法院解决"执行难"工作情况、人民检察院加强对民事诉讼和执行活动法律监督工作情况开展专题询问。

〔2〕 2019 年 10 月，十三届全国人大常委会第十四次会议在听取和审议该报告的基础上，就开展公益诉讼检察工作情况进行专题询问。

（三）听取全国人大常委会和全国人大专门委员会、工作委员会的报告

主要包括：关于检查统计法实施情况的报告，关于检查大气污染防治法实施情况的报告[1]，关于检查传染病防治情况的报告，常委会专题调研组关于"七五"普法决议执行情况的调研报告（书面），关于检查防震减灾法实施情况的报告，关于检查农产品质量安全法实施情况的报告、关于检查海洋环境保护法实施情况的报告，全国人大预算工委、全国人大财经委关于行政事业性国有资产管理情况的调研报告，全国人大常委会法工委关于 2018 年备案审查工作情况的报告，常委会专题调研组关于民族教育发展情况的调研报告（书面），常委会专题调研组关于乡村振兴战略实施情况的调研报告（书面），常委会专题调研组关于地方政府隐性债务情况的调研报告（书面），常委会专题调研组关于脱贫攻坚工作情况的调研报告（书面），全国人大常委会法工委关于强化公共卫生法治保障立法修法工作有关情况和工作计划的报告，关于检查中小企业促进法实施情况的报告[2]，关于检查水污染防治法实施情况的报告[3]，关于检查就业促进法实施情况的报告，栗战书委员长访问挪威、奥地利、匈牙利情况的书面报告，关于检查高等教育法实施情况的报告，关于检查可再生能源法实施情况的报告，关于检查渔业法实施情况的报告，全国人大常委会法工委关于 2019 年备案审查工作情况的报

---

[1] 2018 年 7 月，十三届全国人大常委会第四次会议在听取和审议该报告的基础上，就大气污染防治工作和大气污染防治法实施情况开展专题询问。

[2] 2019 年 6 月，十三届全国人大常委会第十一次会议在听取和审议该报告的基础上，就中小企业促进法实施情况开展专题询问。

[3] 2019 年 8 月，十三届全国人大常委会第十二次会议在听取和审议该报告的基础上，就水污染防治法实施情况开展专题询问。

告，常委会专题调研组关于监察体制改革和监察法实施情况的调研报告（书面），常委会专题调研组关于兴边富民行动计划和"十三五"规划实施情况的调研报告（书面），常委会专题调研组关于深度贫困地区脱贫攻坚情况的调研报告（书面），关于防范化解系统性金融风险情况的调研报告（书面）[1]，常委会专题调研组关于应对人口老龄化加强养老机构"放管服工作"情况的调研报告（书面），常委会专题调研组关于社会基本养老保险基金预算管理与改革情况的调研报告（书面），常委会专题调研组关于国家安全法实施情况的调研报告（书面），关于检查全国人大常委会关于全面禁止非法野生动物交易、革除滥食野生动物陋习、切实保障人民群众生命健康安全的决定和野生动物保护法实施情况的报告，全国人大常委会法工委关于2020年备案审查工作情况的报告，常委会专题调研组关于社会保险制度改革和社会保险法实施情况的调研报告（书面），常委会办公厅关于"十四五"规划纲要编制工作若干重要问题专题调研工作情况的报告，常委会专题调研组关于全国人大常委会关于全面加强生态环境保护依法推动打好污染防治攻坚战的决议落实情况的调研报告，常委会专题调研组关于珍惜粮食、反对浪费情况的调研报告，常委会专题调研组关于民族团结进步创建工作情况的调研报告（书面），常委会专题调研组关于政府投资基金管理与改革情况的调研报告（书面），全国人大常委会预算工委、全国人大财经委关于企业国有资产（不含金融企业）管理情况的调研报告，栗战书委员长出席第六届金砖国家议会论坛情况的书面报告，栗战书委员长出席中俄议会合作委员会第六次会议情况的书面报告，全国

---

〔1〕　印发全国人大常委会办公厅简报。

人大常委会办公厅关于十三届全国人大三次会议代表建议、批评和意见办理情况的报告，全国人大常委会法工委关于 2020 年备案审查工作情况的报告等。

（四）修改预算法，加强对预算的管理和监督

2014 年 8 月 31 日，十二届全国人大常委会第十次会议审议通过的关于修改预算法的决定，对政府全口径预算、财政专户、财政管理体制、转移支付、地方政府债务、预算审查和监督等方面作了进一步明确规定，完善相关制度。

1. 实行政府全口径预算管理。包括一般公共预算，政府性基金预算，国有资本经营预算，社会保险基金预算。

2. 加强政府全口径预算编制。包括完善我国政府预算收支分类，完善部门预算，强调"跨年度预算平衡"。

3. 改革和完善财政转移支付制度。规定："财政转移支付应当规范、公平、公开，以推进地区间基本公共服务均等化为主要目标。"

4. 规范地方政府债务。（1）明确举债主体，为经国务院批准的省、自治区、直辖市。（2）对举债的方式、用途、偿债资金等作出规定，方式限于发行地方政府债券；用途应当是公共预算中必需的建设投资的部分资金，并不得用于经常性支出；应当有稳定的债务偿还资金来源。（3）明确债务规模和管理方式，地方政府债务的规模由国务院报全国人大或者其常委会批准；地方政府依照国务院下达的限额举借的债务，列入本级预算调整方案，报本级人大常委会批准。（4）地方政府及其所属部门不得在法律规定之外以其他任何方式举借债务，以及为他人债务提供担保。（5）对违法举债或者为他人提供担保的，规定相应的法律责任。

5. 加强预算审查监督。（1）发挥财经委员会等专门委员会、

预算工作委员会在预算初步审查中的作用。（2）进一步增加预算审查监督的民主性。（3）加强人大常委会对预算执行的监督，有效维护预算的严肃性。（4）推进预算公开。

（五）完善监督方式方法，实行正确监督、有效监督、依法监督

习近平总书记指出："人民代表大会制度的重要原则和制度设计的基本要求，就是任何国家机关及其工作人员都要受到制约和监督。"[1] 党的十八大以来，全国人大常委会切实把宪法法律赋予的监督权用起来，把实行正确监督、有效监督作为开展监督工作的基本遵循，坚持以人民为中心的发展思想，落实新发展理念，围绕供给侧结构性改革、转变经济发展方式、防范重大风险、精准扶贫、污染防治、社会发展、民生保障等重要领域，检查了 36 件法律和 1 件决定的实施情况，听取审议 100 多个工作报告，开展 20 次专题询问和 22 项专题调研，监督机制更加完善，监督实效不断提升，推动法律得到有效实施，推动"一府两院"依法行政、公正司法，推动解决人民群众普遍关心的热点难点问题。

1. 坚持把加强执法检查摆在突出位置

健全完善执法检查工作的组织方式和工作机制，探索形成包括选题、组织、报告、审议、推动改进工作、督促整改落实等 6 个环节的完整工作体系，形成了对法律实施情况的"全链条"监督工作流程。全国人大常委会委员长会议组成人员担任执法检查组组长，带队赴地方开展检查，并代表检查组向常委会作报告、

---

〔1〕 习近平：《在庆祝全国人民代表大会成立六十周年大会上的讲话》，中共中央文献研究室编：《十八大以来重要文献选编》（中），中央文献出版社 2016 年版，第 57 页。

主持联组会议进行专题询问，有力促进了法律的正确有效实施。栗战书委员长担任大气污染防治法执法检查组组长，在讲话中指出要"以法律的武器治理污染，用法治的力量保卫蓝天"；强调人大常委会执法检查是在行使宪法法律赋予的监督权，是"法律巡视"，是保证法律得到有效实施的一把"利剑"，执法检查过程就是进行监督的过程，执法检查必须严格，监督必须有力度，这也是一个原则，也要切实体现好，要避免检查、监督中出现"粗、宽、松、软"的问题。2018 年 7 月，常委会加开 1 次会议，听取审议大气污染防治法执法检查报告，结合审议执法检查报告开展专题询问，并作出专门决议。2019 年 3 月 25 日，全国人大常委会召开水污染防治法实施情况专家评估座谈会。这是常委会首次在执法检查中引入第三方评估。

2. 改进和完善专题询问工作

2013 年 8 月 29 日，十二届全国人大常委会第四次会议举行联组会议，专题询问传染病防治工作和传染病防治法实施情况。张德江委员长主持会议。这是十二届全国人大常委会举行的第一次专题询问，也是全国人大常委会委员长首次主持专题询问。2014 年 12 月 28 日，十二届全国人大常委会第十二次会议举行联组会议，结合审议国务院关于统筹城乡社会保障体系建设工作情况的报告进行专题询问，张德江委员长再次主持联组会议，国务院副总理马凯到会并回答询问。国务院副总理参加全国人大常委会专题询问，这还是第一次。

全国人大常委会研究制定关于改进完善专题询问工作的若干意见，从选题、准备、组织、整改落实、新闻宣传等方面加以改进和完善，提高了专题询问的针对性、互动性和实效性。国务院领导同志及各部委负责同志、最高人民法院院长、最高人民检察院检察长近 200 多人次到常委会参加会议、听取意见、回答询问，进一步发挥了人大专题询问的独特作用，有力推动了相关工作的改进。

2018 年 10 月 25 日，十三届全国人大常委会第六次会议联组审议最高人民法院关于人民法院解决"执行难"工作情况的报告，最高人民检察院关于人民检察院加强对民事诉讼和执行活动法律监督工作情况的报告。这是开展专题询问以来，第一次对"两高"工作进行专题询问。

3. 完善预算审查监督机制

一是修改预算法，深化财税体制改革。重点从实行政府全口径预算管理、完善财政转移支付制度、健全地方政府债务管理机制、推进预算公开和绩效管理、加强人大预算决算审查监督等方面，全面完善了预算法，推动建立全面规范、公开透明、标准科学、约束有力的预算制度。

二是研究出台了一系列改革措施，建立健全相关工作制度。（1）建立预算审查前听取人大代表和社会各界意见建议的机制；（2）改进审计查出突出问题整改情况向全国人大常委会报告机制；（3）人大预算审查监督重点向支出预算和政策拓展；（4）建立国务院向全国人大常委会报告国有资产管理情况制度，以及推进地方人大预算联网监督工作等，建立健全与预算监督工作相关的工作机制，拓宽代表和公众对预算审查工作的参与，加大预算决算的监督力度，提高财政资金的使用绩效。

六、重大事项决定方面

（一）作出决定的有关情况

主要包括：关于确定中国人民抗日战争胜利纪念日的决定，

关于设立南京大屠杀死难者国家公祭日的决定，关于设立烈士纪念日的决定，关于在北京、上海、广州设立知识产权法院的决定等。

（二）健全人大讨论决定重大事项制度

贯彻落实宪法法律有关规定和党的十八届三中全会精神，全国人大常委会研究出台关于健全人大讨论决定重大事项制度、各级政府重大决策出台前向本级人大报告的实施意见。这有利于推进科学决策、民主决策、依法决策，充分发挥人民代表大会制度优势和功效。

七、机构设置和人事任免方面

十二届全国人大常委会先后审议通过十二届全国人大常委会代表资格审查委员会主任委员、副主任委员、委员名单，第四任香港特别行政区基本法委员会组成人员名单等。

十三届全国人大常委会先后审议通过十三届全国人大常委会代表资格审查委员会主任委员、副主任委员、委员名单，第五任香港特别行政区基本法委员会组成人员名单等。

八、深化和拓展代表工作方面

习近平总书记深刻指出："人民代表大会制度之所以具有强大生命力和显著优越性，关键在于它深深植根于人民之中。"[1]

---

〔1〕习近平：《在庆祝全国人民代表大会成立六十周年大会上的讲话》，习近平：《论坚持人民当家作主》，中央文献出版社2021年版，第79页。

人大代表是党和国家联系人民群众的重要桥梁和纽带，也是人民群众表达意愿、实现有序政治参与的重要渠道和途径。人大代表来自人民、植根人民，工作、生活在人民群众中间，能更直接地掌握实际情况，了解人民群众意见，这是人民代表大会制度的独特优势。

（一）加强和改进全国人大代表工作的具体措施

十三届全国人大常委会继续加强代表工作，出台有关工作文件，建立健全工作机制。2019 年 6 月 17 日，十三届全国人大常委会第 32 次委员长会议原则同意关于加强和改进全国人大代表工作的具体措施。

2019 年 12 月 16 日，十三届全国人大常委会第 44 次委员长会议通过关于完善全国人大常委会组成人员联系全国人大代表机制的意见。

特别是，2018 年 8 月 29 日，在十三届全国人大常委会第五次会议期间，召开列席常委会会议的全国人大代表座谈会，栗战书委员长与代表面对面交流，听取意见建议。此后，在常委会会议期间召开列席会议的全国人大代表座谈会成为机制，固定下来。

（二）实现常委会联系代表、代表联系人民群众制度化规范化

1. 十二届全国人大常委会委员长会议先后通过委员长会议组成人员联系全国人大代表的意见（试行）和常委会委员联系全国人大代表的意见（试行），规定每位委员长会议组成人员直接联系 5 名以上全国人大代表，每位常委会委员直接联系 1—3 名所在选举单位的全国人大代表，特别是基层代表和一线工人、农民代表。这是常委会加强同代表联系、转变工作作风的一项重要举措，在全国人大常委会历史上还是第一次。十二届全国人大常委

会委员长会议组成人员联系 87 名全国人大代表，常委会委员联系 333 名全国人大代表。

全国人大常委会办公厅制定了关于通过网络平台密切代表同人民群众联系的实施意见，研究提出关于完善人大代表联系人民群众制度的实施意见，并印发实施，更好发挥人大代表作为党和国家联系群众的桥梁纽带作用。

2. 十三届全国人大常委会坚持这一制度，进一步健全常委会联系代表机制，委员长会议组成人员直接联系 93 名代表，常委会委员直接联系 347 名代表。建立常委会会议期间与列席代表座谈机制，自常委会第五次会议开始，栗战书委员长主持召开列席常委会会议的全国人大代表座谈会，听取代表们的意见建议。委员长会议组成人员到地方搞执法检查、调研时，充分听取人大代表、人民群众的意见。栗战书委员长在地方调研时，召开五级人大代表座谈会，邀请人大代表和基层干部群众参加，听取他们的意见建议。

（三）拓展代表参与常委会、专门委员会工作的广度和深度

一是进一步推动代表列席常委会会议规范化、机制化，有针对性地邀请代表列席会议、参加审议，并增加了列席每次会议的代表人数。

二是健全法律草案征求代表意见制度，扩大代表对预算审查监督工作的参与，在制定立法规划和年度立法工作计划、监督工作计划时，把代表意见比较集中的突出问题，作为确定立法和监督项目的重要依据。

三是实现代表参加立法调研和评估、执法检查等活动常态化。

四是每年结合起草常委会工作报告专门听取代表对常委会工

作和报告起草的意见建议的做法也已经常态化。

（四）提高代表议案审议和建议办理实效

人大代表提出议案和建议是执行代表职务的重要体现。党的十八大以来，各有关方面不断完善办理工作机制，着力增强办理实效。十二届全国人大代表共提出 2366 件议案、41353 件建议，各承办单位把办理议案和建议与转变作风、改进工作紧密结合起来，做到件件有答复、有着落。

十三届全国人大一次会议期间，代表们提出 325 件议案、7139 件建议；二次会议期间，代表们提出 491 件议案、8160 件建议。全国人大常委会办公厅召开全国人大代表建议交办会，向在京的承办单位统一交办大会期间代表提出的建议。

如此大量的议案建议的提出和如此认真负责的办理，充分表明通过人大代表，畅通了国家与人民群众的联系，推动了国家机关改进工作，解决了一大批实际问题，彰显了我国民主政治的特色和优势。

（五）充分听取全国人大代表对常委会工作及工作报告稿的意见

一是 2014 年 1 月 2 日，张德江委员长主持召开座谈会，听取部分在京全国人大代表对全国人大常委会工作报告（征求意见稿）的意见和建议。

二是 2014 年 11 月—12 月，常委会办公厅组织 12 个调研组，到地方召开座谈会，听取 31 个省（区、市）人大常委会负责同志和 35 个代表团 549 名全国人大代表对常委会工作情况和起草常委会工作报告的意见和建议。

（六）改进和规范代表履职活动

一是开展全国人大代表履职学习。十二届全国人大常委会举办了多期学习班。2013 年 5 月 26 日—29 日，全国人大常委会办公厅举办第一期全国人大代表履职学习班，共有河北、解放军等 15 个选举单位的 260 余名全国人大代表参加学习。2014 年又举办了 4 期全国人大代表专题学习班，进行集中学习研讨。

二是贯彻落实党中央精神，全国人大常委会切实加强代表思想政治作风建设，不断提升履职能力。支持原选举单位对代表履职和活动的监督，加强代表资格审查工作。坚持为代表服务的思想，不断提高服务保障工作水平。大力推动"一府两院"加强同代表的联系，国务院及其有关部门和"两高"每年都积极邀请全国人大代表参加其组织的调研、座谈活动，认真听取代表的意见建议，认真办理代表建议。

九、加强与地方人大的联系和指导

（一）加强县乡人大工作和建设，夯实党长期执政和国家政权建设基础

以习近平同志为核心的党中央高度重视县域治理和基层政权建设，反复强调："古人讲，郡县治，天下安""在我们党的组织结构和国家政权结构中，县一级处在承上启下的关键环节，是发展经济、保障民生、维护稳定、促进国家长治久安的重要基础。"[1] 2019 年 7 月 17 日，中共中央总书记、国家主席、中央军委主席习近平对地方人大及其常委会工作作出重要指示强调，县级以上地方人大设立常委会，是发展和完善人民代表大会制度的一个重要举措。地方人大及其常委会要按照党中央关于人大工

---

[1] 习近平：《做焦裕禄式的县委书记》，中共中央文献研究室编：《十八大以来重要文献选编》（中），中央文献出版社 2016 年版，第 319 页。

作的要求，围绕地方党委贯彻落实党中央大政方针的决策部署，结合地方实际，创造性地做好立法、监督等工作，更好助力经济社会发展和改革攻坚任务[1]。

县级人大及其常委会和乡镇人大是基层国家权力机关，是我国地方政权的重要基础。加强县乡人大工作和建设，是坚持和完善人民代表大会制度、做好新形势下人大工作的重要任务，有利于充分发挥基层国家权力机关和人大代表作用，巩固党的执政基础，加强基层国家政权建设。

1. 加强县乡人大工作调研。（1）专题调研县级人大工作。2013年11月22日—25日，张德江委员长在云南省就县级人大工作进行调研，并主持召开部分省、自治区、直辖市县级人大工作座谈会。张德江指出，要建立人大常委会组成人员与代表联系制度，建立密切代表同人民群众的联系制度，使工作规范化、制度化。要积极支持、切实保障代表依法执行代表职务，完善扩大代表参加活动等工作机制，拓宽知情知政渠道。要做好代表培训工作，切实提高履职能力和水平。11月25日，张德江在主持召开县级人大工作座谈会时强调，要全面贯彻落实党的十八大、十八届三中全会精神和习近平总书记系列重要讲话精神，从完善和发展中国特色社会主义制度、推进国家治理体系和治理能力现代化的高度，按照"总结、继承、完善、提高"的总原则，着力加强县级人大工作和人大自身建设，扎实推进县级人大工作完善发展。（2）专题调研乡镇人大工作。2014年5月8日—11日，张德江委员长在浙江就乡镇人大工作进行调研，先后在浙江省嘉兴市、湖州市、杭州市主持召开乡镇人大工作座谈会和浙江省人大

---

〔1〕《结合地方实际创造性地做好立法监督等工作　更好助力经济社会发展和改革攻坚任务》，《人民日报》2019年7月19日。

工作座谈会。

2. 贯彻落实中央关于加强县乡人大工作和建设的决策部署。2015 年 6 月，中共中央转发中共全国人大常委会党组关于加强县乡人大工作和建设的若干意见。2015 年 8 月，十二届全国人大常委会第十六次会议统筹修改地方组织法、选举法、代表法。这是多年来推动地方人大建设力度最大的一次，解决了长期制约基层人大工作发展的一些突出难题，有力加强了县乡人大工作和建设，有力推动了基层国家政权建设和完善。

3. 召开座谈会和经验交流会。2015 年 9 月、2017 年 6 月，全国人大常委会办公厅先后召开县乡人大工作和建设座谈会、经验交流会，张德江委员长出席会议并讲话。经过各方面共同努力，县乡人大工作和建设取得显著进展，呈现出新气象新风貌。

4. 举行纪念地方人大设立常委会 40 周年座谈会。2019 年 7 月，在地方人大设立常委会 40 周年之际，习近平总书记对地方人大及其常委会工作作出重要指示，强调"结合地方实际创造性做好立法监督等工作"[1]。2019 年 7 月 18 日，纪念地方人大设立常委会 40 周年座谈会召开，栗战书委员长出席并讲话。王晨副委员长传达了习近平总书记重要指示并主持座谈会。

（二）地方人大常委会负责同志学习班

1. 全国人大常委会办公厅举办地方人大常委会负责同志学习班。2013 年共举办 3 期，开展轮训工作。2013 年 4 月 16 日—19 日，举办第一期地方人大常委会负责同志学习班，有近 200 人参加，包括河北、山西、辽宁、吉林、江苏、浙江、安徽、山东、河南、湖南、陕西等 11 个省的人大常委会新任负责同志和

---

〔1〕 习近平：《结合地方实际创造性做好立法监督等工作》，《习近平谈治国理政》第三卷，外文出版社 2020 年版，第 290 页。

相关部门负责同志以及其所辖的地级市人大常委会新任主任或主持工作的副主任。2013 年 7 月 7 日—10 日，举办第二期学习班，内蒙古自治区、西藏自治区的地方三级人大常委会有关负责同志 240 人参加学习。2013 年 9 月 3 日—6 日，举办了第三期学习班，云南省 16 个市（州）和 129 个县（市、区）、宁夏回族自治区 5 个市（地）和 20 个县（市、区）的地方三级人大常委会有关负责同志 180 余人参加学习。2014 年举办了 4 期县级人大常委会负责同志学习班，吉林、西藏等 11 个省（区）1100 余名同志参加。

2. 专门举办针对某一个地方的学习班。2013 年 10 月 16 日—19 日，还专门举办西藏人大工作学习班。

3. 全面开展县级人大常委会负责同志培训工作。开展对县级人大常委会负责同志的集中培训，是加强对基层人大联系和指导的重要举措。十二届全国人大常委会期间，集中培训全国 2850 多个县（区、市）的人大常委会负责同志，实现了培训全覆盖。这种做法已经机制化，2017 年又开始了新一轮集中培训，2018 年 11 月已完成此项任务。

十、一些工作和新探索

（一）全国人大常委会履职学习专题讲座

2013 年 4 月 22 日，十二届全国人大常委会举行常委会组成人员第一次履职学习专题讲座。张德江委员长在主持讲座时的讲话中指出，专题讲座是全国人大常委会组成人员集体学习的重要平台。委员长会议决定，在常委会第二次会议召开前，举办履职学习专题讲座，重点学习全国人大常委会的组织制度和议事规则、中国特色社会主义法律体系以及常委会的立法工作、监督工作等，这些都是做好人大工作必备的、基本的知识。张德江强调，加强学习是一项重要而紧迫的任务，要把加强学习贯穿于人大工作的全过程，努力把全国人大常委会建设成为学习型人大常委会。

（二）人大新闻宣传工作座谈会

2013 年 12 月 19 日，在《中国人大》杂志创刊 20 周年前夕，张德江委员长到杂志社调研，召开人大新闻宣传工作座谈会，专题研究如何改进和加强人大新闻宣传工作。张德江强调，要深刻认识人大工作面临的新形势新要求，增强做好人大新闻宣传工作的责任感、使命感，切实改进和加强人大新闻宣传工作，用及时准确、内涵丰富、鲜活生动的宣传报道，进一步增强人民群众的制度自信，推动人民代表大会制度与时俱进。

（三）中国人民代表大会制度理论研究会成立

2014 年 1 月 7 日，中国人民代表大会制度理论研究会举行成立大会，张德江委员长出席会议并发表讲话。研究会的成立，是推动人大制度和人大工作与时俱进的一项重要基础性工作。

（四）全国人大常委会法工委设立新闻发言人

2019 年 8 月 21 日，全国人大常委会法工委举行首次发言人记者会。

　　我国的人民代表大会制度，是中国共产党领导人民在长期革命斗争中创造的一种新的政权组织形式。1949 年 9 月 29 日，中国人民政治协商会议第一届全体会议通过的《中国人民政治协商会议共同纲领》提出："中华人民共和国的国家政权属于人民。人民行使国家政权的机关为各级人民代表大会和各级人民政府。"人民代表大会制度由此确定。1949 年至 1954 年 8 月，从中国人民政治协商会议和地方各界人民代表会议向各级人民代表大会过渡。1954 年 9 月，第一届全国人民代表大会第一次会议召开，我国人民代表大会制度建立。至今，人民代表大会制度走过了 70 年，回顾这 70 年历程，从 1954 年到 1966 年人民代表大会制度全面确立并曲折发展；"文化大革命"的 10 年，人民代表大会制度遭受严重破坏；从粉碎"四人帮"特别是党的十一届三中全会开始，人民代表大会制度得到恢复和进一步健全，人大工作取得重大进展。党的十八大以来，我们党立足新的历史方位，深刻把握我国社会主要矛盾发生的新变化，积极回应人民群众对民主法治的新要求新期盼，着力推进国家治理体系和治理能力现代化，健全人民当家作主制度体系，加强基层政权建设，改进人大代表工作，人大工作取得历史性成就，人民代表大会制度更加成熟、更加定型。

《中国特色社会主义根本政治制度——人民代表大会制度纪实》丛书，则是尽可能通过整理历史文献的方式，记录和展现人民代表大会制度确立、曲折发展、不断健全、逐步成熟、完善定型的制度发展和人大工作全貌。项目实施过程，是回顾中国特色社会主义根本政治制度逐渐完善的过程，是汇集70年来历代人大工作者工作成就和艰辛探索的过程。同时，也是编写团队记录、整理、学习，以及勤奋耕耘的过程。该丛书具体构成和分工如下：

《人民代表大会制度引论》，万其刚著；《人民代表大会制度发展历程》，万其刚著；《人大选举制度和任免制度》，徐丛华著；《人大立法制度》，主编：张生，副主编：刘舟祺、邹亚莎、罗冠男；《人大代表工作制度》，章林、李跃乾、刘福军、王仰飞编著；《人大讨论决定重大事项制度》，任佩文、吴克非、王亚楠编著；《人大监督制度》，吉卫国著；《人大会议制度》，陈家刚、蔡金花、隋斌斌著；《人大对外交往工作》，王柱国、陈佳美思、庞明、刘亚宁编著；《人大自身建设》，唐亮、万恒易、梁明编著；《人大选举和任免工作纪实》，主编：任佩文，副主编：王亚楠；《人大代表工作纪实》，主编：任佩文，副主编：吴克非；《人大会议工作纪实（目录）》，主编：李正斌，副主编：高嵩；《人大立法工作纪实（目录）》，主编：曾庆辉，副主编：邱晶；《人大监督工作纪实（目录）》，主编：曾庆辉，副主编：邱晶。

上述作者分别来自全国人大、北京市人大、安徽省人大、兰州市人大、人民代表报、中国社会科学院法学所、北京联合大学、西安交通大学、西北师范大学、江西师范大学、中共广东省委党校等单位，既有一直从事人大制度研究的学者，也有长期从事人大工作的实务工作者。

限于出版篇幅，丛书暂未收录地方人大相关文献；同时，适应出版新形态的需要，部分工作纪实将目录纸质出版，具体内容同步以数据库方式出版。参与数据库编纂工作的人员有杨积堂、周小华、王维国、崔英楠、曾庆辉、邱晶、李正斌、高嚣、王柱国、陈佳美思、庞明、刘亚宁、任佩文、吴克非、王亚楠、刘宇、周悦、曹倩、赵树荣、姜素兰、王岩、魏启秀、沙作金、马磊、张新勇、李少军、喻思敏、钟志龙、王婷、邱纪贤、钮红然、祝蓉、陈敏、杨世禹、常晓璐、周义、王乔松、梅润生、杨娇、周鹏、李俊、杨蕙铭、徐博智、于淼、陈东红、冯兆惠、石亚楠等同志。丛书由杨积堂和吴高盛担任执行总主编并负责统稿。

"中国特色社会主义根本政治制度——人民代表大会制度纪实"是所有参与人员努力协作的成果，由于时间跨度大，内容交叉多，为了尽可能反映 70 年来人大工作的全貌，各部分作者之间反复进行沟通、协调，力求内容准确全面，同时尽可能避免重复。在编写过程中，每一位作者、编辑都倾尽全力，以高度的责任感和使命感投入工作，翻阅了大量文献资料，进行了深入研究与探讨。虽然我们已竭尽全力，但深知丛书一定存在不足之处，我们期待着读者的反馈与建议，以便在未来不断改进和完善。

在丛书即将出版之际，我们要特别感谢全国人大图书馆为文献查阅提供的帮助和支持，感谢北京联合大学人民代表大会制度研究所从选题策划到最终编写全过程给予的大力支持。中国民主法制出版社刘海涛社长、贾兵伟副总经理带领团队，对丛书编写、审读、编辑、出版的每一个环节给予严谨的指导和热忱的帮助，责任编辑张霞、负责数据库开发的翟锦严谨、敬业，在此一并表达敬意和感谢。

习近平总书记强调："人民代表大会制度，坚持中国共产党领导，坚持马克思主义国家学说的基本原则，适应人民民主专政的国体，有效保证国家沿着社会主义道路前进。人民代表大会制度，坚持国家一切权力属于人民，最大限度保障人民当家作主，把党的领导、人民当家作主、依法治国有机统一起来，有效保证国家治理跳出治乱兴衰的历史周期率。人民代表大会制度，正确处理事关国家前途命运的一系列重大政治关系，实现国家统一高效组织各项事业，维护国家统一和民族团结，有效保证国家政治生活既充满活力又安定有序。"值此全国人民代表大会成立 70 周年之际，我们希望这套丛书能够为人民代表大会制度研究和实务工作的更好开展尽绵薄之力，把国家根本政治制度坚持好、完善好、运行好、宣传好，努力开创人大工作新局面。

编　者